psychoanalysis & philosophy

정신분석과 철학

이창재 저

학지사

개정판 서문

8년 전후에 썼던 『니체와 프로이트』를 다시 보니 느낌이 착잡하다. 명료함을 자부했던 글들에 애매한 부분이 너무도 많이 눈에 띈다. 당시의 정신 균열들이 지금에서야 보이는 것이다.

그동안 여러 경로를 통해 정신분석에 대한 내 지식에 변화가 있었다. 정신분석 상담 경험과 개인 분석 및 자기 분석이 축적되었다. 무엇보다 강의를 통해 프로이트 저서 하나하나를 정리하는 과정에서, 2차 문헌에 의존하지 않아도 될 '나'의 입장이 형성되었다. 이러한 배경을 가지고 프로이트에 관한 예전의 해석들을 전반적으로 수정하였다. 여기에 새로운 정신분석 논문들을 첨가하여 『정신분석과 철학』을 출판한다.

이 책엔 원인 모를 불안과 인생의 궁금증을 해결하고자 20년간 골몰하였던 생명의 진액이 담겨 있다. 논문 한 편을 쓰는 데 꼬박 한 해, 두 해가 지나갔다. 글을 준비하는 동안 특정 주제에 관심을 집중하기 위해, 쾌락과 이익을 챙길 마음의 여유가 없었다. 그것은 삶을 산 것이라기보다 증상에 묻혀 지낸 것이었다. 현실은 없고 관념에 도취되어 흘러간 청춘! 명성을 얻고 싶은 욕심이 있었는데, 남은 것은 몰입하였던 생각들의 흔적뿐이다.

오락가락하는 인생의 '의미'나 '도덕'의 정체가 궁금하거나, '정신'의 성질, 고통의 원인과 현명한 대처 방법, 현대 사상의 문제에 관심이 있는 사람은 이 책에서 '무엇인가'를 만나게 될 것이다. 이 책을 끝까지 읽은 사람은 적어도 더 이상 불행해지지 않는 행운을 얻을 것이다. 이미 프로이트와 니체가 너무도 혼란스럽던 '인생의 바닥' 이야기를 진득하게 전하고 있기 때문이다.

중년을 넘어선 이제 나는 삶의 스타일을 바꾸려고 한다. 사회적 지위를 얻기 위한 '학문적' 글쓰기는 더 이상 하지 않을 것이다. 억압된 무의식을 스스로 위로하며, 누군가와 '대화'를 할 수 있으면 족하다. 어떤 대화에서든, 그대의 무의식이 원하는 그만큼만 얻을 것이다.

2005년 7월

'두려운 솔직함'의 향유를 위하여

이 책은 철학과 정신분석을 연결하려는 하나의 흔적이다. 현대 철학은 기존의 관점과 방법만으로는 더 이상 자기 발전을 하기 힘든 한계에 직면하고 있다. 엄밀한 비판 활동으로서 철학은 이제 자체의 비판 내용에 의해 스스로의 권위가 해체되는 논리적 난제에 처해 있다. 이 난제는 논리적 엄밀성만 가지고는 더 이상 극복되지 않는다. 이 상황에서 철학은 의식·논리·개념에 의거해 존재 일반을 정리해 온 기존 관점을 보충할 새로운 전망을 필요로 한다.

정신분석은 철학이 그동안 간과해 온 무의식의 정신작용과 욕망·정서·환상의 힘에 대해 풍성한 자료를 제공한다. 이와 더불어 정신분석 이론과 기법들은 '의식'의 힘과 권위에 의존해 온 전통 인식론과 인간학의 뿌리를 파헤치고 뒤흔든다. 이 과도기적 상황을 외면하는 철학자는 미래의 학문 흐름에서 도태될 것이다. 그런데 철학자들에게 정신분석에 대한 입문은 쉽지 않다. 왜냐하면 정신분석은 철학이 강조해 온 논리적 일관성보다 무의식에 대한 '정서적 인식' 체험을 중요시하기 때문이다. '의식'으로 복잡한 존재 사태를 명료히 분석하고 종합해 온 철학자에게 "정신 작용들의 대부분은 무의식적이며, 의식 활동조차 무의식적이다."라는 정신분석의 근본 명제는 정서적으로 수용하기 어렵다. 정신분석적 성찰들의 많은 부분은 철학자의 자존심을 불편하게 만든다. 특히, 현존하는 여러 정신분석 입장들 중에서 정신분석의 뿌리인 프로이트의 무의식론은 철학자들의 근본 전제들에 균열을 일으킨다. 그로 인해 철학자의 프로이트 연구는 입문 단계에서 장애에 부딪힌다. 이에 비해 융, 자아심리학, 대상관계론, 자기심리학 등은 정신에 거부감을 유발하지 않는다. 이 입장들은 정신의 균형과 안정에 기여하는 다양한 개념적·치료적 장치를 자체 안에 구비하고 있다. 그런데 프로이트의 텍스트를 충분히 소화하지 않고 현대 정신분석 이론들에 입문한다는 것은 토대가 부실한 '거짓 입문'이 되기 쉽다. 이런 이유로 대다수의 철학자들에게 정신분석은 철학과 무관한 것으로 외면되거나 왜곡되어 왔다.

우리나라의 경우 정신분석이 철학과 어떤 연관성을 지녔는지를 철학의 주제들과 연관해 설명하는 작업은 이제 시작 단계다. 필자는 이 책이 철학의 지평과 정신분석의 지평이 서로 만나는 공간이 되기를 기대한다. 이러한 의미에서 이 책은 다음의 물음들에 대해 고유한 답을 제시할 것이다.

첫째, 병리적 사유와 성숙한 사유의 차이는 무엇인가?

둘째, 심리적 고통과 증상의 원인은 무엇인가?

셋째, '성 욕망'은 어떤 '발달' 과정을 거치며, 정신 발달에 어떤 영향을 미치는가? '소망'의 정체는 무엇인가?

넷째, 끝까지 '알고자 하는 의지'의 정체는 무엇인가? 왜 철학을 공부하는가?

다섯째, '도덕'의 진정한 모습은 어떤 것인가?

여섯째, '의미'는 어떤 원인들에 의해 어떤 과정을 거쳐 형성되는 것인가?

일곱째, 인생을 현명하게 음미하는 방법은 무엇인가?

21세기 한국인은 현대와 탈현대가 혼합된 문화 환경 속에 살고 있다. 그런데 우리는 정작 우리의 정신 형성에 영향을 미쳐온 현대성과 탈현대성이 무엇인지 알지 못한다. 그리고 이에 대한 인식은 결코 간단한 것이 아니다. 자기 자신에 대한 인식에는 항상 무의식적 방어기제가 작동하기 때문이다. 우리의 의식은 이미 우리가 알지 못하는 '그것'에 의해 사유 내용이 한정된다. 이런 사실을 안다 해도 삶을 좌지우지하는 '그것'의 정체는 특별한 방법을 동원하지 않는 한 좀처럼 인식되지 않는다. 니체와 프로이트는 바로 '그것'에 대한 특별한 접근 방법을 발견한 혁명적 '자기 인식자'들이다.

  강단에 서기를 희망하며 공부하던 때, 나의 꿈은 위대한 진리를 발견하고 전파함으로써 대중에게 진심 어린 존경을 받는 것이었다. '존경' 받기에 가장 적합해 보이는 철학 분야는 뭐니 뭐니 해도 윤리학이었다. 그래서 나는 윤리학 전공자임을 자처해 왔다. 그런데 대학 강단 생활을 시작한 지 몇 년쯤 지났을 때였다. 내가 과연 자신의 인생을 제대로 정리하고 있는가에 대해 점점 회의가 들었다. '문제의식'을 지닌 학생들과 강단에서 나누는 진솔한 대화는 그 자체로 젊은 시절부터 지녀 온 응어리들을 풀어내는 상호 치유 작업이었다. 그러나 고상한 철학 개념들이 과연 '내 삶의 언어'인지에 대해 뭔가 허전함이 느껴졌다. 윤리적 언어를 타인에게 유창하게 발설할수록 내 정신은 더욱 껍질만 남는 것 같았다. 그래서 시작한 것이 '나의 사고와 정서'에 구체적으로 영향을 미친 요소에 대한 추적이었다. 당시에 홀연히 떠오른 것은 주로 청소년기와 연관된 유치한 이미지와 단어들이었다. 성욕과 불안, 히피문화와 유신독재, 민주주의와 부끄러움, '권위자'에 대한 갈증과 반감 등이 연상의 고리로 이어졌다. 내 속에는 충족되지 못한 채 억압된 오래 묵은 욕망들과 그것에 연결된 수치심, 분노가 축적되어 있었다. 그것을 은폐·망각하고 합리화하고자 내가 철학에 집착해 왔을지도 모른다는 의구심도 일어났다. 그러던 중 1960년대 서양의 '反문화운동'과 '현대성 · 탈현대성'에 관한 글들을 접하게 되었다. 거기서 유난히 '갈등'이 심했던 내 정신 상태를 대변해 주는 여러 인상적 사유들을 발견할 수 있었다. 그중에서 라캉과 데리다에 관한 글이 마음을 자극했다. 그런데 그들의 원전을 접하는 순간, 곤혹스러움이 가득 찼다. 무엇보다 그 글들을 온전히 이해할 수 없었다. 그들에 관한 해설서들은 읽는 도중에는 이해가 되었지만, 읽고 난 후 머릿속에는 남는 것이 없었다. 그래서 탈현대 사상의 뿌리를 추적하던 중 니체의 글을 접하게 되었다. 니체는 윤리학 공부를 하면서 해소되지 않았던 '도대체 인간은 왜 굳이 도덕적 삶을 살아야만 하는가?'라는 의문에 대해, 나의 무의식을 충족해 주는 충격적이고 솔직한 언어를 제공하였다.

도덕에 대한 니체의 입장은 도덕학이 아니라 도덕계보학이었다. 즉, 하나의 위대한 도덕관념과 이론을 제시하는 것이 아니라, 위대해 보이는 도덕관념과 이론들에 은폐된 편견과 환상을 드러내는 입장이었다. 니체의 계보학을 접하는 과정에서 철학을 통해 '위대한 인간'이 되고 싶었던 꿈은 산산이 해체되었다. 형이상학적 신념과 더불어 '권력은 없더라도 존경받는 모습으로 죽고 싶다.'는 소박한 희망조차 존립하기 힘들었다. 니체의 『권력의 의지』와 『도덕의 계보』를 읽는 동안, 공부방 창문 밖으로 보이는 세상은 묘하게도 하루에 몇 번씩 뒤집히곤 하였다. 나는 '솔직하면서도 깊이 있는' 표현들을 접하면 유난히 마음이 역동한다. 그 언어들과 더불어 뭔가 인생의 비밀이 밝혀지고, 새로운 삶이 시작될 것 같은 감흥이 밀려든다. 그런데 니체의 글은 두려울 정도로 솔직하다. 이 '두려운 솔직함'을 그대(독자)는 어떤 방식으로 대면하겠는가? 은폐된 삶의 진실들에 섣불리 직면할 경우, 아직 연약한 그대의 정신은 깨질 수 있다. 반면에 진실을 외면하거나 억압할 경우, 평온해 보이던 그대의 삶은 뜻밖의 순간에 병리적 증상들에 톡톡히 시달리게 된다. 이 상황에서 그대라면 어떤 태도를 취하겠는가?

니체의 글은 약과 독을 함께 지닌다. 그것의 독성은 생활에 필요한 상식적 신념을 균열시키는 데 있다. 그것의 약 성분은 이미 환상과 신념이 파괴되어 삶의 목표와 의욕을 상실한 자들에게 환상을 주체적으로 재구성해 유희하는 방법과 이유를 알려 준다는 데 있다. 그런데 '약과 독'의 양가성, 아이러니성은 니체 글의 특성일 뿐만 아니라 바로 학문 일반의 특성이기도 하다. 이 맥락에서 니체는 학문의 힘과 부작용을 집요하게 파헤친 계보학자인 동시에 그 부작용에 대처하는 방법을 고유하게 제시한 탈학문의 선구자다.

니체에 관한 박사 논문을 쓴 이후에도 라캉의 글은 여전히 낯설게 느껴졌다. 그래서 이런저런 고심을 하던 중에 하나의 해법을 발견하였다. 그것은 니체에서 소쉬르와 프로이트의 글을 순서대로 읽어 가면 어느 순간 라캉의 사상이 수월하게 정리된다는 체험적 자각이었다. 그래서 관심을 쏟기 시작한 공부가 프로이트였다. 그러나 안내자 없는 프로이트 연구는 철학 관점에 길든 나에게 결코 온전한 입문이 되지 못했다. 효율성 없이 편집적 공부를 하던 중 철학자들의 솔직성에 의문이 가는 충격을 여러 번 받게 되었다. 그 후 어느 순간부터 관념과 관념 사이를 연결하는 코드들과 의미들이 하찮고 신뢰할 수 없는 것으로 흩어지는 증상이 돌출하였다. 그것은 일종의 외상성 질환 상태였다. '철학'은 더 이상 가치 있는 '의미'로 다가오지 않았고, 오히려 정신의 '발달'을 가로막는 장벽으로 느껴졌다. 무기력하게 숨을 쉬면서 살아가던 중, 학술진흥재단의 해외 포스트닥터 과정으로 시카고대학교에서 1년간 연구하게 되었다. 그 당시 나는 '철학'과 '한국'을 모두 벗어나고 싶었기에 그 기회를 이용해 이민 갈 생각을 하고 있었다. 그런데 시카고대학교에 개설된 한 학기에 6~7과목의 정신분석학 프로그램이 나의 호기심을 자극하였다. 공부를 때려치우기 전에 마지막으로 '나'의 정신에 대해 분석을 해 보고 싶은 마음이 솟았다. 서양 학자들과 부딪혀서 그들의 수준을 확인해 보고도 싶었다. 그래서 수년간 프로이트와 라캉을 강의해 왔다는 경력을 앞세워, 10여 개의 정신분석 세미나와 워크숍에 정신없이 참여하였다.

 미국에는 여러 종류의 학자들이 있었다. 다행스럽게도 인상에 남는 사람들을 만나서, 정신분석학자의 체취를 마음껏 흡수할 수 있었다. 공부는 결국 내가 하는 것이다. 그런데 학문의 열정을 유발하는 '안내자'는 쉽게 접할 수 있는 것이 아니다. 여러 정신분석학자들 중 매시간에 걸친 나의 질문을 단 한 번도 외면하지 않고 숙고하면서 응답해 준 John Gedo와의 두 학기 만남은 붕괴되었던 나의 학문적 관심이 소생하는 결정적 계기가 되었다. 모처럼 '선생'을 만난 것이다.

 이 책의 주제들과 '철학', '정신분석'은 모두 내 자신의 문제를 풀고자 좌충우돌하는 과정에서 만난 '대상'들이다. 이 '대상'들을 활용하여 언젠가는 '병리적으로 억압된 그것'의 한(恨)을 한껏 풀어 내는 글을 쓸 것이다. 그러나 그 전에 지난 세월 동안 몰두해 온 학술활동의 흔적을 드러내고자 한다.

 지난 20년간 '탈현대' 담론들이 우리나라에 등장했다. 화려한 글들이 여러 지면에 소개되었는데, 피부와 뼈에 스며드는 글을 접하긴 쉽지 않았다. 그 원인의 하나는 탈현대 사상의 뿌리인 니체와 프로이트에 대한 차분한 연구와 논의가 부족하였기 때문이다. 그리고 니체와 프로이트 각각은 논리적 사고만으로는 입문하기 힘든 사상가들이다. 이들을 제대로 이해하기 위해서는 오랜 기간에 걸친 고통스런 '정서적 자기인식' 체험이 요구된다. 그

때문인가? 미국 문화의 충실한 수입 단체였던 한국 대학에서 40
년 전부터 미국에서 유행해 온 프로이트와 정신분석에 대한 인
문학 연구서를 발견하기 어렵다. 이 특이한 현상의 심층 의미는
무엇일까? 이것저것 신경 써야 할 것이 많은 한국의 학자들에게
'무의식에의 입문'이 과도한 심리적 부담이기 때문인가?

　이 책의 학문적 동기는 철학과 정신분석 사이의 다리를 놓는
데 있다. 독자는 철학의 정신분석적 의미와 정신분석의 철학적
의미를 나름대로 정리해야 할 것이다.
　존경받겠다는 욕망은 오래전에 사라졌다. 그러나 의미의 사슬
에서 벗어나기 전에 '자신의 뿌리를 솔직하게 음미한' 학자라는
말을 듣고 싶다.

2000년 8월
이 창 재

차 례

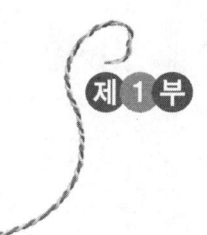

제 1 부

프로이트의 정신분석

- 이 책에서는 프로이트의 저서의 경우 국내 번역 출판이 대부분 1997~1998년 으로 상당 부분 중복되어 있으며, 프로이트 영문전집 발행 연도가 1966으로 통 일되어 있어 독자의 혼란을 피하기 위해 '원전 출판 연도'를 밝힌다.
- 본문에 인용한 프로이트 저서 중 영문 인용의 경우 국내 번역 인용문과 혼란을 피하기 위해 'Freud'로 표기하였다.
- 프로이트 저서 중 영문전집인 『The standard edition of the complete psychological work of Sigmund Freud』 24권은 출판 연도만 표기할 경우 독자가 혼란스러울 수 있으므로 약자로 『SE』로 표기하고 그 권수를 밝힌다.

1

정신분석의 주제와 관점

　오늘날 정신분석에 대한 의미 규정은 단일하지 않다. 그것은 정신에 대한 해석 관점이 프로이트, 융, 클라인, 자아심리학, 대상관계론, 자기심리학, 라캉 등으로 대변되는 각 학파에 따라 서로 다르기 때문이다. 이들은 각기 고유한 문화적·철학적 배경과 문제의식을 지니며, 심지어 서로 다른 개념을 사용하여 정신의 본성을 규정한다. 그중에서 정신분석의 근본 틀을 형성한 프로이트만 놓고 보아도, 정신에 대한 해석 관점과 관심 주제 그리고 개념은 다양하게 변해 왔다. 따라서 프로이트 사상에 대한 단순 명료한 규정은 오히려 그의 사유를 왜곡하는 것이 된다. 그렇다면 서로 다른 인식 패러다임을 지닌 학파 사이의 차이성을 통합할 하나의 관점과 개념을 제시하려는 것은 무모한 발상일 수 있다. 우리가 할 수 있는 일은 가능한 한 여러 입장들을 차분히 숙지하면서, 최종적으로 자신에게 부합하는 입장을 취하는 것이

다. 이를 위해 먼저 정신분석학의 뿌리인 프로이트의 핵심 주제
와 관점을 살펴보자.

  프로이트에게 정신분석이란 다음과 같은 다양한 의미를 가
진다.

① 의식의 이면에는 사유·정서·행동에 심대한 영향을 미치
   는, 역동하는 '그것(무의식)'이 있다.

② 정신의 구조·방어기제·내적 대상(무의식적 환상)·성격
   (근본 정서와 욕망)이 형성되는 '유년기'는 평생 삶에 영향
   을 미친다.

③ 본능 욕동(성 욕동과 자아 욕동, 삶의 욕동과 죽음 욕동)은 정
   신 조직을 발생·유지하는 에너지원이다. 따라서 사유작용
   과 환상, 욕망활동에 큰 영향을 미친다.

④ 인간의 성 욕동은 특유한 '발달' 단계를 지닌다. 이 발달
   과정을 어떻게 거치느냐에 따라 개인의 성격과 욕망 구조
   가 달라진다. 유아적 성 욕동에 '고착'되면 유아적 성환상
   에 대한 방어에너지가 소모되어 자아 발달에 부정적 영향
   을 미친다.

⑤ 자아는 인식기능과 방어기능을 동시에 담당한다. 그런데
   본능에서 자아가 '분화'된 근본 목적은 '개체의 안전한 보
   존'이다. 따라서 인식기능은 방어기능에 상당 부분 종사할
   수밖에 없다.

⑥ 자아는 자기 자신과 외부 세계에 대한 객관적 인식을 방해
   하는 여러 유형의 방어기제를 지닌다. 이 방어기제는 무의
   식적으로 작동함으로써 현실에 대한 왜곡과 환상을 유발

한다.

⑦ 자아의 활동에 대해 관찰·평가·계도(啓導)·명령하는 일
종의 '정신 내적 실재(psychic inner reality)'인 초자아가 존
재한다. 자아에 대한 초자아의 강력한 영향력으로 인해 죄
책감과 불안이 발생한다.

⑧ 규범적 행위규칙을 필요로 하는 '사회적 현실'이 초자아와
자아의 발생·유지·발달에 영향을 미친다.

⑨ 초자아는 한편으로 개인의 성장 과정에서 삶에 강력한 영
향을 미친 타자(부모, 선생, ……)의 특성과 규범적 요구를
대변한다. 그리고 때로는 '본능의 요구'를 대변하여 자아
에게 '반사회적인 파괴 명령'을 내리기도 한다.

⑩ 증상(symptom)은 외상(과잉자극), 환상 그리고 자기 삶에
대한 병리적(유아적·부정적) '사후(事後) 해석'의 결과로
발생한다. 그러므로 역으로 무의식에 대해 자아가 '성숙한
사후 해석'을 할 수 있다면 증상은 극복될 수 있다.

⑪ 꿈, 실수, 저항과 전이 그리고 신화와 예술작품에 대한 해
석은 신경증 치료와 아울러 인류의 정신 내면을 이해하는
데 크게 기여한다.

정신분석 이론은 신경증 증상의 원인을 추적하는 과정에서 발
견한 '의식과 다른 어떤 힘'에 대한 자각에서 생겨난다. 프로이
트는 사회가 금기시하는 충동과 생각들을 자아가 과도하게 억압
하면 나중에 신경증이 발생한다고 해석한다. 오이디푸스 욕구를
불완전하게 억압한 결과 비합리적 행동을 반복하는 강박증, 억압
된 욕망을 신체 증상으로 전환시켜 표출하는 히스테리, 드러내기

싫은 상처와 불안을 엉뚱한 대상에게 투사하여 회피하는 공포증
은 모두 무의식에 기인한다. 이 무의식적 힘 때문에 정신적 불안
과 신체적 장애가 일어난다. 그래서 프로이트는 의식의 배후에서
사유·정서·행동을 좌우하는 '그것(Das Es)'에 대한 접근을 시
도한다. 문제는 의식이 알지 못하고 통제하지 못하는 '그것'을
어떤 방법을 통해 알 수 있느냐에 있다. 정신분석의 독창성은 바
로 의식이 알지 못하고 통제하지 못하는 '그것'에 접근하는 고
유한 방법을 발견한 데에 있다.

　정신분석은 먼저 일상생활에서 의지와 무관하게 발생하는 비
합리적인 정신·신체 현상을 주목한다. 그 대표적인 예가 꿈, 증
상, 실수 등이다. 그리고 이런 비의도적 현상이 발생하게 된 원인
을 알기 위해 내담자의 **'자유연상' 언어와 꿈에 대한 해석, 방어적
저항과 전이에 대한 해석**을 행한다. 정신분석학파마다 사용하는
무의식에 대한 접근방법과 해석 관점 및 치료기법은 서로 다르
다.[1] 이 대목에서 '치료'로서 정신분석과 '성찰'로서 정신분석
의 차이에 주목해 보자. 정신분석 치료는 근본적으로 내담자와
분석가 사이의 정서적·지적 상호관계에서 발생하며, 양자 사이
의 관계는 증상 유형에 따라 달라진다. 가령, 사기애기 결핍된 사
람은 '자기'의 회복과 발달을 위해 힘 있는 대상의 '공감과 지
지' 체험을 필요로 한다. 이에 비해 신경증자는 기존의 방어체계
와 환상을 '성찰'하여 해체하는 깊은 '해석' 체험을 갈구한다.

　정신분석 관점은 과학의 기준에 의해 일정한 제약을 받는다.
정신분석 이론과 임상적 치료기법은 정신분석학을 구성하는 두
기둥이다. '성찰로서 정신분석'은 무의식에 대한 '거짓 없는 인
식'에 제일 목적을 두며, 증상의 해소(치료)는 자기 인식의 부수

적 결과물로 해석한다(프로이트와 라캉). 이에 비해 '치료로서 정신분석'은 병리적 증상의 구체적 해소가 제일의 목적이다. 온전한 자기 인식은 정신이 치료(발달)되어 정상성을 회복한 결과로 얻어지는 것으로 본다(자아심리학, 대상관계론). 이처럼 양자는 강조점의 순위가 서로 다르다. 전자의 입장에서는 왜곡 없는 '자기 인식'이 초점이고, 후자는 '증상 해소'가 초점이다. 후자는 부정적 진실에 대한 '성찰'이 '자기(애)'가 약한 환자의 정신 균형을 깨뜨리는 부작용을 유발할 수 있다고 해석한다. 따라서 그들에게 '성찰'은 때로 정신치료의 필수조건이 아닐 수도 있다. 치료로서 정신분석은 공감, 지지, 격려, 교육, 설득, 최면 그리고 약물 등을 사용할 수 있다는 점에서 '엄밀한 인식'을 고집해 온 전통 학문의 기준에서 어느 정도 벗어난다.

프로이트는 무의식에 대한 치료적 접근과 인식적 접근을 종합한 결과 다음과 같은 새로운 사실을 발견한다.

① 인간의 본능 욕동과 정신작용 대부분은 무의식적이다.
② 무의식과 의식의 성질과 기능은 서로 다르다(1차 과정 대 2차 과정, 쾌락원칙 대 현실원칙). 그리고 양자는 상호 대립적 타협관계에 놓여 있다.
③ 무의식은 '억압'이라는 방어작용이 작동한 결과로 발생하며, '억압' 활동이 계속될수록 무의식은 비대해진다. '억압'은 현재의 의식에 노출하기 두려운, 금지된 충동과 외상(trauma), 환상, 불안과 밀접히 연관되어 있다(오이디푸스 콤플렉스와 거세공포).
④ 무의식의 내용과 활동은 꿈, 신화, 작품, 증상, 실수 등의 비

합리적 현상에서 상징적으로 드러난다.

⑤ 무의식에 대한 성찰은, 평온한 '관념적 사유'가 아니라 강렬한 '정서적 인식' 체험이다.[2]

⑥ 무의식은 분석가와 내담자 사이의 독특한 정신분석 관계 체험을 통해 변한다(사후해석). 그러나 일반인은 이미 특정한 무의식적 방어기제에 고착되어 있다. 따라서 혼자 힘으로 자신의 방어기제를 넘어서 무의식을 직면하고 변형하는 것은 구조적으로 불가능하다(분석가의 역할).

앞의 언설은 오늘날 정신에 관한 엄밀한 이론을 제시하려는 학자라면 반드시 참조해야 할 내용을 담고 있다. 전통 철학자들이 정신에 대해 기술한 개념들은 더 이상 현대인의 정신을 반영하는 충분한 도구가 되지 못한다. 오늘날 '이성／의지／감성', '순수이성／실천이성／미적 판단력'의 삼분법은 '의식／전의식／무의식', '자아／초자아／이드'로 대체된다. 전통 개념들은 현대인의 정서·인지·문화 상태를 온전히 반영하지 못한다. 19세기에 심리학과 정신의학이 발생한 이후, 정신을 탐구하는 임무는 철학자의 눈에서 정신과학자의 눈으로 넘어갔다. 이후 철학자는 과학이 제공하는 자료를 선별하고 고유하게 종합하여, 정신에 대한 새로운 사유를 제시한다. 그런데 21세기 시점에서 정신분석학은 병리적 정신 구조뿐만 아니라 일반인의 정신이 형성·발달하는 과정에 영향을 미치는 신경생리적·문화적·언어적·심리적 조건들에 대한 다각도의 연구를 시도한다. 그리고 이 조건들 사이의 상호 영향 관계를 검토하여, 정신에 대한 종합적 전망을 얻으려 한다.[3] 이는 정신분석학이 어느덧 철학자들이 담당해 온 정신에 대한 종합적 사유활동의 공간을 차지하고 있다는 기호로 해석할 수 있다. 이 상황에서 철학자가 고유하게 할 일은 무엇인가? 그런데 만약 철학자가 정신분석 지식을 습득하여, 정신분석가가 아직은 낯설어하는 '가치 일반에 관한 종합적 사유' 전망을 제공한다면 어떻겠는가? 이 경우 철학은 정신의 심연과 이상을 함께 반영하는 친밀하고도 존경스런 학문으로 다가올 것이다. 이런 작업이 가능하려면 먼저 정신분석에 대한 이해가 필요하다. 이를 위해 정신분석의 주제와 관점이 무엇인지 알아보자.

1. 무의식

정신분석의 근본 주제는 '무의식'이다. 그리고 '무의식에 대한 이해가 신경증의 원인과 인간을 이해하는 열쇠이다."라고 보는 것이 정신분석의 근본 관점이다. 무의식은 '억압'이라는 방어작용에 의해 정신이 '의식/무의식'으로 분열됨으로써 발생한다. 억압은 자아가 감당하기 힘든 내부·외부의 자극을 받을 경우, 생존을 위해 그 자극을 신속히 의식에서 추방하는 방어작용이다. 억압은 안정된 사회생활을 위해 반드시 의식에서 차단해야 하는 금지된 욕구들에 대한 1차 억압(원억압)과 1차 억압된 내용들을 연상시킬 위험성을 지닌 표상들에 대한 2차 억압으로 구분된다(프로이트, 1939: 140-141).

자아의 발달 정도에 따라 개인이 감당할 수 있는 자극의 내용과 강도는 다르다. 그럼에도 불구하고 억압기제가 작동되었다는 것은 정신이 감당하기 힘든 자극이 있다는 것을 의미한다. 그런

데 '억압된 것'과 무의식은 동의어가 아니다. 왜냐하면 '정신활
동 자체가 대부분 무의식적'이기 때문이다(프로이트, 1939: 169).

정신분석 치료의 핵심은 무의식에 부적절하게 억압된 본능 표
상·관념·정서 들을 성숙한 자아의 관점으로 직면하고 재해석
하는 과정에 있다. 개인의 과거가 억압되어 무의식이 되면 그 개
인은 그 특정 과거에 고착되어 '현재'에서 소외된다. 따라서 과
거 반복되는 영향에서 벗어나 정신의 새로운 발달을 이루기 위
해서는 무의식을 의식화해야 한다.[4]

정신분석은 자아가 미성숙한 유년기에 받은 상처와 불안, 고
착된 방어구조를 현재의 상황에 적합한 방어 유형으로 변형하는
작업을 내포한다.[5] 동일한 자극이라도 나약한 자아에겐 두렵고
감당하기 힘든 상처로 작용하지만, 성숙한 자아에겐 평상적 사건
으로 해석된다. 따라서 정신분석은 곧 무기력했기 때문에 억압하
였던 무의식적 과거에 대한 현재 자아의 성숙한 '자기 인식' 및
재해석 활동을 의미한다.

정신작용 대부분은 무의식적이다. 심지어 의식의 **작용조차 무
의식적이다**(프로이트, 1920: 103). 인간은 단지 의식되지 않는 다
양한 정신활동의 결과만을 의식할 뿐이다. 따라서 의식이 내리는
판단과 평가의 특성과 위상을 온전히 자각하기 위해서는 이를
무의식과 상호관계 속에서 파악해야 한다. 정신의 한 부분인 의
식을 마치 정신 전체를 대변하는 활동인 양 착각하고, 의식을 실
재에 대한 총체적 판단의 준거로 삼는 경향은, 한편으로 자아의
자기애 성향에 기인한다. 그리고 다른 한편으로 복잡한 유기체가
외부 세계에 안전하게 적응하는 데 질서적인 지각을 제공하는

의식의 기능이 유용하기 때문에 생겨난다. 이에 비해 1차 정신과 정인 무의식의 활동은 다음과 같은 특징을 지닌다.

① 무의식은 무시간성, 무논리성, 비현실성(비인과성), 무도덕 성을 지닌다(프로이트, 1915: 192-193).

② 무의식은 쾌락원칙을 따르며, 자극에 대해 즉각적 · 직접 적 · 원대상적으로 반응한다.

③ 무의식은 압축, 전치, 이미지화, 상징화 등의 원초적 표현 활동을 한다(꿈 작업, 증상화 작업).

④ 일단 지각되었다가 억압된 무의식은 반복해서 의식에 회귀 하려 한다.

⑤ 무의식은 다양한 본능 에너지의 저장소다(성 본능, 보존 본 능, 공격 · 파괴 본능). 따라서 무의식과 의식 사이의 분열이 심화되면 에너지원이 고갈되어 창조적 의식활동이 불가능 하게 된다.

2. 유년기

정신분석에서 특별히 관심을 갖는 인생의 시기는 유년기다. 이 시기가 인생에서 중요한 까닭은 정신구조 · 방어기제 · 핵심 정서와 환상 · 성격 등이 이 기간에 형성되기 때문이다. 일단 형 성된 정신구조와 성격 유형은 아주 특별한 계기에 의해 변형되 지 않는 한 대부분 평생 지속된다. 유년기가 정신의 골격이 형성 되는 시기라는 말은 정신의 방어 유형이 정착되는 것과 밀접한 연관을 지닌다. 유년기엔 타자의 배려와 보호 없이는 자립적 생존이 불가능하며, 외부에서 밀려드는 자극과 내부에서 솟구치는 욕동으로 인해 자신을 주체하기 어렵다. 따라서 이 기간에 어떤 강한 자극이 침입할 경우, 아이는 생존을 위해 자동적으로 강력한 방어기제를 작동시킬 수밖에 없다. 그리고 이 방어기제가 계속 작동할 경우 정신구조의 일부로 고착되어 병리적 환상을 발생시킨다. 이 방어기제와 환상은, 그것을 수정하는 특별한 '사후작용(事後作用, Retroactive action)'이 없으면 평생 그 개체 속에서 정신구조와 성격을 이루며 작동한다. 그리고 정신 능력이 취약한 시기에 받는 상처일수록 '억압'되어 의지와 무관하게 그 개체의 정신 속에 '평생의 흔적'으로 남는다. 좀처럼 지워지지 않는 '무의식의 흔적'은 이후의 현실세계를 대면하는 데 심대한 왜곡을 유발한다.

프로이트는 부모의 일방적 보호를 받다가 갑자기 규범과 언어 습득을 강요받는 과도기인 아동기(3~6세, 일명 남근기 혹은 오이디푸스기)를 정신구조와 성격 형성에 가장 중요한 시기로 해석한다. 이 시기가 중요한 까닭은 개인의 정신이 자연 본능 상태에서 사회적 규범에 적응하는 상태로 급격히 변형될 수밖에 없게 하는 운명적 사건이 이 기간에 발생하기 때문이다.[6] 이 과정에서 타자와 어떤 관계 경험을 하느냐에 따라 자아의 방어 유형과 내적 대상(초자아)의 특성이 결정된다. 부모의 헌신적 배려에 의해 본능 욕동을 자유롭게 분출하며 살아가던 유아에게 (낯선) 규범과 상징적 언어를 습득하라는 강한 요구는 감당하기 힘든 압력으로 다가온다. 인간이 자연 존재에서 사회적 존재로 변신하기 위해 운명적으로 통과해야 하는 이 상황은 아이들 일반에게 너무 충격적이기에 억압된다. 이 억압으로 인해 유년기 상처들은 '극복'되지 못한 채 무의식에 묻혀 있다가 훗날 성인 신경증의 잠재된 원인이 된다(프로이트, 1933: 126-128). 아동기의 정신 발달 과정에서 부모가 아이에게 너무 엄격하게 규범 습득을 강요하면, 아이는 자율적 선택이 아니라 부모의 애정을 상실할지도 모른다는 거세공포로 인해 자연적 욕구를 억압한다. 그 결과 '의식/무의식'으로 분열된 욕망구조와 강박적이고 방어적인 성격을 지니게 된다.

프로이트 이후의 대상관계론자들은 출생 직후부터 남근기 이전까지를 정신이 형성되는 가장 중요한 기간으로 해석한다. 생후 3년간은 생존 능력이 가장 취약한 시기로, 이 기간에 이미 정신의 그릇('자기')과 중요 내용물('내적 대상')이 형성되며, 특정 양태로 구조화된다. 따라서 유아기에 개체가 어떤 긍정적 내지 부정적 '대상관계' 경험을 하였느냐가 그 개체의 인지 능력과 정서 능력의 질을 평생 좌우하게 된다.

6세 이전의 체험이 대다수 인간에게 기억나지 않는 까닭은 그것이 너무 오래되었거나 인지 능력이 미발달했고, 언어 습득 이전 시기였기 때문만은 아니다. 이것은 그 시기에 기억해서는 안 될 금지된 욕구와 생리심리적 상처·불안이 있었기에, 그것이 연상될까 봐 두려워 방어적 '억압'이 계속 작동하기 때문이다. 유년기는 자아의 방어작용에 의해 인간의 의식 속에서 억압·망각되거나 아름답게 각색(왜곡)된다. 그리고 꿈이나 증상, 실수, 무의식적 환상 등을 통해 의지와 무관하게 '반복적으로' 회귀한다. 개인의 사유·정서·행동은 무의식에 억압된 유년기의 정서와 환상, 유아적 방어작용에 자신도 모르게 영향을 받는다. 그런

데 이런 사실에 대한 인식은 무의식적 방어작용에 의해 의식에
서 차단되어 있다.[7]

3. 욕동, 환상, 소망, 불안

인간의 근본 욕망은 무엇인가? 프로이트는 신경증자들이 자신
의 욕망을 온전히 알지 못하고, 어떤 불안 때문에 현실에서 충족
하지도 못함을 주목한다. 신경증자는 욕망을 '증상으로 분출' 하
며 고통스럽고 비현실적인 삶을 살아갈 뿐이다. 그렇다면 이들이
자신의 증상 이면에 숨겨진 욕망을 인식하지 못하는 이유는 무
엇인가? 그것은 '처벌받을지 모른다' 는 유아적인 어떤 불안 때문
이다.

신경증자는 무의식의 어떤 욕동과 환상, 소망과 불안에 휘둘
리며 살아간다. 이것은 의식의 판단 영역을 넘어선 무의식의 힘
이기 때문에 결코 어떤 지식이나 교육에 의해 해소되지 않는다.
그렇다면 신경증자와 보통 인간의 삶에 강력한 영향을 미치는
욕동과 환상, 소망과 불안은 무엇인가?

인간에겐 마음껏 충족하고 싶지만 외부 압력과 내부 명령에
의해 억압되는 금지된 욕동이 있다. 프로이트가 주목한 욕동은
성 욕동과 파괴 욕동이다. 이 욕동들은 출생 이후의 성장 과정에
서 내부적 요인과 외부 환경의 압력에 의해 억압되고 좌절된다.
좌절과 억압이 심할 경우 욕동 에너지는 환상이나 꿈, 증상으로
전환된다.

인간의 성 욕동은 다양하며, 크게 보아 유아성욕과 성인성욕

으로 구분된다. 유아성욕은 유년기 말엽에 발생하는 초자아에 의해 내부에서 강력히 억압된다. 그리고 이 억압으로 인해 무시간적인 무의식에서 영원히 변치 않는 '소망'이 된다. 인간의 보편적 '소망'은 어떤 사회적 속박도 없던 어린 시절에 자유롭게 충족하던 유아성욕 감각을 다시 맛보는 것이다. 그러나 유년기의 욕동과 환상, 감각은 무의식에 있기에 인간은 정작 자신이 맛보고 싶은 것이 '무엇인지' 명료히 의식할 수 없다. 단지, 마음을 격동시키는 어떤 대상이 나타날 경우, '으! 저 대상이 내 유아성욕, 성 환상, 소망을 자극하는구나!'라고 짐작할 뿐이다. 그런데 무릇 '소망'은 현실에서는 성취하기 힘든 욕망이다. 혹자가 이 소망을 실현하고자 행동으로 옮긴다면 강력한 초자아 불안과 사회적 거세 위협을 각오해야 한다.

4. 자아의 기능과 방어기제의 양가성

프로이트에 의하면 자아는 선천적으로 존재하는 정신 기관이 아니다. 자아는 특정한 목적을 가지고 본능(Id)에서 후천적으로 분화된 정신 조직이다. 자아의 임무는 쾌락원칙을 추구하는 본능 덩어리인 유아를 냉정한 외부 세계에 안전하게 적응시키는 데 있다. 즉, 자아는 본능과 외부 세계 사이의 불일치와 대립관계를 조화관계로 조정하는 임무를 수행하기 위해 후천적으로 발생한 것이다. 자아는 '의식'이라는 조직을 발달시켜 개체의 안전에 필요한 외부 세계의 정보를 수집한다. 이런 현실 검증 과정에서 자아는 개체에게 유익한 지각은 최대한 받아들이고, 손해되거나 고통스런 자극은 가능한 한 차단하는 방어기제를 작동시킨다. 또한, 내부에서 솟구치는 충동과 자극 중 현실세계에 적응하는 데 해로울 수 있는 것을 억압하거나 투사하는 방어활동을 수행한다.

자아의 방어활동으로 인해 개체는 현실에 안전하게 적응할 수 있다. 그런데 자아의 방어기제는 결코 완전하지 않으며, 그것을 유지하는 데 많은 에너지를 소모한다. 이로 인해 무의식의 회귀압력을 더 이상 방어하기 힘든 경우, 불안과 실수가 발생할 뿐만 아니라 뜻밖의 곤혹스런 증상도 발생한다. 이 경우 증상이란 인간이 '힘든 현실'에 적응하는 과정에서 무의식적으로 작용한 방어기제가 '나중에' 유발하는 일종의 사후 부작용(deferred side effect)인 것이다.

5. 초자아의 두 얼굴

프로이트는 '양심'이라 부르는 내면의 규범적 명령활동 조직을 초자아라고 칭한다.[8] 초자아는 마치 부모가 아이를 대하듯 자아에 대해 관찰하고 명령하며, 칭찬하고 벌하는 강력한 상위의 자리를 차지한다. 자아의 최대 목표는 개체를 보호하고 초자아의 칭찬을 듣는 데 있다. 그런데 이 초자아는 아동기의 오이디푸스 갈등 상황에서 거세공포를 피하기 위해 '거대해 보이는 부모'와 자신을 '동일시'한 결과로 정신 내면에 형성된 '부모 이마고(imago)'다. 이 이마고는 자율적으로 살아 움직이는 일종의 '정신 내적 실재(psychic inner reality)'다.

초자아는 부모와 사회의 요구를 대변한다. 그런데 초자아의 활동에너지 일부는 이드에서 공급된다. 이로 인해 초자아는 때로 이드(본능)의 요구를 대변하기도 한다(프로이트, 1920: 178). 따라서 우리는 자신과 타자에 대해 '도덕의 이름으로' 무자비한 공격을 명령하는 이드적·초자아와 부모와 사회의 도덕 가치관을 대변하는 양심적 초자아를 구분해야 한다.

6. 신경증 증상

앞에서 언급한 무의식, 유년기, 욕동과 환상, 소망과 불안, 오이디푸스 콤플렉스, 자아와 방어기제, 초자아의 양면성 등을 이해하면, 비로소 신경증의 원인을 이해할 수 있다.

신경증은 여러 요인이 결합하여 발생한다. 그중에서 주요 요인은 무의식에 위치하는 유년기의 상처(과잉자극), 좌절된 유아적 욕동과 환상, 불안과 유아적 방어기제 그리고 경직된 초자아와 자아의 발달장애, 부정적 해석 등에 있다(이에 대해선 제4장에서 설명할 것이다).

증상이란 "의식이 무의식에 압도당하고 있다."는 상징기호다. 신경증자는 자신의 몸과 마음이 자신의 뜻대로 살아지지 않는 현상이 반복되는 것에 당황한다. 그렇다면 의식의 질서와 기능을 조롱하듯 마비시키는 '증상' 속에서, 무의식은 무엇을 표현하고 있는 것인가? 무의식이 신경증자와 외부세계를 향해 원하는 것, 전하고 싶은 메시지는 무엇인가?

7. 꿈, 작품, 신화, 문화론

이 책에서 직접적으로 다루진 않았지만, 프로이트가 인간 내면에 대한 이해를 위해 관심을 가졌던 정신분석의 주제로 꿈, 신화, 예술작품, 문화를 들 수 있다. 꿈, 신화, 작품은 일반인의 무의식을 이해하는 데 크게 기여하는 대상이다. 이 다양한 주제를 이해하려면 먼저 꿈을 이해해야 한다. 꿈이 형성되는 원리와 동기를 이해하고 꿈을 해석할 수 있게 되면 무의식에 감추어졌던 개인과 인류의 내면세계가 다중적으로 드러난다. 그리고 꿈해석 지식과 방법을 응용하면 인류가 만들어 낸 신화와 예술작품, 문화현상에 대한 이해와 해석이 매우 수월해진다.

8. 정신분석의 관점들: 구조론, 경제론, 발달론

프로이트는 구조론, 경제론, 발달론이라는 각기 고유한 관점을 종합하여 증상과 꿈, 신화, 작품의 발생 원인과 동기를 설명한다. 이 관점들은 학문적 전제와 주장에 있어 서로 충돌되는 요소도 내포한다. 그렇지만 프로이트는 각 관점이 지닌 고유한 설명력을 존중하여 대상과 맥락에 따라 이 관점들을 병행해 사용한다.

자아와 '자기(Self)'의 초기 발달과정을 주목하는 자아심리학과 대상관계론에서는 발달론의 관점을 중요시한다. 이에 비해 라캉학파는 '무의식'의 언어적 구조성에 주목하여, (지형학적) 구조론 이야말로 정신분석의 핵심 관점이라고 주장한다. 신경전

달물질의 균형 있는 소통에 주목하는 신경생리학 전문가인 정신
의학자들은 경제론을 가장 '과학적인' 관점으로 해석한다(3장
참조).

미주

1) 프로이트는 내담자 스스로 주체적 '자기성찰' 내지 성숙한 '사후해석'을 통해 과거의 콤플렉스와 트라우마를 직면하고 극복하는 것을 강조한다. 이에 비해 대상관계론에서는 내담자의 정서적 측면에 대한 분석가의 공감·지지가 성찰보다 중요하다고 해석한다. 각각의 정신분석학파는 '성찰요법'과 '공감요법'에 대해 서로 다르게 정리하고 있으며, 병의 원인에 대한 해석과 병의 극복 방법에 대한 해석 역시 각기 다르다. 각 학파는 나름대로의 임상효과를 근거로 하여 그 이론의 정당성을 유지한다. 사람에 따라 어떤 학파의 관점과 치료 방법이 특별히 유용할 수도 있고, 무용할 수도 있다〔그린버그·미첼, 정신분석학적 대상관계이론(한국심리치료연구소, 1999), pp. 595-626〕.

2) '정서적 인식'은 곧 '무의식에 대한 체험적 인식'을 뜻한다. '정서적 인식'이 강조되는 것은 무의식의 상당 부분이 정서로 구성되어 있기 때문이다. 과거의 사건을 과거와 동일한 정서로 재인식해야만 과거 상처가 비로소 카타르시스되어 그것에 대한 고착과 방어가 풀리게 된다. 가령, '성 충동의 내향화는 신경증을 유발하고, 공격 충동의 내향화는 죄책감과 편집증을 유발한다.'는 정신분석의 내용을 관념적 지식으로 정리하는 것과 정서적 인식으로 정리하는 것은 매우 다른 결과를 유발한다. '관념적 지식'은 무의식에 영향을 미치지 못한다. 그러나 '정서적 인식'은 무의식에 영향을 미쳐 삶의 구체적 변화를 유발한다.

3) 프로이트가 신경생리학, 생리심리학(욕동이론), 언어·예술·문화·종교에 대한 연구를 거친 후 말년에 제시한 '죽음 본능' 이론에는 인생에 대한 거시적이고 종합적인 사변이 담겨 있다. 그의 사변이 주관적 상상을 넘어서는 무게를 지니는 것은 그가 거쳐 온 풍부한 과학적 지식의 배경 흔적에 기인한다. 또한, 라캉의 정신 연구에도 정신의학, 정신분석학, 언어학, 철학 등의 다양한 관점들이 농축되어 있다. 이처럼 프로이트와 라캉은 철학과 정신분석 사이의 경계를 넘나든다. 정신분석이 다른 학문에 미친 다중적 영향에 대해서는 다음의 책이 유용하다.

· 엔소니 엘리어트. **정신분석학 입문**(한신문화사, 1988).

· 스테판 미첼 · 마가렛 블랙, **프로이트 이후**(한국심리치료연구소, 2000), pp. 18-21.

4) 의식화되어야 할 무의식의 부분은 과거에 일단 의식되었다가 억압된 경험 내용이다. 가령, 욕구 표현이 좌절되어 수치스럽고 모욕적인 느낌을 받았던 과거의 상처를 계속 의식하게 될 경우 정신의 안정을 깨뜨릴 위험이 있다고 '자기 해석' 되어 억압된 것이다. 그런데 이런 해석은 사건을 억압할 당시의 '미숙한 자아' 가 내린 해석이므로 지금의 성숙한 자아의 관점으로 직면하고 재해석한다면 굳이 억압할 필요가 없는 것일 수 있다. 그러나 1차 억압(원억압)된 내용은 정신구조상 결코 의식될 수 없다. 왜냐하면 그것은 정상적 생존을 위해 결코 의식되어선 안 될 금지된 욕구로 이루어져 있기 때문이다. 가령, 사회적 규범과 상징적 언어에 대한 스트레스와 거세공포를 느끼기 이전 상태로의 회귀 욕구는 모든 상징적 코드의 해체, 즉 죽음을 향한 '향락' 을 의미하기 때문에 이에 대한 '정서적 인식' 은 본능적으로, 구조적으로 차단되어 있다. 개인이 의식할 수 있는 무의식의 내용은 2차 억압된 내용이다. 2차 억압은 1차 억압을 '연상' 하게 할 위험성이 있다고 상상되는 광범위한 표상에 대한 억압이다. 이때 너무 많은 정서와 생각이 '위험의 범위로 분류될' 경우 방어에너지의 과잉지출로 인해 자아의 '발달' 이 힘들게 된다. 가령, 원시인의 터부 규칙에는 근친상간을 방지하기 위해 동일 토템을 섬기는 부족 내의 남녀가 성관계를 맺는 일, 성장한 남아가 누이와 엄마, 친척 여인과 가까이 있는 일, 심지어는 사위와 장모가 일정한 거리 이내에서 마주 대면하는 것조차도 금지한다(프로이트, **토템과 금기**(경진사, 1993), 1장, pp. 23-26].

정신분석이란 바로 이 2차 억압된 내용에 대한 직면 · 재해석 활동이다. 즉, 2차 억압은 과거의 특정 시점에서는 방어할 필요가 있었지만, 자아가 성숙한 현재 시점에서는 더 이상 방어 에너지를 지출할 필요가 없는 방어작용이다. 따라서 이런 사실을 자각시켜 2차 억압을 푸는 작업이 정신분석이다.

5) 억제, 승화, 유머 등은 모두 개인과 사회에 유익한 긍정적 방어기제로 해석된다.

6) 오이디푸스기에 겪는 충격적 체험 과정은 다음과 같이 요약할 수 있다.

남녀 성 차이 인식 → 최초의 성 대상 선택 → 아버지의 규범 요구 → 오이디푸스 욕구 → 뜻밖의 충격적 자각 → 오이디푸스 콤플렉스, 갈등, 양가

감정 → 거세공포의 엄습 → 이성 부모와 '동일시' → 초자아, 성 정체성 발생〔프로이트, 오이디푸스 콤플렉스의 해소. 성욕에 관한 세 편의 에세이(열린책들, 1998), pp. 49-51; 프로이트, 자아와 이드, 쾌락원칙을 넘어서(열린책들, 1997), pp. 119-120; 프로이트, 새로운 정신분석 강의(열린책들, 1996b), pp. 92-93〕.

7) 신경증의 대표적 방어기제는 부정, 억압, 분리, 전환, 전치, 취소, 회피, 투사 등이다. 신경증자는 자신이 감당하기 힘든 과거의 상처와 연관된 사건들을 부정, 억압하여 의식에서 차단하거나 과거 사건을 충격적 정서에서 '분리', '고립'시킴으로써 그것이 기억되더라도 정신에 영향을 미치지 못하게끔 만든다. 이런 무의식적 방어기제에 의해 신경증자는 자신의 과거 상처와 콤플렉스를 온전히 직면하기 힘들게 되며, 그 결과 자신의 의지와 무관하게 평생 자신의 무의식에 고통스럽게 휘둘리는 삶을 살게 된다〔Freud, Inhibitions, *Symptoms and Anxiety. The standard edition of the complete psychological works of Sigmund Freud* (The Hogarth press, 1959), Vol. XX., pp. 119-122〕.

8) 초자아는 부모가 아이에게 삶을 자상하게 안내하듯이 자아에게 사회적 자아-이상을 제공하는 양심적 초자아와 도덕의 가면을 쓰고 무자비한 공격을 가하는 이드를 대변하는 혹독한 초자아로 구분할 수 있다.

2

성 욕동 '발달'과
정신의 '성숙' 사이의 관계

1. 성해방과 성에 대한 무지

오늘날 한국에서 '성'은 어느덧 보편적인 관심의 대상으로 존재한다. 그리고 "성을 더 과감히 해방시켜 달라."는 요구가 사회 곳곳에서 다양하게 분출되고 있다. 남성성과 여성성, 일부일처의 성관계, 동성애와 양성애, 구강성애와 항문성애 등에 대한 전통 관념은 변화를 요구받고 있다. 그러나 묘하게도 정작 '성'의 근본 특성에 대해 깊은 성찰을 지닌 사람을 만나기는 쉽지가 않다. 심지어 성해방을 요구하는 당사자나 (성)도덕을 가르치는 학자, 성규제를 담당하는 정치가 들에게서조차 성에 대해 종합된 전문 지식을 발견하기는 어렵다. 이처럼 성에 대해 단편적 식견을 지닌 사람들에 의해 성해방과 성규제, 성담론이 표출된 것이 우리 사회의 실상이다. 이런 상황에서 한 가지 의문이 든다. 오랜 기간

쏟아 온 관심과 욕망에 비해, 성에 대한 개인의 인식이 이토록 철저하지 못한 상태에 머물러 온 까닭은 무엇 때문일까? 혹시 우리의 내면에 성에 대한 인식을 방해하는 어떤 힘이 작동하기 때문인가? 아니면 우리 사회가 성에 대한 지식과 지식 추구를 천박한 것으로 경시해 왔기 때문인가? 과연 우리는 '성'에 대한 인식이 인생의 비밀을 푸는 소중한 무엇이라고 생각하는가?

인간의 성 욕동은 어떤 특성을 지니는가? 그리고 정상인이 성 취하는 '성숙한' 성욕의 양태는 어떤 것인가? 사람들이 암암리에 간절히 해방시키고 싶어 하는 성욕은 특히 어떤 것인가? 정신과 육체 모두에 흡족한 성 대상을 발견하여 성 목적을 충족하는 것과 좌절되는 것이 정신 발달에 미치는 영향은 무엇인가? 사회 유지와 문화 활력을 위해 사회 구성원의 성욕은 어느 정도까지 억압되거나 개방되어야 하는가? 이 물음들에 대한 답을, 세인의 비난과 멸시를 무릅쓰고 "'인간'에 관한 수수께끼를 푸는 열쇠가 '성'에 있다."고 집요하게 주장한 프로이트에게서 찾아보자.

2. 본능과 욕동의 차이성

프로이트가 특별히 주목한 '성(sexuality)'은 성 욕동이다. 그런데 성 욕동에 대해 접근하기 전에, 먼저 본능(Instinct)과 욕동(Trieb)의 차이성을 명료하게 할 필요가 있다(Laplanche & Pontalis, 1973: 214-215). 본능이란 순수한 생물학적 욕구를 지칭한다. 이것은 목적과 기능이 이미 명확히 결정되어 있기에 의지나 환경에 의해 변할 수 없다. 문화를 지니지 않은 자연생명체는 선천적으로 유전된 생물학적 욕구를 맹목적으로 쫓아간다. 그런데 인류의 본능은 생물학적 욕구에 의해 필연적으로 결정되지 않는다. 인류의 본능에는 원시시대부터 현대에 이르기까지 우연적 문화 체험 흔적이 융해되어 있다. 따라서 '순수한 자연 본능'은 인간에게 온전히 경험되지 않는다. 또한, 인간의 본능은 고통스런 외부 세계의 요구에 대처하는 과정에서 (자아와 초자아라고 하는) 새로운 정신 조직을 '분화'시킨다. 그리고 이 정신 조직에 의해 본능 에너지는 비본능적인 용도로 전환된다. 인간의 특이성은 바로 본능의 이러한 '유동적 변형력'에서 유래한다. 이런 인간 본능을 동물의 본능과 구분하기 위해 '욕동(Trieb)'이라 명명해 보자. 욕동은 다음과 같은 성질을 지닌다.

　　욕동은 신체기관에서 발생하여 정신에 도달하는, 육체와 정신의 경계에 위치한 무엇이다. 욕동은 결코 그 자체를 의식에 드러내지 않는 미지의 무엇이며, 인간은 그것의 표상을 통해 그것의 성질을 간접적으로 추론할 수 있을 뿐이다. 욕동은 정신현상의 근원이며, 정신이 작용하도록 '밀어붙이는' 내적 압력, 내적 요구다. 욕동은 몸속에서 끊임없이 흐르는 자극의 근원이며, 기관 내부에서 발생하여 정신에 가해지는 피할 수 없는 자극, 피할 수 없는 요구며, 정신에 지속적으로 충격을 가하는 내적 힘이다. 욕동은 인간만의 고유한 본능으로서 미결정적이고 유동적인 특성을 지닌다. 욕동의 일부는 개체 발생 과정에서 생명체에 변화를 불러일으킨 '외부 자극의 영향'이 축적되어 생긴 부산물이다. 즉, 욕동에는 생물학적 요구와 문화적 요구가 함께 내포되어 있다(프로이트, 1920: 104-107; 프로이트, 1905: 279).

3. 성 욕동의 특성

　욕동 중에서 동물적 본능과 다른 인간적 특이성을 가장 잘 드
러내는 것이 바로 '성 욕동'이다. 개체의 생존 본능과 죽음 본능
은 프로이트가 볼 때 인간과 자연생명체 모두에 공통적이다. 그
러나 성 욕동만이 유난히 인간과 동물의 차이성을 부각시키는
특이성을 지니고 있다. 따라서 '성 욕동'에 대한 연구는 인간의
고유성을 이해하는 열쇠며, 인간학적 지식의 중심 재료다. 또한,
성 욕동은 개인의 성격 유형과 자아 발달에 심대한 영향을 미친
다. 한 개인의 성격과 자아에는 성 욕동 발달과정에서 만족과 좌
절, 억압과 승화의 흔적이 각인되어 있다. 즉, 내적 성 욕동과 외
부의 성 자극에 대해 자아가 어떤 방어기제로 대응하였으며, 성
욕동이 '어느 시기'에 어느 정도 고착되었는가에 따라 정신구조
와 성격 유형이 결정된다(프로이트, 1905: 369).[1] 따라서 성 욕동
에 대한 세세한 인식은 정신의 특성과 구조 및 정서 양태를 이해
하는 데 핵심 배경이 된다. 그렇다면 '무의식'에 대한 수십 년간
의 내밀한 정신분석 과정을 거쳐 프로이트가 발견한 성 욕동의
정체는 무엇인가? 그의 '유아성욕'론이 세인의 비난을 받은 이유
는 어디에 있는가? 성 욕동의 '특이한 발달과정'이 신경증 발생
에 큰 영향을 미치는 까닭은 무엇인가? 이 물음들에 대한 프로이
트의 답변은 성 욕동의 2차원성, 전환성, 다중복합성, 2단계 발달
성, 양방향성, 양성성 등에 담겨 있다. 이 각각의 무의식적 특성
들을 세세히 음미해야 비로소 다양하고 복잡한 인간 욕망을 이
해할 수 있다. 그리고 정상적 성과 비정상적 성을 구분할 수 있

는 심층적 이해의 기반을 지닐 수 있다. 그렇다면 인간 성 욕동의 특성은 무엇인가? 프로이트는 과연 인간에게서 저급한 '성' 밖에 볼 줄 몰랐던 한심하고 편협한 학자인가?

2차원성 : 심리 – 생리성

'성욕은 곧 동물적인 특성'이라는 전통적 선입견에서 벗어나기 위해 무엇보다 먼저 '인간 성 욕동은 두 차원을 지닌다.' 는 프로이트의 반복되는 강조를 숙지해야 한다(프로이트, 1905: 330). 인간의 성 욕동은 동물과 달리 심리적 차원과 생리적 차원, 정신적 애정 욕구와 육체적 쾌락 욕구라는 두 차원을 함께 지닌다. 이 두 차원은 상호 영향을 미치며, 서로 결합해 하나로 통합되어야 비로소 '성숙한 성'이 출현된다. 이 두 차원이 분리될 경우, 사랑하는 사람과는 성관계를 맺지 못하는 심인성 성 불능상태에 처하거나 애정 없는 육체적 쾌락 추구에 함몰된다.

인간 성 욕동에 심리적 차원이 있기에 인간은 마음에 들지 않는 사람에 대해서는 성 욕동과 성 흥분이 잘 일어나지 않는다. 즉, 개인의 '성 관념과 성 환상'은 대상과의 성 관계에 깊은 영향을 미친다. 특히, 프로이트는 억압된 무의식인 '오이디푸스 성 환상'의 지속적 영향력을 강조한다. 유년기의 '최초 성 대상'에 대해 느꼈던 강렬한 성 흥분과 성 환상은 유년기 말기에 억압되어 무의식에 영원히 보존된다. 그로 인해 인간은 무의식의 성 환상을 자극하는 대상을 접할 경우 뜻밖의 강한 성 흥분을 느끼거나 (초)자아의 억압작용에 의해 불쾌함과 불안을 느끼게 된다.

인간이 자아와 초자아라는 문화적 정신구조를 지닌 이후부터

인간의 성 욕동은 항상 심리-생리적이다. 왜냐하면 성 욕동은 비
록 독립된 욕동이지만 늘 자기보존 본능과 결합되고, 자아에 의
해 상당 부분 '심리적인 무엇으로 전환'되어 발현하기 때문이다.
따라서 순수한 생물학적 차원의 성 본능은 '문명화된 인류'에겐
더 이상 실재하지 않는다.

전환성 : 승화

인간의 성 욕동이 단순히 생물학적 차원이 아닌 심리적 차원
을 지니는 것은 비성적 에너지로의 '전환성'을 갖기 때문이다(프
로이트, 1920: 117). 성 에너지는 학문, 예술을 비롯해 다양한 비
성적 활동으로 전환되어 사용된다. 따라서 성 욕동은 원초적 욕
구활동인 동시에 고상한 정신적 가치 창조의 근원이기도 하다.

1차 과정으로서 성 욕동은 낯선 외부 환경에 적응하기 위해
'자아'라는 새로운 정신 조직을 '분화'한다(프로이트, 1920:
111). 그리고 이 자아에 의해 쾌락원칙을 추구하던 1차 과정의
일부분은 현실원칙을 수행하는 2차 과정으로 전환된다. 또한, 자
기애적인 유아성욕은 외부 대상을 향한 사회적 관계 활동으로
전환한다. 인류의 문화는 바로 이 승화적 전환을 통해 이룩된다.
그렇다면 문화 발달의 성공과 실패는 사회 구성원이 성 에너지
를 얼마나 귀하게 잘 보존하고, 나아가 사회가 각종 보상제도를
통해 성 에너지를 문화적 용도로 전환하게끔 얼마나 잘 유도하
는가에 달려 있다. 만약, 문화가 성 욕동을 경멸하고 과도하게 억
압할 경우, 사회 구성원은 자신과 타인의 성 욕동에 대해 무가치
함과 거부감을 심하게 갖게 되어 함부로 낭비하거나 억압하게

될 것이다. 그리고 그 억압의 결과로 무의식에 의해 자아기능의
일부가 마비되는 신경증 상태에 처하게 된다. 그런데 정반대로,
사회구성원이 성 욕동 자체를 제1가치로 간주하여 성 욕동의 직
접적 충족에 지나치게 탐닉할 경우 그 개인은 어찌될 것인가?

> 만약, 인간이 성 본능의 여러 요소를 사용하여 충분히 만족스런
> 성 쾌락을 얻을 수 있다면, 무슨 동기로 성 본능 요소를 다른 용도
> 로 사용하겠는가? 결코 성 쾌락을 포기하지 않을 것이고, 진보를
> 위해 노력하지 않을 것이다(프로이트, 1905: 176-177).

프로이트는 승화 능력은 소수만이 가지고 있고, 승화만으로는
행복에 도달하기 어렵다고 본다(프로이트, 1930: 23). 따라서 정
신의 발달과 행복을 위해 직접적인 성 만족과 승화적 만족을 적
절히 조합할 것을 권유한다.

다중복합성 : 유아성욕

프로이트 정신분석의 초점은 성 욕동의 초기 발달과정인 유
아성욕에 집중되어 있다. 그 이유는 초기 성 욕동이 어떤 발달
과정을 거치느냐에 의해 인간의 성격 유형과 정신구조가 상당
부분 결정되기 때문이다. 그리고 유아성욕은 보다 성숙한 성 발
달을 위해 억압되기 때문에 의식에서 망각된다(프로이트, 1905:
287-288). 그런데 바로 이 억압과 망각으로 인해 유아성욕은
'현재 순간'에도 무의식에서 의식에 지속적으로 영향을 미친
다. 그렇다면 유아성욕이란 어떤 것인가?

유아성욕은 유아 내부에서 역동하는 일련의 부분 욕동의 집합

이다. 그 부분 욕동은 선천적 요인과 환경적 요인에 의해 일반적
으로 다음의 전개과정을 거친다.

먼저, 성 욕동이 어디에 부착되느냐에 따라 유아성욕은 '자가
성애→자기애→대상애' 단계로 발달한다. '발달'이라는 개념
을 쓴 이유는, 유아의 성 만족이 극도로 좌절될 경우 성 욕동의
변화와 활력이 위축되거나 '퇴행'하며, 정신질환이 발생하기 때
문이다. 즉, 성 욕동의 발달과정은 정신의 '성숙'과 밀접히 연
관되어 있다.

자가성애는 성 에너지가 '자신의 신체'에 부착되어, 특정한 신
체 부위가 성 만족의 대상으로 느껴지는 상태다. 자기애란 '나'
라는 무엇에 성 에너지를 집중하여, 자기 자신에게서 심리-생리
적 성 만족을 느끼는 상태다. 그리고 '대상애'는 자기 밖의 어떤
대상에 성 에너지를 부착하여, 그것에서 성 만족을 느끼는 상태
다. 보통의 아이는 '최초의 성 대상'으로 자연스럽게 엄마나 아
빠를 선택한다. 그렇다면 유아성욕이 부착되는 대상은 '신체 부
분→나→부모' 내지 '젖가슴→변→부모'다. 이 대상은 어른
의 (초)자아 관점에서 보면 유치하고 비도덕적이며, 反사회적이
기에 비난받으며 억압된다.

성 욕동이 어떤 신체기관에 집중되느냐에 따라 성 쾌감을 민
감하게 느끼는 성감대의 변화가 발생한다. 유아의 성감대는 '입
→항문→남근'으로 발달하며, 이 과정에서 각기 다른 성 욕동
양태인 '구강성애→항문성애→남근성애'가 발생한다(프로이
트, 1905: 294-305, 362).

구강성애란 입으로 느끼는 쾌감과 그것을 반복하고 싶어 하는
욕구를 지칭한다. 젖먹이 유아는 '생존을 위해' 젖을 빨기 시작

한다. 젖은 유아에게 영양을 공급하고 배고픔을 해소하여 생존하
게 한다. 그런데 영양 섭취를 최초 목적으로 시도된 젖 빨기에서
유아는 '빠는 쾌감'을 느끼게 되며, 결코 이 쾌감을 포기하지 않
으려 한다. 그로 인해 성 욕동은 보존 본능에서 '분화' 된다.[2]

　독립된 성적 '부분 욕동'을 지니게 된 유아는 빠는 쾌감을 반
복 체험하기 위해 모든 것을 입으로 음미하려 한다. 이러한 최초
의 쾌락 지각은 정신과 신체에 각인되어 깊은 흔적을 남긴다. 그
리고 본능의 '보수성' 때문에 이후의 성 욕동 발달과정에서도
구강 욕동의 일부는 유지된다.

　항문성애란 항문을 중심으로 느끼는 쾌감의 반복 충족 욕구며,
구강기 다음 단계에 발현한다. 이 시기에 유아는 변이 직장점막
을 훑으며 배설되는 순간의 쾌락 지각에 몰입한다. 그러나 항문
성애는 '위생, 냄새' 등의 이유로 어른의 집중적인 억압 요구 대
상이 된다. 이 조급한 억압 때문에 인간에겐 항문성애에 대한 결
핍감과 이미 맛본 항문쾌감에 대한 재충족 욕구가 항존한다. 아
울러 억압작용 때문에 항문 및 변과 연관된 표상을 접할 경우,
'역겨움'이라는 부정적 반응을 일으킨다. 프로이트는 동성애자
와 강박증자, 편집증자의 성 욕동이 특히 억압된 항문성애에 고
착되어 있음을 주목한다.

　남근성애란, 남근과 연관해서 느끼는 '남아와 여아의 성 욕동
과 성 환상'을 지칭한다. 남근성애는 3~6세의 아동기에 남아와
여아가 '성 차이'를 지각하는 순간부터 시작된다. 남아와 여아는
'남근이 있구나! / 없네!'에 민감하게 반응한다. 남아는 '남근'을
통해 뭔가 새로운 쾌감을 얻을 것을 기대하며, 여아는 '남근이
없음' 내지 '작은 남근(음핵)'을 서운해하며 '남근선망'을 갖게

된다. 그리고 야릇한 기대와 환상을 갖고서 남아는 엄마를 향해, 여아는 아빠를 향해 성 욕동을 부착(cathexis)하는 '최초의 성 대상 선택'이 행해진다. 그러나 이 욕구와 환상은 뜻밖에도 '성 대상을 포기하고, 도덕규범과 언어적 분별을 내면화하라.'는 곤혹스런 '아버지의 요구'에 직면한다. 아이는 이에 저항하는 강렬한 '오이디푸스 욕구'를 분출하지만 거대한 부모의 반대에 부딪히고 거세불안에 꺾여서 결국 아버지의 요구를 수용한다. 즉, 아이는 큰 상처와 불안을 지닌 채 남근성애를 비롯한 모든 유아성욕을 억압하게 된다.

유년기에는 이처럼 특정 신체기관과 특정 (부분)대상을 통해 집중적으로 성 만족을 추구하는 성 욕구가 다중적으로 발현하고 병존한다. 즉, 아이는 자가성애와 구강 욕동, 자기애와 항문 욕동, 근친 대상애와 남근 욕동이라는 각기 다른 성 욕동들을 복합적으로 지니고 있다. 이 각각의 성 욕동들은 '성인의 관점'에서 보면 유치하고 도착적이며 비도덕적으로 보인다. 그렇다면 아이는 모두 도착적 성욕에 휩싸인 괴상한 존재인가? 아직 초자아(양심)가 형성되기 이전 상태에 있는 아이의 욕망과 행위에 대해, 우리는 도덕적 평가를 적용하지 않는다. 유아성욕은 유아에게 자연스러운 성 욕동이다. 그러나 어른이 유아성욕에 집착할 경우, 그(녀)는 자기 자신과 타인에게 유치하고 비도덕적이고 병리적이라는 평가를 받게 된다. 그렇다면 유아성욕은 인간의 성숙 과정에서 어떻게 변화되는가?

유아성욕과 연관된 쾌락 및 고통 지각은 인생의 '최초 지각'이라는 특권적 위치와 힘을 지닌다. '최초 지각'은 그 자체로 정신구조를 형성하는 구성요소가 되므로 지속적 영향력을 지닌다.

더구나 그것이 억압되어 무의식에 보존되기 때문에 평생에 걸쳐 지속적인 영향을 미친다. 유아성욕이 '구강애→항문애→남근애', '자가성애→자기애→동성애→이성애'로 발달하는 과정에서 생긴 결핍과 좌절 내지 과잉자극은 이후의 삶에서 성 대상을 선택하고, 성 만족 취향을 결정하는 데 심대한 영향력을 미친다. 그리고 유아성욕에 비교될 만한 강렬한 성 욕동이 만발하는 '사춘기'의 성 욕동과 어떻게 '통합/분리'되느냐에 따라 성격 유형과 신경증을 결정하는 핵심 소인으로 작용한다.

2단계 발달성 : 사후작용

성 욕동의 인간적 특이성에 관한 프로이트의 심오한 성찰은 특히 성 욕동의 '2단계 발달성'에서 드러난다(프로이트, 1905: 320). 성 욕동은 인생에서 각기 다른 시기에 '두 번' 꽃핀다. 그런데 그게 어쨌다는 것인가? '최초의' 성 대상 선택과 오이디푸스 욕구 및 상처가 발생하는 '남근기'와 '제2의' 성 대상 선택

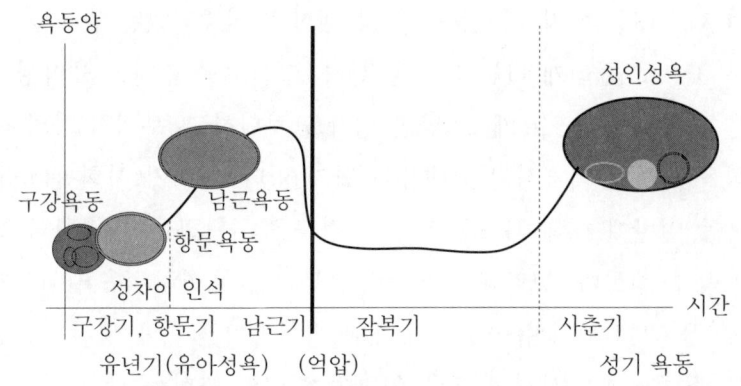

```
욕동양

                                                    성인성욕

           남근욕동
구강욕동
        항문욕동
성차이 인식
                                                          시간
구강기, 항문기  남근기 │ 잠복기        사춘기
유년기(유아성욕)  (억압)              성기 욕동
```

그림 2-1 2단계 성욕동 발달 구조

욕구와 성기 결합력과 생식 능력이 발생하는 '사춘기'에 각각 성 욕동이 강렬히 출렁인다는 것이 왜 대단한 발견인가?

유년기의 성 욕동은 남근기 말기에 초자아가 정신 내부에 형성되면서부터 총체적으로 억압되어 망각된다. 그 후부터 인간의 성 욕동은 오랜 잠복기를 거쳐서, 성 욕동이 급격히 역동하는 사춘기를 맞이한다. 그렇다면 '유년기→잠복기→사춘기'라는 독특한 심리-생리적인 성 욕동 발달과정은 인간 정신에 어떤 영향을 미치는가?

먼저, 유아성욕은 '아버지의 요구'를 내면화한 결과물인 초자아에 의해 비도덕적이라는 비난을 받아, 자아에 의해 '억압'된다. 초자아의 제1임무는 오이디푸스 욕구에 대한 지속적인 감시와 억압 요구다(프로이트, 1905: 50-51). 이 억압으로 인해 유아성욕은 무의식에 잠복된다. 그리고 잠복기에 아이는 사회에서 여러 (규범) 교육을 학습받는다. 아울러 성 에너지는 비성적인 용도로 전환되어, 학습활동을 비롯해 다양한 활동에 사용된다. 사회적 학습내용들 자체는 유년기 성 대상에 집중되었던 관심을 다른 곳으로 돌리게 하는 기능을 한다. 그리고 학습에는 유아성욕을 자극하여 떠오르게 할 만한 생각을 차단하고, 부정적 가치 해석을 가하여 억제시키는 내용이 담겨 있다. 나아가 사회마다 성 욕동 일반에 대해 과도한 관심과 접근을 차단하는, 다양한 교육 압력을 행한다. 그런데 만약 이 잠복기에 우연히 '유혹(과잉자극)'을 받게 되면 유아성욕에 대한 방어막이 뚫리게 된다. 이 경우 소년소녀는 사회적 교육 일반에 흥미와 관심을 갖기 힘들게 된다. 그 결과로 사회 및 초자아의 금기 압력과 억제하기 힘든 성 욕동 및 성 흥분 사이에서 갈등하다가 무기력해지거나 사회적 부적응자가 된다.

2단계 발달에서 주목할 점은 유아성욕이 '억압'된다는 것과 '오랜' 잠복기를 거친다는 것, 생식 능력을 갖춘 새로운 성 욕동이 사춘기에 '갑자기' 만발한다는 데 있다. 그렇다면 '만발하였던 유아성욕'이 '금기의식과 더불어 잠복기 동안 잠잠하다가' '새로운 성기 욕동과 결합하여 갑자기 치솟을 때' 인간 정신에는 어떤 일이 발생할까? 신체적으로 성기가 성숙하고, 성기를 중심으로 내부에서 강한 성 흥분을 느끼며, '성기 결합을 통해 아이('나')가 만들어지고, 성기를 통해 아이('나')가 태어나는 것'이라는 사실을 충격적으로 자각하는 순간, 인간 정신에 무슨 일이 벌어지는 것일까?

사춘기는 신체적인 미성숙과 정신적 무지 때문에 오랫동안 억압해 왔던 성 욕동이 강력히 솟구치는 시기다. 이 시기는 정신적 애정 욕구와 신체적 쾌락 욕구를 충족해 줄 (제2의) 성 대상을 발견하여 성 만족을 성취함으로써 억압할 수밖에 없었던 오이디푸스 욕구와 상처를 마음껏 해소하고 싶어 한다. 이 시기에 자존감이 손상되지 않을 정도의 심리-생리적인 성 만족을 얻거나, 성욕을 간접적으로 분출할 적절한 승화 능력과 승화 수단을 지닐 경우, 그 개인은 성 욕동 발달의 최종 단계를 무사히 통과하게 된다. 그 결과로 '정상적인' 성욕을 지닌 성인으로 살아가게 된다. 그러나 만약 이 시기에 받은 성 자극이 무의식의 유아성욕과 예기치 않게 결합되어 갑자기 솟구치거나 모욕적 좌절 경험이 오이디푸스 상처와 결합되어 증폭될 경우, 자아의 평상적 방어막이 파열된다. 이것이 소위 신경증 증상을 발생시키는 직접적인 원인인 트라우마(trauma, 상처, 과잉자극)다.

사춘기는 강한 성 욕동으로 인해 일상적 자극조차 '성적 의미'로 재해석되는 민감한 과도기다. 이때 '성적 의미'의 무의식적 재료는 주로 유년기의 '오이디푸스 욕구와 오이디푸스 콤플렉스'이다. 이는 성 욕동이 최초 성 대상을 향해 부착하였다가 좌절되는 일련의 흥분과 상처로 구성되어 있다. 만약, '제2의' 성 대상 선택이 이루어지는 사춘기의 성 욕망이 유년기의 오이디푸스 상처와 유사하게 좌절되면 무슨 일이 벌어지는가? 프로이트는 오랜 임상연구를 통해, '서로 다른 두 시기의 상처가 예기치 않게 결합'할 경우, '사후작용'이 작동하여 트라우마와 증상이 발생함을 발견하였다. 그런데 '무의식의' 유아성욕과 그것에 연관된 경험 흔적들이 사춘기 이후의 '(전)의식의' 성적 자극들과 우연히 결합하여 증폭효과에 의해 병인으로 작동한다면, 인간은 누구나 신경증자가 될 잠재적 소인을 가지고 있는 셈이다. 따라서 프로이트에게 '누가 신경증자가 될 것인가.'는 상당 부분 경험적 '우연성'에 좌우된다.

잠복기는 사춘기의 급격한 성 욕동 변화를 초래하기 위한 예비 조건을 형성한다. 특이하게도 인간의 성 욕동은 유년기와 잠복기라는 오랜 기간 동안 최종 발달이 '지연'된다. 바로 이 오랜 기간의 성적 미성숙으로 인해 인간은 근친상간을 막는 도덕규범을 습득할 시간을 벌게 된다(프로이트, 1905b: 352). 성 욕동이 잠잠한 이 기간에 다양한 외부 대상 경험과 새로운 동일시를 통해 자아의 '발달'이 이루어진다. 그리고 억압된 유아성욕을 떠올릴 표상이나 자극에 접촉할 경우, (초)자아의 방어작용에 의해 역겨움, 수치심, 죄책감이 발생하여 회피하게 된다. 성 발달 '지연'과

규범 습득, 성 억압이 오래 지속되는 잠복기가 있기에 성 욕동이
갑작스레 강해지는 사춘기는 격동적 욕망과 불안, 트라우마의 시
기가 된다. 따라서 성 욕동 발달의 '인간적 특이성'은 잠복기에
의해 마련된다. 잠복기는 '문명 발달의 조건'인 동시에 '신경증
의 소인'인 것이다(프로이트, 1905: 363).

사춘기는 지금까지 진행되어 온 다양한 성 욕동을 하나로 통
합하는 최종적 발달 시기다. 이 시기에 남녀는 각각 유년기의 부
분 욕동을 '성기 성욕'을 중심으로 통합하여 심리-생리적으로
성숙된 남성성과 여성성을 확립한다(프로이트, 1905: 329-330).
만약, 이 시기에 성적 과잉자극이나 과도 좌절을 겪게 되면, 그
개인의 성 욕동은 새로운 성 대상에 적응하지 못한 채 유아성욕
으로 퇴행한다. 이 퇴행이 지속적 양상을 띠게 되면 성도착이나
신경증에 함몰된다.

양방향성 : 발달성 대 퇴행 · 고착성

현재의 성 욕동 양태는 항상 과거의 발달 흔적을 내포한다(프
로이트, 1930: 247-251). 만약, 어떤 개인이 성 만족을 전혀 느낄
수 없는 경우, 그는 대체 만족이라도 얻기 위해 과거의 성 욕동
상태로 퇴행하여, 환각적(유아적)인 성 만족을 꾀하게 된다. 이처
럼 인간에겐 새로운 성 대상과 성 만족을 추구하려는 발달 경향
과 초기의 만족 유형(유아성욕)에 퇴행 · 고착하려는 보수적 경향
이 공존한다.

개인이 어떤 성 욕동 양태를 지니는가는 그(녀)가 성적 유혹
내지 심각한 좌절을 '어느 시기'에 겪느냐에 달려 있다. 그리고

이런 유혹과 좌절을 유발하는 환경은 대부분 사회에서 온다. 따라서 개인의 성 욕동 발달 여부는 사회가 제도적으로 구성원에게 유연한 성 가치관과 적절한 성 만족 기회와 다양한 승화적 대리만족 수단을 얼마나 제공하느냐에 달려 있다. 성욕에 대해 부정적인 가치감을 갖게 하고, 성 만족 기회를 제도적으로 심하게 제약하며, 나아가 승화적 대리만족 프로그램을 제공하지 못하는 사회의 경우, 그 사회 구성원은 어찌 되는가? 그들의 성 욕동은 '상처'를 줄지 모를 위험한 현실에서 새로운 성 대상을 찾으려하기보다 안전한 주관적 심리 세계로 퇴행하여 환상과 환각적 만족에 고착한다.

욕동은 본래 보수성을 지닌다. 따라서 성 욕동의 각 발달 단계는 어느 정도 욕동의 고착 지점이 될 소인을 지닌다. 개인의 성 욕동이 발달하느냐 퇴행하느냐는 기질과 환경, 우연적 경험에 좌우된다. 심지어 온전한 발달과정을 거친 성인일지라도 뜻밖의 심각한 트라우마를 겪을 경우, (잠정적으로) 유아성욕 상태로 퇴행할 수 있다. 이 경우 정상/비정상의 차이는 퇴행의 양적 강도와 시간적 지속성에 의해 구분될 뿐이다.

양성성

인간의 성 욕동은 본래 양성성을 지닌다. '성 차이'를 지각하기 이전의 아이들은 모두 엄마의 양육에 의존하는 중성적이며, 양성적인 존재다. 그러다가 남자 성기와 여자 성기가 다르다는 것을 인식한 후부터 사회적 요구에 의해 양성성 중에서 어느 한쪽은 억압된다. 그리고 사춘기에 '능동적 남성성/수동적 여성성'이라는 성 정체성의 차이가 확립된다. 이 성 정체성의 확립 자체는 양성성의 반쪽에 대한 비자발적 억압을 내포하므로 신경증의 소인이 된다(프로이트, 1905b: 347).[3]

양성성으로 인해 남녀 모두 성 욕동 발달과정에서 자기애 단계에서 동성애 단계와 이성애 단계를 거치게 된다. 부모 중 어느 한쪽 대상과의 동일시에 의해 성 정체성이 최초로 형성되는 남근기에, 아이가 남성성과 여성성 중 어떤 기질을 더 많이 지녔는가에 의해, 그(녀)가 부모 중 누구를 자신의 성적 동일시 대상으로 선택할 것이냐가 상당 부분 결정된다. 보통의 경우 여아는 (아빠의 연인인) 엄마를 자신이 닮고 싶은 성적 동일시 대상으로 선택함으로써 (엄마처럼) 여성화된다. 그리고 남아는 (엄마를 좌지우지하는) 아버지를 동일시 대상으로 선택함으로써 남성성의 토대를 마련한다.

그러나 우연적 변수에 의해 성 정체성의 방향이 달라질 수도 있다. 가령, 아빠가 없거나 엄마가 아버지를 무시한 채 남아에게 과도한 성 자극을 제공할 경우, 남아는 엄마를 동일시 대상으로 내면화할 수 있다. 이 경우 그는 여성적 성 정체성을 형성한다. 그리고 사춘기에 유년기의 최초 성 대상을 대체할 매력 있는 이성(異性)을 만나지 못할 경우, 동성애 단계에 고착되어 동성애자가 될 수 있다.

4. 성 욕동 발달의 방해 조건

우리에게 낯익은 성인의 성 욕동은 처음부터 주어진 것이 아니라 험난한 발달과정을 거쳐서 '성취된 것'이다. 만약, 성 욕동 발달과정에서 개인의 자아가 감당하기 힘든 사태에 직면하게 되면 무의식적으로 퇴행과 고착이 발생한다. 그 결과 인간은 미성숙한 성 취향을 지닌 성격장애자, 성도착자, 신경증자가 될 수밖에 없다. 그렇다면 성 욕동 발달을 방해하는 요인에는 어떤 것들이 있는가?

첫째, '기질적 요인'을 들 수 있다(프로이트, 1905: 281-282). 본능은 본래 안정된 최소 자극상태를 유지하려는 보수성을 지니므로 각각의 성 발달 단계는 '고착점'이 될 수 있다(프로이트, 1905: 364-365). 더구나 기질적으로 강한 성 욕동을 지닌 개인의 경우, 유년기부터 과도한 내부 자극에 미성숙한 자아가 시달리게 된다. 그 결과 방어 부담이 높아져서 피곤해진 자아는 새로운 외부 자극을 감당할 수 없게 된다. 즉, 새로운 성 자극과 성 만족을 능동적으로 수용하고 통합하기보다 안전하고 익숙한 기존 상태에 머물려는 방어기제를 작동한다. 그 결과 새로운 성 욕동 일반이 방어 대상이 되어, 성 발달이 정서 및 인지적으로 저지된다.

둘째, '좌절'과 '유혹'이라는 '우발적 상처' 경험에 기인한다(프로이트, 1905: 369-371). 먼저, 개인이 적절한 성 대상을 현실에서 발견할 수 없거나, 선택한 성 대상이 뜻밖의 심각한 결함을 지녀 온전한 성 만족을 주지 못하는 경우가 있다. 이 경우 개인의 성 만족은 좌절되며, 그로 인해 유아적(환각적)인 소망 충족 욕구와 퇴행 욕구가 강화된다.

또한 예기치 못한 '유혹(과잉자극)'으로 과잉흥분이 발생하였는데, 그것을 외부 대상을 향해 분출할 만큼 신체가 숙성해 있지

못하거나 흥분을 어떻게 처리해야 할지 정신적으로 무지하고 무
능한 경우를 들 수 있다. 이 경우 유기체의 안정된 평형을 유지
하기 위해 과잉흥분은 억압되어 병리적 증상으로 분출될 수밖에
없다. 그리고 바로 이 억압으로 인해 성 욕동은 그 단계에 고착
되어 온전한 발달이 저지된다.

셋째, '문화적 요인'이 개인 정신에 미치는 영향에 기인한
다. 가령 자아가 미성숙한 아동과 소년소녀에게 과도한 금욕적
가치 교육을 주입할 경우, 경직된 초자아가 형성된다. 이와 더
불어 성 욕동 일반이 부정적 혐오 대상으로 해석·지각되어
억압된다. 이 억압으로 인해 인간은 성 욕동 일반에 대해 지속
적으로 불안과 심리적 갈등에 휩싸이게 된다. 결과적으로 성
욕동의 온전한 발달이 어렵게 되고, 운 나쁘게 부정적 '사후작
용'이 작동할 경우 신경증에 함몰되고 만다.

5. 성 욕동 발달장애가 자아 발달에 미치는 영향

자아가 성 욕동처럼 발달과정을 통해 형성되는 것이라면, '자아
의 퇴행'도 가능하다는 말에 놀라지 않을 것이다(프로이트, 1917:
508).

대부분의 경우 성욕과의 대립은 당사자의 모든 (자아) 에너지를
고갈시킨다. …… 금욕은 (외견적) 행실은 바르지만…… 의지가
약한 사람을 형성한다(프로이트, 1930: 27).

성 욕동 발달장애는 자아의 발달에 어떤 영향을 미치는가? 성

욕동이 2단계 발달과정을 온전히 통과했느냐 못했느냐에 의해 개인의 자아 발달은 심대한 영향을 받는다.

첫째, 유아의 성 욕동이 과도하게 충족되면 고착을 유발해 다음 단계로의 성 발달을 방해한다. 또한, 새로운 정신 조직인 자아와 초자아의 '분화'를 불필요하게 만든다. 왜냐하면 자아란 성욕의 고통스런 좌절 경험이 유발하는 유기체의 불안정에 대처하기 위해 본능(Id)에서 후천적으로 분화된 정신 조직이기 때문이다. 자아는 성 욕동과 공격 욕동을 외부 환경에 조화되게 적절히 억압하거나 변형하여 분출함으로써 유기체를 안전하게 보전하는 목적을 지닌다. 따라서 좌절과 억압이 전혀 없는 성 만족은 성 욕동의 고착과 더불어 자아의 형성과 발달에 장애 조건이 된다.

둘째, 성 욕동의 '과도한 좌절'은 대리 만족을 얻기 위한 '퇴행' 욕구를 활성화한다. 퇴행이란 2차 과정이 1차 과정으로 되돌아가는 것으로서, 성장한 정신을 유아적이고 환각적인 만족상태로 되돌려 현실감을 약화시킨다. 따라서 현실세계에 적응하기 위해 2차 과정을 발달시킨 자아는 퇴행을 저지하기 위해 강력한 방어기제와 방어 에너지를 작동한다. 이로 인해 퇴행 욕동과 이를 저지하는 자아 사이에 '갈등'이 벌어지고, 좀처럼 해결되지 않고 반복되는 부담 때문에 자아는 탈진하게 된다. 그러므로 자아는 개체 보호를 위한 증상 형성을 통해 골치 아픈 갈등에서 간편하게 벗어나려 한다. 그런데 일단 증상이 형성되면, 외부 세계에 쏟아야 할 자아 에너지의 상당 부분이 증상에 신경 쓰는 데 소모되기 때문에 온전한 자아 발달이 어렵다(프로이트, 1917: 497-501).

셋째, '유혹에 의한 과잉흥분'이 억압되어 정신 내부에 축적될 경우, 자아는 이에 대한 방어 에너지를 계속 지출해야 한다. 이로 인해 외부 세계에 대한 검증활동에 쓸 에너지가 고갈된다. 그리고 자아 에너지가 내부에서 불필요하게 소진될 경우, 외부 자극에 대한 자아의 방어력이 약해져서 사소한 자극에도 상처를 잘 받는 민감한 자아가 되고 만다. 이 경우 자아는 상처받지 않기 위해 자극 일반에 대해 더 강력한(병리적인) 방어기제를 작동하여 왜곡된 자아구조를 형성한다.

넷째, 자아가 억압해야 할 중심 내용은 유아성욕이며, 그중에서도 오이디푸스 욕구다. 프로이트에게 성 욕동의 성숙한 모델은 오이디푸스 욕구를 성공적으로 극복한 상태를 의미한다(프로이트, 1905: 353-354). 그런데 유년기에 부모의 성 자극이 과도하였거나 성 환상이 강력할 경우, 그러면서 사춘기와 그 이후에 만족할 만한 새로운 성 대상을 만나지 못할 경우, 오이디푸스 욕구는 온전히 극복되지 못한 채 의식으로 돌출한다. 이 경우 유아성욕에 대한 억압에 실패한 자아는 전환, 전위, 대체 등 병리적인 2차 방어기제를 작동하여 신경증 증상이 발생한다. 증상이란, 더 이상 통제할 수 없게 된 무의식적 욕동으로 인해 총체적으로 정신이 붕괴되는 것을 막기 위해 자아에 의해 응급조치로 선택된 제3통로에로의 성욕 분출 기호다. 그리고 신경증이란 무의식적 성 욕동과 공격 욕동에 대한 비합리적 방어에 의해 자아구조의 일부가 왜곡되고 기능이 마비된 양태를 지칭한다.

이처럼 성 욕동 발달의 성공적인 성취는 자아의 형성과 자아

기능의 왜곡 없는 발현을 위한 중요 조건이다. 자아는 원초적인 1차 과정을 현실 환경에 부합되는 2차 과정 에너지로 '묶는' 활동을 통해 성 에너지를 유용한 노동 에너지로 전환한다. 소위 인간의 문화와 성숙한 정신성은 1차 과정의 모델인 성 욕동 에너지를 2차 과정의 자아 에너지로 '전환'한 결과물이다. 성 욕동이 정상적으로 발달하였다는 것은 자아에 의해 성 욕동이 적절히 억제되고 전환되며, 충족된 상태를 의미한다. 만약, 성 욕동이 과도 억압되어 무의식에 갇히게 되면, 자아는 자신의 활동 에너지인 성 욕동을 의지에 의해 효율적으로 사용할 수 없게 된다.

자아는 외부 대상에게 욕동을 부착하였다가 다시 회수하는 욕동들의 거대한 저장고다(프로이트, 1905: 342-343). 자아가 어떤 대상을 향해 성에너지를 집중(부착)하면 그 대상은 의미 있고 가치 있는 대상으로 표상되고, 자아는 그 대상의 가치 있는 특성을 자신과 동일시하여 내면화한다. 이처럼 자아는 새로운 외부 대상을 향해 성에너지를 부착하여 동일시하였다가 회수하고, 다시 새로운 대상에게로 부착하고 내면화하는 과정을 통해 발달한다. 그런데 만약 성 욕동이 과잉자극을 준 특정한 '과거 대상'에 고착하거나 과도 억압되어 무의식이 되면, 자아는 성 에너지를 새로운 외부 대상에 대한 비성적인 동일시 활동으로 전환해 사용할 수 없게 된다. 그 결과로 자아 발달이 정지된다.

성 욕동 발달이 성취되었음은 곧 개인의 자아가 외부 대상과 합리적이고 만족스런 관계 능력을 발달시켰음을 의미한다. 즉, 자아가 욕망을 유발하는 적절한 성 대상을 발견하여, 자아 능력을 통해 그 대상과 직·간접적으로 만족스러운 관계를 이룩했다는 것을 함축한다. 역으로 성 욕동 발달에 심각한 결함이 현존한다는 것은 그 개인의 자아 능력이 미숙하여 현실에서 만족스런 성 대상 발견에 실패하였거나, 사랑하는 대상과 교류하는 능력이 미숙해 성 충족이 좌절되었다는 것을 의미한다. 좌절된 성 만족이 퇴행을 유발할 경우 그 개인은 유아성욕에 집착하는 성도착자가 되기 쉽다. 그리고 성에 대한 부정적 가치 평가나 억압이 오래 지속될 경우, 고통스런 증상을 통해서야 좌절된 성 욕동을 분출하는 가엾은 신경증자가 되고 만다.

6. 정상적 성과 비정상적 성을 나누는 기준

성해방을 주장하려면 먼저 '정상적' 성과 '비정상(도착)적' 성에 대한 기존 관념이 재검토되어야 한다. 그렇다면 비정상적인 성이란 어떤 것인가? 정상과 비정상을 나누는 기준과 경계는 무엇인가? 프로이트는 사회적으로 비난받는 두 종류의 일탈적 성을 언급한다. 하나는 성도착이며, 다른 하나는 사회적 결혼 관습을 벗어나는 비합법적 성 행위다(프로이트, 1905b: 236; 1930: 18, 22).

정상적이고 성숙된 성욕이란 사춘기 이후에 이성(異性)과 성기 중심적인 결합을 통해 심리-생리적인 만족을 얻고자 하는 욕망 유형을 지칭한다. 이때 무의식의 유아성욕과 유아 성 환상은 성기 욕동의 충족을 위한 '예비 쾌감(fore-pleasure)'을 제공하는 고유 역할을 담당한다. 이에 비해 성도착은 정상적인 성 대상 선택과 성 목적에서 벗어나 유아성욕을 궁극적 쾌감으로 삼아 그것에 배타적으로 고착하는 성 취향을 지칭한다.

성도착은 '성 대상 도착'과 '성 목적 도착'으로 구분된다(프로이트, 1905: 236). 성 대상 도착은 동성이나 가족, 아동, 동물, 물건 등을 성 대상으로 선택하는 것을 지칭한다. 그리고 성 목적 도착은 성교와 성호르몬 배출이 아닌 관음, 노출, 접촉, 가학과 피학 등을 통해 최종적인 성 만족을 꾀하는 것을 뜻한다. 그렇다면 이러한 성도착은 도저히 이해할 수 없고, 비인간적이고, 병적인 기호인가?

프로이트는 모든 인간의 무의식에는 억압된 유아성욕, 즉 도착적 성 욕동이 보편적으로 존재한다고 본다(프로이트, 1905: 283). 따라서 '성도착은 곧 정신 이상이다.'라는 등식에는 문제가 있다. 가령, 성도착자는 유치하고 자기애적이며, 규범 일탈적인 성 대상을 선택하며, 동성애와 항문성애에 높은 관심을 보인다. 그런데 이런 성 취향은 유아와 원시인과 고대 문명에선 자연스럽게 인정되던 특징이었다. 그리고 비록 정도는 약하지만 보통 사람에게도 자기애적이고 동성애적인 욕구가 흔히 발견된다(프로이트, 1905: 249). 또한, 성도착이 일어나기 적합한 상황이라면, 정상인도 한동안 이를 즐길 수 있다. 그리고 매우 열악한 외부 환경으로 인해 정상적 성 목적을 충족시켜 줄 성 대상 발견이 오랜 기간 불가능할 경우, '일시적으로' 도착적 성욕이 발생할 수 있다. 따라서 정상적 성과 성도착을 나누는 경계는 명료하지 않다(프로이트, 1905: 269).

성도착은 기질적 요인과 후천적인 성 욕동 발달장애로 인해 발생한다. 두 경우 모두 당사자의 의지적 선택에 의해 발생한 것이 아니기 때문에 개인에게 인격적 책임을 묻기는 어렵다. 따라

서 사회 유지에 심각한 피해를 주지 않는 한, 개인의 성 취향에
대해 '병적'이라는 경멸적 언어를 붙이는 것은 정당화하기 어렵
다. 프로이트는 정상적 성 만족을 획득하기 위한 환경이 열악하
지 않음에도 불구하고 역겨움과 수치심의 한계를 심각하게 벗어
나는 행동을 할 경우에만 '전반적인 성도착'이란 범주를 적용한
다(프로이트, 1905: 269). 가령, 아동만을 성 대상으로 삼는 경우
나 동물 성교, 시체 성교, 배설물 핥기 등이 그 범주에 해당한다.
그러나 이 경우도 오래된 심리적 불안과 성적 위축 때문에 '일시
적으로' 그런 행동을 하는 경우는 단순히 비정상이라고 규정해
선 안 된다고 본다(프로이트, 1905: 269-270). 심지어 근친상간
욕구조차 자연스런 유아성욕의 일부이기 때문에 전적으로 이질
적이고 병적인 기호로 볼 수만은 없다. 그렇다면 도대체 무엇이
비정상적인 성인가? 인간의 성 욕동은 본래 미결정적이고 다중
복합적이기에 인간은 다양한 성 취향을 선택하고, 음미할 권리를
지닌다. 따라서 어떤 개인이 특이한 성 취향을 지녔다고 하여 거
기에 대해서 단순히 '비정상'이라는 평가의 굴레를 덧씌울 순
없다.

　프로이트는 '배타성과 고착 및 일탈 강도'가 심한 경우를 비
정상의 징표로 본다(프로이트, 1905: 270). 가령, 성인이 오직 자
기애적인 유아성욕에만 배타적으로 고착할 경우, 이것은 자신이
대면하는 타인에 대한 진정한 관심과 현실감을 떨어뜨린다. 그리
고 타인의 억압된 유아성욕을 자극하여 정신의 평형을 깨뜨리거
나 전염시킬 위험이 크다. 또한 당사자의 안정된 현실관계와 자
아 발달에 심각한 장애 조건이 된다. 이 경우에만 사회는 어떤
구성원의 성욕 취향에 대해 '수정'을 요구하는 '성도착'이라는

규정을 정당하게 내릴 수 있다.[4]

성도착과 정신 이상은 결코 동일한 기호가 아니다. 프로이트는 성도착 성향을 지닌 사람이 정신적 탁월성을 지닌 많은 사례를 관찰한다. 가령, 예술가의 경우 상당 부분 성도착 성향을 지니고 있지만, 사회적으로 탁월한 역할을 수행한다. 만약, 예술가에 대해 '성도착을 지닌 정신이 이상한 연놈'이라고 규정한다면, 예술가는 외부의 부정적 시선으로 인해 심각한 정신적 피해를 받게 된다. 적어도 정신분석의 관점에선 성도착과 신경증은 다른 범주의 개념이며, 성도착자가 반드시 총체적인 정신이상자는 아닌 것이다. 그러나 이미 신경증 증상에 처한 사람의 경우에는 예외 없이 성 욕동 발달장애로 인한 성도착 성향을 지닌다(프로이트, 1905: 254, 276).[5]

신경증자란 어떤 사람인가? 그들의 주요 증상 중 하나는 억압하고 극복해야 할 유아성욕에 어른이 되어서도 무의식적으로 고착하는 사람이다. 이들은 유년기의 성 욕동 발달과정에서 입은 상처와 경직된 초자아와 사춘기 이후의 과도한 성 억압 및 사후작용으로 인해 억압된 성 욕구를 증상을 통해서밖에 분출할 수 없게 된 불행한 사람이다. 따라서 그(녀)의 인격이 온전히 발달하기 위해무의식에 억압된 불안한 성 욕구를 가장 너그럽게 해방시켜야 할 바로 그 대상인 것이다.

'비정상적' 성으로 비난하는 또 다른 기준은 '합법적 성관계를 벗어나는 성 욕망과 성 행위'다. 이 경우, '비정상'을 규정하는 사회의 법과 도덕 기준이 과연 그 사회 구성원의 행복과 자아 발달에 유익한 것인가가 문제가 된다. 이에 답하기 위한 비유로 프로이트는 성 욕동 발달에 대응하는 문명 발달의 세 단계를 구분한다(프로이트, 1930: 18). 그 첫 단계는 유아성욕에 탐닉하던 철없는 '유년기'처럼 생식과 무관하게 성 욕동을 마음껏 표출하던 원시시대와 고대 그리스 시대다. 두 번째 단계는 초자아에 의해 유아성욕을 억압하던 '잠복기'처럼 '생식 목표에 기여하는 성욕'만을 허용하고, 다른 성욕들은 억압하던 기독교 문화다. 그리고 세 번째 단계는 특이한 현실인 일부일처제의 '합법적 생식'만을 성 행위의 목적으로 용인하던 프로이트 시대의 금욕주의 문화다. 이러한 시대 상황에서 프로이트는 당대의 성 도덕이 과연 통합된 성 욕동과 자아 발달을 위해 유익한 기준이 될 수 있는지에 대해 진지하게 의문을 제기한다.

합법적 성 만족(결혼)은 다른 만족들의 포기를 상쇄할 만큼 만족스런 보상을 제공하는가? 이런 포기가 초래할 수 있는 해로운 결과는 그것을 보상하는 문화적 이익과 어떤 관계에 있는가(프로이트, 1930: 22).

7. 문화적 성규범의 양가성

문명은 어느 정도 본능을 단념하는 것을 토대로 세워지며, 거기엔 많은 본능의 불충족이 전제된다. ……이런 손해가 대리 보상되지 않으면 심각한 정신장애가 발생한다(프로이트, 1930: 283-284).

사회가 요구하는 성규범은 개인의 정신건강에 어떤 가치를 제공하는가? 그것은 약인가, 독인가?

성 욕동은 문화활동 에너지의 원천이다. 따라서 문화의 공유
재산이 발생하려면 성 욕동과 공격 욕동의 일부가 억제되어 노
동에너지로 전환되어야 한다. 성 욕동이 내포하는 문화적 가치는
'최초 성 대상을 다른 것으로 대체하고, 성 에너지를 비성적 에
너지로 전환하는 승화' 능력에 기인한다. 성 욕동이 '최초 성 대
상'에 고착되면 문화 발전에 사용할 수 없게 된다. 가령, 유아적
인 자가성애와 자기애에 빠지면 다른 대상에 무관심하게 되어
대화나 공유된 문화활동이 불가능하다(프로이트, 1930: 17). 따라
서 문화의 유지와 발달을 위해 개인의 (유아) 성 욕동에 대한 어
느 정도의 억압·대체는 불가피하다. 문제는 욕동들의 내적 강
렬함을 수용할 외부 환경이 열악하고 불합리하다는 데에 있다.
인간은 본능적으로 고통 없고 강렬한 쾌감을 경험하고 싶어 한
다. 그런데 냉정한 현실세계는 본능의 쾌락원칙과 적대관계에 있
다. 더구나 쾌락 상황조차 오래 지속되면 쾌감이 줄어든다. 그리
고 제도와 자아에 의해 허용된 성욕을 충족하는 것보다 금지되
어 억압된 욕동을 만족시키는 것이 훨씬 강한 쾌감을 준다(프로
이트, 1905: 173)[6]. 그렇다면 사회의 이익과 개인의 경제적 쾌감
획득 모두를 위해 사회는 구성원에게 어떤 유형의 성규범을 적
용하거나 제공해야 하는가? 당대 성규범의 병리적 불합리성을
절감한 프로이트는 이에 대해 어떤 생각을 하였을까?

인간은 신체적 허약과 물질 환경의 열악함 그리고 타자와 사
회적 관계로 인해 고통을 받는다. 특히, 인간관계에서 유래하는
고통을 가장 비참하게 느낀다(프로이트, 1930: 258). 앞의 두 조
건은 불가피하지만, 고통을 피하기 위해 인간이 만든 사회제도
가 우리에게 고통에 대한 보호 역할을 하지 못하는 까닭은 무

엇인가? 프로이트는 성에 대한 무지와 편견, 불합리한 제도적 속
박으로 인해 신경증에 허덕이는 사람을 접하며, 다음과 같이 주
장한다.

> 문명이 성 생활의 기준을 정해 놓고, 모든 사람에게 동일한 행
> 동을 요구하는 것은, 개인의 기질적 차이를 고려하지 않은 불공정
> 한 사례다(프로이트, 1930: 21).

> 모든 사람에게 똑같이 적용할 수 있는 (행복의) '황금율'은 존
> 재하지 않는다. 사람들은 저마다 자신이 구원받을 수 있는 특정한
> 방식을 스스로 찾아야 한다(프로이트, 1930: 46).

개인의 다양한 기질적 차이를 무시한 채 모두에게 동일한 윤
리적 요구를 강요하게 되면, 성 욕동과 도덕의식이 지나치게 강
한 사람은 신경증에 함몰될 가능성이 높아진다. 따라서 개인은
자신의 정신적 소질과 외부 세계에 미칠 수 있는 영향력을 고려
하여 자신이 구원받을 수 있는 특정 방법을 스스로 찾아야 한다
(프로이트, 1930: 266). 이처럼 프로이트는 개인의 '자아와 성 욕
동의 발달 상태를 고려한 성규범의 유동적 적용'을 주장한다. 가
령, 성적 자극을 감당할 만한 자아의 발달 정도에 따라 그 개인
에게 허용되는 사회적 성규범의 차등 적용을 생각할 수 있다. 이
것은 성 욕동 발달장애로 고통받는 사람에 대한 이해와 공감에
서 비롯된 성규범을 의미한다.

최초의 젖 빨기 과정에서 생존을 추구하는 자아 본능과 쾌감
을 추구하는 성 욕동은 모종의 연결통로를 지닌다(프로이트,
1905: 296-297). 아울러 인류의 역사는 욕동 속에 융해되어 개인
에게 유전되므로 욕동의 발달과정과 자아 및 문화 발달 사이에

는 모종의 연관성이 있다. 가령, 성 욕동의 전환성과 2단계 발달
성은 문화를 유지하고 발달시키기 위한 인류의 오랜 시행착오적
노력이 본능에 융해된 결과물이다. 즉, 인간의 성 욕동은 이미 사
회와 문화에 대한 적응 과정에서 '변형·발달된 본능'인 것이다.
역으로 개인의 성 욕동 발달 여부는 자아 발달에 직접적 영향을
미침으로써 문화의 성숙에 중요한 영향을 미친다. 따라서 고귀한
문화 업적을 이룩하려면 먼저 자신의 '저급한' 성 욕동 발달 과
정을 주목하여, 성규범이 어릴 적부터 인생에 미친 영향과 가치
에 대해 세세히 음미해야 한다.

프로이트에 의하면 유아성욕에 대한 1차 억압으로 인해 인간
은 누구나 이미 신경증 소인을 지닌 존재가 된다. 게다가 '성인
의 성욕'에 대한 부정적 가치 해석과 '과도한' 2차 억압 요구와
승화 요구는, 성 욕동이 기질적으로 강하면서 승화 능력이 없는
사람들을 신경증자로 전락시킨다.[7] 반면에 유아성욕에 대한 제
약 없는 개방은 사회적 인격체로의 변환을 어렵게 하며, 성 욕동
일반에 대한 과도한 만족은 문화 창조 에너지의 고갈을 초래한
다. 그렇다면 사회는 구성원의 성에 대해 어떤 태도를 취해야 좋
은가? 프로이트는 물질의 희소성 때문에 생산적 노동 에너지가
필요하므로 성 욕동에 대한 억압은 불가피하다고 본다. 문제는
억압의 강도와 범위에 있다. 성 욕동을 어느 정도 해방하는 것이
정신 발달을 도와주는 성숙한 문화의 기준이 되는 것일까? 유아
성욕은 아이의 미성숙한 자아가 감당하기 힘든 과잉자극의 의미
를 내포한다. 과잉자극과 과잉흥분은 자아와 유기체의 평형 리듬
에 부담과 상처를 주므로 자아 발달에 장애 조건이 된다. 따라서
유기체의 안정된 생존과 자아 발달을 위해 '소망 충족'의 핵심

내용인 유아성욕은 '적절히' 억압될 필요가 있다. 그렇다면 유아성욕에 대한 1차 억압 이외에 문화가 부가해 온 2차 억압은 어떻게 하는 것이 좋은가?

프로이트에게 성해방의 의미는 '성인의 성욕'을 직·간접적으로 만족시키는 사회적 기회의 다중적 확대, 유아성욕에 대한 포용적 이해와 수용을 지칭한다. 오랜 정신분석 임상활동을 통해 신경증의 해로움을 절감한 프로이트에게 바람직한 성 규범이란 신경증을 최소화하는 무엇이다. 성욕 표출에 대해 과도한 거세불안과 과잉흥분, 불감증에 시달리는 신경증자들은 오직 고통스런 증상을 통해서만 성 욕동을 배출할 수 있다. 그리고 이들이 신경증자가 된 중요한 원인 중에 '성욕'에 대한 부정적인 가치 교육과 경직된 초자아가 차지하는 비중을 무시할 수 없다. 그래서 프로이트는 다음과 같이 말한다.

> 개인의 초자아는 자아에게 엄격한 명령과 금지만 제시할 뿐, 본능의 기질적 강함과 현실 환경의 열악함을 고려하지 않는다는 점에서 '자아의 행복'을 고려하지 못한다. 따라서 우리의 치료를 위해 초자아와 싸워 초자아의 요구 수준을 낮추어야 한다. 그리고 '문명적 초자아'의 윤리적 요구에 대해서도 동일한 저항이 일어날 수 있다(프로이트, 1930: 338).

성욕에 대한 규범적 억압과 승화 요구가 어떤 한계를 넘으면, 개인은 문명의 요구에 부응하지 못하고 신경증자가 된다. 그 결과 행복한 유토피아를 실현하려던 문화의 목적 역시 성취하기 힘들게 된다.

8. 성 욕동 발달과 문화적 성숙 사이의 관계

'쾌락원칙'에서 '현실원칙'으로 이행을 뜻하는 자아 발달은 문화의 발달을 위한 필수조건이다. 그리고 자기애적이고 근친애적인 유아성욕에 대한 극복이 중심 내용인 '성 욕동 발달'에는 이미 자아 발달과 문화 발달을 위한 '인간적 조건'들이 내포되어 있다. 즉, 성 욕동 발달은 자아 발달에 직접적 영향을 미침으로써 문화 발달에 간접적으로 기여한다. 역으로 '성숙한 문화'는 '유연한 성규범'을 통해 성 욕동에 대한 자아의 과잉방어와 갈등을 최소화함으로써 욕동 발달과 자아 발달에 긍정적인 영향을 미친다.

문화적 활력의 상당 부분은 다중적 성 욕동의 통합과 자아의 승화력에 달려 있다. 그리고 성 욕동의 발달은 합리적 성규범을 통해 성 목적의 적절한 '충족/좌절', '개방/억압'을 조절하는 '문화의 성숙도'에 영향을 받는다. 프로이트는 성욕의 '과도충족과 과도억압'이 유아적 성격과 기형적 자아구조, 신경증을 유발하는 주원인임을 드러낸다. 그렇다면 성 만족의 '적절한' 기준과 경계는 어디에 있는가? 정신분석학의 관점에서 볼 때, 이에 대한 객관적 기준과 경계는 발견되지 않는다. '적절함'의 경계는 사회적 환경과 개인의 '현재 정신의 성숙상태'에 따라 달라질 수 있다. 경쟁이 치열해야만 간신히 살아남을 수 있는 사회 환경과 경쟁이 느슨한 풍요로운 사회 환경에선 성 욕동의 적절한 억압 기준이 다를 것이다. 그리고 개인의 기질과 욕동 강도, 현재의 (초)자아 상태와 승화 능력 등에 따라 억압 요구의 강도가 달리

조절될 수 있다.[8]

9. 성욕 발달과 성해방을 위하여

한국인은 성에 대해 이중 감정과 이중 태도를 지닌다. 우리에게 성은 '사소한' 것인 동시에 중요한 것이고, 내밀한 것인 동시에 공공도덕의 핵심 주제로 부각된다. 한국인은 한편으로는 성에 대해 잘 아는 사람과 교류하고 싶어 하며, 다른 한편으로는 그런 사람을 질투하거나 경멸한다. 성 경험이 많고 이성을 유혹하는 능력과 비법을 지닌 사람은 관심과 부러움의 대상이 된다. 그러나 그 사람이 자신에게 특별한 관심을 주지 않을 경우, 그는 곧 혹독한 비난의 대상이 되곤 한다.

이런 현상은 무의식에 억압된 '오이디푸스 욕구'에 기인한다. 남자와 여자는 서로에게 매력 있는 존재로 인정받기를 원한다. 그리고 자신이 욕망하는 대상의 몸과 마음을 좌지우지할 힘을 소유하고 싶어 한다. 더 나아가 성 대상에게 자신이 그동안 억압해 왔던 유아성욕과 성기성욕을 다중적으로 분출하고 싶어 한다.

억압된 유아성욕을 자극하는 사람을 만나면 강한 유혹과 엄청난 흥분이 밀려든다. 무의식이 파동치며, 의식의 모든 관심은 그 대상에게 몰입되고, 현실 판단은 뒷전으로 밀려난다. 유아성욕을 자극하는 사람을 만나게 되면 일부일처제의 제도권적 보호 장치는 굴레로 느껴지고, 실존적 분위기 속에서 인생을 새롭게 살고 싶어진다. "죽기 전에, 그동안 억압해 온 '그것'을 한껏 만끽해 보고 싶다!"

(거세)불안 때문에 억압해 왔던 유아성욕을 해소해 줄 듯싶은 사랑 대상이 나타나면, 그것은 그 인간의 신경증을 해소할 수 있는 중요한 순간이다. 그 기회를 충분히 만끽할 수 있다면, 그의 신경증적 불행은 종결된다. 그런데 제도권의 시선에 의해 거세당할까 봐 두렵다! 자, 이런 상황을 어찌 대처해야 한단 말인가?

프로이트는 평생 자기 엄마의 충실한 자식이었고, 아내에 대해 성실한 가장 역할을 수행해 왔다. 그는 무시무시한 도덕의 칼날을 가지고 감시하는 외부 시선과 자기 내면의 엄격한 초자아로 인해 강한 거세불안과 신경증적 불만족을 갖고 살았다. 그는 여성과 교류하는 데 미숙했고, 자신의 억압된 유아성욕을 직접 분출해 보지 못한 사람이었다. 그는 성 에너지의 대부분을 무의식에 대한 탐구와 글쓰기에 바쳤다. 그런 그가 인류를 향해 죽을 때까지 뱉은 말들은 다음과 같이 요약해 볼 수 있다.

성을 심하게 억압하면 행복하지 않게 되고요, 재수 없으면 신경증에 걸리게 돼요. 그러니 자기 자신과 타인의 성 욕망에 대해 부디 너그러운 시선을 가시시기 바랍니다.

세인의 경멸과 의사집단의 따돌림을 무릅쓰고 끈질기게 이런 말을 뱉어 온 사람에 대해, "인간의 고귀한 성질을 외면한 채, 오직 '성'에만 관심을 쏟은 한심한 존재"라는 평가를 여전히 내려야 하는가?

지금 한국 사회는 개인의 성 욕동에 대해 억압과 승화를 강력히 요구하던 전통 상황에서 억압이라는 방어기제가 급격히 해체되는 전환기에 처해 있다. 이 상황에서 그동안 금욕적 성규범에

적응해 살아 왔던 기성세대는 체념할 수밖에 없었던 과거의 성
욕 흔적에 대해 어떤 마음의 정리를 하고 있는 것일까? 한국 사
회는 그 포기된 성 만족에 대해, 구성원에게 과연 충분한 '대리
보상'을 제공해 온 것일까? 희생된 성 만족을 대신하는 대리보상
과 대리만족조차 온전히 얻지 못한 인간은 자신의 억울하고 답
답함을 어떤 방식으로 대면할 것인가? 이 물음은 특히 뭔가 고귀
한 가치를 찾고자 험난한 시대를 금욕적으로 버텨 온 중장년의
한국인에게 물어야 한다. 그리고 이제 우리는 합리적 사유에 유
난히 민감한 사람일수록 성 욕동 발달 과정에서 얼마나 깊은 좌
절과 억압이 있었는지를 주목해야 할 시기에 도달해 있다. 지성
인들의 질서적인 이론체계와 엄숙한 개념의 이면엔 혹시 상기하
고 싶지 않아 덮어 둔 좌절된 유아성욕과 체념된 사춘기 욕망에
대한 비애가 숨어 있는 것은 아닌가?

미 주

1) '성격'이란 상당 부분 성적 흥분 재료로 구성되며, 아동기 이후 고착된 본능, 승화 수단을 통해 얻어진 구조 그리고…… 도착적 성 충동들을 저지하는 구조로 이루어져 있다.

2) 초기의 성 욕동은 보존 본능에 '기대어 부착된(Anaclisis)' 욕동이었다가 나중에 독립된 욕동으로 '분화'된다. 이 경우 부착(기댐) 흔적이 남게 된다. 그 결과 자신을 '(젖) 먹인 여성', 자신을 '보호한 남성'을 '대신'하는 사람을 사랑하게 된다. 즉, '사랑-대상' 선택은 유아의 '젖먹임, 돌봄, 보호'에 관심주는 사람들 내에서 이루어지며, 이들이 '성적으로 만족스런 대상'의 원형이 된다〔프로이트, 본능과 본능의 변화, **성욕에 관한 세 편의 에세이**(열린책들, 1998), pp. 269-297; Laplanche & Pontalis, *The Language of Psychoanalysis*(Norton & Company, 1973) pp. 29-31〕.

3) 특히, 여자의 경우, 잠복기에 지녔던 남성적 활달성이 사춘기에 사회적 압력으로 인해 억압되어 여성성이 확립되는 요인이 크다. 이 결과 여자가 히스테리에 걸릴 확률이 더 높아진다.

4) '가치문제'는 과학자들이 그동안 비현실적 사변으로 경시해 온 대상이다. 정신분석학은 스스로를 과학으로 한정하는 한 '검증할 수 없는 가치'를 과학적 연구 대상으로 인정할 수 없다. 따라서 '정상/비정상'이라는 가치판단에 의거하여 정신치료의 방향을 설정해야 하는 정신분석가의 경우, 이 문제에 답할 학문적 개념 장치와 기준을 '사회 관습'이나 인문학에서 빌려 올 수밖에 없다. 프로이트는 말년에 가서야 인문학적 사변활동의 소중함을 자각한다. 그래서 정신분석학이 단순한 치료과학이기보다 인간에 대한 심화된 이해를 돕는 보편 지식이기를 바라며, 정신분석의 진가는 인문학과 접목될 경우 훨씬 크게 부각될 것으로 예견한다. 이러한 예견은 오늘날 현대사상과 정신분석 비평을 비롯한 인문학의 주요 현실로 자리잡고 있다.

5) 신경증 증상의 일부는 비정상적(유아적) 성욕의 희생을 대가로 형성된다. 즉, 신경증은 성도착의 부정인 셈이다.

6) 성적 욕구의 심리적 가치는 성 만족을 쉽게 얻을 수 있는 순간부터 감소

한다. 따라서 성욕을 한층 고양하기 위해서는 장애물이 필요하다. 인간은 사랑을 즐기기 위해 관습적으로 장애물을 세워 왔던 것이다.

7) 좌절되고 억압된 성 욕동은 제3의 방법을 통해서라도 반드시 모종의 대리만족을 얻어야 한다. 욕동이 억압되면 성 욕동은 증상으로 변하고, 공격 욕동은 죄책감으로 변한다〔프로이트, **문명 속의 불만**(열린 책들, 1999), p. 333)〕.

8) 억압 강도의 '적절한' 조절은 신경증 발생 원인에 대한 폭넓은 이해에서 얻을 수 있다.

프로이트의 경제론＋구조론＋발달론   **3**

'소망'의 원천

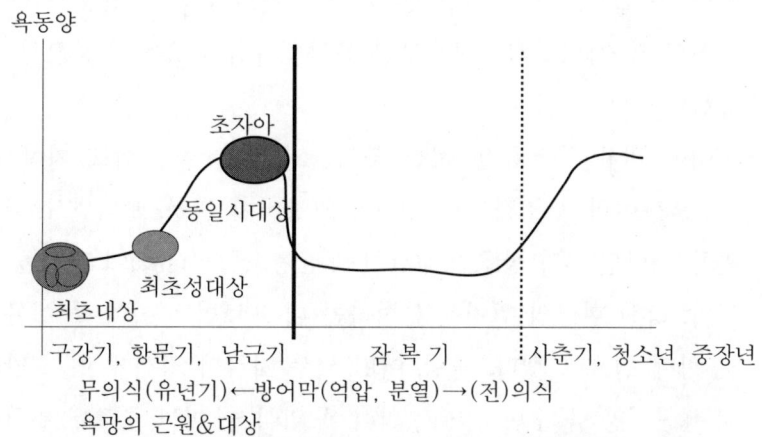

성욕동의 2단계 발달 양태와 욕망의 구조

    프로이트의 정신분석은 경제론과 구조론, 발달론으로 구성된다. 경제론에서는 욕동의 '양(과잉/과소)'과 그것의 변형적 이동 활동이 정신에 미치는 영향을 주목한다. 가령, 개인의 성욕동과 공격욕동이 어떤 대상을 향해 적절한 '양'으로 분출(집중)될 경

우, 부드러운 호감과 융통성 있는 비판이 전개된다. 그러나 성
욕동과 공격욕동이 대상에게 과도한 '양'으로 분출되면, 과잉
흥분·과도집착과 충격적 좌절, 파괴적 비난(격노)이 발생한다.
이처럼 욕동이 어떤 '양'으로 외부대상에게 분출되고, 얼마만
큼 '충족/좌절'되는가에 따라 정신내부의 균형과 외부세계와
의 관계 양태가 크게 달라진다. 경제론은 또한 열악한 외부환경
때문에 욕동들의 외부분출이 과도하게 억압·좌절되어 내부에
축적될 경우, 의지와 무관하게 환상, 꿈, 증상, 실수 등으로 변형
(전환)되어 우회적(상징적)으로 분출됨을 주목한다. 정신의 '정
상/질환'을 구분하는 데에는 개인이 자신의 욕동 양을 얼마나
자신의 의지대로 경제적으로 사용하는가가 중요한 기준으로 작
용한다.

　이에 비해 구조론은 정신 조직들(의식/무의식, 이드/자아/초
자아) 사이의 구조적 차이성(2차 과정/1차 과정, 도덕원칙/현실
원칙/쾌락원칙)과 상호관계(균형/불균형, 갈등/타협)에 관심을 가
진다. 정신 현상의 원인을 분석하는 데 프로이트는 이 두 이론을
늘 함께 필요로 했다. 가령, 어떤 외부 자극이 정신에 어느 만큼
의 흥분 '양'을 수반하였고, 의식/무의식 중 어느 구조에 위치하
느냐에 따라 그것의 심리적 가치가 달라진다. 경제론과 구조론의
긴밀한 관계는 '성 욕동 발달론'에 잘 나타난다.

　증상의 원인인 '외상'(과잉자극)은 사춘기 이후의 외부 자
극 단독으로는 발생하지 않는다. 외상적 '과잉흥분'은 현재의
자극이 유년기에 억압된 무의식의 성 흥분과 **'결합'**되어야 비
로소 발생한다.

프로이트의 이 입장은 1895년부터 말년 저서들에 이르기까지 '정신분석'의 핵심 이론으로 유지된다. 그는 신경증 증상을 비롯하여 꿈, 예술작품, 문화, 종교의 발생 원인을 성 욕동의 특이한 발달 '구조' 및 욕동 '양'의 경제적 변형작용과 연관하여 설명한다. 즉, 인간의 문화적 업적과 증상은 모두 성 욕동의 2단계 발달 과정에서 자극으로 인해 축적된 흥분 '양'을 처리(방출/억압)하려는 과정에서 생긴 무의식 대 의식 구조 사이의 타협 결과물이다.

성 욕동이 강렬히 발현하는 두 번의 시기는 '유년기'와 '사춘기'다. 그 중간에 성 욕동 발달이 '지연'되는, 인간에게만 특이한 '잠복기'가 있다. 이 잠복기엔 성 욕동이 탈성화된 자아 에너지로 전환되어 외부 세계에 대한 학습활동에 사용된다.

유년기는 구강욕, 항문욕, 남근욕이라는 부분 욕동들이 활성화되는 시기인데, 특히 '성 차이 인식' 이후의 남근기에는 성 욕동이 각별히 활성화된다. 남근기의 강렬한 성욕 체험 흔적은 초자아의 발생과 더불어 억압되어 망각된다. 그런데 바로 이 억압으로 인해 유아성욕과 그것의 경험 흔적(표상과 정서)은 의식과 단절된 무의식에 영원히 자리 잡게 된다. 유아성욕은 그것이 무의식에 위치한다는 구조적 요인 때문에 지속적 성 환상과 독특한 '소망(금지된 욕망)'을 유발한다. 인간 내면에 감춰진 근원적 소망이란 곧 '무의식의' 유아성욕을 의식의 현실에서 '초자아에 대한 불안 없이' 한껏 다시 충족하는 것이다. 그러나 정신 내부에 유아성욕을 검열하고 억압하는 초자아가 존재하는 한, 소망의 현실적·심리적 충족은 결코 간단하지 않다. 무릇 인간의 소망은 초자아의 검열을 피할 수 있다는 조건하에서 꿈, 작품, 증상을 통해 간접적으로나 충족할 수 있는 무엇이다.

억압된 유아 성 환상을 자극하는 의식의 대상을 만나면 인간에게는 강한 정서적인 역동이 일어난다. 즉, 유년기의 성적 흥분과 불안이 파동을 친다. 그런 대상과 성 접촉을 할 경우 강렬한 쾌감이 느껴진다. 그런데 유아성욕은 무의식이다. 따라서 정작 당사자는 특정 대상의 무엇에 대해, 왜 그토록 강한 욕망과 쾌감을 느끼는 것인지 그 이유를 모른다. 그것이 '무의식'이기에 그것에 대한 정확한 의지적 충족 또한 불가능하다. 소망은 '구조적'으로 그것의 충족이 영원히 엇갈리거나 결핍될 수밖에 없는 무엇인 것이다. 이처럼 유아성욕은 인간 욕망(소망)의 감춰진 '원천'인 동시에 반복해서 맛보고 싶은 '모델'이다.

정신 내부의 성 환상에 자아 에너지가 과도하게 집중(cathexis)된 개인은 외부 대상에 쏟아야 할 자아 리비도의 '양'이 감소되므로 현실감이 떨어진다. 그로 인해 외부 대상의 장점을 끊임없이 동일시하고 통합하는 과정을 통해 성취되는 자아 발달이 제한된다. 자아 발달이 오랜 기간 '지연'된 개인은 늘 정신 내부의 문제에 자아 에너지를 과잉 소모하기 때문에 타인의 마음을 지속적으로 헤아리는 능력과 에너지가 부족하다. 그 결과 욕망하는 대상과 만족스런 애정관계를 현실에서 성취하기가 매우 어렵다.

프로이트는 사춘기에야 비로소 활성화되는 '성기' 결합 욕동을 중심으로 유아성욕을 '통합'하는 것이 성 욕동의 성숙한 발달 방향이라고 본다. 이 경우 무의식의 유아성욕은 성 환상을 유발해 남녀 간의 성적 결합을 갈망하게 하여 성기 결합을 돕는 배

경 조건(보조 역할) 내지 '전희' 쾌감의 원천으로 기능한다. 그런
데 다른 한편으로 프로이트는 유아성욕이 '강렬한 에너지'를 지
닌 무의식의 감정임을 고려하여, 유아성욕에 집착하는 애정 패턴
을 하나의 성 취향으로 인정하는 이중적 태도를 보인다(프로이
트, 1905). 유아성욕과 유아 성 환상에 배타적으로 고착되어 자아
발달과 사회생활이 심각하게 훼손되는 '병리적' 경우를 제외하
고, 유아 성 환상의 '심리적 가치'를 인정한 것이다.

성인이 어떤 대상에게서 느끼는 강한 흥분과 쾌감의 심리적
근원은 대부분 무의식의 성 환상에 기인한다. 이 성 환상은 자아
가 심히 취약한 개인의 경우엔 '과잉흥분'으로 기능해 성도착이
나 신경증의 한 소인이 된다. 그런데 성 환상이 없을 경우 인간
은 어찌 되는가? 인간은 외부 세계를 냉철하게 지각하지만, 대상
에 대해 욕망이 느껴지지 않게 된다. 이것은 억압된 무의식의 유
아성욕과 유아 성 환상이 성인이 느끼는 욕망과 흥분의 배경 조
건이기 때문이다. 성 환상은 비록 대상에 대한 정확한 인식을 왜
곡하는 병리적 조건이지만, 동시에 자기도취적 행복감을 유발하
는 원천이다.

자아가 억제하기 힘든 '과잉흥분'이나 심리적 상처는 사춘기
이후의 특이한 '(전)의식적' 성 자극이 강렬한 무의식의 (유아)
성 환상과 우연히 결합되는 순간 발생한다. 무의식에 축적된 성
감정의 에너지 '양'을 배제한 (전)의식의 사소한 자극과 흥분만
으로는, 성 욕동 에너지의 상징적 분출인 '증상'이 발생하지도
반복되지도 않는다. 또한 강렬한 쾌감 역시 일어나지 않는다. 이
말은 다음과 같은 의미를 내포한다.

인간의 성 욕동이 '불연속적인' 2단계 발달구조를 갖고 있지 않다면, '너무 일찍' 개화된 1단계 유아성욕에 대한 (초자아의) 억압은 일어나지 않는다. 억압이 없다면 무의식의 성 환상도 존재하지 않는다. 그리고 억압된 강력한 성 흥분이 사춘기 이후의 촉발적 흥분과 결합하여, 엄청난 '양'으로 갑작스레 '회귀'하는 일도 생기지 않는다. 이 경우 인간에겐 강력한 초자아 불안이나, 증상을 유발하는 병리적 방어작용이나, 정신의 위기를 극복하려는 각별한 창조적 타협활동도 일어나지 않게 된다. 그렇다면 성 욕동의 '2단계 발달성'은 의식의 욕망과 무의식적 소망의 구조적 차이 및 성 욕동의 경제적 변형활동과 결합하여 '인간적 문화'와 '인간적 증상'을 발생시키는 핵심 원인인 것이다.

신경증 증상을 일으키는 핵심 원인인 '사후작용'은, 성욕동이 '2단계 발달 구조'를 지니기 때문에 작동되는 것이다. '2단계 발달'로 인해 너무 일찍 꽃이 핀 유연기의 성욕동들은 전체적으로 억압되어 유아성환성을 생성한다. 아울러 유년기와 사춘기 사이이 오랜 잠복기 동안 성욕동 발달이 지연 단절된다. 이런 '불연속적' 발달 구조 때문에 인간의 욕망은 '의식/무의식'으로 분열되어, 예측할 수 없는 무엇이 된다.

이처럼 성 욕동 '양'의 경제적 변형과 이동활동, '욕동구조'의 차이성과 발달론을 통해 인간 행동, 정신질환의 원인들을 설명하려고 한 프로이트 이론은 현대 정신분석가들에게 어떻게 수용되고 있는가?

현대 정신분석계는 크게 보아 자아심리학, 클라인학파, 대상관계론, 자기심리학의 방향과 라캉학파의 방향으로 구분해 볼 수 있다. 앞의 입장들은 '자기' 내지 '자아'가 형성 및 발달하기 위해 필요한 조건과 '방어' 작용을 비롯한 여러 기능에 주목한다. 이들은 '발달심리학'의 도움을 받아서 어떤 환경 내지 어떤 대상 관계(양육자의 양육관계)가 정신과 욕망의 발달에 긍정적/부정적 역할을 하는지를 연구한다. 이들은 프로이트의 경제론과 발달론의 가치를 인정하고 계승한다. 이에 비해 라캉학파는 의식/무의식의 구조적 차이와 무의식의 심층에서 작동하는 언어적 구조활동(환유, 은유)이 인간의 욕망과 정신에 미치는 영향을 탐구 주제로 삼는다. 라캉학파는 프로이트의 무의식론 내지 지형학적 구조론에 '정신분석'의 고유한 정신이 담겨 있다고 해석하여, 의식과 대비되는 '무의식의 독특한 구조'에 대한 심층연구를 발전시켰다. 그러나 한편으로 이들은 경제론과 발달론은 외부적 관찰 자료를 종합해 인간 본성을 의식의 일방적 관점으로 정리하는 심리학 내지 신경생리학의 입장과 유사하다고 본다. 이것은 '의식의 기준'이 전복되는 충격 체험을 통해야 무의식에 대한 인식이 확연해짐을 강조하는 '정신분석'의 정신과 다르다. '정신분석'이란 의식에 대한 무의식 구조의 독특한 불연속적 차이성을 규명하는 활동이다. 그러므로 프로이트의 경제론과 발달론은 라캉학파의 관심에서는 변두리에 위치할 뿐이다.

라캉학파의 이런 입장은 '정신구조의 형성과 발달'에 성 욕동 에너지 '양'의 경제적 배분 양태(발달/고착)가 많은 영향을 미치며, 의식과 무의식 사이의 '욕동 에너지 결합'에 의한 '양'적 증폭효과가 꿈, 작품, 증상을 유발한다는 프로이트의 강조점을 외면한 것이다. 또한 '과도한 양'의 외부 자극 내지 '과도한' 내부 욕동 양의 급습이 불안을 유발하고 병리적 방어기제를 작동하여

특정 증상을 유발한다는 프로이트의 독창적 발견이 간과된다. 라
캉은 과연 성 욕동 발달의 '경제적 · 구조적' 차이와 그 차이로
인한 '사후작용'이 정신의 '발달/장애', 욕망의 활성화와 위축,
증상과 문화적 성취를 해석하는 열쇠라고 보는 프로이트 이론을
온전히 반영하고 있는가? 라캉학파가 구조론적 도식에 과도하
게 집착하는 한 성 욕동의 강/약, 발달/고착이 자아의 발달에 미
치는 영향과 불안 유형, 방어기제 유형에 미치는 영향은 주목받
기 어렵다. 이 점에서 "프로이트로 돌아가자."는 라캉의 구호는
프로이트의 총체적 반영이 아니라 "구조론(무의식론)으로 돌아
가자."는 '라캉의 정신분석'인 것이다.

　'인간'이라는 존재를 설명하기 위해 다양한 개념의 사용을 굳
이 외면할 이유는 없다. 프로이트는 다양한 정신현상의 원인을
설명하기에 보다 적합한 개념과 이론의 구성을 위해 끊임없이
노력해 왔다. 그래서 그는 자신이 초창기에 사용하다가 어떤 문
제점을 발견하여 도중에 중지한 이론(외상설, 리비도론, 지형학적
구조론)조차 말년의 저서들 속에서 석설히 재활용하곤 하였다.
프로이트에게 구조론과 경제론, 발달론은 정신현상을 설명하는
데 필요한 각기 고유한 장점과 한계를 지닌다. 그는 어떤 하나의
이론만으로는 정신현상의 원인을 완벽히 설명할 수 없음을 자각
했다. 그래서 그 어떤 이론도 포기하지 않은 채, 함께 유지해 온
것이다.
　현대 정신분석이론들은 각자 프로이트 정신분석이론의 한 기
둥을 붙잡아, 그 연구를 심화해 왔다. 그 결과 현대에는 프로이트
가 미처 규명하지 못했던 정신 영역과 정신구조에 대한 새롭게

진전된 이론들이 존재한다. 클라인의 '편집-분열적 자리' 투사적 동일시, 위니컷의 '진정한 자기'·'과도기적 영역'·'공격성'·'촉진적 환경', 코헛의 '자기애'·'자기대상', 라캉의 '대타자'·'타대상'(object a)·'상징계/상상계' 등이 그것이다. 그런데 문제는 어느 특정 학파의 이론과 입장만으로는 다양한 정신질환과 인간 정신, 욕망의 원인이 충분히 해명되지 않는다는 데에 있다.

   현대 정신분석이론이 풀어야 할 문제 중의 하나는 서로 다른 입장과 개념의 장점을 하나로 묶는 통합된 정신분석 입장을 형성하는 것이다. 이것은 쉽게 풀기 힘든 작업이다. 이 상황에서 우리는 또다시 진지하게 "프로이트로 돌아가자."는 말의 온전한 의미를 경제론·구조론·발달론을 모두 활용했던 '프로이트의 입장에서' 되새겨 볼 필요가 있다.

외상, 환상, 사후작용   4

신경증 원인론

정신의 병리현상은 어떤 원인에 의해 어떻게 생겨나는가? 왜 의지와 달리 실수와 증상이 반복되는가? 왜 만물의 영장임을 자랑하는 인간이 안전한 환경에서도, 정신 내적 원인에 의한 스트레스에 휘둘려 사는가? 필자의 정신분석 강의에 참여한 사람들의 절반은 그 원인을 도무지 알 수 없다고 말한다. 그리고 다른 절반의 사람들은 자신이 고통받는 원인을 약간은 짐작하지만 증상이 어떤 과정을 거쳐 발생하는 것이며, 그것을 어떻게 극복해야 할지 알 수 없다고 말한다. 이에 대해 사상가들은 어떤 설명을 제시하는가? 전통 형이상학자들은 덧없이 변화하는 육체와 세속의 권력에서 영속적 만족을 기대하기 때문에 고통에 빠지게 된다고 말한다. 그들의 눈에 육체와 세속의 권력은 결코 궁극적인 실체가 아니며, 영원한 만족을 제공하는 대상도 아니다. 그런데도 일반 사람들은 마치 그것에 대단한 가치가 담겨 있는 양 관심을 쏟는다. 이 잘못된 관심 때문에 그것을 획득하지 못하거나 그것에서 만족을 얻지 못할 경우 분노나 피해의식, 열등감을 느낀다. 형이상학의 관점은 정신이 고통받는 원인을 나름대로 설명해 준다. 그런데 현대 자본주의 사회에서 육체의 건강과 사회적 권력의 소유는, 실제로 정신의 행복과 병을 결정하는 요인으로 작용한다. 정신의 성질을 수십 년간 공부하고 가르쳐 온 학자들조차 사회적 권력의 주변으로 밀려날 경우 정신에 상처를 입곤 한다. 이런 현상은 심지어 '세속의 권력은 허망한 것이며, 영혼의 구원이 인생의 궁극적인 목적'이라고 설파하는 종교인에게서도 다반사로 관찰된다. 이런 현실은 더 이상 내밀한 소문이 아니기 때문에 현대인은 더 이상 말과 실천이 어긋나는 학자나 종교인을 진심으로 신뢰하지 않는다. 현대인은 육체의 건강과 쾌감 그리고 정신적 안정과 기쁨을 제공할 '대상'을 원한다. 이런 대상을 오랜 기간 만나지 못할 때 그들의 자아는 불안정해져 강화된 방어기제를 작동하게 된다. 그런데 '대상 항상성'이 파편화되는 자본주의와 정보화 환경에서 현대인이 자신의 정신건강을 유지해 줄 신뢰할 만한 '대상'을 만나기란 구조적으로 쉽지 않다.

프로이트는 영원하고 순수한 관념 세계가 덧없고 복잡한 현실보다 가치 있다고 믿는 사변적 학문은 인간 삶을 병리적 방향으로 유도할 뿐만 아니라 그 자체가 병리적 정신상태의 징후라는 생각을 숨기지 않았다. 그는 '인간'은 양육자에게 오랜 기간 의존해야만 생존할 수 있는 연약한 존재며, 사회적 관계에 진입하는 과정에서 '상처'를 지닐 수밖에 없는 불행한 존재라고 해석한다. 그래서 주어진 정신·신체적 조건을 최대한 활용해 '불필요한 고통'에서 벗어난 삶을 사는 데 큰 의미를 부여한다. 그리고 편견과 환상에 고착시켜 인간의 '자아 발달'을 저해하는 사변적 학문과 종교의 문제를 극복할 새로운 관점으로 정신분석학을 개척한다.[1] 그렇다면 정신분석학의 관점에서 볼 때 정신의 병은 어떤 원인에 의해 발생하는 것이며, 어떻게 극복할 수 있는가?

1. 신경증의 기원: 유년기의 성적 외상

인간은 어떤 원인으로 인해 삶을 즐기지도 못하고, 이익되게 행동하지도 못하는 불행한 심리상태에 처하게 되는가? 자아의 기능이 일부 마비되는 신경증이 발생하는 원인은 무엇인가? 프로이트는 신경증자에 대한 정신분석 과정에서 그들 대부분이 유년기에 주위 사람에게서 '강한 자극'을 받았으며, 그것이 이후의 삶에 큰 영향을 주었다고 토로하는 것을 관찰하였다. 억압된 무의식을 의식에 드러내는 정신분석 작업에서 신경증자는 오랜 방어적 저항 기간을 거친 후에 자신이 숨겨 온 콤플렉스가 성적 상처와 관련된 것임을 내밀히 토로한다. 프로이트가 만난 신경증자의 정신분석 과정은 대부분 성적 상처의 회상으로 끝이 난다. 그리고 그 성적 상처는 놀랍게도 대부분 유년기에 생겼다고 표현한다(Freud, 1894: 231).[2] 이런 일련의 임상적 관찰을 통해 그는 신경증이 유년기에 가까운 대상에게서 받은 성적 외상(外傷, 상처, trauma)[3]에 의해 발생한다는 이론을 정립한다.

프로이트에게 '성적 외상(外傷)'은 다양한 의미를 지닌다. 일차적으로는 외부 대상에게서 받은 신체적인 '강한 자극'을 의미한다. 그리고 여기에 정신의 '성적 해석'이 첨가되어야만 심리생

리적 충격인 '외상(trauma)'이 발생한다. 그런데 아이가 외부 대
상과 갖는 성 경험이 구체적으로 무엇을 의미하는가에 대해 우
리는 조심스레 접근해야 한다. 이것은 때로 신체적 성 자극을 지
칭하기도 하고, 아이와 부모 사이의 애정관계를 지칭하기도 한
다. 유년기의 외상이란 주로 자신의 간절한 애정 요구가 '최초
대상'인 엄마와 '최초 성 대상'인 이성(異性)의 부모에게서 거절
당했다고 느껴질 때 아이가 받는 보편적 심리 상처를 지칭한다.
그러나 때로는 성인이 아이를 (대리) 성 만족 대상으로 삼아, 강
한 성 자극을 반복해서 준 상태를 지칭하기도 한다.

프로이트에 의하면, 유년기에 지나치게 강한 성적 자극을 받
으면 '성적 해독(noxa)'이 발생한다. 그 이유는 아이는 아직 성
기관이 발달하지 않았기에, 성 자극에 의해 축적된 내적 긴장을
성관계를 통해 외부로 분출할 능력이 없기 때문이다. 또한, 아직
운동기관이나 인지 능력이 미숙하기 때문에 흥분과 긴장을 운동
으로 대리 발산하거나 사회적 노동으로 승화하는 방법을 알지
못하기 때문이다. 이런 상황에서 성적 긴장이 축적되면 감당하기
힘든 불쾌로 느끼며, 그로 인한 정신의 붕괴를 막기 위해 본능적
으로 병리적 방어기제가 작동한다. 그리고 병리적 방어기제를 사
용한 결과로 자아 에너지가 고갈되고, 정신구조가 기형화되어 신
경증 증상이 발생한다. 그렇다면 프로이트가 정신분석 치료 대상
으로 본 신경증(히스테리, 강박증, 공포증)[4]은 어떤 원인에 의해,
어떤 과정을 거쳐 발생하는 것인가?

2. 사후작용론

> 기억 흔적의 형태로 의식에 현전하는 재료들은, 새로운 환경에
> 따라 시시각각으로 재배열 · 재기록된다(Freud, 1894: 233).

프로이트는 엠마라는 13세 소녀의 가게공포증 사례분석을 통
해 신경증의 발생 원인과 과정을 설명한다. 엠마는 혼자서 가게
에 들어가지 못하는 공포증을 가지고 있다. 증상이 발생한 원인
을 '자유연상'을 통해 추적해 본 결과 엠마는 다음의 사건을 기
억해 냈다(Freud, 1895: 353-356).

첫째, 12세에 엠마는 옷을 사러 옷가게에 혼자 들어갔다. 가게
에는 손님이 없고 10대 후반으로 보이는 남자 점원 두 사람이 있
었다. 엠마는 옷을 고르던 중 우연히 시선을 옆으로 돌렸는데, 두
점원이 나이에 비해 노숙한 옷을 입고 있던 그녀의 '옷'을 쳐다보
며 '웃고' 있었다. 그중 한 점원의 모습이 '기분 좋게 느껴졌다'.
그런데 그 순간 갑자기 뭔가에 놀라서 황급히 가게를 뛰쳐나왔고,
집에서 2주 정도 앓다가 전에 없던 가게공포증이 생겼다.

프로이트는 이 기억에서 점원이 엠마의 옷을 보고 웃는 상황
만으로는 증상을 유발하는 상처와 병리적 방어기제가 발생하지
않는다고 보고는 자유연상을 더 진행하였다. 방어적 '저항'을 헤
쳐 가며 진행된 몇 달간의 자유연상 결과 가게공포증의 단서가
될 어떤 사건이 엠마의 무의식에서 의식으로 간신히 떠올랐다.

둘째, 8세 경에 엠마는 사탕을 사러 사탕가게에 혼자 갔다. 가게
에는 손님이 없고, 중년의 가게 주인만이 있었다. 엠마가 사탕을

고르던 중 가게 주인이 엠마에게 다가와 '씩 웃으며' 엠마의 '옷' 속으로 손을 집어넣고 성기를 여러 번 압박했다. 엠마는 사탕을 사고 집에 왔으며, 특별한 이상은 발생하지 않았다. 열흘쯤 후에 엠마는 한 번 더 그 가게에 갔고, 아무 일 없었으며, 그 후엔 그 가게에 가지 않았다.

프로이트는 이 두 사건이 신경증 발생과 모종의 관련이 있다고 보고, 이에 대한 분석을 시도했다. 먼저, 옷가게에서 엠마가 점원의 웃는 모습을 보고 기분 좋음을 느낀 순간, 갑자기 놀라서 황급히 달아난 이유는 무엇인가? 프로이트는 이를 다음과 같이 해석한다.

어느덧 사춘기에 접어든 엠마는 점원이 자신의 옷을 보며 웃는 순간, 어떤 흥분을 느꼈다. 그 흥분은 지금까지 느끼지 못한 일종의 '성 감정'이었다. 그런데 그 성 감정과 그녀의 옷을 쳐다보며 웃는 점원의 모습은 그녀가 까맣게 잊고 있던 무의식 속의 사탕가게 인상과 갑자기 연결(연상)되었다. 그 순간 점원의 웃음은 사탕가게 주인의 씩 웃는 모습과 연결되고, 점원이 바라보던 자신의 '옷'은 '옷 속으로 손을 집어넣어 성기를 압박하던 장면'과 연결되었다. 프로이트는 이를 신경증자들의 정신에서 자주 발생하는 '잘못된 연상'이라고 칭한다(Freud, 1895: 352-356).[5] 이 뜻밖에 연상된 사탕가게 인상은 엠마의 정신에 과거 그 시점에선 없었던 '성적 긴장'을 일으킨다. 그리고 갑자기 엄청나게 생겨난 성적 흥분은 그것을 감당할 능력이 없는 엠마의 정신에서 불안으로 변형된다. 이 불안과 더불어 그녀는 방금 전까지 매력 있게 느껴지던 점원이 과거의 사탕가게 주인처럼 자신을 '성추행(공격)'할지도 모른다는 무의식적 연상을 하게 된다. 그래서 이 무의식적 환상과 불안 때문에 황급히 도망간 것이다.

집에 와서 엠마는 2주 동안 정신적 혼미상태로 앓아눕는다. 그후에 뜻밖의 가게공포증 증상이 그녀에게 출현하였다. 그렇다면 그 2주 동안 그녀의 정신 내부에서 어떤 일들이 발생하였기에 신경증 증상이 생기게 된 것인가?

엠마의 자아는 뜻밖의 '기억'으로 인해 발생한 성 흥분과 불안에 대해 정상적으로 방어할 수 없었다. 그 이유는 자아는 주로 외부 지각에 대한 방어에 주의를 집중하므로 정신 '내부'에서 돌출한 뜻밖의 '기억'과 그것에 병행된 정서적 불안, 불쾌에 대해서는 미처 대비하지 못하기 때문이다(Freud, 1895: I. 357-358). 따라서 무의식에 대한 '억압' 방어에 실패한 자아는 제2의 병리적 방어기제인 '대체·투사·회피'를 황급히 작동한다. 그로 인해 정신이 해체될 것 같은 불안과 위기를 모면하는 대신에 '엉뚱하게 대체된' 대상(가게)에게서 '집중된 불안'을 느끼는 공포증 증상이 발생한 것이다. 그런데 개인의 정신에 순간적으로 발생한 일련의 정신적 연상과 방어작용은 무의식적이다(Freud, 1896: 167). 따라서 엠마는 자신이 놀라게 된 이유를 알지 못한 채, 가게에 갈 때마다 어떤 불쾌하고 불안한 무의식적 환상에 시달려, 가게에 혼자 가지 못하는 것이다.

한 가지 특이한 점은 엠마가 8세 때에 사탕가게에 두 번째로 다시 간 것을 13세의 지금 기억해 내고는 너무도 괴로워한다는 점이다. 그녀는 마치 자신이 사탕가게에 어떤 '나쁜 기대'를 가지고 다시 간 것인 양 심한 죄책감과 수치심에 시달린다. 그리고

이런 죄책감과 수치심은 엠마가 2주간 앓고 있던 시기에도 출현
하였다가 즉각 억압되어 망각된 것으로 추정된다. 즉, 2주 동안
그녀는 자신의 과거 사건에 대한 '어떤 기억과 부정적 해석'에
의해 괴로워하다가 방어적 억압이 작동하였고, 무의식의 강력한
회귀 역동으로 억압이 힘들어지자 더 원초적 방어기제인 '대
체 · 투사'가 작동한 것이다. 그리고 그 병리적 방어작용이 정신
에 고착되었기 때문에 공포증 증상이 생긴 것이다. 가게공포증의
발생은 당시의 엠마에겐 위기를 모면하기 위한 일종의 무의식적
타협책이다. 그 이유는 엠마가 자신의 불미스런 과거를 의식이
기억하여 유지하다간, 내면의 초자아나 외부 대상에게 발각되어
처벌받을 위험이 있다고 심각하게 느꼈기 때문이다. 그녀는 자신
의 인생이 모욕받고 버림받아 처참하게 끝날지도 모른다는 주관
적 환상과 수치감, 공포에 시달린다. 또한, 그녀의 자아는 자신의
과거를 기억하고 성숙하게 재해석하여 승화할 능력을 갖고 있지
못하다. 그래서 그녀의 자아는 그 어떤 '현실적 대응'을 모색하
지 못한 채 원초적 방어기제에 과도하게 의존하며, '증상'이라는
제3의 통로를 만들어 무이시저 불안과 환상을 상징적으로 분출
하게 된 것이다.

  '억압'은 불쾌한 기억을 즉각 망각하게 하는 유용성을 지닌다.
그리고 '대체'는 강한 수치감을 주는 사건(성추행)을 덜 창피한
무엇(가게공포)으로 '전치'함으로써 버림받을지 모른다는 불안
을 완화한다. '투사'는 내부적이고 주관적인 원인(취약한 자아,
강한 성 흥분, 불안)을 외부 대상(가게)의 탓으로 돌려, 자책감에
서 벗어나게 한다. 이런 대체와 투사로 인해 특정 대상(가게)은
본래의 특성(상품 구입)과 무관하게 온갖 부정적 내용(성추행하는

곳, 날 파멸시키는 곳)을 담지한 곳으로 '환상화'된다. 따라서 공
포증자는 자신의 의식적 판단(가게는 사소하고 안전한 곳)과 무관
하게 무의식이 투사된 대상(가게)을 반복해서 '회피'하게 된다.
이런 무의식적 동기와 과정을 통해 발생한 가게공포증은 그녀의
삶에 심각한 불편을 유발한다. 따라서 신경증적 타협책은 결과적
으로 합리적 선택이라고 평가하기 어렵다. 의식과 무의식 사이의
'타협책'으로 형성된 증상이 개체의 삶을 효율적으로 운용하는
합리성을 지니려면, 증상으로 인한 자아 발달 정지와 심리적 고
통이 '잠정적'이어야 한다. 그런데 불행하게도 일단 증상이 발생
하면 무의식의 원인이 제거되지 않는 한 정신 · 신체적 고통은
평생 반복해서 지속된다. 따라서 증상을 통한 타협적 방어는 결
코 자아의 효율적 자기보존 전략으로 평가하기 어렵다.

앞에 서술한 공포증의 원인을 정리하면 다음과 같다.

- '근본 원인'은 8세 때에 사탕가게에서 받은 '강한 성적 자
  극'에 있다.
- '촉발 원인'은 12세 때 옷가게에서 느낀 '특이한 자극(성 흥
  분)'에 있다.

신경증은 일반적으로 유년기에 겪은 '근본 원인'에 사춘기 이
후의 '촉발 원인'이 결합할 경우 발생한다.[6]

그런데 이것으로 신경증의 원인이 충분히 설명되는가? 프로이
트는 이 두 원인에다 '사춘기 도래의 지연'이라는 '발달론'적
요소를 덧붙인다(Freud, 1895: 356). 이것은 유년기와 사춘기의
성 욕동 유형과 자아 발달 상태가 매우 다르다는 걸 뜻한다. 이
런 차이성이 부각되는 이유는 양 시기 사이에 '잠복기'라는 심

리-성적(psycho-sexual)으로 평온한 시기가 있기 때문이다. 이 '잠복기'는 유년기의 정신 관점과 사춘기의 정신 관점 간의 '차이성'이 증가하는 기간으로서, 신경증 발생에 고유한 역할을 담당한다. 왜냐하면 이 '차이성'은 신경증 발생에 결정적 역할을 하는 '사후작용'이 기능하기 위한 주요 조건이기 때문이다. 가령, 자아와 성기관이 미성숙했던 8세 때 받은 성기 자극은 당시의 엠마에게 '성적인 의미'로 해석되지 않았다. 그런데 잠복기 (8~12세) 동안 교육을 통해 습득한 성 지식과 성 욕동의 발달로 인해 사춘기에 접어든 엠마는 옷가게에서 예기치 못한 '성 감정'을 느끼게 된다. 그리고 그 순간 '현재(사춘기)의 관점과 정서'로 과거 사건에 '성적 의미'를 부여하게 된다. 즉, 과거의 사건이 '현재의 관점'에 의해 사후(事後) 기억되는 과정에서 일종의 새로운 '사후해석'이 작동한 것이다. 이 사후작용으로 인해 과거 사건 당시에는 존재하지 않았던 '성적 의미'와 '성 흥분', '성추행'을 당했다는 '심리적 불쾌·불안'이 뜻밖에 발생한다. 그렇다면 사건 자체가 아니라 사건에 대해 '사후해석된 기억'이 과거 경험의 의미와 정서를 변질하여 '정신적 상처'를 일으킨 것이다(Freud, I.: 356). 이런 '심리적 사실(psychological fact)'의 변질은 성 욕동과 자아 상태가 나이에 따라 변화하였고, 교육에 의해 성에 대한 특정 가치 관점이 정신에 각인되었기 때문에 발생한 것이다(Freud, 1896: 164).

여기서 우리는 과거에 외부에서 받은 자극을 '보통의 지각'에서 충격적 상처로 변질시키는 놀라운 힘을 발휘하는 '사후작용'의 정체를 주시해 보자. 엠마의 신경증을 발생시킨 사후적 (Nachtr glich) 작용에는 두 가지 의미가 담겨 있다. 하나는 '지연

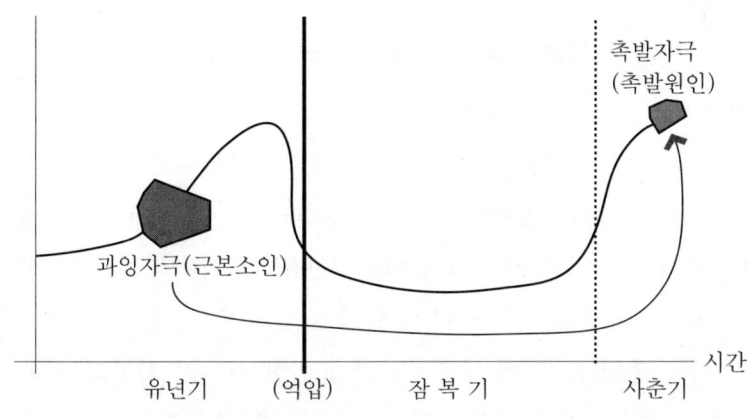

그림 4-1 성욕동 발달과 지연작용

작용(deferred action)'이고 다른 하나는 '소급작용(retroactive action)'이다.

지연작용

'지연작용'이란 강한 외부 자극이 곧바로 병을 일으키지 않고 무의식에 있다가 '나중에' 우연히 어떤 유사 자극과 결합할 경우 증폭 효과에 의해 비로소 병인으로 작동하여 증상을 일으키는 것을 지칭한다. 이 '지연작용'은 예기치 못한 순간에 발생하기 때문에 갑자기 이 증상이 생긴 당사자는 당황하며, 도대체 왜 이런 증상이 발생하는지 그 원인과 과정을 알지 못한 채 각가지 억측과 상념에 잠기게 된다. 지연작용은 이처럼 먼 과거의 어떤 사건이 오랜 기간 잠복된 상태로 있다가 불현듯 그 병리적 힘을 드러내기 때문에 병인에 대한 정확한 인식을 어렵게 만든다. 그리고 정신에 예기치 못한 상처와 불안이 발생하므로 위급상황에 대처하는 병리적 방어기제를 작동하게 한다. 그로 인해 자아의 인식 기능은 심각하게 훼손된다. 일단 신경증자가 되면 병리적 방어작용으로 인해 증상의 원인을 스스로의 힘으로는 좀처럼 '성찰'하기 어렵다. 그래서 그의 삶은 기억도 나지 않는 먼 과거의 어떤 생각과 정서에 반복해서 휘둘리게 된다(프로이트, 1939: 102-104).[7] 엠마의 경우 8세 때의 사탕가게 사건은 그 당시에는 '상처'가 아니었다. 그러나 무의식에 보존된 '강한 자극'의 '흔적'이 나중에 12세 때 사소하지만 특이한 자극과 결합되는 순간, 지연작용에 의해 '과잉자극(상처)'으로 변형된 것이다. 프로이트는 당대의 금욕적 가치관에 의해 억압된 자극 중에서 특히 유년기의 성적 자극 '흔적'이 잠복기라는 '지연 기간'을 거쳐, 성욕과 성 지식에 눈뜨는 사춘기에 받는 사소한 자극과 결합하여 '지연작용'을 일으키고, 그로 인해 '상처'가 발생한다고 해석한다.

지연작용은 신경증이 유년기에 받은 강한 성적 외부 자극에 기인한다는 '성적 외상설'을 이론적으로 뒷받침한다. 즉, 신경증은 유년기에 외부 대상에서 받은 성적 '과잉' 자극에 기인한다. 프로이트는 '외상설'을 일명 '유혹설'이라 부르기도 한다. '유혹'이란 누군가가 성적 과잉흥분을 유발한다는 뜻이다. 그런데 성 흥분이 내부에 과도하게 축적되고 외부로 분출되지 못하면, 그 개인은 어찌 되는가? 이 경우 정신에 축적된 성적 긴장은, 승화되지 않는 한 '성적 해독(害毒, sexual noxa)'이 되어 신경증의 원인이 된다.[8] 프로이트는 초기(1892~1897)엔 유년기에 받은 유혹이 신경증 발생의 필요충분조건이라고 생각하였다. 왜냐하면 유혹은 아이에게 '성적 해독'을 발생시켜 필연적으로 병리적 방어기제를 작동하고, 그로 인해 나중(사춘기 이후)에 증상이 발생한다고 보았기 때문이다.

프로이트가 정신분석 치료 과정에서 내담자의 입을 통해 직접 듣거나 여러 상황을 종합해 구성한 유년기의 외상적 유혹 사례는 '원초적 장면(자신의 출생 비밀과 연상된 부모의 성교 장면)'의 목격, 가까운 인물에 의한 강간, 성적 학대, 성적 공격, 유혹받음 등이다. 이처럼 유년기에 받은 성적 과잉 자극이 해독을 발생하고, 그 독이 병리적 방어기제 작동을 유발하여 잠재된 병리상태를 유지한다. 그러고는 '잠복기라는 지연 기간'을 거쳐 사춘기 이후의 촉발적 사건과 결합하는 순간 지연작용에 의해 외상과 증상이 발생한다. 이것이 외상설(유혹설)이다. 외상설에서는 정신에 각인된 과거 사건의 흔적은 이후의 정신상태에 평생 영향을 미친다. 즉, 인간은 의지와 의식으로는 좀처럼 과거의 흔적을 지울 수 없는, 과거에 얽매일 수밖에 없는 존재인 것이다. 무의식에 억압된 흔적은 의식에 의해 기억되어 재해석되지 않는 한 계속 강박적 영향을 미친다(프로이트, 1907: 87).

무의식의 외상 흔적이 미치는 부정적 영향력을 해소하기 위해서는 정신분석가와 '정신분석' 작업이 필요하다.[9] 이미 무의식의 상처, 불안, 병리적 방어기제에 고착되어 있는 개인은 아무리 지식과 합리적 사유 능력이 높을지라도 의지와 의식으로 자신의 무의식을 엄밀히 인식하고 변형할 수 없다. 또한, 의식은 정신현상을 일으키는 정신작용에 대해선 객관적 인식을 결코 가질 수 없다. 정신작용은 '인식의 조건'이므로 '직접적 인식 대상'이 되지 못한다. 그로 인해 정신작용 대부분은 무의식적이다. 또한, 인간의 정신작용은 완벽한 기능체가 아니다. 정신작용은 외부 상황에 적응하는 과정에서 방어적으로 위축되기도 하고, 능동적 · 창

조적 기능을 발휘하기도 한다. 즉, 개인의 정신작용은 의식의 의
지에 의해 합리적으로 작동하는 것이 아니라 내부 욕동과 외부
세계와 각각 타협하는 관계에서 그 기능이 결정된다. 따라서 프
로이트는 정신작용에 병리적 영향을 미치는 외부 환경과 내부
요인에 대한 분석을 시도한다. 자아가 미성숙하고 약한 유년기에
외부에서 받는 과도한 성적 자극은 정신에 큰 부담을 준다. 그에
따라 과도한 방어활동이 작동하여 자아 발달을 저해한다. 유년기
의 성적 외상(유혹)이 자아 기능의 부분적 마비상태인 신경증을
유발하는 것이다.[10] 프로이트는 유년기의 외상 흔적이 무의식에
서 의식으로 위치를 이동하면 그 영향력이 해소되는 현상들을
거듭 관찰했다. 그래서 신경증을 유발하는 무의식의 흔적을 추적
해 기억하고, 의식에 통합하는 정신분석 작업을 시도한다. 그런
데 그는 이 과정에서 새로운 정신활동에 주목한다. 이것은 또 다
른 종류의 사후작용인 '소급작용'이다. 그는 이 독특한 작용이
신경증을 유발하며, 역으로 신경증 치료의 열쇠임을 자각한다.
그리고 '소급작용'의 역할에 주목함으로써 '외상설'을 포기하고
'환상설'을 구성한다. 그렇다면 그가 정신분석 초기부터 주목한
'소급적 사후작용'이란 무엇인가?

소급작용 : 사후해석

경험, 인상, 기억-흔적들은 새로운 경험과 조화되기 위해, 또는
새로운 발달 단계의 획득과 조화되기 위해 나중에 '개정'할 수 있
다. 이 사후작용 속에서 과거 사건들은 '새로운 의미'뿐만 아니라
'새로운 심리적 가치'를 부여받을 수 있다(Laplanche, 1973: 111).

  '소급작용'이란 현재의 정신 관점에 의해 과거의 경험을 (재)
해석하여 새로운 의미와 새로운 심리 효과를 발생시키는 것이다.
프로이트에 입문하기 힘들어하는 사람들은 정신분석이 마치 개
인의 과거가 현재를 좌우하는 단일한 결정론인 양 오해한다. 그
런데 개인 삶의 모든 문제가 유년기에 받은 상처에 기인한다고
설명하는 것이 정신분석의 전부는 아니다. 개체는 과거의 경험을
소급하여 '현재의 관점'으로 재해석하기도 한다. 바로 이 재해석
이 과거 사건에 새로운 의미와 가치를 부여하여 과거와 '현재 정
신' 상태를 모두 변하게 한다. 문제는 어떤 종류의 사후해석과 의
미 부여를 하느냐다. 병리적 소급작용을 하면 상처와 증상이 발
생하며, 역으로 성숙하고 긍정적인 소급작용을 하면 상처와 증상
이 해소된다. 정신분석이 신경증자의 무의식에 억압된 과거 상처
를 그토록 집요하게 기억해 내려 하는 까닭은 바로 억압되어 망
각된 과거는 의식에 '기억'되어야만 비로소 소급적 사후해석에
의한 개정이 가능하기 때문이다. 엠마의 경우를 통해 그녀의 신
경증이 어떻게 이 소급작용에 의해 발생하였는가를 살펴보자.

  옷가게 점원이 엠마의 옷을 쳐다보며 웃는 것을 본 순간, 이미
사춘기에 접어든 그녀는 지금까지 느끼지 못한 야릇한 성 감정
을 느꼈다. 그 성 감정이 느껴지는 순간 무의식에 묻혀 있던 과
거 사탕가게 장면이 갑자기 떠오른다. 그 순간 소급작용에 의해
그녀는 과거에 겪었던 일이 일종의 '성추행'이었다고 해석한다.
그 순간 '억압'이 작동하여 성 홍분은 강한 불쾌감으로 변질되
고, 자신을 쳐다보며 웃고 있는 점원이 과거의 사탕가게 주인처
럼 자신을 '성추행'할지도 모른다는 신경증적 환상과 불안이 돌

출한다. 그 순간 놀라서 가게를 뛰쳐나간다.

　불쾌하고 불안한 기억은 즉각 억압된다. 그로 인해 엠마는 자신이 왜 옷가게를 뛰쳐나가게 되었는지, 그리고 그녀에게 왜 가게공포증이 생기게 되었는지 전혀 기억하지 못한다. 단지 그녀는 반복해서 가게공포에 시달릴 뿐이다. 여기서 점원의 미소를 보고서 기분 좋은 성 감정이 드는 순간과 갑자기 어떤 불쾌와 불안감이 들어 가게를 뛰쳐나가는 순간 '사이'를 주목해 보자. 그 짧은 찰나에 엠마의 정신에는 독특한 병리적 '소급작용'이 작동한다. 엠마는 4년 전 사탕가게 사건이 갑자기 떠오르는 순간, 그것을 사춘기의 '현재 관점으로 소급하여 해석'한 것이다. 그로 인해 성적 의미가 없었던 과거 사건에 '성적 의미'가 부여되자 갑자기 '성 흥분'이 방출되었다. 그리고 잠복기 동안에 습득된 금욕주의적 도덕관으로 인해 과거에는 없었던 '추행당했다'는 생각이 '새로 발생'하여 강한 심리적 불쾌, 불안, 수치감이 생성되었다. 즉, 과거 사건이 '소급작용'에 의해 (재)해석되는 순간 그 사건은 '상처(trauma)'로 변질된 것이다. 조금 '특이한 사건'이 '섬뜩하고 수치스런 상처'로 변질되는 순간, 정신은 강한 불쾌감 때문에 그것을 의식 속에 계속 담고 있을 수 없다. 그래서 억압이 작동하여 불쾌하고 불안한 표상과 정서를 무의식으로 밀어낸다. 그 결과 억압되어 무의식에 보존된 '불안한 생각과 환상'으로 인해 가게에 갈 때마다 원인 모를 공포에 시달리는 증상이 발생한 것이다.

　과거의 흔적은 모두 소급적 (재)해석의 대상이 된다. 이런 사후해석은 성 욕동의 '발달'과 인지 능력의 변화 그리고 문화 환경의 변화에 의해 발생한다. 이 소급작용은 개체가 새로운 차원

의 의미에 접할 수 있게 하며, 무의식에 묻혀 온 경험을 재활성
화한다. 이 재활성화가 예기치 못한 순간에 병리적 정신상태에서
이루어질 경우 그 개인은 '부정적 의미해석'으로 인한 뜻밖의
상처와 증상에 휘둘린다. 그러나 성숙한 정신상태에서 소급작용
이 일어나면 과거 경험에 긍정적이고 통합된 의미가 부여되어
삶의 새로운 희열과 성장이 일어난다.

프로이트는 정신에 '소급작용'이 발생하기 위한 조건으로 무
의식에 억압되는 유년기 과잉자극, 잠복기, 성 욕동 발달상태의
변화, 촉발 사건, 문화적 가치 교육에 의한 (초)자아 관점의 변화
등에 주목한다.

3. 새로운 병인론: 환상설

프로이트는 신경증자들이 유년기에 성적 유혹을 받았다고 '한
결같이' 생각한다는 사실에 대해 어떤 의혹을 갖게 된다. 이들의
생각은 개인 경험의 우연성과 개연성을 넘어 과도한 보편성을
지닌다. 그것이 '사실'이라면 신경증자의 부모나 친척은 모두 성
도착자이어야 한다. 이것이 사실이란 말인가? 프로이트는 자신의
기차공포증을 떠올리며, 자기 부모가 어릴 적에 자신을 유혹했는
지 '꿈 해석'을 통해 '자기분석'을 한다.[11]

그는 4세경에 엄마의 벗은 몸을 보고 혼자 흥분했던 장면을
기억해 냈다. 그러나 엄마가 어떤 능동적 유혹을 한 것은 아니었
다. 부모가 능동적 유혹자였다면 남동생과 여동생들도 유혹을
받았을 것이고, 신경증자가 되었을 가능성이 높은데, 그들에겐

신경증이 없었다.[12] 그렇다면 신경증이 외부 대상이 아이에게 능동적으로 가한 강한 성 자극에 기인한다는 이론은 엄밀한 보편성을 지닐 수 없다. 아버지의 사망과 더불어 밀려든 깊은 충격에서 벗어나고자 수년간 자신의 무의식을 분석한 결과 프로이트는 신경증자가 유년기에 '외부에서 받았다'는 유혹은 사실이 아니라 내부 요인에 기인한 환상일 가능성이 높다는 결론을 내린다. 즉, 성인신경증자가 유년기에 주변 인물의 유혹을 받았다고 보편적으로 생각하는 것은 성 환상이 유년기 말엽에 보편적으로 억압된 것에 기인한다. 그 억압되어 망각된 성 환상은 무의식에 보존되어 있다가 정신분석 과정에서 우연히 떠오르는 순간, 마치 현재의 장면인 양 생생하게 느껴진다. 그래서 신경증자는 성 환상을 마치 사실인 양 착각하는 것이다. 그런데 유년기 말에 성 환상에 대한 억압이 발생하였다는 것은 유아들이 이미 성 욕동과 성 감정을 지녔다는 것을 의미한다. 그렇다면 그들이 겪었다고 믿는 성적 유혹의 정체는 무엇인가? 프로이트는 정신분석 과정에서 회상된 성적 장면은 사실에 대한 기억이기보다 유년기에 지녔던 환상 내지 회고적 은폐 기억(screen memory)일 가능성이 높다고 해석한다(프로이트, 1901: 70, 75).[13] 그렇다면 사람들은 왜 그런 성 환상을 보편적으로 갖게 되는 것인가? 프로이트는 이를 욕동이론으로 설명한다. 즉, 인간은 태어날 때부터 이미 독특한 성 욕동을 지니며, 그 성 욕동으로부터 성 환상이 발생한다. 이 성 환상은 아이가 부모를 동일시하여 초자아가 생긴 이후부터 억압되어 무의식에 묻혀 있다가, 정신분석 과정에서 분출된 것일 가능성이 높다.[14] 이런 추론에 따라 그는 성 욕동 발달론을 구성한다.

4. 성 욕동 발달장애: 유아성욕 고착

프로이트는 유아에게 선천적 성 욕동이 있다는 확신과 더불어 지금까지 주장해 온 외상설을 포기하고 환상설을 정립한다. 여기서 환상이란 무의식에 억압된 유아성욕에서 발생한 유아적 성 환상을 지칭한다. 이 성 환상에는 많은 '양'의 정서 에너지가 부착되어 있다. 그로 인해 사춘기 이후에 이 환상을 자극하는 어떤 대상이나 자극을 접할 경우, 강한 정서적인 역동이 발생한다. 그런데 이 환상은 무의식이기에 당사자는 자신이 왜 어떤 대상에 대해 강한 욕망과 흥분을 느끼게 되었는지 그 원인을 정확히 알 수 없다. 즉, 유아 성 환상은 성인이 느끼는 욕망의 무의식적 '원인인 동시에 모델' 기능을 한다.[15] 그런데 성인이 되어 유아성욕과 유아 성 환상에 과도하게 고착할 경우 외부 세계에 대한 관심과 검증력이 떨어져 사회생활의 위기에 처하게 된다. 그 결과 위기에서 벗어나려는 타협책으로 신경증에 걸릴 가능성이 높아진다. 즉, 성인의 성 욕동이 유아성욕에 고착되어 '성기 욕동'으로 발달하지 못할 경우 신경증의 원인이 된다.

이 '발달론'의 관점에 의거해 엠마의 사례를 다시 해석해 보자.

첫째, 엠마는 이미 유년기에 성 욕동과 성 환상을 지니고 있었다. 8세 시기는 성 욕동이 잠잠한 잠복기 초기에 해당한다. 그래서 그녀에게 8세 적 사탕가게 사건은 강한 성 자극으로 느껴지지 않았다. 그러나 (아버지에 대한 억압된 오이디푸스 성 환상으로 인해) 중년의 가게주인의 행동에서 엠마는 모종의 흥분을 느꼈을 수 있다.[16] 그래서 10일 후 다시 사탕가게에 가게 된 것일 수 있다. 이 경우 8세 때의 사건이 큰 고통을 주지 않았다면, 그것을 신경증의 근본 소인으로 간주하기 어렵다. 왜냐하면 무릇 '쾌감'이란 정신이 '감당할 만한 흥분'을 뜻하기에 '외상'이 되지 않기 때문이다.

둘째, 8세에서 12세 사이의 오랜 잠복기 동안 엠마에겐 사회적 도덕 교육이 주입되었을 것으로 추정된다. 그 시대의 금욕주의 문화를 고려해 볼 때, 성에 대한 모든 생각과 정서는 금지·부정되고 억압되었을 것이다. 이 경우 억압된 무의식이 불현듯 의식에 떠오르면 의식을 구성하는 중심관념과 심한 마찰을 일으켜 정신의 불균형과 불안, 죄책감이 발생한다. 왜냐하면 억압이 일어나는 원인은 성 욕동 자체에 있기보다 과거의 성 자극·성 환상과 현재의 도덕적 (초)자아 관점 사이의 불일치·대립에 있기 때문이다.[17]

셋째, 12세 엠마는 옷가게에서 점원을 보며 뜻밖의 성 감정을 느꼈고, 그것이 8세 때의 흥분과 우연히 '결합'된다. 그런데 사춘기의 민감하고 왕성한 성 욕동으로 인해 성에 대해 무덤덤했던 잠복기의 흥분은 (무의식의 성 환상과도 연결되어) 더욱 강하게 증폭될 수 있다(Freud, 1896: 167).[18] 그리고 그 '강한 흥분'에 대항하는 '억압' 작용에 의해 당시의 지각 자체와 다른 불쾌감과 섬뜩한 성 환상(성추행)이 발생한다(프로이트, 1901: 70, 75).[19] 예기치 못한 강한 흥분과 표상이 내부에서 솟구치면, 평상적 방어가 힘들어진다. 그로 인해 더 강력한 방어기제(대체, 투사)가 추가로 작동하며, 그 결과로 공포 증상이 발생한다.

성 욕동 발달론은 '사후작용'론과 결합하여 신경증의 발생 원인에 대한 확장된 이해를 제공한다. 이 이론들에 의거해 프로이트는 그의 숙원이던 신경증 원인에 대한 '정신분석'만의 고유 설명 모델이 확립되었다고 확신한다.[20] 이 해석에서 우리는 신경증의 원인은 성적 요인에 있다고 프로이트가 강조한 이유를 곰곰이 음미해야 한다. 이것은 다른 본능과 달리 인간의 성 욕동은 유아기부터 성기기에 이르기까지 다양하고 큰 변화를 겪기 때문이다(Freud, 1894: 236).[21] 이 변화가 과거 사건에 대한 의미 해석의 '차이'를 확대하며, 그로부터 강력한 사후작용과 '상처', 병리적 방어기제가 작동하여 증상을 일으킨다.

5. 외상설과 환상설 사이에서

신경증의 원인은 실제로 겪은 외상에 있는가, 아니면 내부의 성 욕동 발달 좌절과 사후작용에 기인한 환상에 있는가? 이 문제에 대한 프로이트의 입장은 말년에 이르기까지 단일하지 않다. 정신분석을 '무의식'을 규명하는 첨단 학문으로 정립하기 위한 운동 과정에서 그는 여러 학자들에게서 정신분석의 비과학성과 비도덕성을 비난하는 공격에 직면해 왔다. 이런 상황에서 신경증의 원인이 무엇인가의 문제는 그에게 중요한 의미를 지닌다. 만약, 정신분석이 과학처럼 사실을 '객관적'으로 규명하는 학문이라면, 신경증을 일으키는 원인에 대한 객관적이고 구체적인 자료를 제시해야 한다. 그런데 신경증의 원인에 대한 '객관적'인 자료가 제시될 수 있는가? 프로이트는 의지하는 대로 움직이지 않

는 정신·신체 현상이 발생하는 원인이 무의식에 있으며, 무의
식은 객관적이고 직접적으로 관찰되지 않음을 성찰한다. 그리고
그 무의식의 핵심에는 유년기의 '성적 상처'가 있을 것으로 해
석한다. 문제는 그 '상처'가 외부 대상에게서 받은 외상(外傷)인
지, 내부의 성 욕동과 사후작용이 만들어 낸 주관적 환상인지에
대해 엄밀한 검증이 불가능하다는 점이다. 왜냐하면 아이와 성인
은 성 욕동 발달 양태와 정신구조가 다르므로 유아의 비언어적
이고 비규범적인 지각들을 성인의 언어적 사고로 정확히 재현하
는 기억은 구조적으로 불가능하기 때문이다. 또한, 기억된 내용
이 정확한 사실인지에 대한 객관적 확인이 어렵다. 이 때문에 정
신분석은 검증할 수 없는 자료를 통해 자기 이론의 정당성을 보
증받으려는 비학문적 가설이라고 비난받는다. 이런 비난에 답하
기 위해 프로이트는 『정신분석에서의 구성』을 통해 다음의 입장
을 밝힌다.

정신분석가의 과업은 "과거 사건이 정신에 남겨 놓은 '흔적'
중에서 어떤 원인(억압)에 의해 '망각'된 부분을 판독, 또는 보다
정확히 말해 '구성'하는 것"이다(Freud, 1937: 258-259). 이런
(재)구성 작업은 수천 년간 묻혀 온 유적을 발굴하는 고고학자의
작업과 유사하다. 차이점이 있다면 고고학자는 중요한 부분이 이
미 상당히 소실되었거나 '파괴된 대상'을 짜 맞추어(수천·수만
년 전의) 원대상을 재구성한다. 이에 비해 정신분석가는 현재
'여전히 살아 움직이는' 무의식의 자료를 다룬다. 개인의 과거
는 정신 속에 대부분 보존되어 있다. 심지어 강력한 방어기제에
차단되어 완전히 사라진 것처럼 보이는 과거 경험도 꿈, 증상, 실

수, 전이 등을 통해 그 정체를 상징적으로 드러낸다. 분석가는 내담자의 '전이' 표현과 꿈을 통해 무의식의 과거 표상과 감정이 생생하게 '반복 재연'되는 자료를 얻을 수 있다. 이런 점을 고려할 때, 만약 고고학이 땅 속에 묻힌 인류 역사의 비밀을 밝히는 하나의 소중한 학문으로 인정받는다면 무의식에 묻혀 있는 정신의 자원과 비밀을 탐색하는 정신분석이 '학문'으로 인정되지 못할 이유는 없는 것이다(Freud, 1937: 259-260).

정신분석적 '구성'이란 자유연상에서 나온 파편화된 자료를 하나로 통합하여, 무의식이 증상을 통해 의식에게 드러내고자 하는 '본래 의미'를 찾아내는 것이다. 분석가는 내담자가 뱉은 말 중에서 사소한 전의식의 언어를 방어적으로 각색한 '무의식의 언어'와 분리ㆍ선별하여 이리저리 짜 맞추어 증상을 유발한 원인(외상, 환상, '부정적 사후해석 관점')을 '구성'한다. 그리고 내담자가 망각한 외상과 성 환상 그리고 부정적 사후해석 관점이 지금까지 정신에 미친 무의식적 영향들을 '해석'한다. 분석가의 '구성'은 망각된(억압된) '사실'을 정확히 판단한 것일 수도, 분석가의 주관적 상상일 수도 있다. 이 구성이 신경증자의 무의식적 병인을 온전히 반영하는가 아닌가는, 분석가의 해석에 대해 내담자의 무의식이 어떻게 반응하는가에 의해 파악된다(Freud, 1937: 261-262). 만약, 분석가가 구성한 내용이 무의식의 병인(病因)을 제대로 지적한 것이라면, 내담자는 깊은 '정서적 인식' 반응을 보인다. 반면에 부정확한 구성일 경우, 내담자의 무의식은 별 반응을 보이지 않는다. 그렇다면 정신분석가가 '구성한 진실'의 본성은 무엇인가? 그것은 실제 있었던 '외부 사실'을 반영하는가? 아니면 환자의 '주관적 환상'에 대해 분석가가 만들어 낸

'또 다른 환상'인가?

이 의문에 대해 프로이트는 '분석가의 구성'이란 일종의 '추측(conjecture)'이라고 말한다(Freud, 1937: 265). 그런데 그것은 단순한 추측이 아니라 내담자의 무의식을 역동시켜 자신의 망각된 진실을 상기하게끔 만드는 치유적인 추측이다. 그런데 내담자가 상기한 무의식적 진실의 정체는 주관적 환상인가, 아니면 외부적 사실인가? 이에 대한 프로이트의 입장은 다음과 같다.

내담자가 상기한 것은 분석가가 구성한 바로 그 내용이 아니라, 그 내용과 연관된 어떤 무엇일 수 있다. 분석가의 정확한 구성활동에 자극되어 억압되었던 무의식이 의식으로 회귀되지만, 여전히 내적 저항이 발생하기 때문에 회귀된 무의식은 덜 중요한 대상으로 '대체(전치)'된다. 이 대체된 무엇은 '일종의 환상'이라 볼 수도 있다. 그러나 이 환상에는 유아기에 경험하고 잊혀졌다가 회귀한 '사실'이 왜곡된 방식으로 담겨 있다. 분석가는 이런 '왜곡된 사실'에 부착된 신경증자의 리비도를, 그것의 환상성을 자각시킴으로써 '철수(de-cathexis)'시켜야 한다. 분석가의 '구성'은 억압되어 상실된 경험 조각들을 (의식의 자료로) 회복시켜 현실 검증력을 높이는 효력을 지닌다.

신경증의 원인에는 과거에 경험하였다가 억압되어 망각한 '사실적' 외상의 측면과 내부의 욕동, 병리적 방어기제, 부정적 사후작용이 만들어 낸 환상의 측면이 함께 있다. 또한, 신경증자가 지닌 성적 환상(거세, 유혹, 원초적 장면 등)에는 개인이 직접 겪은 사실이 아니라 인류의 '원초적 환상'이 개인에게 유전된 요소도 있다(Freud, 1937: 268-269).[22] 이 경우 그것에는 환상의 요소와 더불어 원시 인류가 겪은 사실의 요소가 섞여 있다. 그리고 정신분석 과정에서 분석가의 구성과 해석에 자극받아 내담자가 망각하였다가 우연히 기억해 낸 내용에도 환상의 요소와 사실의 요소가 함께 내포되어 있다. 왜냐하면 어떤 사실이 한 번 억압되어 망각되었다가 '(재)상기'될 때에는 결코 원형 그대로 회귀하지 않기 때문이다. 이런 '환상적 사실성'은 인간 정신의 독특한 현실이다. 신경증자는 정신분석 과정에서 기억한 과거 내용을 자신이 겪은 사실인 양 믿는다. 그런데 이런 믿음의 이면에는 우리가 엠마의 경우에서 관찰한, '현재 관점'의 소급적 사후해석이 은폐되어 있음을 유념해야 한다. 프로이트는 이 사후작용이 정신에 일으키는 심리적 효력의 긍정적 측면과 부정적 측면 사이에서 갈등한다. 왜냐하면 그의 마음 한편에는 자유연상과 '구성' 활동을 통해 내담자의 무의식에 억압된 과거의 진실을 원형 그대로 발굴하여 '자기인식'을 돕는 것이 정신분석의 본질이라는 실증주의적 과학 정신이 작동하기 때문이다.

프로이트는 여전히 계몽주의적 과학 정신에 의거해 정신의 영역에서 환상과 진실의 차이성을 명료하게 구분하고 싶은 것이다. 그래서 그는 죽음을 앞둔 말년까지 무의식의 '성찰'을 강조하면서, 내담자의 현재 정신 관점과 기대에 만족을 주는 치료기법(공감기법)을 경계한다(Freud, 1937). 신경증의 근본 치료를 위해서는 현존하는 증상의 원인뿐만 아니라 더 깊은 무의식에 숨겨진 근본 원인을 기억하여 그것의 환상성을 성찰·해체하도록 자극해야 한다. 그래서 내담자가 자신의 '무의식적 현재 환상'에 안주(고착)하지 못하게끔 현상태를 공감해 주길 원하는 내담자의 (자기애적) 욕구를 좌절시키는 '비공감적 치료술'의 필요성을 계속 강조한 것이다(Freud, 1937: 231-233). 그런데 다른 한편으로 '소급작용'에 대한 고찰을 통해, 무의식적 과거에 대한 '사실 대 환상'의 엄밀한 구분이 원리적으로 힘든 것임을 자각한다. 따라서 말년의 프로이트는 외상설과 환상설 사이에서 단일한 입장 표명을 유보한 채, 상황에 따라 양쪽 관점을 모두 적절히 인정하는 태도를 취한다.

6. 사후작용의 현대철학적 의미: 시간, 인과, 의미의 비결정성

신경증의 발생 과정에서 사후작용의 역할에 대한 프로이트의 성찰은 철학자들에게 시간성, 인과성, 의미의 본성에 대한 새로운 해석 관점을 제공한다. 이를 음미하기 위해 다시 엠마로 돌아가 보자.

그녀의 가게공포증 원인은 무엇인가? 8세 때의 사탕가게 사건인가? 아니면 12세 때의 옷가게 경험인가? 아니면 8세와 12세 사이의 '잠복기'에 교육을 통해 정신에 각인된 당대의 금욕적 가치관인가? 8세 때의 사탕가게 사건만으로는 엠마에게 증상이 발생하지 않았다. 그리고 8세 때의 사건을 떠올리게 한 촉발적 자극을 받지 않는다면, 엠마는 평생 정상적으로 살아갈 가능성을 지닌다. 따라서 8세의 사건이 결정적 병인이라고 규정하기는 곤란하다. 그렇다면 12세 때의 옷가게 경험인가? 그러나 이 경험만으론 신경증의 발생을 설명하기가 곤란하다. 왜냐하면 당시 엠마는 불안이나 불쾌감이 아닌 흥분을 느꼈기 때문이다.

그렇다면 증상을 일으키는 '상처'는 잠복기 동안 금욕적 도덕
교육에 의해 생겨난 것인가? 금욕적 성교육만으로는 인간 일반
에게 상처(trauma)가 발생하진 않는다. 그렇다면 신경증을 유발
하는 병인은 어디에 위치하는가? 어떤 사건이 병의 원인이고,
어떤 사건이 병의 결과인가?

서양 고대·중세 형이상학과 근대 이성은 시간이 과거에서 현
재와 미래로 단일하게 흘러간다고 해석해 왔다. 이 관점으로 보
면 현재의 증상이 발생한 원인은 항상 과거에 위치한다. 그런데
소급작용에 의하면 정신세계에는 '고정된 과거 현재 미래'란 실
재하지 않는다. 즉, 과거란 끊임없이 이동하는 '현재'에 의해, 그
리고 미래의 '현재' 시점에서 그 내용이 바뀔 수 있는 무엇이다.
그렇다면 과거는 단지 과거인 것이 아니라 현재와 미래를 내포
한다. 어떤 자극은 정신에 지각되었다가 새로운 자극에 밀려 의
식에서 사라지는 '과거의 흔적'이 되는 동시에 시간 의식이 없
는 무의식에선 항상 역동하고 있는 '현재'며, 사후작용에 의해
앞으로 그 의미와 가치가 변화될 가능성을 지닌 미래다. 따라서
'정신의 세계'에서는 '고정된 객관적 과거 사실'이란 존재하지
않는다. 우리가 무엇에 대해 명료한 '과거 사실'이라고 규정할
수 있는 것은 단지 어떤 특정한 현재 순간에만 '잠정적'으로 유
효한 발언이다. 과거/현재/미래라는 발생학적 선후관계 구분은
결정적 의미를 지니지 못한다. 시간 구분은 사실을 지칭하는 기
호가 아니라 잠정적인 쓰임 기호일 뿐이다. 중요한 점은 어떤 경
험이 개인 정신의 어떤 '구조(의식/무의식)'에 위치하느냐다. 그
것이 '의식'이라는 특정 구조 속에 위치하게 되면, 직선적 시간

의 영향을 받는다. 그러나 '무의식'에 위치하게 될 경우 무의식
에는 시간 의식이 부재하기 때문에 과거/현재/미래의 구분에 영
향을 받지 않는다. 이 생각들을 신경증의 원인론에 적용해 보자.

우리가 '지연작용'을 주시하면, 인간 정신은 늘 따라다니는 과
거 흔적의 영향력에 의해 좌우되는 것처럼 해석된다. 반면에 '소
급작용'을 주시하면 정신세계에서 과거 흔적은 (그것이 무의식에
서 의식으로 기억될 수 있는 한) 현재의 자아에 의해 그 의미와 가
치가 개정될 수 있는 무엇이다. 따라서 중요한 것은 과거 경험이
아닌 '현재의 정신 관점' 내지 자아 발달 상태다. 신경증자를 비
롯해 자신의 무의식에 대한 '자기인식'을 회피하는 사람은 늘
과거 흔적에 반복해서 휘둘리는 삶을 살게 된다. 반면에 자신의
무의식에 대한 '자기분석'을 꾸준히 하는 사람은 '현재의 발달
된 자아 관점'에 의해 부정적인 과거 환상을 긍정적인 현재의 의
미로 변형한다. 그리고 외부 세계의 새로운 자극을 수용하고 통
합하는 과정을 통해 자아가 '발달'해 가기 때문에 발달된 사후
해석 관점에 의해 주체적이고, 새로운 의미 세계를 살아가게 된
다. 신경증자는 과거의 의미 세계에 '고착'되어 늘 '과거적 현
재'를 살아간다. 이에 비해 성숙한 자는 새로운 자극에 대한 개
방적 수용과 과거에 대한 새로운 사후해석으로 인해 과거에 고
착되지 않는 삶을 살아간다.

프로이트의 사후작용론은 또한 전통 형이상학과 근대 이성의
단일한 인과 관점을 전복한다. 두 종류의 서로 다른 사후작용이
활동하는 정신세계에서는 원인과 결과에 대한 일의적인 규정이
어렵다. 가령, 과거의 흔적이 현재의 정신 관점을 결정하는 원인
이기도 하고, 현재의 정신 관점에 의해 과거의 의미가 개정되기

도 한다. 이런 상호 영향관계에 놓여 있는 '심리적 현실'에 대해 기존의 인과 범주에 의거한 일의적 설명은 타당성을 지니기 어렵다. 왜냐하면 기존의 인과 범주는 시·공간적 방향성과 필연적 관계성을 내포하는데, 쌍방향으로 사후작용하는 정신세계에 대해 시·공간적 방향 설정과 필연적 관계가 제시될 수 없기 때문이다. 따라서 우리에게는 '심리적 사실'에 대한 이해에 적합한 새로운 '인과' 관점의 개발이 요구된다.

프로이트의 사후작용론은 또한 포스트 모던 기호론의 선구적 모델이 된다. 즉, 어떤 경험(기호)의 의미와 가치는 일의적으로 고정된 것이 아니라, 개인의 정신상태와 외부 상황에 따라 예측할 수 없게 변한다(Lacan, 1977: 48-49).[23] 프로이트는 엠마에게 성에 대한 새로운 가치 교육을 통해 그녀 스스로 자신의 부정적 과거 환상(성추행)을 '보통의 사건'으로 사후해석하게 도와줌으로써 증상을 해소할 수 있었다. 이처럼 사탕가게와 옷가게 경험은 엠마에게 '상처'의 원인이 될 수도 있고, 인생에 대한 폭넓은 이해의 계기가 될 수도 있다. 동일한 사건일지라도 개인의 정신 관점과 외부 세계의 가치 시선에 따라 그것의 의미와 가치가 크게 달라진다. 따라서 정신세계에서는 병의 '객관적 원인'이 존재하지 않는다.[24]

프로이트가 제시한 두 종류의 사후작용론에는 이처럼 근대사상을 전복하고 현대사상을 개시하는 혁명적 인간학과 인식론, 의미론이 담겨 있다. 그에게 '정신분석'이란 병리적(부정적)으로 고착된 사후해석을 성숙한(긍정적) 사후해석으로 변화시켜, 삶의 의미를 다중적으로 음미하게 돕는 활동이다. 이런 정신분석 이론과 관점, 기법을 현대인은 자신의 정신 발달을 위해 어떻게 수용하고 활용해야 하는가?

프로이트는 정신분석적 '구성'은 정신분석의 최종 상태가 아니라 하나의 예비 작업일 뿐임을 강조한다(Freud, 1937: 260). 이 말은 일반 학문은 탐구 대상에 대한 구성(해석)이 탐구활동의 최종 상태와 최종 목표지만, 정신분석은 '구성'을 통해 고통의 원인을 인식하고, '훈습' 과정을 통해 그 깨달음을 자기 것으로 숙성하는 '실천적 학문'이라는 의미를 담고 있다. 그는 이론과 현실 사이의 끊임없는 교류활동이 없는, 이론 중심적이고 사유 중심적인 탐구활동은 의식의 자기애적 환상에 빠질 위험이 있음을 늘 경계한다.

그렇다면 자신의 사유가 현실과 일치하는지 구체적으로 확인하는 활동을 경시하는 인문학은 일종의 자기애적 사변활동이라고 비판하는 프로이트에 대해, 현대의 인문학자는 어떤 응수를 할 수 있는가? 현대의 인문학자는 자기 자신과 인류의 정신적 고통에 대해 얼마만큼의 현실적 치유 능력을 지니는가? 자본주의가 생활의 의미와 가치를 규정하는 환경 속에서 스트레스와 상처를 호소하는 내담자나 대중에게 정신분석가나 인문학자는 프로이트를 넘어설 어떤 정신적 힘과 메시지를 전해 줄 수 있는가?[25]

미주

1) 프로이트는 자신의 '학문적 사유 방향'에 끊임없이 압력을 가했던 당대
의 독단적 종교와 금욕적 도덕 관점의 문제를 드러내는 데 많은 노력을
기울였다. 그에게 사변철학은 현실세계의 병리적 실상을 외면한 채 '관
념'에 과도한 가치를 부여하고서 거기에 자기애적으로 도취하는 강박증
적 활동으로 해석된다. 그리고 과학적 사유를 외면한 채 특정한 신념을
강요하는 종교는, 그 발생 원인과 발생 과정이 신경증 증상의 발생 과정
과 너무도 유사함을 드러낸다. 형이상학과 종교는 '거대한 관념'을 제공
함으로써 '자기애적 상처'를 '보상'해 주지만, 정신을 '발달' 시키진 못
한다. 프로이트, 『토템과 금기』의 「애니미즘, 주술, 관념의 만능」, 『종교
의 기원』의 「모세와 유일신교」(1940/1997), pp. 112-113, 136-141 참조.
2) 신경증의 원인에는 사건이 발생한 '시기'가 결정적이다. …… 만약, 유
년기와 사춘기에 어떤 성적 '장면'도 없었다면 방어는 병리적 결과를
지닐 수 없다.
3) 트라우마(trauma)란 신경증 증상이 발생하는 직접적 원인이 되는 충격적
상처를 의미하며, 일차적으로 급작스럽고 강력한 '외부'자극에 기인한
다. 그리고 이차적으로 그 외부 충격에 의해 내부의 방어막이 뚫려 내적
상처가 생긴 상태를 지칭한다. 흔히 의학에서는 교통사고 환자를 트라우
마 환자로 칭한다. 왜냐하면 강한 외부 충격을 받아 신체 내부의 균형이
깨진 상태며, 그 후유증이 오래 가기 때문이다. 트라우마가 '외상(外傷)'
으로 번역된 이유는 그것이 '내적 환상'에 기인하기보다 외부의 자극에
기인한 상처라고 해석하였기 때문이다. 그러나 정신분석에서는 내적 환
상과 내부 작용('소급적 사후 해석')에 의한 트라우마 발생이 빈번하다.
따라서 이 글에서 트라우마는 외적 자극과 내적 자극 모두에 기인한 상
처의 의미를 지니므로 맥락에 따라 '외상'과 '상처'라는 언어를 병행해
사용할 것이다.
4) 프로이트는 신경증을 현실신경증과 정신신경증으로 구분한다. 현실
신경증은 외상이나 갈등으로 인해 발생한 병이 아니라 단지 성 욕
동 분출의 부적절함으로 인한 자아 기능의 마비 상태를 지칭한다. 따

라서 무의식에 대한 정신분석이 불필요하며, 현실 경험을 통해 성 욕
동을 적절히 분출하게 해 주면 해소될 수 있다. 현실신경증은 '불충분
한' 성 욕동 분출로 인한 불안신경증과 '불만족스런' 성 욕동 분출 경
험에 기인한 신경쇠약증으로 구분된다(Freud, letter, SE, Vol. I. pp. 188.
190-192). 정신신경증은 '전이신경증(히스테리, 강박증, 공포증)'과 '자
기애적 신경증(편집증, 분열증)'으로 구분된다. 프로이트는 성 욕동을 외
부 대상에게 '전이'할 수 있는 '전이신경증'만이 정신분석 관계 맺음과
치료가 가능하다고 본다. 반면에 성 욕동이 외부 세계에서 철수하여 자
신의 자아에 부착된 자기애적 신경증은 분석가와 내담자 사이의 정신분
석 관계가 맺어지지 않기 때문에 정신분석 치료가 불가능하다.

5) 프로이트는 주관(환상)적인 잘못된 연상(연결)으로 인해 잘못된 결론인
'상처'와 히스테리 증상이 발생한다고 해석한다. 이런 '잘못된 연결'은
특이하게도 주로 '성적 영역'에서만 발생한다. 그 이유는 성 감정과 성에
대한 해석 관점이 유년기와 사춘기 이후에 매우 달라지기 때문이다.

6) 엠마의 경우를 '구조론'의 관점으로 표현하면, 증상은 '무의식'의 흥분
자극과 '(전)의식'의 자극이 '결합'할 경우 무의식이 의식으로 '회귀'하
여 '의식의 구조'를 일부 점령·마비시킴으로 인해 발생한다. 또한 이를
'경제론'의 관점으로 표현하면, 증상은 무의식에 축적된 많은 '양'의 흥
분이 전의식의 작은 '양'의 흥분과 '결합'하여 생긴 뜻밖의 '과도한 흥
분'을 비경제적으로 처리한 결과 발생한다. 프로이트는 항상 '구조론'과
'경제론'을 혼합하여 증상의 원인을 설명한다. 구조론은 주로 무의식과
의식 구조의 차이성과 상호관계, 어떤 경험이 정신의 어떤 구조(의식/무
의식)에 위치하느냐에 따른 가치 변화 등에 주목한다. 그리고 경제론은
어떤 사건이나 대상에 욕동 에너지가 얼마만큼 '집중, 반집중, 과도집중,
철수'되느냐에 따른 결과와 욕동 '양'의 다양한 '변형적 이동' 활동(승화/
증상/꿈)을 탐구한다.

7) 자료를 찾을 수조차 없는 먼 옛날의 '큰 사건'이 오랜 잠복기를 거쳐 나
중에 지연작용을 일으켜 인류 역사에 큰 영향을 미치는 대표적 예로 프
로이트는 신화·종교의 발생구조를 든다. 예를 들어, '모세 살해'와 유대
교의 발흥, 예수 살해와 기독교의 발흥은 태초의 '원아버지 살해 사건'
의 흔적이 토템 숭배와 터부 의례가 발생한 후 문명의 변화와 더불어 억
압되었다가 오랜 잠복기를 거쳐 시대의 '어떤 긴급한 사건 및 필요'와

결합된 '지연작용'에 의해 강력히 '회귀'하여 생긴 결과물이다. 개인신경증 발생구조도 이와 유사하다.

8) 오이디푸스기(3~6세)의 남자 아이는 그동안 자신의 성욕 충족 대상이었던 엄마에게서 성적 접촉을 거절당하는 충격적 상황에 직면하게 된다. 이 경우 엄마는 남아에게 성적 자극을 유발하면서 성적 충족을 제공하지 않는 대상이 되어 '성적 해독'이 발생한다. 프로이트는 이 상황이 오래 지속되면 성인신경증이 발생할 가능성이 높다고 해석한다. 이 상황은 아이의 '거세공포'로 인해 성 욕망을 단념하고 외부 세계의 요구를 내면화함으로써 조기 수습되고 망각된다.

9) 자기 혼자서는 내부의 무의식적 방어작용으로 인해 좀처럼 자신의 무의식에 접근하기 어렵다. 연륜 있는 정신분석가와의 '전이적 분석관계' 속에서 '자유연상'이 이루어질 경우, 무의식은 더 크게 역동하고 더 심도 있게 자각된다.

10) 필자의 '정신분석' 강의에 참여한 수강생들이 제출한 '자기분석' 보고서에는 유년기에 우연히 받은 '과잉 성 자극'으로 인해 자신도 모르게 가게 된 인생의 질곡 과정을 표현한 사례가 적지 않다. 그중 한 예는, 4세경에 20대 친척 여성에게서 강한 '유혹'을 여러 번 받은 이후부터 20대 후반의 청년이 되기까지 의지와 무관하게 성적 일탈을 반복해 왔음을 '자기분석'한다. 이처럼 아이의 미숙한 자아가 감당할 수 없어 '억압'한 유년기 과잉자극은 그 뿌리가 성찰되지 않는 한 평생 '반복'된다.

11) '무의식'에 대한 깊은 지식을 지녔고 '꿈 해석'을 할 수 있는 자는, 프로이트처럼 자신의 무의식을 '자기분석'할 수 있다. 그러나 자기분석만으로는 내적 저항의 한계를 넘어설 수 없다.

12) 현대 정신분석가 코헛의 관점에서 보면, 유아기 엄마 경험에 결핍이 있는 아이일수록 성 만족을 통해서라도 대리 보상을 받고자 성 자극에 민감하게 반응한다. 프로이트에게 기차공포증이 생긴 것은 유아기 모성 결핍으로 '자기'가 취약하였기 때문일 수 있다. 이에 비해 형제자매에게 신경증이 없었던 것은 유아기에 무난한 엄마와의 관계로 인해 '자기(애)'가 튼튼하였기 때문이라 해석할 수 있다. 프로이트가 엄마를 평생 곁에 두고 살았고, 여성 관계에 미숙하였던 점으로 미루어 볼 때, 유아기 모성 결핍이 컸을 것으로 추정된다. 그래서 그가 신경증의 원인으로 유난히 '유혹'과 유아성욕에 주목하게 된 것일 수도 있다.

13) 무의식은 결코 그 자체를 의식에 드러내지 않는다. 따라서 무의식에 관한 대부분의 기억들은 '현재의 정신 상태'가 감당할 수 있는 양태로 변형되어 기억되는 '은폐 기억'이다. 정신의 병리성이 깊을수록 은폐성이 높다.

14) '초자아'는 프로이트가 성 욕동론과 성 환상설을 주장한 중년에는 충분히 명료화되지 못하다가 말년(1923)에야 '정신구조론'과 함께 명료화한 개념이다.

15) 프로이트는 인간의 '소망(욕망, wish)'이란, 유년기에 맛보았던 성 쾌감 지각을 '사춘기 이후에' 재경험하려는 욕구라고 규정한다. 이 경우 다시 맛보고 싶은 유아성욕과 유아 성 환상은 '무의식이기에', 인간은 자신의 마음을 끄는 어떤 대상을 강하게 욕망하면서도 정확히 대상의 무엇을 욕망하고 있는지 알지 못한다. 그냥 '뭔가'를 원하고 있음을 느낄 뿐이다〔프로이트, 소원성취에 대해서(1900), **꿈의 해석** 7장〕.

라캉이 욕망의 원인이며, 모델로 서술하는 'Object a(타대상)'는 프로이트가 제시한 유아 성 환상의 기능과 매우 유사하다. 그런데 라캉은 욕구/요구/욕망이라는 구조적 특성만을 주목할 뿐, 욕동경제론의 '양'적 이동성에 대해서는 무관심하다는 점에서 프로이트를 왜곡한다.

16) 외상설을 주장할 당시 프로이트는 유아가 성 욕동과 성 욕망을 지니고 있지 않으며, 이런 유아에게 과도한 성 자극을 주면 '성적 해독'과 불쾌감을 일으켜 훗날 신경증의 원인이 된다고 해석한다. 그러나 유아성욕을 인정하게 되면 해석이 달라진다.

17) 현재 정신외 중심에 위치하는 관념, 도덕 관점과 갈등을 일으키는 생각, 정서는 모두 억압의 대상이 된다. 이 말은 억압작용이 서로 대립되는 내부 관념과 관점 사이의 충돌과 투쟁에 기인됨을 의미한다. 이런 정신 내부의 싸움은 마치 외부 세계 권력 집단 사이의 싸움을 연상케 한다. 신경증의 원인을 환상설로 규정하면, 트라우마의 원인은 '환상과 환상 사이의 갈등'으로 서술할 수도 있다.

18) 만약, 성적 경험이 성적으로 미성숙한 시기에 발생하고, 그것에 대한 기억이 성적으로 성숙한 이후에 발생한다면, 그때 그 기억은 과거 경험 그 자체보다 훨씬 강한 효과를 갖게 된다.

19) "성인기의 강력한 힘은 어린 시절의 체험을 회상하는 능력에 영향을 미쳐 왔다." … "어린 시절 기억에서 우리는 진정한 기억 흔적이 아닌, 이

후에 수정된 흔적을 갖게 된다. 결국 이런 수정된 기억이란, 그 사이에 일어날 수 있는 다양한 심리적 요인에 의해 영향을 받았음이 분명하다."

20) 세상 사람들은 유아성욕론과 성 욕동 발달론이 당대의 도덕 가치관에 대립되었기에 프로이트의 이론을 공개적으로 수용하지 않았다. 특히, 칼 융은 프로이트의 성 욕동론과 성적 외상설을 단지 신경증자들이 주관적으로 구성한 '회고적 환상'일 뿐이라고 비판한다. 이에 대해 프로이트는 비록 유년기와 무의식에 관계된 영역에서는 사실과 환상에 대한 엄밀한 구분이 불가능하지만, 유년기의 '유혹'과 '원초적 장면' 등을 '순수한 환상'이라고 보지 않는다. 그는 '원초적 환상'이라는 개념을 새로 도입하여, 원시 인류가 겪었던 경험이 유전되어 개체의 정신 속에서 환상을 유발한다고 제시한다. 이 경우 그 환상은 적어도 인류가 겪은 '역사적 사실'을 내포하기 때문에 순수 환상은 아닌 것이다. 즉, 아무리 소급적 사후작용에 환상성이 개입한다 해도 상처와 정신질환은 최소한 순수환상에 의해 발생하진 않는다〔Laplanche & Pontalis, *Primary Phantisies*(New York: Norton & Company, 1973), pp. 331-332〕.

21) "하나의 불쾌한 사건이 발생하고, 그것이 나중에 재기억되면 새로운 불쾌를 방출한다. 이 경우 새로운 불쾌는 방어할 수 없으며, '기억'은 마치 그것이 현행하는 사건인 양 활동한다. 이런 경우는 오직 성적 사건일 경우에만 발생할 수 있다. 왜냐하면 성적 사건이 방출하는 흥분의 크기가 시간(성적 발달)과 더불어 증가하기 때문이다."

프로이트가 제시하는 성 욕동 발달 과정은 다음과 같다.

구강기→항문기→남근기→잠복기→성기기(사춘기부터 죽을 때까지). 여기서 구강기부터 남근기까지를 유아성욕기로 지칭하며, 성기기 이전 시기를 전(前)성기기로 지칭한다. 프로이트는 유아성욕기와 성기기 사이의 정신·성적(psycho-sexual) '차이'가 사후작용과 트라우마 발생의 원인임을 강조한다.

22) 프로이트는 '원초적 환상'이라는 개념을 도입하여, 외상설과 환상설 사이의 중간 입장을 취한다. '원초적 환상'이란 인류가 원시시대부터 겪은 외상적 경험들이 이드에 유전되어 개인 정신에 발생하는 환상이다. 이것은 개인 정신에 때로 병리적 사후작용을 일으키는데, 개인이 직접 겪은 것이 아니라는 점에서 환상이다. 그러나 원시 인류가 실제로 겪었

던 사건이라는 점에서 단순한 환상은 아니다.

23) 기표(사건, 대상)의 의미는 고정되어 있지 않으며, (삶의) 맥락에 따라 끊임없이 변한다고 보는 탈근대적 기호론은 특히 라캉과 데리다에 의해 활발히 주장되었다. 데리다는 의미 발생의 조건이 어떤 '안정된 실재'가 아니라 기호 사이의 차이와 지연활동에 있음을 제시한다. 그리고 라캉은 기표의 은유·환유적 활동에 의해 정신에 의미가 생성되고 억압되는 것임을 정신분석학적으로 드러낸다.

24) 정상/비정상에 대한 규정은 문화와 시대에 따라 큰 차이를 지닌다. 가령, 중국에서는 우울증이라는 것이 병으로 인정되지 않았다. 우울증이 '질병'으로 판단된 것은 단지, 미국의 정신의학이 어떤 증상을 설명하기 위해 생물의학적·인과적 존재론을 가정하였기 때문이다. 문화에 따른 정상/비정상의 기준이 다름을 조정하기 위해 전 세계의 정신분석가, 정신의학자, 심리학자 들이 모여 '질병 분류 기준'에 대한 새로운 '합의'를 일정 기간마다 시행하고 있다(DSM) 〔문화와 사고(교육과학사, 1997), 9장 참조〕.

25) 이 글에서 지면 관계상 프로이트가 제시한 신경증의 다중 원인을 모두 설명하지 못했다. 그 원인을 주목하는 프로이트의 시각을 연대기적으로 정리하면 다음과 같다.

• 초기 : 외상-성적 외상-유년기 성적 외상, 사후작용, 불완전한 방어 작용, 갈등과 비경제적 타협 형성.
• 중기 : 성 환상, 성 욕동 발달장애(좌절, 고착) -오이디푸스 콤플렉스
• 후기 : 자아 발달장애, 경직된 초자아, 과도한 죽음 욕동, 나쁜 환경, 역동적 정신구조의 불균형, 심화된 갈등.

  프로이트 이후의 자아심리학에서는 신경증의 주요 원인을 '자아 발달장애'로 보며, 이는 고착된 방어기제 유형 및 불안 유형과 연관된다. 대상관계론자들은 초기 대상(엄마)관계 장애로 인한 '자기'와 자기애의 취약성을 신경증의 주요 원인으로 본다.

병리적 사유 유형에 대한 정신분석학적 진단

1. 현대철학의 문제: 이분법적 사유

이분법적 사유란 대상을 둘로 나누어 그중 어느 한쪽에만 의식을 집중하고 다른 쪽에는 관심을 두지 않는 관점을 지칭한다.[1] 이런 사유의 결과로 외부 대상은 의식에 지각되는 순간 이미 그것의 의미와 가치가 중요한/하찮은, 안전한/위험한 등으로 차별된다. 또한 우리에게 인식된 대상은 그것이 '우리에 대해' 참이거나 거짓이기보다 마치 그 자체로 참이거나 거짓인 양 착각된다. 이러한 인지방식은 우리가 상식으로 지녀 온 도덕관념(선/악)이나 미적 관념(아름다움/추함)뿐만 아니라 사실을 있는 그대로 인식함을 강조해 온 학문적 인식(진리/허구)에도 내재되어 있다. '학문'의 존립 기준과 기반이 흔들리고 있다는 논제를 두고 서구에서 1960년대부터 오늘날까지 진행되어 온 탈근대성 논의의 핵심에는 바로 이런 이분법적 사유를 어느 정도 수용·부정·수정해야 하는가 하는 고민이 담겨 있다.[2] 즉, '전통 형이상학의 극복'을 주장해 온 현대 해석학, 구조주의, 후기구조주의, 비판철학 등은 모두 이분법적 사유의 문제점 극복을 논의의 주제로 삼는다. 이들이 제시한 새로운 개념인 '해석학적 순환', '탈존적 사유', 기표의 유희, 의미의 불확정성, 사후작용, 차이, 차연 등에는 이분법적 사유에 대한 고유한 반성이 담겨 있다. 이처럼 이분법적 사유에 대해 고민하는 이유는 그것을 부정하면 존재 일반에 대한 명료하고 안정된 분류를 가능하게 해 온 전통 서양 학문의 기준이 해체되기 때문이다. 이것은 마치 인간의 안정된 사유 및 가치 평가 양식을 포기한 채, 혼란 상태로 현실 세계에 직면해 보라는 압력처럼 느껴진다.

이러한 상황에서 프로이트의 정신분석은 우리에게 서양 사상의 기저를 이루어 왔던 이분법적 사유의 숨겨진 본성과 문제점이 무엇이며, 그것을 극복할 수 있는 방법이 무엇인지에 대한 심층 지식을 제공한다. 정신분석의 전파로 인해 전통 서양철학이 이룩한 인간론은 학문과 문화 영역에서 대부분 사용 가치를 상실한다.[3] 이것은 정신분석이 현대화된 개념과 관점을 통해 현존하는 인간 정신에 대한 구체적인 심층 분석을 시도해 왔기 때문이다. 인간 정신에 대한 전통 서양철학자들의 개념 구분들(이성/의지/감성, 순수이성/실천이성/판단력)은 오늘날 정신에 대한 학문적 이해나 자기 인식에 더 이상 발전적인 기여를 하지 못하며, 오히려 장애가 될 뿐이다. 이에 비해 정신분석학은 인간 정신에 대한 새로운 이해를 위해 새로운 개념을 제공한다(의식/전의식/무의식, 이드/자아/초자아).

정신분석은 정신의 다양한 현상이 어떤 숨겨진 조건에서 어떤 (지각하지 못했던) 과정을 거쳐 출현하게 되는지를 세세히 추적한다. 그리고 과거에 형성되었다가 억압됨으로써 고착된 무의식의 사유 구조와 정서가 현재의 의식적 사유에 어떤 영향을 미치고 있는지에 주목한다. 이런 연유로 오늘날 어떤 인문학자도 무의식적 정신활동, 정신 내용, 정신구조의 형성·발달 과정에 대한 정신분석적 반성 없이는 인식론적으로 엄밀한 주장을 하기 힘든 상황에 처하게 된다. 필자는 이분법적 사유의 정체와 그 한계 극복에 대해 지난 수십 년간 숙고해 온 현대철학의 문제가 정신분석학에서는 어떤 방식으로 해석되고 대처되는가를 살펴봄으로써 철학과 정신분석학 사이의 다리를 놓고자 한다.

2. 프로이트의 정신론: 자아의 비자립성

인간은 자연계의 생명체 중에서 유난히 오랜 기간의 양육을 필요로 한다. 다른 생명체들은 대부분 탄생하는 순간에 이미 어느 정도 자립 능력을 지니기 때문에 길어야 몇 달 정도만 돌보면 독립된 삶을 살아갈 수 있다. 그런데 인간은 자기보존에 필요한 운동 근육과 정신 조직들이 유난히 미성숙된 상태로 태어난다. 따라서 최소한 5~6년간 보호자의 헌신적 돌봄이 없을 경우, 외부 세계에 적응하지 못한 채 죽거나 치명적인 상처를 입게 된다.[4] 그렇다면 이토록 나약한 존재로 태어난 인간은 어떤 과정을 거쳐서 강력한 생존 능력을 지닌 존재로 발달하게 된 것인가?

인간은 최초에 '원본능(Id)' 덩어리로 태어난다. 원본능은 외부 세계에서 오는 불편한 자극과 긴장을 즉각적 · 직접적으로 방출함으로써 쾌락을 얻고 고통을 피하려는 '쾌락원칙'을 추구한다. 그런데 이러한 생존양식은 불행히도 자연 본능의 적절한 통제를 요구하는 사회적 현실세계와 불일치 · 대립된다. 그 결과 유기체가 쾌락원칙만을 계속 추구할 경우 생존을 위협받게 된다. 따라서 생존을 위해 유기체는 개체의 안정된 보존을 도모하는 새로운 정신 조직인 '자아'를 형성한다. 자아는 그 활동 에너지를 원본능에서 공급받기 때문에 원본능과 결코 완전히 분리된 조직이 아니다. 그러나 쾌락원칙을 추구하는 원본능과 달리 '현실원칙'을 추구한다는 점에서 어느 정도 독자성을 지닌 정신 조직이기도 하다(프로이트, 1926c: 110, 129, 130).

자아 기능의 양면성 : 방어적 왜곡 대 현실 검증

개체를 안전하게 보존하는 임무를 부여받고 원본능에서 분화되어 점진적으로 성숙해 가는 자아는 '현실원칙'에 의거해 활동한다. 현실원칙이란 쾌락의 충족 시기를 적절한 상황이 올 때까지 지연하고, 위험한 쾌락 대상을 보다 안전한 대상으로 대체하며, 보다 큰 만족을 얻기 위해 어느 정도의 고통을 감내하는 경제적 쾌락 추구 성향을 뜻한다(프로이트, 1926c: 13-14).[5] 자아가 '자기보존' 임무를 잘 수행하기 위해서는 무엇보다 외부 세계에 대한 정확한 인식이 필요하다. 그러므로 자아는 외부 세계와 개체가 접촉하는 감각기관의 표면에 '지각-의식'이라고 하는 인지 조직을 발달시켜 외부 세계에서 유입된 자극에 대한 정확한 정보 획득을 꾀한다. 그런데 현실에 대한 의식의 검증활동은 자

기보존 본능(자아 본능)이 자체의 목적을 충족하기 위해 발생·
발달시켜 온 것이다. 따라서 인식활동은 '자기보존'이라는 특정
한 발생 조건 흔적에 의해 제약을 받는다. 프로이트는 이를 다음
과 같이 서술한다.

> "자극에 '대한 보호'는 자극의 '수용'보다 유기체에 더 중요한 기능
> 이다. ……자극을 수용하는 주목적은 외부 자극의 방향과 성격을
> 알아내려는 데 있다. ……감각기관들은 자극의 구체적 결과를 수
> 용하기 위한 장치로 구성된다. 그러나 지나친 양의 자극은 방어하
> 고, 부적합한 종류의 자극은 제거하기 위한 특별 장치를 포함한다.
> 이 감각기관들은 소량의 자극만을 다루고, 외부 세계의 견본만을
> 받아들인다."(프로이트, 1926: 38-39)

자아의 일부로 형성되어 점진적으로 발달해 온 의식은 자아의
'양면 기능'에 의해 그 활동성이 규정된다. 즉, 자아의 제1기능
은 수많은 위험한 자극들로부터 개체를 보호하는 것이다. 그리고
외부 세계에 대한 정확한 인식활동은 제1기능을 수행하는 데 필
요한 여러 수단적 기능 중 하나에 불과하다. 외부 자극에 대한
객관적 인식(수용)과 주관적 변형(방어)이라는 이중 기능은 논리
적 차원에서 보면 상호 모순적으로 보인다. 그러나 삶은 이러한
논리적 차원엔 무관심하며, 생존 상황의 안전성 정도와 쾌락 욕
구의 강도에 따라 자아의 양쪽 기능을 적절히 조합하여 상황에
맞게끔 사용한다. 따라서 의식은 개체에게 밀려드는 새로운 외부
자극을 끊임없이 수용하는 기능을 지닌 동시에, 여러 자극 중에
서 자아가 감당하기 힘들거나 생활에 부적합한 자극은 부정·억
압하든가 변형한다.[6] 그러므로 인간 정신의 발생과 발달 조건에

이미 외부 세계에 대한 객관적 인식과 공정한 가치 평가를 방해
하고, 이런 사실을 억압하여 망각·고착하는 이분법적 사유 경
향이 내포되어 있다.

유난히 미성숙한 출생과 의존적 무기력으로 인해 외부에서 받
은 크고 작은 상처와 불안에 대처하기 위해 인간은 외부 세계를
정확히 인식하는 '자아'라는 특별한 정신기능을 발달시켜 왔다.
이런 인간에게 인식활동이란 결코 자체 목적적인 가치를 지니는
독립적 활동이 아니다.[7] 개인의 인식활동은 한편으로는 현실 속
에서 살아남으려는 본능적 목적에 매개되어 작동한다. 그리고 다
른 한편으로는 언어와 규범의 특정한 의미화 그물에 매개되는
문화적 차원의 영향을 받는다.[8] 따라서 인식활동이 본능과 문화
에 매개되어 있는 한, 순수 객관적인 인식은 보장받기 어렵다. 정
신활동의 대부분은 무의식적으로 작동한다. 심지어 의식활동의
상당 부분조차 의식이 모르는 힘에 매개되어 의식이 지각하지
못하는 방식으로 작동한다(프로이트, 1916: 60).

정신의 분열성: 의식 대 무의식

인간 정신은 하나의 중심활동과 나머지 주변활동으로 명료하
게 구분할 수 있는 것이 아니다. 그러나 전통 철학자들은 인간의
활동 중에서 의식의 기능만을 유난히 강조해 왔다. 그들은 의식
을 곧 정신과 동일한 것이거나 정신의 대변활동으로 간주해 왔
다. 그 이유는 의식이 지닌 여러 유용한 특성에 기인한다. 의식은
새로운 외부 자극을 지각활동을 통해 끊임없이 수용하며, 외부
자극을 시·공간과 인과의 틀에 의해 안정되게 분류한다. 또한

의식은 언어와 사회적 의미 체계를 사용하여 낯선 타자와 안정된 대화관계를 맺으며, 의식을 집중하여 새로운 사실을 발견하기도 하고, 새로운 의미를 창조하기도 한다. 그리고 놀랍게도 개체의 한계를 넘어서 우주 전체를 안전한 위치에서 한눈에 조망하는 신비로운 관념 체계를 구성하기도 한다. 즉, 외부 세계에 의존하거나 좌우되지 않은 채 홀로 안주할 수 있는 안식처인 형이상학을 제공한다. 이 점에서 의식은 마치 고통과 죽음 앞에 무기력한 인간 조건을 뛰어넘는 신적 능력으로 착각된다. 이 모든 이유로 인해 철학자들에게 의식은 곧 빛이요 희망이며, 신적인 영원불멸성과 무한한 포용성의 상징으로 간주되어 왔다. 그런데 과연 의식은 자립적이고 무한 포용적이며 영원불멸하는 순수 인식 능력인가? 그리고 의식에 의해 생성된 사변적 사유 체계는 현실세계에 대한 온전한 인식이며, 이것은 인간에게 영원한 안식처가 될 수 있는가? 의식이 어떤 숨겨진 조건과 정신 과정을 거쳐 발생된 것인지를 주목한 프로이트를 통해 이 물음들에 답해 보자.

프로이트에 의하면, 의식이란 과잉자극으로 인해 정신이 파괴되는 것을 막기 위해 자아의 방어기제인 억압이 최초로 작동하여, 정신이 의식과 무의식으로 분열되는 순간에 발생한 것이다.[9]

> "억압의 본질은 어떤 것을 의식으로 진입하지 못하게 하여 의식과 거리를 두게 하는 데 있다."(프로이트, 1915: 140)

억압이 발생하는 순간 정신은 의식과 무의식이라는 새로운 두 조직으로 분열된다. 그리고 이 분열의 결과 의식은 무의식으로부터 안전한 '거리'를 확립하는 동시에, 더 이상 무의식의 내용을 기억할 수도 없고 통제할 수도 없게 된다. 역으로 무의식화된 것은 분열된 틈에 세워진 자아의 방어장벽을 결코 직접적으로 통과하여 의식과 접촉하기 어렵게 된다. 그러나 무의식 영역 안에서는 마음껏 역동하면서 방어작용이 취약해지는 순간에 다양한 방식(증상, 꿈, 실수, ……)으로 자신의 힘과 존재를 드러낸다.

억압은 유아의 미성숙한 자아가 낯선 외부 세계와 접촉하는 과정에서 생겨난 위기(불안과 고통) 상황에 대처하기 위해 본능적으로 작동하는 하나의 방어기제다. 이 기제의 작동과 더불어 정신은 의식과 무의식으로 분열된다. 이 분열을 유지하기 위해 자아의 방어 에너지가 계속 지출되며, 정신의 분화·발달이 지속된다. 그로 인해 인간은 자연계에서 초자연계로 비약하여 본능과 외부 세계를 통제하는 만물의 영장이 될 수 있었다. 그렇다면 인간이 자연 본능을 넘어서는 탁월한 정신적 인격체가 되기 위한 조건은 바로 의식과 무의식의 분열이라고 볼 수 있다. 그런데 아이러니컬하게도 인간은 바로 인간 발달의 근본 조건인 정신의 자기분열로 인해, 또 다른 '나'인 '그것(Das Es. 무의식)'에서 소외되고 지배받는 (병리적) 상태에 놓이기도 한다.[10] 또한, 의식/무의식 사이의 틈이 커지고, 그 분열된 틈을 '자기분석'을 통해 통합하지 못할 경우 이분법적 사유를 비롯한 다양한 부작용이 발생한다(프로이트, 1926c: 226).

프로이트는 정신의 활동을 원초적인 '1차 과정(primary process)'과 후천적인 '2차 과정(secondary process)'으로 분류한다. '1차 과정'으로 표현되는 '무의식적 사유' 활동은 오직 쾌락원칙만을 추구하며, 비현실성·비논리성·무시간성을 지닌다(프로이트, 1915: 192-193). 즉, 무의식은 의식의 의미 체계나 가치 체계와는 전혀 다르게 활동한다. 반면에 2차 과정은 '현실 원칙'에 의거해 기능한다. 따라서 의식은 외부와 내부에서 오는 자극을 현실 상황에 맞게 선별하여 잠정적으로 수용하며, 대상에 대한 경험적이고 논리적인 판단을 시도한다(프로이트, 1915: 13-17; 프로이트, 1926: 95).

무의식에는 선천적 본능 욕동과 유년기에 경험하였고 억압한 과잉자극(상처), 불안, 환상과 그 이후 삶의 과정에서 각인된 고통의 흔적 그리고 (초)자아에 의해 의식 진입이 거부된 부정적·비도덕적 관념과 정서, 방어기제가 존재한다. 이 무의식의 구성 요소들은 정태적인 것이 아니라 매우 역동적으로 활동하며, 기회만 되면 의식 표면으로 떠올라서 해소하지 못한 긴장을 분출하려는 성향을 지닌다. 즉, 무의식은 그것이 의식에 의해 직면·해석되어 통합되기 전까지는 영속적으로 존속한다.[11]

의식과 무의식, 1차 과정과 2차 과정은 같은 점이 없다. 이것들은 각기 다른 조직, 다른 기능, 다른 특성을 지녔으며, 상호 대립적 관계에 놓여 있다. 게다가 의식과 무의식 사이에는 양자의 접촉을 막는 방어기제가 작동한다. 이 방어작용은 생존에 필요한 것이므로 삶의 에너지가 영속적으로 지출된다(프로이트, 1926: 301). 따라서 양자 사이의 교류는 쉽지 않으며, 점점 대립적으로 분열될 것처럼 보인다. 그러나 프로이트는 그 속에서 인간 정신의 미묘한 역설성(paradoxical unity)을 포착한다. 즉, 의식과 무의식 사이의 외견적 대립성은 곧 양자 사이의 관계가 본래는 밀접한 관계였음을 은폐하는 역설적인 기호인 것이다. 의식에 의해 '두려운 낯설음(uncanny)'으로 느껴져 자기도 모르게 억압되는 것들은 본래 인류와 개인의 특정 과거에서는 매우 낯익고 친밀했던 지각과 정서들이었다. 가령, 구강성애, 항문성애, 동성애, 근친상간 욕구 등은 원시시대나 유년기엔 친숙하고 낯익은 것이었다. 그런데 초자아 형성과 더불어 방어할 대상으로 부정적으로 평가된 이후부터는 '두려운 낯설음' 내지 불안한 무엇으로 지각되어 배척된다. 이처럼 무의식과 의식이 분열·대립되는 원인 중 하나는 양자가 본래 매우 밀접하였던 것이었는데, 그것이 사회적 생존 양식과 대립됨으로 인해 배척되고 억압된 것으로 추정된다. 이것이 바로 정신의 표면과 이면이 매우 다름을 포착하는 동시에, 정신의 이면에 대한 분석이 의식에 의해 가능하다는 것을 포착하는 정신분석의 심오한 눈이다(프로이트, 1908: 102, 109).

인간은 완전자가 아니기 때문에 자아의 방어기제는 결코 완전할 수 없다. 따라서 억압은 현실에 부적합한 표상을 영원히 '제거하거나 지우는 것이 아니라 단지 그 표상이 의식에 나타나지 않게 할 뿐이다.'(프로이트, 1915: 161) 그리고

> 어떤 표상이 무의식 상태에 있을지라도, 그 표상은 의식에 도달하는 표상과 마찬가지로 나름의 영향력을 행사할 수 있다(프로이트, 1915: 161).

억압은 역으로 억압된 무의식의 회귀(Return of the Repressed) 활동을 유발한다. 따라서 방어작용이 강하다는 것은 역으로 방어를 뚫고서 의식되려는 무의식의 힘이 그만큼 강하다는 기호다. 그렇다면 이 두 대립적 힘은 하나의 쌍을 이루는 공속관계에 있다고 해석할 수 있다. 즉, 의식과 무의식은 서로 대립되는 동시에, 어느 한쪽이 있음으로써 다른 한쪽도 존립하는 상생(相生)관

계를 지닌다. 만일, 무의식의 힘이 강할 경우 방어 에너지의 과도
한 지출로 인해 자아가 탈진하여 의식기능이 위축된다. 그리고
의식의 힘이 강하면 의식으로 통합되어 무의식이 온화해지지만,
어느 한쪽 기능이 완전히 소멸하면 다른 쪽 기능 역시 작동할 수
없게 된다. 이것이 바로 정신의 숨겨진 속성이다. 그렇다면 이러
한 역설적인 정신 법칙이 우리에게 전하는 메시지는 무엇인가?
프로이트는 정신의 여러 질환이 정신의 역설성에 무지한 인간에
게 주로 발생하여 왔음을 주시한다. 즉, 의식과 무의식을 단순한
대립관계로 보고서 무의식을 억압함으로써 말소할 수 있다고 믿
고, 의식 중심적인 삶을 살아온 사람은 어느 순간 무의식의 예기
치 못한 공격에 압도되어 정신질환을 겪게 된다(프로이트, 1926c:
300). 이들에겐 고상한 의식적 삶을 살 것이냐, 저질스러운 무의
식적 삶을 살 것이냐의 이분법적 선택의 길만이 존재한다. 그러
나 그 어느 선택도 그들에겐 커다란 불행을 유발한다.

자아는 무의식이 갑작스레 의식화되는 것을 늘 경계하면서,
동시에 의식의 지각활동과 무의식적 방어작용을 작동한다. 억압
된 과거 상처(trauma)와 불안, 충동을 연상시키는 표상·대상을
대면할 경우, 그것에 대한 지각은 정신의 안정을 깨뜨릴 위험을
지니기 때문에 자아에 의해 자동적으로 억압되거나 왜곡된다. 그
로 인해 의식은 그것들에 대해 객관적으로 지각하거나 온전히
기억하지 못한다. 반면에 자아가 보기에 개체에게 이익과 만족을
줄 것 같은 대상에겐 저절로 의식의 관심을 집중한다. 의식의 이
러한 이분법적인 대상 지각은 역으로 의식에서 부정된 무의식의
반작용을 유발하며, 의식기능을 다양한 방식으로 왜곡·전복·
마비시킨다. 이처럼 의식과 무의식은 서로 분리되고 소외된 활동

인 동시에 상호 대립적 공속관계 속에서 그 기능의 역동성과 상호 영향 관계를 유지한다. 따라서 인간은 정신의 조화로운 기능을 위해, 자신의 의식과 무의식 모두에 대한 인식과 긍정을 필요로 한다. 그런데 이분법적 사유자는 의식과 무의식 사이의 역설적 관계를 외면한 채, 무의식을 일방적으로 소외시키고 의식의 관점과 기준으로만 삶을 판단·평가한다. 인간은 마치 자신이 오직 의식에 의해 주도되는 세계에서만 살고 있는 듯 착각을 한다. 그 원인은 '우리에게 지각되는 유일한 정신'이 바로 의식이기 때문이다. 그러나 의식의 속성은 결코 다양한 정신 조직 사이의 차이를 구분하는 유일한 기준이 될 수는 없다. 의식은 결코 정신과 동일하거나 정신의 중심이거나 정신활동의 대변 모델이 아니라 정신의 한 특정 기능일 뿐이다(프로이트, 1915: 200; 1916: 60).

자아의 방어기제와 이분법적 사유

자아는 소망 충족을 요구하는 이드의 1차 과정과 유년기 부모와 사회의 규범적 목소리를 대변하는 초자아, 그리고 '현실'을 고려할 것을 요구하는 외부 세계 사이의 관계를 조화롭게 통합하는 임무와 기능을 지닌다. 그런데 이드의 본능 욕구가 강하거나 현실 환경이 지나치게 열악하거나 초자아의 요구가 너무 엄격하고 강할 경우 자아의 통합기능이 용이하지 않은 위기 상황이 발생한다. 이 경우 자아는 정신의 파산을 막기 위해 극단적인 (병리적인) 방어기제를 발달시키게 된다. 이 방어기제는 본능 욕구를 억압하고, 외부 자극을 부정·배제하며, 초자아의 혹독한 요구와 비난을 분열하여 외부 대상에게 투사한다. 문제는 이런 방어작용의 주목적이 유기체를 '안전하게 보존'하는 데 있기 때문에 학자가 관심을 가지는 '사실 그 자체에 대한 인식'에서 멀어진다는 데 있다(마이쓰너, 1998: 59). 현실 지각을 왜곡하고, 삶을 주관적 환상 세계로 몰고 가는 이분법적 사유는 바로 이런 불안 상황과 (유아적) 방어기제와 관련해 발생한 것이다.

  인간은 유년기의 성장 과정에서 어떤 시기에 어떤 과잉자극과 불안을 겪느냐에 따라 개체마다 각기 다른 유형의 방어기제와 정신구조를 형성한다. 정신이 최초로 형성되는 유년기라는 무기력하고 민감한 과도기에, 불안한 과잉자극에 대처하기 위해 강도 높은 방어기제를 작동하는 것은 적절한 대응방식이라 할 수 있다. 문제는 불안하였던 시기의 방어기제가 '성인'이 된 이후에도 반복해서 작동하여 자아를 탈진시키고 현실을 과도하게 왜곡하여 부적응하게 만드는 경우에 발생한다. 그렇다면 바람직한 정신 유형은 어떤 것인가?

  프로이트는 생존에 필요한 최소한의 방어 에너지만을 사용한 채, 자기 자신과 외부 세계에 대한 왜곡 없는 인식에 도달하려 노력하는 인간형을 건강한 정신 모델로 생각한다. 이에 비해 유년기에 형성된 방어적 정신구조와 주관 중심적(자기애적) 사유에 고착되어 이를 평생 반복하는 정신을 비정상적이고 미성숙한 정신 유형으로 해석한다. 현대의 서양 철학자들이 전통 형이상학을 비판하면서 이원론적 철학과 이분법적 사유를 문제 삼는 까닭 역시 이 점과 연관된다. 서양의 형이상학은 이분법적 사유를 통해 인간 자신을 신에 버금가는 위대한 존재로 이상화하고, 타존재는 인간의 관리 대상 내지 생존 수단으로 가치절하해 왔다. 따라서 표면적으로는 인간 정신의 고양에 이바지한 것처럼 보인다. 그러나 그 이면에는 세상을 자기중심적으로 왜곡하고 합리화하여 그것을 타자 일반에 대한 지배에 사용하려는 자기애적(유아적) 동기를 은폐·망각한다. 그로 인해 인간은 정신 발달이 정지된 상태에 고착되어 왔음은 역사 속에 돌출된 '거대한 실수'들을 통해 검증된다.[12] 예를 들어, 이분법적 사유의 대표적 모델로 유대민족과 히틀러의 '선민사상'을 들 수 있다. 이 단순한 자기애적 사유에 '그토록 오랫동안 합리적 사유를 지향해 오던' 대부분의 독일 국민이 열정적으로 동참해 제2차 세계대전을 일으켰고, 그로 인해 유럽 전체가 잊지 못할 물질적·정신적 상처를 받았으며, 권력의 중심이 유럽에서 미국으로 옮겨 갔다. 이러한 커다란 비극을 겪고 나서야 비로소 유럽 인들은 500년 이상 유지해 왔던 자신들의 이분법적 사유방식과 정복 행동에 문제가 있었음을 반성하고 실수를 자인하기 시작하였다. 이렇게 볼 때, 형이상학을 구성하는 이분법적 사유는 진리의 법칙을 반영하는 탁월한 영혼의 사유 양식이 아니라 현실에 대한 직면을 두려워하여, 방어적이고 주관적인 환상 속에 안주하고자 하는 유아적·병리적 사유 양식일 뿐이다. 그러면 인간은 어떤 유형의 이분법적 사유 구조를 어떤 시기에 어떻게 형성하게 된 것인가?

유년기 정신 발달과 이분법적 사유

프로이트는 정신의 구조가 형성되는 유년기에 원본능에서 발생하는 동시에 원본능의 발현 양태를 변형하는, 즉 정신적 삶을 지배하는 세 종류의 원초적인 이분법적 대조항이 있다고 보았다

(프로이트, 1915: 124).

첫째는 '주체 대 객체' 내지 '나'와 '나 아닌 것'의 대조적 분리다. 이것은 탄생 초기에 개체의 생존을 위해 본능적으로 발생하는 이분법적 분리다. 정신 발생 초기의 유아는 외부의 순간적 자극에 대해서는 근육 운동을 통해 회피함으로써 어느 정도 대처할 수 있다. 그러나 내부에서 역동적으로 반복되는 본능의 자극들, 특히 공격·파괴 본능 등에 대해선 무방비 상태로 있을 수밖에 없다. 따라서 이를 방치하면 '자기파멸' 상태에 처할 것 같은 멸절 공포를 맛보기 때문에 자아는 본능적으로 파괴적 충동과 환상을 외부 대상에게 뱉어 낸다. 그리고 그것이 마치 내 것이 아닌 외부 대상의 것인 양 왜곡(투사)하여 자신을 방어한다. 이 단계에선 '삶의 본능'에서 발생한 좋은 느낌과 자극을 '나'로 간주하고, 파괴적 욕동과 관념은 투사되어 '나 아닌 외부의 것'으로 표상화한다.

　　이 (이분법적) 대조항은 (생존차원에서) 우리의 지적 활동을 지배하는 주요 조건이며, 어떤 노력으로도 변화시킬 수 없는 근본적 상황이 된다(프로이트, 1915: 124).

둘째는 '쾌락 대 불쾌'의 대조적 분리다. 이 분리는 성 욕동이 자기도취적인 자가성애 단계와 자기애 단계에서 외부 대상에 관심을 갖는 단계로 넘어가는 초기에 발생한다. 즉, '나'와 대상의 관계는 쾌락과 불쾌에 의해 정리된다. 대상은 '나'에게 쾌락의 근원이면 내사(introjection)되고, 불쾌의 원인이면 투사(projection)된다. 쾌락원칙의 지배를 받는 탄생 초기의 미성숙한

쾌락 자아에겐 외부 세계가 자아에 통합된 부분과 자아에게 낯
선 부분으로 나뉘어 나타난다. 이 경우 '나(자아)'는 쾌락과 일치
되고, '나 아닌 외부 세계'는 불쾌와 일치한다(프로이트, 1915:
127-128).

셋째는 '능동 대 수동'의 대조적 분리다. 자아는 밀려드는 외
부 자극을 전적으로 차단할 수 없으며, 수동적으로 자극받을 수
밖에 없다. 그러나 그 자극에 대해 주관적 반응을 보일 때는 능
동적이 된다(프로이트, 1915: 125). 이런 '능동과 수동'은 나중에
남성성과 여성성, 가학과 피학, 사랑하기와 사랑받기, 관음증과
노출증 등의 대조항과 연결되어 표출된다.

프로이트는 우리의 정신생활 전체가 이 세 종류의 대조항에
의해 지배된다고 본다. 즉, 이 세 종류의 대조항은 인류가 외부
세계에 대처하는 과정에서 생존을 위해 본능적으로 형성하여 정
신구조화한 것이다. 그러므로 인간이 자기 자신과 대상 세계에
대한 인식활동을 꾀할 때마다 그의 사유구조는 이미 이 세 종류
의 대조항에 매개되어 지각·표상·개념을 형성한다. 이처럼 인
간이 본능을 지닌 자연 생명체고, 정신활동이 본능에서 진화해
온 것인 한, 의식의 독립적이고 객관적인 순수 인식이란 존재하
기 어렵다. 인간은 끊임없이 밀려드는 뜻밖의 자극에 대해 안전
을 추구하는 생존 본능과 쾌락을 추구하는 성 본능에 반응하는
존재다. 그리고 이런 원본능에서 새로운 인지 조직이 분화하여
오랜 기간 발달하면서, 본능에서 어느 정도 '거리'를 취할 수 있
는 문화적 존재로 변형되어 왔다. 인간이 문화적 존재인 한 그는
이미 단순한 자연적 존재가 아니다. 그러나 원본능은 소멸된 것

이 아니라 단지 의식의 표면에서 사라졌을 뿐이다. 이것은 여전
히 무의식 속에서 역동하면서 의식을 비롯한 정신활동에 에너지
를 제공한다. 인간은 원본능적 존재에서 사회·문화적 존재로
변형되는 과정에서 정신의 형성과 유지 에너지를 원본능에서 빌
려 왔으며, 계속 빌려 와야 한다는 '발생학적 조건'에 얽혀 있다.
따라서 인간은 결코 완벽한 본능 통제를 수행하는 존재도, 단순
한 본능적 존재도 아니다. 인간은 본능에서 초연한 중립적 위치
를 유지할 수 있는 관찰자도 아니다. 인간이란 여러 대립물의 공
속관계로 얽혀 있으며, 그 공속관계 속에서 역설적이기도 하고,
타협적이기도 한 뭔가가 끊임없이 발생하는 존재다.

지금까지 프로이트의 정신론을 통해, 현실에 대한 왜곡된 인
식과 가치관을 유발하는 이분법적 사유가 발생하는 심리적 원인
에 대해 살펴보았다. 프로이트는 이분법적 사유가 한편으로는 무
기력한 생존 조건에 대처하려는 유아의 생존 본능에 의해 추동
된 방어작용에 의해 정신 내부에 형성·구조화된 것으로 해석한
다. 그리고 다른 한편으로는 규범 습득을 강요받는 오이디푸스기
의 상처와 갈등이 억압된 결과와, 경직된 사회적 가치 교육 등이
각인된 결과로 본다. 그로 인해 고착된 (유아와 신경증자의) 이분
법적 사유는 마치 자연스럽고 정상적인 사유인 양 착각된다.[13]
그렇다면 정신분석이 정신에 대한 다양한 임상적 분석을 통해
밝혀낸 이분법적 사유의 특징으로는 어떤 것들이 있는가?

3. 이분법적 사유의 특징

프로이트는 어린이, 원시인 그리고 정신질환자들이 이분법적 사유 관점과 태도를 지니고 있음을 주시한다. 이들은 모두 현실을 있는 그대로 보지 못한 채 과도한 방어기제를 작동하여 세상을 주관 중심적으로 구성한다는 공통점을 지닌다. 이들의 사유 특징은 (자기애적) 사유의 전능화, 긍정과 부정의 극단적 분열, 쾌락원칙에 집착, 방어적인 사유 등으로 표현할 수 있다. 그렇다면 이제부터 이러한 특징이 이분법적 사유를 어떻게 구성하는지 살펴보자.

사유의 전능화

프로이트는 애니미즘(정령주의)적 세계관을 지닌 원시인의 주술적 사유 관점이 사유를 전능화하는 것을 다음과 같이 표현한다.

> 주술은 자연의 진행을 인간의 의지에 복종시켜 개인을 적과 위험들에서 보호하고, 개인에게 힘을 주어 적들을 해치는 데 사용한다. 주술의 원리는 관념적 결합관계를 실재적 결합관계로 착각하게 하는 것이다(프로이트, 1913: 117).

> 주술적 사유에서는 사물에 대한 관념이 사물보다 더 중요하다. 관념에서 이루어지는 것은 모두 그 사물에서도 일어나며, 관념들 사이에 성립하는 관계들은 사물들 사이에서도 성립한다고 전제한다(프로이트, 1913: 125-126).

인간의 '사유활동'이 어떤 실재나 행동보다도 위대한 존재론적 힘과 가치를 지녔다고 믿는 양상은 원시인뿐만 아니라 신경증자나 편집증자 그리고 심지어 (관념론적) 철학자들에게서도 발견할 수 있다.

신경증의 세계에선 집중적으로 사고된 것, 열정적으로 상상된 것만이 영향력 있고, 이런 것들이 외부 현실과 일치하느냐 않느냐는 부차적이다. ……마음에서 일어난 일들을 현실보다 과대평가하는 것은 신경증자의 정서 생활에서 ……무제한의 효과를 발휘한다.(프로이트, 1913: 128).

편집증자는 외부 세계에서 리비도적 관심을 거두어들인다. 그래서 그는 외부의 모든 것에 무관심해진다. 그리고 이차적 합리화로 ……그만의 세계를 재건축한다. …… 적어도 그가 그 안에서 다시 살 수 있도록 그의 망상 작업에 의해 세계를 건설한다(프로이트, 1918: 355-356).

(관념론적) 철학은 과학적 지식이 조금씩 새로운 진보를 거듭할 때마다 붕괴될 수밖에 없음에도 불구하고, 완벽하고 긴밀한 세계상을 사람들에게 제공할 수 있다는 환상에 사로잡혀 있음으로 인해 과학에서 멀어진다. ……방법론적으로 철학은 논리적 조작의 (인식론적) 가치를 과대평가하면서, 동시에 직관과 같은 또 다른 인식의 근원을 인정함으로써 오류에 빠질 수밖에 없다(프로이트, 1933: 229).

철학은 언어의 마술적 힘에 대한 믿음과 세상의 현실적 과정들이 우리의 사고가 그들에게 지정해 주는 것을 그대로 따라간다는 믿음 등을 과대평가하는 정령론적 사고방식의 특성을 그대로 갖고 있다(프로이트, 1933: 236).

프로이트는 이처럼 사유의 힘을 전능화하는 양상을 그들의 리비도와 사유가 정신 발달 과정의 한 단계인 유년기의 자기애(나르시시즘) 단계에 고착되어 있기 때문으로 본다.[14] 그렇다면 이들이 유아적인 사유 양태에 고착되어 '사유의 전능'에 대한 강한 확신과 합리화 작업을 행하는 이유는 무엇인가? 이것은 개인과 증상 유형에 따라 각기 다른 이유를 지닐 수 있다. 그러나 대부분의 경우 자아의 초기 발달 과정에서 '나쁜 환경'으로 인해 아동이 겪은 강한 불안과 고통에 대한 방어활동의 결과물이다. 그들은 자기애 단계에서 대상과의 접촉 단계로 넘어가는 과정에서 깊은 상처를 입었기 때문에 외부 세계에 대한 관심을 철회하고 자기애 단계로 퇴행하여 거기에 고착된 것이다.[15] 그들에겐 쾌락보다 고통과 불안을 유발하였던 외부 세계가 반갑거나 가치 있게 느껴지지 않는다. 따라서 오직 자아의 자기애적 사변활동에만 리비도 에너지를 집중하여 관념 세계 속에서 자신에게 만족을 주는 세계를 자유롭게 창조하고 해체함으로써 쾌감을 얻는다.

긍정과 부정의 양극단적 분열 : 과대한 이상화와 억압

이분법적 사유는 대상의 특정 요소나 성질에 대해선 극단적으로 의식의 주의를 집중시켜 이를 가치화하는 데 반해, 나머지 부분에 대해서는 부당하게 관심을 두지 않음으로써 그것에 대한 지각조차 부정한다. 프로이트는 이를 다음과 같이 표현한다.

부분을 전체로 생각하는 오류……, 즉 여러 요소가 합쳐져 만들어진 것에서 한 가지 요소만을 꺼내어 그것이 진실이라고 주장하는 것. 그로 인해 그 외의 모든 각각의 요소나 통합적 전체가 부정될 수밖에 없다(프로이트, 1918: 198).

의식에 지각된 내용은 자아가 판단하기에 자기보존과 쾌감 획득에 어느 정도 유익한 것들로 이미 한정되어 있다. 자아는 우리가 그것에 대해 의식하는 것이 정신을 극도로 혼란스럽게 하거나 불안하게 할 여지가 있는 금지된 본능 표상과 관념은 즉각적으로 억압함으로써 개체를 보호한다.[16] 따라서 우리의 지각 의식과 표상은 이미 무의식적으로 자아의 검열 기준에 긍정적으로 판단-평가된 요소들이다. 반면에 우리의 지각과 판단 영역에 떠오르지 않는 수많은 요소들은 자아의 방어기제에 의해 의식화되지 못하게 부정·억압된 것으로 볼 수 있다. 그런데 우리는 의식화된 내용 중에서도 어느 정도 불쾌를 유발하는 대상 표상을 찾을 수 있다. 가령, 추악함, 더러움, 잔인함, 괴기스러운 느낌을 유발하는 대상 표상이 꿈과 일상생활 속에서 어느 정도 의식된다. 그 이유를 프로이트는 다음과 같이 설명한다.

무의식 속에 억압된 이미지나 사유 내용은 그것이 (나쁜 것으로) '부정'된다는 조건으로만 의식에 떠오를 수 있다. 부정은 억압된 것을 인정하는 방식이다(프로이트, 1920: 198).

지적 판단의 기능은 사고의 내용을 긍정/부정하는 것이다. 어떤 판단을 통해 무언가를 부정한다는 것은, 그 밑바닥에서 '이것은 내가 억압하고 싶은 것이야.'라고 말하는 것이다. 부정적 판단은 억압의 지적 대체물이다(프로이트, 1920: 199).

인간에게 가장 오래된 유아기의 판단은 '나는 이것을 먹고 싶다.'와 '뱉고 싶다.'다. 구강기의 자가성애와 자기애(나르시시즘)

단계에서 자아는 자신에게 좋은 느낌을 주는 모든 것을 자신 속으로 끌어들이려 하고, 나쁜 것을 뱉으려 한다. 이처럼 (미성숙한) 의식이 행하는 긍정 판단과 부정 판단은 대상 자체의 성질이 아니라 대상에 대한 우리의 느낌을 표현하는 기호에 불과하다. 인간에게 판단한다는 것은 자아가 쾌락원칙에 따라 대상을 자기 속으로 끌어들이거나 뱉는 원래의 (유아기적) 과정을 현실적 편의성에 맞추어 반복하는 것이다(프로이트, 1920: 202). 판단의 이러한 양극성은 삶 본능과 죽음 본능의 대극성과도 일치한다. 즉, 긍정 판단은 삶 본능의 결합 표상과 일치하며, 부정 판단은 죽음(파괴) 본능의 해체 표상과 일치한다.[17]

주관 중심적 방어

편집증적 사유기제: 분열 · 내사, 부정 · 편집적 구성 · 투사

편집증자가 주로 사용하는 방어기제는 분열(splitting)과 내사(introjection) 그리고 부정(negation)과 투사(projection)다. 내사란 일차적으로 '자아 응집성'을 확립하기 위해 자아 내부의 '삶 본능' 부분만을 자기 자신으로 받아들이는 유아기 방어활동을 의미한다. 이 경우 '죽음 본능'과 연관된 자아 부분은 외부로 투사되므로 자아의 일부가 상실 · 왜소화된다. 내사는 또한, 삶의 절대적 근원인 최초 '대상'(엄마)과 나 사이의 차이를 충분히 인지하지 못한 채 대상의 일부 또는 전부를 자신과 동일화하는 유아적 내면화 활동을 지칭한다(마이쓰너, 1998: 34-35). 유아나 편집증자는 자신에게 좋은 감정(사랑)과 나쁜 감정(분노)을 유발하는 중요 '대상'을 내사하는 과정에서 하나의

'현실 대상'을 서로 별개의 대립된 두 '심리적 대상'으로 분열시킨다.[18] 그러고는 그중에서 자신에게 좋은 느낌을 주는 한쪽 대상에게만 관심과 가치를 집중하여 내사하고, 나쁜 느낌을 주는 대상은 그 가치를 부정하여 밖으로 투사한다. 유아나 편집증자는 이것 아니면 저것이라는 양극단 논리로 대상을 분열시키고, 한쪽 대상은 극단적으로 이상화하고 다른 대상은 거부한다. 그런데 양극적으로 분열된 내적 대상은 사실 동일한 실재의 양측면을 주관적으로 표상화한 것이다. '전적으로 좋은 대상'은 삶 본능과 엄마의 좋은 자극이, '전적으로 나쁜 대상'은 죽음 본능과 엄마의 나쁜 자극이 각각 유아에 의해 환상화된 것이다. 상호 대립적으로 보이는 이 내적 대상은 실제로는 하나의 대상에 연결되어 있다. 이 대목에서 독자는 뭔가에 주목해 보라. 양극단은 서로 연결되어 서로 의존하고, 서로를 강화하는 데 기여하지 않는가? 누군가를 과도하게 이상화하는 사람이 관심에서 배제된 사람을 무시하고, 거만한 사람일수록 열등감이 깊다. 이처럼 양극단은 서로 연결되어 있지 않은가? 투사와 내사는 대부분 함께 작동하며, 함께 소멸한다. 이 점을 깨닫게 되면, 양극으로 분열된 대립자는 한쪽 없이 다른 쪽이 존재할 수 없음을 인식한다. 그로 인해 어느 한쪽에 편집적으로 집착하지 않은 채, 양극을 하나로 통합하거나, 양극 모두를 '환상'으로 간주해 포기하게 된다(마이쓰너, 1998: 78-80). 편집증자는 취약한 '자기'와 자기애의 결핍으로 인해 이런 사실을 직면 · 감당하지 못한 채 부정하고 망각한다. 그에겐 자기애를 보충해 주는 긍정적인 환상만 필요하기 때문에, 한쪽에 대한 과도한 집착과 다른 한쪽에 대한 과민한 부정을 반복하는 것이다.

투사란 자신의 내부에 들끓고 있는 곤혹스런 파괴 충동이나 금지된 생각이 자신의 것이 아니라고 부정하고서, 그것이 외부 대상의 것인 양 밖으로 분출함으로써 자신을 방어하는 활동이다 (프로이트, 1918: 350-351). 이 경우 내부에서 치솟는 파괴 욕동, 파괴적 행동과 생각은 '나'에 기인한 것이 아니라 외부 대상의 박해에 대한 정당한 반응인 양 합리화된다. 또한, 나는 나의 공격성을 외부로 발산할 수 있는 구체적 통로를 지닐 수 있기 때문에 공격성이 자아로 내향화되어 자아를 파괴하는 최악의 사태로부터 스스로를 방어할 수 있게 된다(프로이트, 1913: 92-96).

사람은 자신이 견딜 수 없는 것에 대해 흔히 투사기제를 사용함으로써 편집적이 된다. 투사기제는 자기의 문제점을 직면하거나 인정하지 않으려는 '거부'를 포함하며, 편집증자는 '낮은 자기존중감'에 대한 부인(否認)을 핵심 징후로 지닌다(마이쓰너, 1998: 146). 그 결과 외면적으로는 과대한 자존감과 완전주의에 집착하고, 내면적으론 타인의 관심 대상이 되려는 '중심적(이분법적)' 사고 특성을 지닌다. 그러나 세상을 중심/주변으로 분류하는 이런 중심주의적 사고의 이면에는 열등감과 자신이 외부 세력에 의해 침해당한다는 박해 불안과 외부 대상에 의해 수동적으로 지배받고 있다는 수치감, 피해감이 은폐되어 있다(마이쓰너, 1998: 311).

편집증적 특성은 왜곡된 현실 경험으로 드러난다. 편집증자는 경험을 편집적으로 구성한다. 즉, 현실을 어떤 '심리적 필요'에 따라서 해석하고 조직하며, 자신의 행동과 신념이 정말로 옳고 진실하며 선하다고 느낀다. 그리고 자신과 다른 방식으로 사물을 바라보는 타인에 대해 상대방이 악의를 가지고 있으며, 인격적으로 어리석다고 간주하여 강하게 비난한다. 편집증자는 지적 호기심이 아니라 타인에 대한 의심과 자기방어적 동기에서 현실 자료를 편집적 신념과 일치하도록 수정하고, 왜곡·재해석하는 압력을 계속 자신에게 가한다. 자신은 특별한 존재며, 자기 견해는 항상 옳다고 보고, 자신의 한계 인식을 부인·왜곡하는 과대주의를 지니며, 자신의 이론적 견해에 잘못이나 불일치가 있다고 인정하는 것을 마치 자신의 인격적 결함을 인정하는 것인 양 못 견뎌 한다(마이쓰너, 1998: 299-300, 302).

신경증적 사유기제: 억압과 전환·분리·취소·대체·회피

신경증적 사유의 기원은 유년기에 부모에 대해 느꼈던 사랑과 미움의 엄청난 양가감정 내지 갈등에 있다. 신경증자는 일차적으로 엄마에게서 분리되어 아버지의 세계로 진입하는 남근기(오이디푸스기)에, 거세공포에 압도되어 양가감정과 갈등을 온전히 해소하지 못한 채 억압한 자다. 그리고 사춘기 이후에 반복해서 겪게 된 유사 상처 내지 나쁜 환경 체험으로 인해 유년기 갈등과 불안을 통합하지 못한 채 그것에 고착된다.

신경증자는 자주 갈등 상태를 반복한다. 이 갈등의 근원은 엄마와 아버지 중 누구를 신뢰하고 선택할 것인가라는 아동기의 문제의식에 있다. 보통 사람의 경우엔 이것 아니면 저것이라는 일방적 느낌에 사로잡히지 않고 양자를 적절히 통합한다. 그런데 신경증자의 정신 속에선 유년기의 갈등과 양가감정이 계속 강하게 역동하므로 좀처럼 양쪽을 통합하지 못한 채 분리·상실불안과 거세불안에 휩싸인다. 갈등 상황에선 결코 어느 한쪽도 선택

할 수 없기 때문에 개인은 무기력해진다. 따라서 신경증자는 무
의식적 대응책으로 무의식의 소망을 신체증상으로 '전환'하거나
(히스테리), 상처받은 사건에서 정서(불안)를 '분리'하고 행동에
서 생각으로 '전치'하며, 생각으로 죄스런 자신의 행적을 '취소'
하거나(강박증), 본래 대상을 다른 대상으로 '대체'하여 '회피'
한다(공포증)(프로이트, 1918: 133-134).

> 신경증자는 현실 대상을 자신의 기억에서 끄집어 낸 상상의 대
> 상으로 대체하거나, 현실 대상을 상상 대상과 뒤섞어 버린다. 다른
> 한편으로는 그런 현실 대상과 관련해 그가 애초부터 지니고 있던
> 어떤 목적을 그냥 포기해 버린다(프로이트, 1915: 47).

강박적 사유는 그것을 유발하였던 원래의 충격적 사건에서
정서가 '분리'되어 있거나 표상 내용이 변형되어 있다. 그로 인
해 강박적 사유 대상은 원래 상황을 벗어나 끊임없이 다른 대
상을 향해 일반화된다. 강박신경증자는 갈등과 불안을 유발하
는 현실세계로부터 편안한 자기애적인 사유 세계로 퇴행하기를
무의식적으로 바란다. 따라서 생활에 불편과 불이익을 유발함
에도 불구하고 무의식적 소망의 상징적 표현인 자신의 강박적
사유를 내심 버리고 싶어 하질 않는다. 그(녀)는 반복되는 강박
행동이 의식의 '인식'에 의해 해소되는 것을 피하기 위해, 자신
의 무의식적 문제(complex, 복합 갈등)가 (자기 자신과 타인에게)
쉽게 파악되지 않게끔 복잡한 대체기제를 작동한다. 가령, 본래
의 갈등 내용을 변형하고, 그것에 대해 애매한 언어적 표현을
하며, 상처를 준 과거 사건에 관한 표상과 연결되어 있던 정서
를 분리한다. 그 결과 어쩌다가 지성이 문제의 사건을 기억하게

될지라도, 그 기억된 관념은 그것에 연결되어 있던 충격적 정서
와 분리되어 있기 때문에 자아에 주목받지 못하거나 별 영향을
미치지 않게 된다(프로이트, 1895: 38; 1918: 135).[19]

4. 이분법적 사유의 현실적 문제점

지금까지 살펴본 이분법적 사유의 정신 내적 원인, 발생 과
정, 특징 들을 통해 우리는 이분법적 사유가 인간 삶에 유발
하는 여러 가지 문제를 발견하고 예측할 수 있다. 그중 몇 가
지를 살펴보자.

첫째, 이분법적 사유는 현실을 주관 중심적 관점에 의해 왜곡
함으로써 사실을 있는 그대로 보지 못하게 한다. 그 결과 이분법
적 사유자는 현실 대상에 대한 왜곡 없는 인식과 더불어 가능해
지는 대상과의 진정한 관계 능력이 고갈된다. 이들은 자신의 방
어적이고 왜곡된 인지 방식으로 인해 현실 대응력이 떨어진다.[20]
이로 인해 누군가에 의한 '자아 지원' 환경이 더 이상 공급되지
않는 순간, 낯설고 불안하게 느껴지는 외부 자극으로 인한 긴장
을 감당하지 못해 현실을 '회피'하게 된다. 그리고 급기야 스스
로 정신장애(증상)를 유발하여 자기애적 환상 속에서 안전한 대
리만족을 꾀하며 살아간다.

둘째, 이분법적 사유는 정신이 형성·발달하는 초기 과정에서
원초적 불안에 대처하기 위해 무의식적으로 작동된 유아적 방어
기제로 인해 발생한다. 그리고 이분법적 사유의 지속적 사용은

유아기 사유 양태에로 퇴행과 고착을 유발한다. 그 결과 습관적
으로 이분법적 사유를 행하는 자의 인격과 정신은 더 이상 다른
차원으로 '발달'할 수 없게 된다. 프로이트는 과거의 특정 단계
내지 상태에 고착되지 않은 채 새로운 경험을 끊임없이 수용하
고 통합하여 변화하는 것을 '건강한' 정신 유형으로 본다. 따라
서 과거의 특정 방어구조에 고착된 이분법적 사유는 정신의 새
로운 발달을 방해한다는 문제점을 지닌다.

셋째, 이분법적 사유는 극단적인 긍정 또는 부정을 행하는 과
정에서 항상 분열·부정·억압기제를 작동한다. 그러므로 의식/
무의식 사이의 틈이 심화되고, 무의식의 비대화를 유발하여 무
의식에 대한 자아의 방어 에너지 지출을 과다하게 만든다(프로
이트, 1915: 145). 이 결과 개인은 정작 자신이 사회적으로 성취
해야 하거나 원하는 활동들에 쏟을 에너지가 자기도 모르는 사
이에 부족하게 된다. 사회적 경쟁활동에 버거움을 느끼고 무기
력해지며, 전인적(全人的) 관계가 힘들어지며, 창조력이 떨어지게
된다.

넷째, 의식과 무의식은 모두 정신의 부분이다. 따라서 삶을 총
체적으로 만끽하기 위해서는 의식과 무의식의 존재 가치가 고유
하게 긍정되어야 한다. 그러나 이분법적 사유는 항상 의식과 무
의식의 관계를 상호 대립적 관계로만 몰아간다. 그로 인해 무의
식의 경험 흔적과 에너지를 활용하기는커녕 불안과 긴장을 반복
해서 유발한다. 정신질환자들이 현실을 즐기는 능력이 정상인에
비해 떨어지는 원인의 하나는 이러한 이분법적 사유와 연관이
있다.

다섯째, 성숙한 사유란 주관 중심적 환상을 넘어 타자의 관점

을 통해 자신을 바라볼 수 있는 '자기 거리화' 기능을 지녀야 한다.[21] 그런데 이분법적 사유는 주관 중심적인 한계를 벗어나지 못한 자기애(自己愛) 단계의 사유 양태이기 때문에 개인과 개인 사이의 주체적이고 공감적인 대화가 불가능해져 서로에게 소외될 수밖에 없다. 자아가 취약한 이분법적 사유자는 자기애적 사유를 하거나, 정반대로 '자기'를 억압한 채 타인의 시선에 연연해하는 타자 종속적인 사유를 반복한다.

　이런 문제점 외에도 우리는 관료적 사회제도와 폐쇄적 문화가 유발하는 편견적 군중심리 속에서 이분법적 사유의 부작용을 관찰할 수 있다. 즉, 프로이트는 특정 지도자를 우상화하고 동일시함으로써 동일한 자아 이상을 지니게 된 집단 구성원이 느끼는 동질감과 '군중심리' 속에 은폐된 미성숙한 유아적 정신성(집단무의식)을 비판한다. 군중은 주체적 사유를 회피한 채 유아적 동일시와 분열·투사기제를 사용한 결과, 자기와 다른 '자아 이상'을 지닌 자를 적으로 간주하고 극단적 공격을 하게 된다. 독일 국민은 이분법적 가치관에 의해 히틀러와 신화적 인물을 과대 이상화하고, 공통의 우상으로 내면화하여 단일한 집단무의식을 형성하였다. 그들이 단합하여 제2차 세계대전 당시 군대와 교회를 중심으로 유대인과 다른 민족에 가한 비합리적 공격 행위는 군중심리의 유아성을 드러내는 대표적 모델이다(프로이트, 1930: 96, 101, 152). 이처럼 이분법적 사유가 심각한 문제점을 지니고 있음에도 불구하고 수천 년 동안 그리고 오늘날에도 우리의 일상적 사유뿐만 아니라 학문적 사유에까지 스며들어 있는 까닭은 무엇인가? 이분법적 사유의 문제를 반성하는 수많은 담론이 1960대부터 유행해 왔건만, 오늘날 탁월한 '반성' 능력을 자부하는 한국과 전 세계의 정신의학자, 심리학자, 정신분석학자, 철학자들 사이의 대화는 여전히 답보 상태에 있다. 이들 각각은 상대방의 학문적 관점에 의해 마치 자신의 전공이 위협받는 듯한 이분법적 방어 태도를 취한다. 서로 다른 학문 분야 사이의 개방적 수용과 통합활동은 의식의 노력만으로 이루어지는 것이 아니다. 이를 위해서는 각 전공자의 무의식적 소망과 불안, 방어작용에 대한 충분한 자기 분석이 필요하다.

프로이트는 이분법적 대립의 주요 원인을 인생 전체를 통틀어 생존 조건이 가장 취약하였던 유년기의 불안과 방어적 정신구조 때문이라 추정한다. 특정한 정신구조와 정서 양태가 최초로 형성·고착되는 기간이면서 우리가 좀처럼 기억할 수 없는 유년기는 인식 능력의 고양과 정신의 성숙을 위해 평생 '자기분석'을 해야 하는 과제로 남는다.

5. 탈이분법적 사유: 정서적 인식

이분법적 사유의 한계와 문제를 극복하기 위한 '탈이분법적 사유'의 방법과 유형에 대해선 하나의 일반적이고 고정된 답이 있는 것은 아니다. 우리는 서양 현대 철학자 중에서 이분법적 사유의 한계를 극복하려는 몇몇 시도를 발견할 수 있다. 니체의 초인과 유희, 하이데거의 탈존, 데리다의 차연과 유희, 푸코의 계보학 등의 기호에는 나름대로 이분법적 사유의 한계에 대한 반성과 극복 방향이 내포되어 있다. 그리고 동양 불가(佛

家)의 연기설과 '공(空)', 도가의 '도(道)', 주역의 음양과 중화
(中和, 中庸) 사상 등에도 각각 이분법적 사유의 한계를 벗어나
고자 하는 고유한 실천적 방법이 표현되어 있다. 필자는 이 글
에서 우리에게 가능한 모든 탈이분법적 사유 양태를 거론할
수 없기 때문에 지금까지 살펴본 프로이트에 국한하여 탈이분
법적 사유의 단초를 드러내고자 한다.

　프로이트에게 있어 이분법적 사유란 곧 유아와 원시인 그리고
정신질환자의 사유 방식에 공통적인 자기애적이고 방어적인 사
유를 의미한다. 방어적 사유를 하는 인간은 자기 삶의 대부분에
해당하는 '또 다른 나'인 무의식에서 소외되는 동시에 지배를
받게 된다. 그 결과 무의식의 에너지와 수많은 경험 내용을 능동
적으로 음미하여 활용할 수 없게 된다. 이런 방어적 사유는 한편
으로는 자아가 미성숙하였던 시기에 자기보존을 위해 필요했던
것이기에, 유아기 발달을 위한 일종의 과도기적 특성으로 해석할
수 있다.[22] 그런데 문제는 어른이 되어서도 유아기적 방어 양태
가 지속되고, 나아가서 자신이 방어적 사유를 행하고 있다는 사
실을 스스로 망각 · 부정한다는 데에 있다.[23] 프로이트에겐 자신
의 정신에 대한 '자기성찰' 유무가 바로 이분법적 사유에서 벗
어나 현실을 보다 온전하게 인식하고 삶을 다양하게 음미할 수
있게 되는 기준이다. 그의 정신분석은 자신의 망각된 정신성에
대한 정밀한 자기 분석 과정에서 체험되는 '정서적 인식'에 기
반한다(프로이트, 1933: 213). 이 인식은 자신에 대한 관념적 지각
과 판단뿐만 아니라 그 관념에 연결되어 있던 (무의식적) 정서 반
응을 함께 내포한다. 그리고 이러한 정서 반응적인 인식은 무의

식을 정화하여 의식에 대한 무의식의 영향력을 감소시키기 때문
에 탈방어적인 사유를 가능케 한다. 이로 인해 '자기보존'이라는
태생적 조건에 지배받는 자아가 수행하는 외부 세계에 대한 자
아 중심적인 합리화의 함정을 완화할 수 있게 된다.

프로이트가 강조하는 '자기분석'이란 곧 무의식에 대한 분석
이다. 무의식은 1, 2차 정신활동과 방어기제, 정신 내용인 유아성
환상과 충동, 상처, 불안, 금지된 관념들로 구성된다. 이것들은
바로 무의식에 위치하기 때문에 무시간적으로 반복해서 의식과
삶에 영향을 미친다. 따라서 이분법적 사유를 현실적으로 극복하
기 위해서는 무의식에 접근하여 그 속에 있는 것을 의식으로 끄
집어내어 해소하는 실천적인 작업이 필요하다. 그런데 이 작업은
무의식적 방어활동에 이미 영향을 받고 있는 의식에만 의존해서
는 실현할 수 없다. 이 상황에서 프로이트는 '과학'의 탈사유 중
심적 특징에 주의를 기울인다.

> 경험적 해석을 바탕으로 한 과학은 사변적 이론이 지닌 장점,
> 즉 매끄럽고 논리적으로 흠 하나 없는 토대를 부러워하지 않는다.
> …… 오로지 관찰만이 과학의 토대다(프로이트, 1915: 51).

이 말은 기껏해야 '논리적 사변 능력'을 자랑할 뿐 타자에 대
한 구체적인 탐구활동에는 실천적 노력을 기울이지 않는 철학자
와 달리, 정신분석가는 수많은 타자에 대한 임상적 관찰을 기반
으로 정신에 대한 성찰을 시도한다는 뜻이다. 이후 프로이트는
과학적 사유의 한계에 대한 겸허한 반성을 시도한다.

> 과학적 세계관 안에는 인간의 전능함을 생각할 수 있는 자리가
> 없다. 인간은 자신의 빈약함을 인정하고, 죽음을 비롯한 모든 자연

필연성에 복종한다. 그러나 현실법칙을 계산하는 정신의 힘에 대
한 (과학자의) 신뢰 속에는 사유의 전능성을 믿는 원시성의 일부
가 잔존한다(프로이트, 1913: 130).

쾌락원칙을 극복하는 일에 가장 근접해 있는 것이 '학문'이다.
그러나 학문 역시 지적인 쾌락을 제공하고, 궁극적으론 실제적인
이득을 획득하게 해 준다는 점에서 쾌락원칙을 철저히 극복하진
못한다(프로이트, 1915: 19-20).

과학의 가르침은 단지 '잠정적으로만 유효'할 뿐이다. 오늘의
진리란 내일이 되면 부정되고, 또다시 시험적으로 다른 것으로 대
체되곤 한다(프로이트, 1933: 247).

과학적 사유는 종교나 형이상학처럼 거대한 위안과 사유의 전
능 감정을 제공하지 못하며, 영원한 진리를 보장하지도 못한다.
그러나 과학적 사유는 어느 한 이론이나 관점을 영원한 진리로
단정하지 않고 스스로를 끊임없이 비판들에 노출함으로써 탈고
착적인 발달을 거듭해 왔다. 바로 이 자기비판적이고 개방적이
며, 발달적인 특성으로 인해 과학은 앞으로 이분법적 사유의 한
계 극복에 기여할 것으로 예견된다. 따라서 프로이트는 자신의
정신분석이 과학의 한 모델로 생각되기를 바라 왔다.[24] 그런데
비평가들이 보기에 정신분석학은 '무의식'을 연구하기 때문에
자연과학과 달리 객관적인 자료 검증이 어렵다. 그리고 본래부터
방어적인 자아를 사용해 자신과 타자를 탈방어적으로 분석하고
관찰해야 한다는 논리적 자가당착을 내포한 듯이 보인다. 그런데
정신분석학은 논리적 일관성보다 어떻게 해야 인간의 방어적 사
유 태도를 구체적으로 변형할 수 있는가에 관심을 집중한다. 그

결과 프로이트로부터 100여 년 동안 다양한 시행착오적 임상 경험을 거쳐 고유한 '학문'으로 '발달'해 온 것이 바로 '정신분석' 이론과 다양한 기법이다. 정신분석은 '자유연상'과 공감적 인식, 역동적 해석이라는 독특한 실천적 방법론을 발견하여 의식과 무의식 사이의 방어막을 통과하며, 방어적 사유를 최소화하는 기법의 발견에 고심해 왔다.

정신분석이란 분석수행자(analysand, 내담자, 환자)와 정신분석가 사이의 '자유연상→전이, 저항→해석→해석에 대한 반응' 관계 속에서 발생하는 특유한 '정서적 인식' 체험활동을 뜻한다. 정신분석은 '분석관계'를 맺은 개인이 정신에 대한 심층적 인지 능력과 정서 반응 능력 그리고 신뢰할 만한 인격을 지녔다고 믿는 분석가에게, 그동안 두려워하며 방어해 왔던 무의식을 자유연상을 통해 한껏 비정형화된 언어로 표출하는 활동에서 시작된다. 이런 자유연상활동은 무의식의 핵심 부분에 가까워질수록 강화된 무의식적 방어(저항)작용으로 인해 더 이상의 지적 연상이 불가능한 사태에 직면하게 된다. 이 상황에서 분석가와 분석수행자 사이의 정서적 신뢰관계와 분석가가 제공하는 저항 원인에 대한 적절한 해석에 힘입어, 분석수행자는 분석가에게 자신의 핵심 무의식을 '전이'된 양태로 표출한다.[25] '전이 (transference)'란 과잉자극과 불안, 갈등을 유발하였던 과거 '대상'에 대해 분석수행자가 갖고 있던 무의식적 생각과 감정을 정신분석가에게서 재경험하는 것을 뜻한다. 이 전이 행동과 언어에 대한 분석가의 심층 해석과 그 해석에 자극받은 분석수행자 스스로의 '정서적인 자기인식'을 통해 기존의 무의식적 불안과 갈등, 이분법적(방어적, 유아적) 사유 구조의 변화가 일어난다. 이처럼 분석가와 분석수행자 사이의 '정신분석 과정'은 기존의 불안과 방어적 사유의 틀을 해체하여 새로운 사유 양태의 '발달'을 가능하게 한다. 따라서 탈이분법적 사유의 길을 열어 주는 하나의 모델을 제공한다.

현대철학은 더 이상 어떤 새로운 개념의 제공이나 논리적 추론만으로는 철학활동 자체의 근본적 한계를 극복하기 힘든 상황에 직면해 있다. 이미 의식 · 언어 · 개념 · 논리 자체에 실재에 대한 '순수 인식'을 왜곡하는 성질이 내재한다는 현대철학의 자각은, 철학자로 하여금 탈관념 중심적인 새로운 인식 패턴을 모색하게 한다. 이 상황에서 한국의 철학자에게 정신분석과 철학을 접맥하는 새로운 철학의 구상은 그동안 서구 사상을 수입하여 모방하기에 급급했던 한국 철학계의 위상을 근본적으로 변화시킬 계기를 제공할 것이다.

미 주

1) 학자에 따라서 이분법적 사유에 대한 규정은 다양할 수 있다. 이 글에서 이분법적 사유는, 첫째 비학문적·현실왜곡적 사유, 둘째 유아적·본능적 사유, 셋째 방어적·병리적 사유의 의미로 사용한다.

2) 이들의 고민은 이분법적 사유가 인간의 무의식적 언어구조, 정신구조, 사회 구조 등에 이미 내재되어 있기 때문에 그것을 단순히 부정하거나 긍정할 수 없다는 데 있다.

   각 나라마다 이분법적 사유의 한계를 반성하게 된 현실적 계기를 살펴보면, 유럽에선 제2차 세계대전의 결과로 국제 권력의 중심이 미국과 구소련으로 옮겨 감으로써 생긴 자존심의 상처가 자신들의 전통 사상에 대한 고통스런 반성을 유발하였다. 이에 비해 미국의 경우에는 '반성'의 동기와 배경이 유럽과 매우 다르기 때문에 이분법적 사유에 대한 평가 시각도 다르다. 미국 백인 학자들은 다인종 사회라는 국내 상황과 '세계화'라는 새로운 문화 상황에서 종래의 이분법적 사유 관점만 가지고는 다양한 갈등 상황에 대처하기가 쉽지 않기 때문에, 자신들의 기득권을 유지한 채 타자의 목소리를 해독하여 대처하려는 전략 차원에서 탈근대성의 문제에 접근한다.

3) 서양에서는 20세기 중반 이후 현재까지 예술, 의학, 영화, 광고뿐만 아니라 철학, 교육학, 심리학, 사회학, 문학, 언어학 등의 모든 인문사회학 분야에서 정신분석 개념과 관점을 인간 정신에 대한 자신들의 해석에 반영하고 활용해 왔다. 필자는 우리나라에서 이 분야에 대한 연구가 유난히 부진하였던 이유가 정치적 독선과 종교적 폐쇄성 그리고 학자 계층의 과대한 자기합리화 경향 등에 정신분석 관점이 대립되었기 때문이라 추정한다. 광복 이후 50여 년 간 미국 학문의 충실한 모방자였던 한국 학계에서 1960~1970년대 미국과 유럽에서 그토록 유행하였던 정신분석학이 1990년대 후반에야 비로소 몇몇 문예비평가에 의해 번역, 소개된 기이한 문화 현상의 원인을 어떻게 달리 해석할 수 있겠는가.

4) 양육자의 보호가 필요한 시기를 정신분석가는 흔히 절대의존기(0~3세)와 상대의존기(4~6세)로 구분한다. 이들 유년기에는 정신-육체적으로

자기방어기능이 매우 미약하다. 따라서 약간의 자극이 가해져도 커다란 상처(trauma)로 각인되어 평생 영향을 미치는 무의식적 병인이 될 위험성이 높다. 따라서 정신분석학은 주로 무의식의 핵심 내용을 구성하는 유년기를 집중 분석한다. 프로이트는 정신질환이 발생하는 일반적 원인을 다음과 같이 세 가지로 요약한다.

첫째, 유년기의 오랜 기간을 생리·심리적으로 무기력한 의존 상태로 지낼 수밖에 없는 데에 기인하는 생물학적 원인이다.

둘째, 원시인류부터 현대인에게 반복·유전되는 오이디푸스 콤플렉스 등을 비롯한 계통 발생적 요인이다.

셋째, 심리적 요인으로서, 이드와 초자아의 각기 다른 요구에 대한 자아의 무기력과 병리적 '사후작용'이다.

생물학적 병인에서 주목할 점은, 유아는 과도한 자극이 주어지면, 이를 적절히 해소할 심리·생리적 능력을 갖추지 못했기에 불안과 상처에 노출된다는 데 있다. 이로 인해 이드와 자아의 '때 이른 분화'와 병리적 방어기제의 정신구조화가 촉진되며, 이것이 나중에 정신질환의 원인이 된다. 프로이트가 언어와 규범이 습득되는 오이디푸스기(4~6세)의 체험을 중요시한 데 비해, 최근의 대상관계론자들은 0~3세 사이에 '대상(어머니)'과의 정서 체험을 중요시한다〔말러, 유아의 **심리적 탄생**(한국심리치료연구소, 1998), 1장 참조; 프로이트, **억압, 증후 그리고 불안**(열린책들, 1997), pp. 229-300; 프로이트, 자아와 이드, **쾌락원칙을 넘어서**(열린책들, 1997), pp. 124〕.

5) 프로이트는 정신에 관한 세 가지 해석 모델을 제시한다.

첫째, 지형학적 분류(의식/전의식/무의식)

둘째, 경제학적 분류(쾌락원칙/현실원칙)

셋째, 역동 구조적 분류(이드/자아/초자아).

이 중에서 경제학적 분류란 쾌락 욕구와 자기 보존 욕구를 함께 지니는 개인이 쾌락과 이익을 최대한 확보하려는 목적으로 경제원칙에 맞게 리비도 에너지를 1, 2차 정신 기능에 적절히 투입한다고 보는 해석이다. 가령, 현실에서 쾌락과 이익을 더 이상 획득할 수 없다고 판단되는 순간, 주관적 환상활동이나 증상활동에 리비도를 투자해 모종의 만족과 이익을 꾀하게 되는 것도 경제원칙에 기인한다. 이 관점은 프로이트 사상 후반기에 쾌락원칙과 현실원칙으로도 설명되지 않는 자기 파괴적 '반복 강박(죽음 충동, 열반원칙)'의 존재를 인정하게 되면서 일부 수정된다.

6) 프랑스의 정신분석 철학자 라캉은 프로이트의 '부정' 개념에 대한 연구를 진전시켜 두 종류의 부정을 구분한다. 첫째, 의미의 부정(Die Verneinung)은 억압활동과 연관되는데, 이 경우 어떤 것을 부정하기 위해서는 먼저 그것에 대한 지각이 긍정(Bejahung)되어야 한다. 이처럼 긍정과 부정이라는 의미 분별 차원에서 행해지는 부정에 의한 억압의 경우, 억압된 무의식의 회귀는 의식적 의미 세계로의 재긍정을 욕구한다. 이에 비해 또 다른 매우 강력한 부정인 '배제(Verwerfung)'의 경우엔 아예 어떤 자극에 대한 긍정이 이루어지기 이전에 그에 대한 지각이 배제되어 버린다. 이 경우 배제된 '무엇'은 의식의 의미 세계에 인정받고자 회귀하는 것이 아니라 실재계(의미 이전 세계)로 회귀하여 정신병(환각, 환청)을 유발한다[Lacan. *The Semenar of Jacque Lacan*, Book Ⅲ. The Psychoses, ed. by Jacques-Alain Miller, trans. by Russell Grigg. W. W.(Norton & Company, 1993), pp. 12-13].

7) 아리스토텔레스는 사유활동이 인간만의 고유 본질(형상)인 정신성에서 유래한 것이며, 불변적(신적) 대상에 대한 사유활동 자체는 오직 소수의 탁월한 인간만이 실현할 수 있는 자체 목적성과 궁극 가치성을 지닌다고 본다[Aristoteles, *The Work of Aristotle*, trans. by Ross, Vol Ⅸ, (Oxford). 1178b-1179a], 그에 비해 영국 정신분석가 위니컷은 인간의 문화적 인식은 주관적 환상과 객관적 지각 사이의 주객 혼합적인 '중간 영역'에서 이루어진다고 본다. 이런 인식적 특성에 대해 그것이 주관적이냐 객관적이냐를 엄밀히 구분하려는 노력은 무의미하며, 문화의 가치를 제대로 음미하지 못하는 어리석은 태도다. 인간에겐 지식활동 그 자체가 의미 있는 것이기보다 그것이 제공하는 '자기' 능력에 대한 자기애적 경이 체험과 정신 발달에 대한 기여도가 가치 있는 것이다[위니컷, **놀이와 현실**(한국심리치료연구소, 1998), p. 86].

8) 현대 정신분석학은 크게 프로이트, 융, 클라인, 대상관계론, 자기심리학, 라캉학파 등으로 분류된다. 그중에서도 프랑스의 라캉학파는 인간의 무의식적 사유구조가 문화적 환경과 언어에 밀접히 연관되어 있음을 심층 분석한 업적을 지닌다. 이에 대한 정보는 다음의 책을 참고할 수 있다.

• 엔소니 엘리어트. **정신분석학 입문**(한신문화사, 1998)

9) 프로이트는 억압을 '원초적 억압(primary repression)'과 '본래적 억압

(proper repression)' 내지 '사후 압력(after-pressure)'으로 구분한다. 원초적 억압은 자기보존을 위해 본능적으로 발생한 정신작용이다. 이로 인해 의식과 무의식의 최초 균열이 생기며, 억압된 것을 다시 맛보고 싶어 하는 무의식적 욕구가 발생한다. 본래적 억압은 원초적 억압이 유발하는 억압된 것에 대한 욕구에 또다시 '사후 압력'을 가함으로써 이를 금지하는 2차 억압이다. 이는 주로 부모와 사회의 강력한 가치규범을 반영하는 초자아 기관에 의해 행해진다. 원본능과 원초적 정서는 결코 억압되지 않으며, 단지 그것들에서 파생된 표상들(representives)만이 억압 대상이 될 수 있다[Laplanche & Pontalis, *The Language of Psycho-Analysis*(London: Norton, 1973), p. 393; 프로이트, 억압에 관하여, **무의식에 관하여**(열린책들, 1997), pp. 140-141].

10) 꿈, 실수, 미신과 착오, 망각, 증상들은 우리가 의식에서 분열시킨 무의식의 지배를 받고 있음을 드러내는 증거들이다. 나아가 모든 의식활동은 항상 '무의식에 대한 방어'라는 역학적 관계 속에서 작동한다는 점에서 인간의 삶은 직·간접적으로 무의식의 영향을 받고 있다고 볼 수 있다[프로이트, **일상생활의 정신병리학**(열린책들, 1998) 참조].

11) 의식은 끊임없이 새로운 지각을 수용하기 위해 기존의 지각 내용을 잠정적으로만 보관할 뿐이다. 이에 비해 무의식은 그것이 의식화되지 않는 한 자신의 내용을 영속적으로 보관한다. 이는 의식은 영원성을 지닌 것에 관계하고, '의식 아닌 것'은 덧없는 성질과 관계한다고 보는 전통 철학의 관점과 정반대가 된다. 프로이트는 충격적 의식 경험이 반복될 경우 억압되고 본능(이드)에 흡수되어 유전될 수 있음을 인정한다. 그렇다면 무의식은 단순히 그것을 지닌 개체의 죽음을 넘어 글자 그대로 영속된다고도 볼 수 있다. 칼 융은 인류의 '초경험적이고 선천적인' 원형으로 구성된 '집단무의식'은 유전되어 개인 정신에 회귀한다고 해석한다[Jung, *The Essential Jung*, ed., by Anthony Storr(Princeton, 1983), pp. 67-68; 프로이트, **토템과 금기**(경진사, 1993), 제3장 4절, p. 138].

12) 니체는 서구인들이 그토록 오랫동안 형이상학을 필요로 해 왔다는 것은, 서구인들의 '증상' 상태를 드러내는 것으로 해석한다. 니체는 형이상학의 고상하고 화려한 관념의 이면에는 현실을 직면하기 두려워하는 위축된 '힘에의 의지'가 숨겨져 있음을 역설한다. 이런 생각은 신경증자의 자기애적 환상과 주술적·종교적 사유의 이면에는 과도하게 억압

된 공격성과 성 욕동 그리고 유아적 불안과 상처가 있음을 드러낸 프로이트의 생각과 유사하다.

13) 사회문화적인 요인과 여러 권력이 사회 구성원의 정신구조 형성 과정에 구체적으로 어떤 방식으로 어떤 영향을 미치며, 그것이 개인의 사유 양태와 가치관을 어떻게 결정하는지에 대한 논의도 중요하다. 그러나 이 글에서는 이분법적 사유의 원인을 심리적 차원에 국한해 서술한다.

14) 자기애 단계란 유아기의 리비도 발달 과정인 자기성애 단계→자기애 단계→동성애 단계→ 대상애 단계 중에서 한 살에서 세 살 사이의 유아가 체험하게 되는 독특한 상상적 자기도취 단계를 의미한다. 이 시기의 유아가 사유의 전능 감정을 지니면서 마치 자신이 세상을 창조한 듯 생각하는 것은 정상이다. 그러나 어른이 사유의 전능 관점을 지녔다면 이는 그가 정신의 발달 과정을 제대로 수행하지 못한 채 유아기의 자기애 상태로 퇴행하고 고착되었다는 병리적 기호로 해석된다.

15) 자기애에 유난히 고착되는 증상의 원인에 대한 또 다른 해석으로 현대 정신분석가인 코헛(Kohut)의 관점을 들 수 있다. 그에 의하면 유년기에 자기애가 충족되지 못한 경우 개인은 그 다음의 정신 단계로 온전히 발달하지 못한 채, 자기애의 결핍을 채워 줄 '자기대상'을 찾아 평생 방황하는 '자기애적 장애'를 지니게 된다. 자기애적 장애자는 무의식적으로 그들이 접촉하는 대상을 이분법적으로, 자기애를 충족시켜 줄 가치 있는 대상과 자기애 충족과 무관한 무가치한 대상으로 분류한다〔코헛, 자기의 분석(한국심리치료연구소, 1999), p. 20, 59〕.

16) 억압의 핵심 내용은 근친상간과 친부 살해 욕구다. 이에 대한 욕구나 생각이 일상생활에서 의식화될 경우 그 개인은 사회적 삶이 불가능해지게 된다. 따라서 일상생활에서 이런 욕구를 자극할 만한 표상, 관념은 생존 차원에서 강하게 억압한다. 이것이 바로 인류의 도덕 규칙이 억압하고자 하는 궁극적 내용이다〔프로이트, 토템과 금기(경진사, 1993), pp. 15-16, 195, 207〕.

17) 대상 세계에 대한 총체적이고 극단적인 부정(Verwerfung, 배제)을 행하는 개인의 경우, 외부 대상뿐만 아니라 자아에 대한 관심조차 부정한다. 그것은 '나는 나를 포함한 모든 것을 지각, 긍정하고 싶지 않다.'는 기호로 해석된다. "'나'가 없으면, 쾌락과 고통이 절실하지 않다." 이런 부정은 유아기에 엄청난 공포를 견디지 못해 '자기(Self)' 형성을 포기

한 정신분열증자가 행하는 부정 양식이다. 그들에게 유일한 긍정이 있다면 '옛날의 끔찍한 상태를 또다시 느끼고 싶지 않다.'는 부정적인 긍정만이 있을 뿐이다. 이런 정신 속엔 타인과 관계 맺는 공통된 언어적 · 규범적 분별 기준이 존재하지 않기 때문에 이분법적 사유의 경계를 넘어선다고 볼 수 있다〔나지오, **정신분석학의 7가지 개념**(백의, 1999), 7장 참조〕.

18) 내사 작용은 유아가 엄마의 젖을 먹는 생후 몇 달 동안에 주로 발생한다. 유아가 본래 지닌 삶 본능과 죽음 본능은 유아를 만족시키는 좋은 젖가슴 체험과 유아가 원하는 순간에 즉각 다가오지 않음으로써 고통을 유발한 나쁜 젖가슴 체험에 의해 각기 활성화된다. 이 시기의 유아는 죽음 본능이 활성화되어 자신을 파괴할 것 같은 멸절 공포를 느끼므로 본능적으로 대상을 좋은 대상과 나쁜 대상으로 분열시킨다. 이렇게 좋은 대상은 내사하고 나쁜 대상은 투사함으로써 미성숙한 자아를 응집하려 한다〔Melanie Klein, Note on some Schizoid Mechnisms, *The Slected Melanie Klein* (ed.), by Juliet Mitchell, pp. 179-183〕.

19) 개인 삶에 반복해서 영향을 미치는 무의식의 '상처'와 불안은 그것에 대한 관념적 기억만으로는 소멸되지 않는다. 상처는 기억된 관념과 더불어 억압된 정서가 강하게 분출되어야 비로소 정화(카타르시스)될 수 있다. 오늘날 인문학이 인간의 구체적 삶과 괴리되어 사람에게 영향을 주지 못한다는 비난의 주요 원인은 바로 이 점에 있다. 현대 인문학은 정서가 배제된 관념만으로는 인간이 결코 진정한 정신 변화를 겪지 않음을 간과한다.

20) 현대의 인지심리학자는 이 점을 초점화한다. 그들이 보기에 정신질환자는 인지 과정의 문제 때문에 현실 적응이 어려워지고, 이로 인해 급기야 현실을 '회피'하고 병리적 정신구조에 고착된다. 따라서 환자의 인지 과정에 내포된 비합리적인 요소와 부정적 가치관을 합리적이고 긍정적인 방향으로 수정하면, 환자의 증상은 자연히 소멸한다고 본다〔박경애, 인지심리학, **행동 장애와 심리치료**(교육과학사, 1998), 11장 참조〕.

21) 프로이트가 강조하는 오이디푸스 관계는 '엄마-아빠-나' 사이의 3자 관계다. 이 3자 관계는 '엄마-나' 사이의 자기애적 2자 관계를 넘어 사회적 타자관계의 최초 모델을 의미한다. 3자 관계에 들어서야 개인은 비로소 주관적 환상을 넘어서 사회적 타자의 눈으로 자신을 바라볼 수

있게 된다. 프로이트는 이 최초의 사회적 관계 체험 시기인 오이디푸스
기 문제로 인해 신경증이 생긴다고 본다. 이에 비해 현대 정신분석가들
은 3자 관계 이전의 2자 관계의 부정적 체험을 정신질환의 근원으로 해
석한다.

22) 리비도와 정신작용은 발달(분화)을 추구하는 성향과 퇴행·고착하고
싶어 하는 특성을 함께 지닌다. 가령, 어린애가 특정 방어기제를 작동하
는 것은 낯선 환경에 '적응'하여 계속 발달하기 위한 기호로 해석할 수
있다. 아울러 그 방어작용은 고착을 유발해 성인 생활에서도 반복될 가
능성을 함께 내포한다.

23) 정신분석에서는 개인이 어느 정도 자신의 문제성을 자각[病識]하고 있
는가 아닌가를 정상과 비정상을 구분하는 중요 기준으로 삼는다. 신경
증자의 경우엔 자신의 문제를 인정하고 (분석가의 도움이 있을 경우)
그 원인을 스스로 분석해 낼 수 있는 가능성을 지닌다는 점에서 정상인
과의 경계가 애매하다. 그러나 편집증, 분열증의 경우엔 자신의 문제점
을 부정하여 자각하지 못하기 때문에 능동적인 자기 분석이나 자기 발
전의 길이 막혀 있다.

24) 정신분석학적 사유 관점의 과학성 논쟁에 대해서는 상세한 논의를 필요
로 하기 때문에 필자는 이에 대해서는 다른 지면에서 논하고자 한다.

25) 전이 과정에서 개인은 무의식적 상처, 금지된 욕구와 더불어 유아기에
지녔던 핵심 방어기제, 핵심 감정, 성격 특성, 정신구조를 어느 순간 극
단적으로 노출한다. 이 노출이 분석가에 의해 버텨지고, 수용되고, 해석
되고, 그 해석이 내담자의 무의식을 역동시켜 깊은 '정서적 인식'을 불
러일으킴으로써 고착되었던 유아적이고 방어적인 성격과 사유구조가
성숙한 어른의 성격과 사유구조로 '통합'된다.

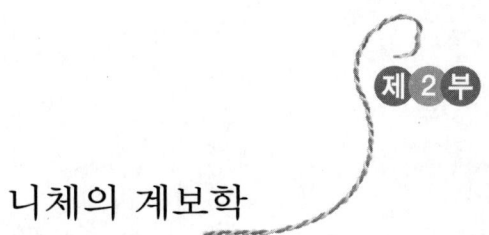

제 2 부

니체의 계보학

- 니체의 인용 글에서 인용 숫자는 '아포리즘 번호'를 가리킨다.
- 니체의 참고문헌 중 『The Will to Power』는 니체 사후에 출판된 '유고'이므로 출판 연도(1968)를 표시함을 밝힌다.

6
현대 문화에서
니체의 사유가 부각되는 이유

현대인은 빠르게 변하는 문화 속에 살고 있다. 계속 새롭게 바뀌는 환경은 전통 가치관을 유지해야 할지, 바꾸어야 할지 갈등을 유발한다. 인터넷과 방송매체를 통해 전 세계의 정보가 정신을 자극하다 사라지며, 현란한 상품 이미지들이 끊임없이 정신에 각인된다. 그리고 무한 복제가 가능하고 대량생산되는 기호(기표)의 홍수 속에서, 희소성으로 인해 소중하게 느낄 수 있었던 '의미'는 어느덧 내파된다.[1] 이와 더불어 감각적 이미지 기호들이 제공하는 쾌감에 물든 정신은 응집성을 잃고 이리저리 표류한다.

그렇다면 삶을 지탱해 주던 기존의 의미와 가치관이 해체되는 상황에서 어떻게 사는 것이 현명한 선택인가? '억압'이 풀린 듯한 수많은 가치 주장이 공존하며 존재의 무게가 얇아지는 듯한 포스트모던 상황을 시대의 운명으로 수용해야 하는가, 거부해야

하는가? 니체는 이미 이 물음을 19세기 말에 선구적으로 묻고 대
결함으로써 현대인의 혼돈을 극복하는 데 도움을 주는 희소한
모델로 부각된다.

사상사를 정리하는 많은 현대의 학자들은 마르크스(1818~
1883), 니체(1844~1900), 프로이트(1856~1939)를 새로운 사유
관점을 개척한 세 명의 현대 사상가로 지칭한다. 마르크스는 인
간의 사유 내용과 관점이 사회구조 속에서 개인이 차지하는 '위
치'와 숨겨진 하부구조에 의해 결정됨을 드러냈고, 프로이트는
인간의 의식과 행동이 무의식에 의해 좌우됨을 드러냈다. 마르크
스와 프로이트는 각각 '정치경제학'과 '정신분석학'이라는 새로
운 학문 영역을 개척하였다. 그렇다면 니체는 어떤 사상가로 분
류할 수 있는가?

오늘날 니체의 사유는 문학, 고전학, 문화학, 정치사회사상, 정
신분석학, 철학 등의 다양한 전공자들에 의해 연구된다. 현대사
상에서 니체의 사유는 비판이론, 해석학, 탈구조주의 등의 입장
에 다양하게 흡수되어 있다.

니체 사상의 핵심은 **형이상학**에 대한 '**계보학**'적 해체와 '**유희**'
다. 니체는 전통 철학이 자명한 지식으로 전제해 온 '도덕적 진
리'의 사실성과 '개념, 논리, 이성'이 온전한 인식도구인지에 대
해 의문을 던진다. 그리고 인류가 그것들을 신뢰하게 된 숨겨진
'원인(기원)'을 계보학 관점에 의거해 다각도로 추적한다. 그 결
과 니체 이전에 존재했던 대부분의 사상과 가치관에는 **환상과 실
재 · 편견과 진실이 교묘히 혼합**되어 있음이 드러난다. 이처럼 당대
인에게 확실한 '진리'로 통용되던 관념과 관점의 이면(裏面) 정체

에 대해 의문을 품고서, 그것이 **어떤 숨겨진 과정**을 거쳐서 현재의
의식에 중요한 의미와 가치로 자리 잡게 된 것인지를 파헤쳐 분
석하는 작업이 계보학(genealogy)이다(Blondel, 1989: 715-719).

인간의 사유와 행동을 좌우해 온 도덕의 숨겨진 정체는 무엇
이며, 그것은 어떤 과정(힘)을 통해 정신 속에 형성된 것인가? 니
체가 진지하게 던진 이 물음은 그 자체로 기존 가치관을 균열·
전복시킨다. 어떤 '의미'와 관점의 발생 유래에 관심을 쏟게 하
는 계보학적 물음은 일상생활의 안정을 위해 필요한 기본 신념
뿐만 아니라 학문활동의 확실성과 가치에 대한 믿음조차 해체하
는 강력한 힘을 지닌다. 그로 인해 보통사람은 물론이고 '진리'
발견에 삶을 던져 온 학자조차 정신의 안정을 위해 계보학적 문
제의식을 도중에 내려놓곤 한다. 그래서 프로이트도 '정신분석
적 자료를 정리하는 데 어떤 선입견적 기대를 유발하는 관념으
로 인해 방해받지 않으려고, 니체의 저작을 읽는 큰 즐거움을 의
도적으로 거부해 왔다(Freud, 1914).'고 토로한 것이다. 계보학은
모든 우상의 배후에 감춰진 '기원'을 탐색하여 그것의 불완전성,
관점성, 환상성을 드러내어 해체한다.

니체의 사유를 하나로 꿰뚫는 관점과 개념은 무엇인가? 그것
은 **계보학, 계보학 및 학문 일반의 자기모순성에 대한** 자각 그리고
허무주의에 함몰되지 않기 위한 '어떤 행보'이다. 니체 이후 현대
사상의 동향은 계보학적 비판활동이 철학의 근본활동이며, 비판
활동과 학문 일반의 한계가 인류가 풀어야 할 난제임을 거듭 드
러낸다.[2] 소위 '해체' 철학을 대표하는 프랑스의 탈구조주의자와

포스트모던 문화비평가들은 대부분 자신의 사상이 니체 사유의 영향을 받은 것임을 공표한다.

그런데 현대사회에서 니체의 사유가 유난히 부각되는 이유는 무엇 때문인가? 그것은 '현대'라고 하는 독특한 문화적 상황에 기인한다. 현대는 하나의 고상한 생각을 평생 유지하며 그것에 부합되게 삶을 살아가야 할 '현실적 이유'가 사라진 시대다. 정치 · 경제적 불안정으로 생존에 위협을 느끼는 사람들은 일차적으로 삶을 보호해 줄 안정된 대상을 찾는다. 인류의 역사에서 그 대상 역할을 해 온 것이 바로 '형이상학적 관념'이었다. 초자연적인 영원한 '진리'와 '선', 완전자(신)는 경험세계의 불안하고 부정적인 자극에서 정신을 안정되게 보호해 주는 '정신적 실재'였다. 그런데 과학기술의 발전과 정치제도의 진보로 인해 현대에는 생존을 위협하는 원초적 불안이 완화된다. 이와 더불어 오랜 세월 억압해 왔던 무의식의 욕구와, 자신의 고유한 존재 가치를 인정받고 싶어 하는 소외되었던 타자의 목소리가 다양하게 분출된다. 이런 상황에서 그동안 억압되고 경시 · 소외된 대상의 가치 주장과 전통 가치관은 정신의 내부와 외부 모두에서 충돌한다. 이로 인해 가치관이 전복되는 현상과 그동안 보고 들을 수 없었던 새로운 사태가 끊임없이 발생한다. 이제 '현대'라는 현실 속엔 유일한 절대 진리도, 영원불변하는 가치도 더 이상 존재하지 않는다. 이러한 사태는 심지어 보편성, 필연성, 항상성, 확실성의 모델이던 '학문' 영역조차 예외가 아님을 드러낸 것이 바로 니체다.

현대는 서로 다른 가치 기준과 가치 관념이 충돌하기도 하고 공존하기도 하는 포스트모던 시대다. 이런 시대에서 유일한 진리와 절대적 도덕이 있다고 믿고서 이를 모든 사람에게 '보편적'으로 요구하거나 인정받으려 하는 사람은 타자의 반발에 부딪혀 결국 파국을 면하기 어렵다. 이런 상황에서 개인은 어떤 가치관과 진리관을 가지고 살아야 하는가? 그리고 구체적으로 어떤 삶을 살아야 하는가? 니체의 사유는 이 문제에 대한 깊은 해결책을 제시한다. 그는 절대적 진리와 선이 부재하는 상황에서 인간은 어떻게 자신의 주체성을 회복하고 삶을 다채롭게 향유할 수 있는가에 대해 심오한 해답을 제시한다. 독자가 그의 해답을 진정으로 알고 싶다면, 먼저 자기 마음의 기둥인 '형이상학적 신념'을 뒤집는 계보학의 충격적 비판 과정을 통과해야 한다. 니체는 이 과정을 '근대이성에 대한 비판'을 통해 적나라하게 드러낸다.

미 주

1) 보드리야르의『시뮬라시옹』과 리요타르의『포스트-모던의 조건』의 현
대 문화론에 의하면 정보화시대, 후기산업사회, 후기자본주의 사회 속에
선 개인 정신이 감당할 수 없는 양의 기호와 이미지가 무제약적으로 대
량생산, 무한 복제되어 인간의 ‘환경을 구성’한다. 실재 대상보다 더 무
의식을 다각도로 자극하는 기호가 과잉방출되는 생활환경 속에선 개인
의 주요 의미는 고유성과 희소성을 상실하여 ‘내파’될 수밖에 없다. 이
경우 인간 정신은 의지와 무관하게 극실재적인(hyper-real) 기호와 이미
지가 제멋대로 활동하는 공간으로 전락된다. ‘나’란 단지 타자들(실재보
다 더 실재로 느껴지는 기호들)이 노니는 빈 공간을 뜻하게 되며, 더 이
상 통일된 자아란 존재하지 않게 된다. 통일된 자아를 고집할수록 그 개
체는 새로운 가치 기호가 끝없이 출현하는 문화 환경에 적응하지 못하는
소외된 존재로 전락한다. 후기자본주의 사회에선 ‘끊임없이 생산과 소비
를 추구하라.’는 보이지 않는 타자(사회)의 요구(목소리)에 기계처럼 복
종하는 분열증적 인격, 파편화된 자아가 정상성의 기호로 통용된다〔들뢰
즈 · 가타리, **앙띠 오이디푸스 자본주의와 정신분열증**(민음사, 1994), pp.
16-23〕.

2) 모더니즘과 포스트-모더니즘 논쟁의 핵심에는 모더니즘의 패러독스와
계보학의 자가당착이 위치한다. 즉, 새로운(모던) 관점과 관념이 보다 나
은 가치를 지닌다고 해석하는 모더니즘은 끊임없이 생산되는 새로운 기
호의 홍수 속에서 더 이상 새로움과 가치를 느끼지 못하고 오히려 전통
적인 것이 ‘희소가치’를 지닌 것으로 느껴지는 사태에 직면한다. 그리고
철학에서는 새로운 지식활동의 모델로 등장한 계보학에서, 엄밀한 비판
활동에 의해 비판활동 자체의 학문적 근거가 불완전함이 자각되는 사태
에 직면한다. 이 상황에서 학문활동에 대한 회의주의에 빠질 것인가 아
니면 그동안 비판해 온 형이상학과 신화의 가치를 재음미할 것인지에 대
해 현대철학은 의견이 분분하다〔하버마스, **현대성의 철학적 담론**(문예출
판사, 1994); 메길, **극단의 예언자들: 니체, 하이데거, 푸코, 데리다**(새물결,
1996) 참조〕.

7

근대 이성에 대한 비판

1. 근대 이성에 대한 비판

근대성의 특징과 범위 : 인식 중심적 인본주의

'근대성(modernity)' 이란 형이상학에 대한 과학적 비판정신의 첨예화 과정을 의미한다.[1] 서양의 고대 · 중세에서 형이상학은 합리성의 상징이었다. 그러나 근대화 과정에서 형이상학은 점진 적으로 비합리성의 기호로 해석된다. 따라서 근대화의 발전이란 곧 반(反)형이상학적 인식 관점들의 첨예화 과정이다. 그렇다면 근대성의 의미는 형이상학의 본성을 어떻게 해석하느냐에 따라 다양하게 규정될 것이다. 근대와 근대 이전을 구분하는 근본 특 징은 '인식 중심적 인본주의' 라고 표현할 수 있다.

인본주의란 이성의 눈으로 볼 때 인간보다 더 탁월한 능력과 가치를 지닌 존재가 실재하지 않는다는 관점이다. 고대 · 중세의 세계관에서 신이 가치 위계의 정점에 존재했다면, 근대화 과정 속에서는 인간이 존재 일반에 대한 인식과 가치 평가의 유일한 중심에 위치한다. 인간은 인식활동을 통해 세계를 명료하게 이해되는 성질들로 분석하고 대상화(객관화)한다. 그리고 의지를 통해 세계를 자신에게 유용한 것으로 임의로 변형함으로써 판단 · 평가와 창조활동의 기준이며 근원으로 등장한다. 근대인에게 남겨진 과업은 이제 욕망 충족을 방해하는 온갖 장애를 인식과 의지(도덕, 노동)활동을 통해 극복하여, 존재의 지도를 자신이 원하는 내용으로 인간화하는 것이다. 이런 인간화 과정에 의해 인간의 역사는 진보적인 해방운동을 계속하며, 이 진보 · 극복의 원리에 의해 언젠가는 유토피아가 실현될 것으로 추정한다. 그런데 근대화의 논리를 엄밀화함에 따라 뜻밖에도 근대화의 이상이 자기붕괴되는 기이한 현상이 발생한다. 오늘날 거론되고 있는 '탈근대성(post-modernity)' 논의는 바로 근대화의 논리가 첨예화되면, 유토피아가 실현되는 것이 아니라 오히려 허무주의에 직면하게 된다는 자각에서 출발한다(Vatimo, 1988: 164-170). 따라서 우리는 근대성의 범위를 형이상학을 해체하는 인본주의적 · 과학적 세계관의 출현과 그것이 '자기균열' 상황에 직면하기까지 일련의 사상사적 과정으로 규정할 수 있다. 그런데 근대성에 대한 이런 규정에 대해 니체는 이의(異意)를 제기한다. 즉, 니체가 보기에 서양 역사에서 인식 능력에 대한 강조와 인본주의의 출현은 소크라테스(Socrates)에서 유래한다. 그리고 그 근본정신은 플라톤과 기독교 형이상학의 중심 맥으로 이어지며, 그 불꽃이 약간의 외적 변형을 거쳐 근대성으로 계승된 것으로 해석한다.

이 관점이 타당하다면 형이상학에 대한 대결과 극복 과정에서 발생하고 진보한 것으로 해석된 인본주의적 과학 정신으로서 근대성에 대한 해석은 새로운 차원에서 다시 사유되어야 한다.

그렇다면 형이상학과 과학은 외견적인 대립에도 불구하고 그 근본정신에서 공통성을 지니므로, 과학에 의한 형이상학의 해체는 곧 근대성의 자기붕괴를 결과한다는 니체의 말은 무슨 뜻인가? 근대성에 대한 보다 심층적인 이해를 위해, 니체가 근대성의 숨겨진 뿌리로 자리매김한 최초의 인본주의자인 소크라테스로 거슬러 올라가 보자.

근대성의 유래 : 소크라테스의 '진리에의 의지'

인간의 관심은 예측할 수 없는 고통과 쾌감의 드라마를 연출하는 '삶'에 있어 왔다. 어떻게 하면 '삶'을 잘 살 수 있을까? 이에 대한 응답 방식의 차이가 곧 다양한 사유의 역사를 구성해 왔다. 직립인간이 된 원시인들은 고통에 대처하기 위해 분화된 '의식'을 활용하여 도구를 만들고, 이것으로써 밀려드는 타자에 대한 공격과 방어 전략을 취해 왔다. 그 후 서로 다른 존재를 하나로 융합하는 은유적 상상활동을 통해 나무와 동물이 되고 신과 영웅이 되어, 삶을 좌우하는 미지의 힘과 교류하는 '신화적 세계관'을 창출하였다. 그 뒤를 이어 '지적 사유'를 통해 자연의 한계를 초월하고 자연을 지배할 수 있다고 믿는 생각과 관점이 그 오만(hybris)으로 인해 '비극'을 유발한다고 해석하는 '비극작가 시대'가 출현한다.[2] 그리고 이윽고 '삶'의 문제는 우발적 본능 충동에 휘둘리지 않는 '논리적 사유' 능력에 의해 해결될 수 있다고 보는 철학자들이 등장한다.

그리스 초기의 자연철학자들은 자연을 구성하는 '근원 질료' (archē)를 통해 인간 본성을 이해함으로써 인간을 자연의 일부로 위치하게 한다. 그런데 소크라테스는 획기적으로 인간은 자연의 근원 질료가 아닌 초자연적 탁월성을 지닌다는 생각을 제시한다. 그는 인간의 성스러운 '초자연적 기원(Ürsprung)'이 밝혀지면 인생의 본질과 목적이 총체적으로 인식되며, 그로 인해 삶을 질서 있고 가치 있게 살 수 있다는 생각을 정립한다. 그리고 자신의 생각이 참임을 증명하기 위해 당대에 유행하던 사유에 대해 비판을 가한다. 그가 상대방을 논박하는 기저에는 항상 '인간은 탁월성을 지닌 존재'라는 신념이 전제된다. 가령, 자연의 근원 질료를 통해 변화무쌍한 자연현상을 질서 있게 설명하려 한 자연철학은 인간을 자연의 일부로만 간주한다. 그로 인해 인간만의 고유한 가치와 목적이 무엇인가라는 물음에 무관심하든가 무기력하다(Platon, 1973b: 97C-99C). 그러므로 소크라테스는 인간과 인간 아닌 것을 차별하지 못하는 자연철학을 인간에 부적합하고 열등한 세계관이라고 하여 부정한다. 또한, 친부를 제거하여 권력을 쟁탈하고 근친상간을 통해 친족 체계에 의한 권력 유지를 꾀하며, 무절제한 욕망 충족과 희로애락을 표출하는 그리스 신들의 이야기는 감성만을 자극하는 부도덕한 허구라고 비판한다.

신화적 세계관은 자연을 지배하는 불멸의 힘을 지닌 존재자가 자연 속에서 생성 · 소멸하는 존재자를 자의적으로 지배할 수 있다는 힘 중심적 가치관을 표출한다. 이런 가치관은 소피스트에게로 계승된다. 가령, 고르기아스(Gorgios)는 인간을 인간답게 하는 탁월성의 본질이 무엇이냐는 소크라테스의 물음에, 탁월성이란 자신이 하고 싶은 것을 마음껏 하면서도 법의 규제를 받지 않을 수 있는 능력이라고 답한다(Platon, 1973a: 452d-e). 여기에서도 인간은 근본적으로 '자연적 존재'며, 사회적 권력을 획득하여 개인의 자연성을 안정되게 보존하고 향유하는 것이 최상의 삶의 양태라는 것이 상식으로 표출된다. 이처럼 소크라테스 이전의 관점은 인간은 본래 자연적 존재며, 인간의 목표는 자연 본성을 보존하고 향유할 수 있는 힘을 소유하는 것이라 생각하였다. 그러나 소크라테스는 자연성의 향유를 추구하는 힘에의 의지 활동은 결코 인간을 동물과 달리 '인간답게' 하는 탁월성일 수 없다고 부정한다. 그렇다면 소크라테스가 제기한 '인간을 인간답게 하는 인간만의 고유한 탁월성'이란 무엇인가? 무엇이 인간으로 하여금 자신이 정복하고 관리해 온 수많은 자연 생명체와 차별되는 '탁월한 존재'이게끔 하는가? 인간의 고유한 본질과 목적은 무엇인가?

이 물음에 대해 소크라테스는 "인간의 탁월성은 정화된 영혼성에 있으며, 이를 통해 인간은 자연성을 극복하는 영원성의 세계에 동참할 수 있다."는 당대의 상식을 벗어나는 관점을 제시한다(Platon, 1973a: 479b-481b). 인간의 존재 가치를 신들만이 누리던 탁월성인 영원성의 차원에 위치하게 하는 이런 생각은 자연성의 탐닉을 추구해 왔던 당대 사람들의 인생관과 생활방식에 대립한다. '인간'에게 '영원성을 지향하는' 욕망의 불씨를 던지는 소크라테스의 말은, 스파르타와의 전쟁에 패해 권력의 주변으로 밀려난 아테네 인들에게 사실로 인정할 수도 없고 허구라고 무시할 수도 없는 갈등을 유발한다. 그 결과 소크라테스는 사람의 정신을 혼란시키며 국가의 신을 모독한다는 죄로 기소되어

민주주의 투표에 의해 사형을 선고받는다. 그런데 소크라테스는 "죽음이란 진리 인식을 방해하던 육체에서 영혼이 분리됨으로써 영혼이 정화되는 사건이며, 이는 철학자가 그토록 바라던 영원한 가치 세계로 상승"이라고 해석한다. 따라서 탈옥의 권유를 뿌리친 그는 육신을 소멸시키는 독약을 마시고 나서, 자신이 먹은 독의 약 성분으로 인해 드디어 자신을 괴롭히던 삶의 병들에서 완치되었음을 신께 감사한다는 유언을 유유히 남긴다(Platon, 1973b: 61C-84a).

삶을 기꺼이 내던짐으로써 영원성에 대한 미묘한 여운과 흔적을 남긴 소크라테스 이후, 서양의 역사에는 이전에 상상조차 할 수 없었던 가치의 변환이 생겨난다. 즉, 소크라테스 생존 당시에는 삶을 어지럽히고 낭비하는 '죽음에의 의지'로 판결되었던 '영원한 진리'를 향한 사유활동이, 그가 죽은 후에는 인간을 '인간답게' 하는 최상의 '삶의 의지'로 가치가 전도된다. 이로 인해 '인간'을 탄생시킨 고귀한 제1원인자를 인식하는 활동은 최고의 가치활동으로 간주된다. 그리고 덧없이 생멸하는 자연에서 영원불멸의 세계로 상승하는 방법 연구에 일생을 바치는 현상이 문화의 중심으로 부각한다. 그 결과 각 사회와 시대마다 인간이 자연성을 초월하는 탁월한 존재자임을 자부하게 하는 여러 형이상학 관점과 관념이 발생하고 유지되었다. 니체는 이것이 바로 플라톤과 기독교 형이상학을 거쳐 근대 과학으로 이어지는 사유중심적 인본주의의 전개 과정이라고 해석한다. 그렇다면 근대성의 뿌리인 소크라테스에서 유래된 형이상학적 세계관의 특성은 무엇인가?

형이상학의 특징 : 이분법적 기원 중심주의와 도덕적 진리관

형이상학(Meta-Phyics)이 무엇을 의미하는가에 대한 규정은 철학자마다 다양할 수 있다. 그러나 서양의 고대·중세철학에 초점을 둔다면 형이상학은 자연학(physics)이 다룰 수 있는 범위를 넘어서는 '영원한 실재'에 대한 인식을 의미한다. 전통 형이상학은 변화하는 자연성과 차별되는 '영원불멸하는 탁월성'에 대한 인식과 자연적 삶과 초자연적 세계의 관계에 주목한다. 우리는 이를 자연 생명을 "존재하게 한 '초자연적 기원'에 대한 '사유 활동'"이라 칭할 수 있다. 형이상학은 자연 세계에 존립하는 생명체의 본질이 무엇이며, 그 본질이 생겨나게 된 이유(목적)가 무엇인가를 문제 삼는다. 그리고 이 문제를 풀기 위해 실존(esse)과 본질(essence)을 부여한 원인자의 본성이 무엇인가를 묻는다. 그렇다면 변화하는 자연계에 살고 있는 인간은 형이상학적 근원자의 본성을 어떻게 인식할 수 있는가?

형이상학자는 초자연성에 대한 사유 능력인 이성, '신성한 실재'의 본질을 반영하는 '개념', 사유를 실재에로 바르게 인도하는 '논리'를 통해, '삶의 기원'에 대한 '인식'이 가능하다고 전제한다. 그리고 이 전제를 인간의 자부심을 북돋우는 도덕적 관념과 교묘히 결합한다. 그러고는 교육을 통해 삶을 위해 꼭 필요한 중심 가치로 정신 속에 각인한다. 이로 인해 그것이 아직 확증된 진실이 아니라는 사실이 은폐되고 망각된다. 이 결과 역사의 표면에는 이성·개념·논리에 의거해 '절대 진리'임을 주장하는, 거부하기 힘든 형이상학 관념이 다수 존재하게 된다.

'삶의 기원'에 대한 형이상학적 추론의 가장 단적인 예는 각

철학자들의 '신존재 증명' 방식에서 드러난다. 고대·중세의 형이상학자들이 초자연적 기원성을 추론하는 방식은 개념과 논리만을 사용한 연역(전제 내재)적 방식과 경험적 사태를 토대로 그것이 발생한 원인을 물어 가는 인과(전제 초월)적 추론의 두 종류가 있다. 전자의 경우는 플라톤-안셀무스-근대 합리론으로 이어지는 전통이며, 후자는 아리스토텔레스-아퀴나스 전통이다. 가령, 안셀무스는 신의 실재성을 다음과 같이 증명한다.

> 신이 존재하지 않는다는 것은 모순이다. 왜냐하면 신이란 개념은 모든 성질을 내포하는 무한 완전자를 지칭하므로 필연적으로 '존재'라는 성질도 포함하기 때문이다. 그러므로 신은 필연적으로 존재한다.

이에 비해 아퀴나스는 경험적 지각을 추론의 전제로 삼고, 그 전제가 발생한 보다 근원적이고 상위의 존재를 추적해 가는 전제 초월적인 인과적 추론을 한다. 예를 들어 보자.

> 이 세계엔 고유한 성질을 지닌 무엇인가가 있음을 지각한다. 그렇다면 이런 사물들이 있게 된 어떤 원인이 있을 것이다. 이 원인을 끝까지 추적해 가면 존재의 자기 원인성을 지닌 제1원인자를 인정하지 않을 수 없게 된다. 왜냐하면 존재의 제1원인자가 없다면 이 세상에 그 무엇이 있음을 지각할 수 없으므로……

이들의 추론에서 우리가 주시할 것은 그들 모두 동일률·모순율·배중률과 더불어 '현존하는 모든 것은 원인을 지니며, 이 원인은 결과를 내포하며, 원인은 결과보다 우월하다.'는 '형이상학적 인과율'을 자명한 진리법칙으로 전제한다는 점이다(Gilson,

1956: 358).[3] 자연에 거주하는 피조물인 인간은 이 두 종류의 논리법칙과 보편 개념, 경험 지각을 가지고서 이성활동에 의해 인과법칙의 사다리를 밟고 올라가면, 인간을 인간답게 만든 '제1원인자'를 만날 수 있게 된다. 이처럼 형이상학자는 삶의 초자연적 기원이 존재함을 증명하고 나서, 인간의 좋은 성질을 유비적으로 투영하여 '신'의 본성을 개념화한다. 그리고 최종적으로 '삶'과 '삶의 기원(창조주)' 사이의 차이성과 유사성(hierachy of Being, degree of perfection)을 인간의 관점으로 관념화한다. 이때 각 존재자의 가치는 그것의 본질이 얼마만큼 '삶의 기원'의 본질과 유사한가에 의해 결정된다. 그들은 인간을 창조한 제1원인자의 본질을 영원 동일성, 완전한 이성과 도덕성 등으로 개념화한다. 이로 인해 이성과 도덕성을 지닌 인간의 영혼은 영원불멸하는 세계에 근접할 수 있는 최상의 실재에 위치한다.

형이상학의 힘과 매력은 그것이 인간의 가치를 완전성의 영역으로 상승시킨다는 데에 있다. 역사 속의 인간들은 자신이 생각할 수 있는 최상의 상태나 성질을 '완전성'으로 개념화해 왔다. 이때 '완전성'이란 곧 (인간이 바랄 수 있는) 최고 가치 내지 가치의 기준·근원이라는 말과 동일하게 사용된다.

형이상학자는 먼저 우주와 인간을 창조한 '완전자'가 '존재'함을 논리적 사유를 통해 '증명'한다. 그리고 이 '존재'에 대해 당대의 사회가 생각할 수 있었던 최고의 가치 기호인 '신', '선', '진리'란 이름을 부여해 왔다. '선'은 가치의 근원인 동시에 모델이므로 '완전한 가치'를 뜻한다. 그리고 '진리'란 완전자의 본질 내지 말씀(뜻)을 뜻한다. 만약, 완전자가 존재한다면 진리와 선은 모두 완전자의 본질이므로 단지 개념적으로만 구분될 뿐 실제로는 하나가 된다.

우리는 최고의 실재성인 진리는 필연적으로 선(=완전)하다는 관점을 '도덕적 진리관'으로 규정할 수 있다. 형이상학의 빛은 바로 이 '도덕적 진리관'이 인간에게 불러일으키는 놀라운 목적 지향적 힘에 의해 발생한다. 인간은 '도덕적 진리'를 인식하여 진리의 빛과 힘을 얻게 됨으로써 예측할 수 없는 삶의 파국에서 벗어나 영원한 천국에 도달할 수 있다는 희망과 목적을 가진다. 그리고 이 목적 의식이 불러일으키는 희망과 신념의 힘에 의해 자연성을 극복하려는 독특한 '도덕적 삶'의 스타일을 형성한다.[4] '도덕적 진리'를 향한 의지활동으로 인해 인간은 비로소 우연히 태어나 예측할 수 없는 위험 속에서 덧없이 사라지는 자연 생명체와 달리 초자연성과 '관계'하는 위대한 '인간'으로 탄생한다. 인간은 자신을 창조한 존재가 '도덕적 진리'인 신(神)이라고 해석하고, 스스로를 '이성'과 '도덕성'을 통해 신적 완전성에 동참할 수 있는 유일한 존재라고 합리화한다. 그리하여 도덕성을 지닌 인간은 이제 자신이 살고 있는 자연계의 중심과 정상에 위치하여, 타존재를 가치 평가하는 지배자로 출현한다. 인간이 진리 인식의 의지와 도덕 의지를 통해 '진리'와 '선'에 관계하는 존재인 한, 인간은 자기 삶의 가치에 대해 고도의 자부심을 지닌 삶을 영위할 수 있게 된다.

이것이 형이상학자가 선택한 생존 전략이다. 그들은 인간 본성을 자연적 성질과 초자연적 성질로 이분(二分)한다. 그리고 초자연성에 중심 가치를 두고, 자연성의 가치를 부정·억압한다. 그렇다면 자연적 삶을 억압하는 대가로 영생을 소유하려는 전략은 과연 성공할 수 있는 것인가? 그리고 형이상학적 '진리'와

'선'은 과연 실재하는 것인가? 이런 물음을 강하게 제기하거나 집요하게 물고 늘어지는 것은 위험하다. 왜냐하면 지금까지 '인간'은 '진리'와 '선'에 의거하여 '인간'이 될 수 있었기 때문에 이에 대해 약간의 부정적 생각만으로도 '인간'이 붕괴될 수 있기 때문이다. 심지어 '인간'이 스스로를 인간 아닌 무엇(?)으로 느끼게 되는 감당하기 힘든 뜻밖의 사태가 밀려들 수도 있다. 그런데도 지적 우월성을 자부하는 우리(?)가 니체를 따라 이 물음에 관심을 갖는다면, 우리는 그 위험성에 대한 각오와 준비를 해야 할 것이다.

'앎의 의지'의 첨예화로서 근대 이성: 데카르트·홉스·흄·칸트·헤겔

이 물음에 대한 답을 먼저 근대 철학자들로 하여금 내리게 해보자. 즉, 형이상학을 강력히 비판하였던 근대 이성들이 인식의 새로운 기반을 어떻게 구축하였고, 어떤 실재 인식 과정을 거쳤는지 살펴보자.

데카르트는 학문이 존립하기 위해서는 무엇보다 인식의 '확실성'을 보장할 수 있는 근거를 확립해야 한다고 본다. 그런데 전통 형이상학은 사유 추론을 위한 근거 설정에 문제를 지니고 있다. 가령, 대전제와 소전제에서 필연적으로 결론을 추론하는 삼단논법에서 그들은 결론을 이미 내포하는 대전제의 확실성에 대해 충분히 '의심(懷疑)'하지 않는 결함을 지닌다. 만약, 전제가 조금이라도 불확실성을 지닌다면 그 형이상학이 내세운 결론은 결코 확실한 지식일 수 없다. 그런데도 전통 형이상학은 관습적 의견이나 교리(Dogma)를 마치 확실한 지식인 양 전제한다. 따라서 참된 추론이 출발하는 토대인 (대)전제의 확실성을 확보하기 위한 철저한 '의심' 과정을 간과한 전통 형이상학은 실재에 관한 엄밀한 지식으로 인정하기 어렵다.

데카르트는 인간이 '순수한 사유활동'을 통해 확실한 제1전제를 확립할 수 있는가에 골몰한다. 그리고 '방법적 의심' 과정을 거쳐, 끊임없이 의심하고 있는 그 무엇인 '나'가 있음을 의심할래야 의심할 수 없는 자명하고 필연적인 제1지식으로 얻어 낸다. 이는 "오직 순수한 사유활동에 의해 명증적인 지식을 획득할 수 있다."는 대전제가 참임을 증명하는 모델을 확립한 것이다. 이 대전제를 토대로 확실한 지식 능력인 이성에 의해 '참/거짓'에 관한 명석·판명한 결론을 한껏 얻어 낼 수 있게 된다. 그리고 이성을 소유한 인간은 또다시 우주에서 가장 탁월한 존재자로 등장한다. 데카르트의 이성이 고대·중세의 형이상학적 이성과 다른 점은 관심의 초점이 '초자연적 존재'가 아닌 '나'와 자연으로 향한다는 데 있다.

데카르트는 복잡한 자연현상을 판명하게 직관할 수 있는 '단순 성질'로 '분석'한 다음 역순서로 재결합한다(Descartes, 1979). 그런데 분석의 칼날에 의해 기하학적으로 정교하게 분해되었다가 재결합된 '대상'은 과연 여전히 생명력이 살아 있는 '원래의 존재'인가? 데카르트가 자신이 새롭게 발견하였다고 자부하는 '분석 이성'의 숨겨진 본성이 무엇인지를 자각하기 위해서는 수백 년에 걸친 과학의 첨예화된 분석활동과 그 뜻밖의 결과에 대한 자료 축적을 기다려야 한다. 그리고 그는 외부 세계에 대한 인식의 확실성이 '나'의 이성에 의해서만 보장받기 어려움을 자각한다. 그래서 '인간이 참된 인식을 얻기를 신(神)도 원할 것이다.'는 신의 '선 의지'에 호소함으로써 여전히 형이상학의 보호막을 벗어나지 못한다.

형이상학에 대한 보다 선명한 비판정신은 근대 경험주의와 더불어 등장한다. 기계론적 자연관을 지닌 홉스는, 형이상학적 주장은 감각 경험에 의해 그 참됨이 보증되지 않는 위험한 독단이라 비판한다. '도덕적 진리'가 존재한다는 증거 자료는 경험 세계에선 좀처럼 발견되지 않는다. 오히려 형이상학적 도덕을 강하게 내세우는 사람일수록 자기와 입장이 다른 타자에 대해 냉혹한 평가와 무자비한 폭력을 거리낌 없이 휘두르는 현상이 빈번하다. 형이상학적 도덕 관점이 유발하는 비도덕적 폭력성을 오랫동안 관찰한 홉스는 도덕이 '자연 상태'의 파국을 벗어나기 위한 '계약' 행위에서 유래(Herkunft)한다는 '사회계약설'을 제시한다. 이 새로운 관점은, 도덕은 '초자연적 기원'에서 발생한 것이므로 불변적 가치를 지닌다는 형이상학적 도덕을 전복시킨다. 이제 이성은 자연 상태에서 인간의 생명을 안전하게 보존하고 향유할 수 있게 하는 '계약 능력'으로 의미와 가치가 변한다. 그리고 '도덕'이란 초자연적 완전성에 도달하기 위해 자연성을 억압하는 활동이 아니라 자연성의 효율적 향유를 위한 인간 상호 간의 합리적 계약활동으로 의미가 변한다. 그런데 세계와 인간 본성을 기계론적 자연관으로 해석하는 홉스는 특정한 '계약 행위(is)'에서 도덕의 효력(ought)이 발생함을 어떻게 기계론으로 증명할 수 있는가? 자신에게 결정적 손해가 예견되는 상황에 처하게 될 때, 자연 생명의 경제적 향유자인 개인은 왜 굳이 계약

에 당위적으로 얽매여야 하는가? 홉스는 이 곤란한 문제를 '신성
한 자연법'이라는 형이상학적 권위에 호소해 답함으로써 경험주
의의 일관성을 애매하게 한다(Hobbes, 1968: 189-200).

홉스의 자연주의적 경험주의는 흄에 의해 논리적으로 첨예화
된다. 흄은 사실 세계에 대한 지식은 오직 '감각 경험'에서 온다
는 '경험이론'을 제시한다. 그리고 '사실적 진리'임을 주장하는
어떤 명제가 참인지 거짓인지를 판별하려면, 그 주장이 어떤 감
각 경험에 대응하는지를 확인하면 된다는 검증이론을 제시한다.
이 인식관에 근거해 그는 전통 학문의 주요 전제와 원리 · 개념
에 대한 '진/위' 판별을 시도한다. 인과율, 실체성, 당위, 그리고
인식 능력 일반에 대한 비판을 시도하는 흄의 작업은 다음과 같
이 요약할 수 있다(이창재, 1985).

- 형이상학자와 과학자는 인과율을 전제한다. 그들은 서로 다
  른 두 관념을 원인과 결과의 관계로 자리매김하며, 원인이
  되는 관념은 필연적으로 결과의 관념을 내포한다고 설명한
  다. 그런데 원인과 결과로 규정되는 두 관념을 아무리 관찰
  해도 그들 사이에서 논리적 필연성은 결코 경험 · 관찰되기
  않는다. 두 관념은 단지 시 · 공간적으로 인접한 상태로 항상
  함께 지각된다는 사실만이 관찰될 뿐이다. 따라서 사실 세계
  에 대한 어떤 추론이나 언명도 '필연적 지식'은 아니다.
- 전통 학자들은 인간이나 외부 대상에 대해 설명할 때, 마치
  그것이 동일성을 지닌 실재인 양 전제한다. 즉, '자아', '사
  물'이라고 하는 것이 실체성(=자기동일성)을 지닌 것인 양

간주한다. 그런데 어떤 개인이나 사물을 아무리 관찰해도 '동일성'이라는 감각 자료(sense data)는 발견되지 않는다. 단지 서로 유사한 지각들이 시·공간적 인접 상태로 다발지어져 있음을 관찰할 뿐이다. 따라서 '자아'나 '사물'이 초시간적인 자기동일성을 지닌다는 주장은 검증된 지식이 아니다.

• 철학자는 흔히 어떤 '사실'에 대해, 이야기하고는 "그러므로 우리는 '반드시 ~해야 한다(ought).'"는 결론을 갑자기 주장하곤 한다. 그런데 사실이 어떠어떠하다는 것에서 '~해야 한다.'는 것이 필연적으로 도출된다는 증거는 없다. 즉, 사실과 당위 사이에 어떤 '필연적 관계'가 있음을 드러내는 경험 자료가 관찰되지 않는다. 따라서 사실 판단에서 당위 판단을 도출하는 모든 추론은 참된 지식이 아니다. 형이상학자들이 행한 '도덕적 추론'은 단지 습관적인 '심리적 연상'일 뿐이다.

• 역사를 반성해 볼 때, 사실 세계에 관한 인간의 판단은 끊임없는 시행착오의 과정이었다. 심지어 이런 반성조차 오류가 아니라는 증거를 확립할 길이 없다. 따라서 인간의 사유와 반성활동 일반은 사실 세계에 대한 '엄밀한 지식'의 토대라고 주장할 수 없다. 또한, 지금까지 신뢰해 온 감각 능력조차 어떤 대상에 대한 개인의 감각 지각이 곧 그 대상과 '동일하다'고 하는 경험적 증거를 제시하지 못한다. 즉, 감각 지각과 대상 사이의 '동일(일치)관계'를 표상하는 감각 자료는 관찰되지 않는다. 따라서 사실 세계에 대한 유일한 지식 통로라고 신뢰되었던 감각 경험조차 엄밀한 지식의 근거

로 주장할수 없는 것이다(Hume, 1740: 193).

흄은 자신이 신뢰하던 '경험이론'에 근거하여 전통 담론의 '참/거짓'을 일관성 있게 분석하였다. 그런데 뜻밖에도 경험을 매개하는 기관인 감각과 감각에 대한 반성 능력조차 사실 세계에 대한 엄밀한 지식 능력이 되지 못함을 자각한다. 이는 곧 경험이론에 의해 경험이론이 부정되고, 인식활동에 의해 인식 능력이 부정되는 일종의 논리적 자가당착이다. 이 상황에서 흄은 인식활동에 의거해 인생의 전체적인 토대를 마련하려는 노력이 오히려 파국의 원인일 수 있음을 절감한다(Hume, 1740: 265-270). 지식 일반에 대한 흄의 반성이 참이라면, 형이상학뿐만 아니라 학문 일반의 토대와 일상의 신념조차 치명적 타격을 입게 된다. 따라서 철학자 자신조차 자신의 인식 결과에 당황하지 않을 수 없다. 인과율 · 자아의 동일성과 대상의 동일성 · 도덕적 당위 추론의 합리성 · 인식 능력에 대한 믿음이 해체될 경우 일상생활은 상상하기조차 힘든 혼란에 빠지게 된다. 이 상황에서 그는 냉정한 물음을 던진다. 즉, 인간의 인식 능력이 이토록 유한하고 파국적인 것이었다면, 지금까지 인간 세계를 안정되게 유지해 온 활동의 정체는 무엇인가? 흄은 이것을 자연 본성이 생성하는 '자연적 신념활동'으로 추정한다. 인간은 지금까지 삶을 위한 보다 깊은 합리성인 자연적 상상력의 효능에 의해 인과율 · 실체성 · 도덕성 · 인식 능력에 대한 신념을 지니고서 삶의 안정을 구축할 수 있었던 것이다. 이 신념은 삶을 보호하는 '유익한 환상'이다. 따라서 그는 이제 엄밀한 인식 능력을 과시하던 이성은 자연적 정념의 노예고, 노예여야만 하며, '자연 본성'이 만들어 낸 '자연적 신념'이 삶의 합리적 보호막임을 겸허히 인정한다. 이제 흄에게 학문활동은 중심 가치가 아니라 하나의 취미활동으로 간주된다. 그래서 그는 자연적 신념과 도덕이 지배하는 '생활 세계'로 관심을 옮긴다. 그리고 삶을 향유하는 '합리적' 방법론인 '규약적 도덕'의 유용성을 긍정하는 유연한 사회활동가로 살아간다.5)

흄은 '경험주의'라는 특정한 관점을 첨예화할 때 어떤 결과가 나타나는가를 보여 준 근대 이성의 첨단 모델이다. 경험적 관찰과 논리적 분석의 양 기둥에 의해 힘을 발휘하던 근대 과학은 이제 흄으로 인해 자신을 절대 지식으로 과시하기 어렵게 된다. 그런데 흄은 경험주의를 엄밀화하는 과정에서 자신이 무심코 사용한 전통 논리와 언어에 어떤 문제가 내포되어 있는가를 미처 반성하지 못한다. 이런 자각을 위해 근대 이성은 아직 더 자신의 문제점에 대한 충격 과정을 거쳐야 한다.

흄을 통해 형이상학적 독단의 잠에서 깨어난 칸트는 이제 분석과 관찰에 근거된 과학적 이성만으로는 인간의 존엄성과 행복을 보증하기 어렵다는 것을 감지한다. 자아의 동일성과 도덕성을 통해 인간의 탁월성을 보증하지 않는 한, 인간을 다른 생명체와 달리 취급해야 할 근거가 없기 때문이다. 이 경우 인간은 다른 인간을 자신의 쾌락과 이익을 위한 수단과 도구로 사용하고 버릴 수도 있다. 그리고 역으로 타인에 의해 파괴적으로 사용될 수도 있다. 이런 상황에서 칸트는 지식을 추구하는 '순수이성'과 행위의 가치에 관심을 두는 '도덕 이성'의 차이성에 주목한다. 그는 순수이성의 보편 지식이란 '도덕 그 자체'나 '실재 그 자체'에 대한 인식이 아니라 실재를 '인간의 범주'로 구성한 결과물임을 드러낸다. 그러고는 '인식의 차원'과 다른 '도덕 차원'을 등장시켜, 인간은 '실천 이성의 보편 법칙과 목적'을 선험적으로 지닌 도덕적 존재이므로 도구와 수단으로 사용되어선 안 됨을 역설한다.

칸트에 의해 이제 근대 이성의 정체는 미지의 X에 대해 자신의 범주에 부합하는 성질만을 수용하고 이질적 성질을 배재하는 '인간중심적 해석활동'으로 드러난다. 그런데 칸트는 어떻게 이성에 의해 이성의 한계를 비판할 수 있는가? 이것은 순수이성의 한계를 반성하면서, 반성 능력의 완벽성을 고집하는 패러독스가 아닌가? 칸트는 인식 영역과 도덕 영역의 차이성을 드러냄으로써 인식의 문제를 도덕의 권위에 호소하여 해결하는 형이상학을 극복한다. 그러나 이성을 순수이성과 실천이성으로 이분화하는 그의 사유에 인본주의적 가치 판단이 숨어 있다. 그는 실천이성이 사유한 도덕규칙이 초시공간적 절대명령이라 주장한다. 이 주장은 여전히 인간이성의 '선천적 탁월성'을 전제하는 형이상학에 얽혀 있다.

헤겔은 변증법적 이성론을 통해 세계와 인류의 역사를 설명한다. 변증법의 핵심은, 존재는 자기모순성으로 인해 스스로 변하며, 이 변화는 진보와 통일성을 지닌다는 데에 있다. 그리고 그의 이성론의 특징은, 존재의 본질은 정신이므로 존재의 운동 과정은 곧 이성의 자기 성숙 과정이라는 데에 있다. 이 관점을 통해 역사를 해석하면 개인의 이성은 시대정신의 한계 안에 머물게 된다. 그러나 이 한계는 역사의 진행과 더불어 극복되는 잠정적 한계이다. 따라서 역사의 운동이 전개됨에 따라 인간의 미래는 끝없는 발전 가능성을 지니게 된다.

헤겔로 인해 근대 이성은 인간에게 주어진 시대적 한계를 변증법적 '자기의식'을 통해 극복함으로써 절대성을 향해 진보하는 무한한 잠재 능력으로 부각된다. 이제 인간은 더 이상 이성에 의해 초자연적 차원으로 단숨에 비상(飛上)하여 구원받을 수 있는 형이상학적 존재가 아니다. 그러나 존재(정신)의 역사적 운동에 동참하여 간접적으로나마 절대정신에 관계하는 존재라는 것에 자부심을 지닐 수 있게 된다. 헤겔은 영원한 진리임을 자랑하던 이성의 관점이 역사 속에서 생성과 해체 현상을 반복해 온 이유를 '존재의 변증법 운동'으로 설명하였다. 그런데 그는 자기 이론의 진리성을 어떻게 보증할 수 있는가? 개인의 의식은 시대정신의 한계를 벗어날 수 없다고 제시한 헤겔 자신은 정작 자기 관점의 역사적 한계를 간과하고, 서양 이성의 운동 과정을 '절대 지평'의 차원에서 개념화한다. 이로 인해 당대의 독일 정신을 최고로 발달한 위치에 놓고, 그것과 유사성을 지닌 정도에 따라 과거 정신성의 가치 등급을 매기는 형이상학적 태도를 재연한다. 결국 헤겔 역시 자신의 인식활동이 이미 특정한 (도덕) 가치관에 의해 영향을 받고 있음을 자각하지 못한 채, 이성 중심적이고 종족 중심적인 관점에서 타자 일반에 대해 군림하는 평가의 칼을 휘두른다. 이 평가의 힘과 병리성은 헤겔 사후에 다양한 방향에서 대규모적으로 돌출되어 근대 이성의 정체를 확연히 노출한다.[6] 이로 인해 헤겔 이후에 근대 이성에 대한 근본적 반성을 시도하는 담론의 출현이 가능하게 된다. 결국 역사가 진보하는가 아닌가의 평가는 '누가' 어떤 목적으로, 어떤 관점에 의거해 행하느냐에 의해 좌우된다. 이것은 권력과 연계된 문제로서 그 심판자는 강대국/약소국, 자본가/빈곤자, 동양인/서양인, 정치가/학자…… 가 될 수도 있고, 인간의 모든 분별을 일순간에 사라지게 할 인간 아닌 타자가 될 수도 있다.

근대 이성의 분위기에 좀 더 근접하기 위해서는 아마도 18세기 프랑스의 계몽사상가들(유물론자, 백과전서파), 영국의 공리주의와 자유주의, 마르크스와 프로이트를 보완해야 했을 것이다. 그리고 무엇보다도 다양한 과학 이론과 기술의 발전이 자본주의와 결합하여 고도의 물질 생산력을 창출함으로써 이성의 힘에 대해 어떤 종류의 기대감을 갖게 했는지를 고찰할 필요가 있다. 데카르트가 이성의 관심을 '신'에서 '나'와 자연 세계로 전향하고, 홉스가 기계론적 자연관으로 인간과 세계 모두를 무차별적으로 설명하려 한 이후, 근대 이성은 '초자연적 삶'에 가치 초점을 쏟던 형이상학을 자연주의 관점으로 대체하는 과정으로 볼 수 있다. 그런데 과학을 통해 형이상학을 해체하고 '인간화된 자연'의 유토피아를 창조하려던 근대성의 꿈은 바로 근대 이성에 은폐된 뜻밖의 문제점으로 인해 심각한 문제 상황에 봉착하게 된다. 근대 이성은 자신의 엄밀한 분석과 관찰활동에 의해, 자신이 결코 완벽한 지식 능력이 되지 못함을 자각하게 됨으로써 균열된다. 이런 사태의 돌출은 가장 엄밀하게 형이상학을 해체한 첨단 근대 이성에서 확연히 드러난다(흄, 니체). 이들은 형이상학의 붕괴가 동시에 과학, 이성, '인간'의 붕괴를 결과할 수밖에 없음을 자각한다. 이런 자각에 도달하기 위해 우리는 먼저 과학 정신의 명민함과 자연주의의 쾌락을 만끽해 보아야 한다. 이런 만끽

의 정상에 근대 이성의 지식 욕구가 과연 삶에의 의지인지 죽음
에의 의지인지를 진단하는 니체가 있다.

근대 이성에 대한 니체의 비판 : 계보학

소크라테스에서 유래된 플라톤과 기독교 형이상학이 '도덕적
진리'를 추구하였다면, 근대 이성은 외견적으론 도덕적 선입견
없이 실재를 있는 그대로 인식하려는 관점을 지녀 왔다. 그런데
이런 근대 이성관은 실재에 대한 엄밀한 규명이 인간에게 행복
을 가져다줄 것이라는 신념을 배후에 전제하고 있다. 가령, 과학
의 눈을 통해 자연의 숨겨진 법칙성을 발견하면, 이를 토대로 삶
을 안정되고 풍요롭게 구성하는 계획 수립이 가능하다고 본다.
이성의 명증성을 토대로 자연 세계에 대한 명료한 분석을 통해
세상을 질서 있게 재구성하려는 데카르트의 계획과 사회 구성원
의 갈등을 '경험적 반성'의 힘으로 조화롭게 극복하려 한 경험
주의의 계약론과 규약론, 공리주의 그리고 칸트의 정언명법과 헤
겔의 변증법적 국가론은 이성 능력에 근거한 일종의 인간복지론
이다. 이런 근대적 이성관의 배후에는 인식활동에 의해 '삶'을
개선할 수 있다는 신념과 기대가 암암리에 전제되어 있다. 그런
데 근대 철학자들은 이런 믿음이 엄밀한 객관성을 확립하려는
자신의 인식활동에 어떤 영향을 미치는가에 대해 미처 자각하지
못한다. 또한, 이들은 인식활동 자체의 본성과 가치가 무엇인지
에 대해서는 집중적 분석·실험을 행하지 않는다. 이처럼 자신
의 뿌리 탐색을 외면한 채 형이상학을 해체한 근대 이성은 과연
새로운 유토피아를 건설하려는 계획을 성공시킬 수 있는가? 이

계획에 대한 냉혹한 심판은 한편으로는 이론 자체의 결함에 대한 이론적 발견에서 나온다. 그리고 다른 한편으로는 역사적 파국 체험에서 나온다. 그렇다면 넓게는 소크라테스로부터, 그리고 좁게는 데카르트 이후 300여 년간의 근대화 과정이 완성됨에 따라 뜻밖에 돌출하게 된 파국(전쟁과 허무주의)의 원인은 무엇인가? 니체가 지닌 문제의식의 독창성과 섬뜩함은 바로 근대 이성의 위기 사태가 서양 철학의 출발에서 근대로 이어져 온 이성관·논리관·언어관·도덕관 자체에서 발생한 것임을 드러낸 점에 있다.

근대 이성에 대한 니체의 비판은 두 가지 주제를 가지고 진행된다. 하나는 모든 종류의 인식활동과 학문의 본성에 대한 문제제기다. 그리고 다른 하나는 도덕의 본성에 대한 재검토다. 이 두 주제는 인식활동과 도덕의 관계는 무엇이며, 삶에 대한 그것들의 가치는 무엇인가라는 물음으로 종합된다.

형이상학과 근대 과학은 이성을 통해 자연을 극복·지배함으로써 행복을 획득할 수 있다고 믿는 인식 중심적 인본주의 관점을 공통적으로 지닌다. 그렇다면 근대 이성에 대한 비판은 넓은 의미로 형이상학과 과학 모두에 대한 비판이 될 것이다. 그러나 좁은 의미의 근대 이성 비판은 형이상학적 환상과 편견으로부터의 해방이 역사 속의 유토피아 실현으로 연결된다고 믿는, 과학 정신에 대한 비판이 될 것이다. 즉, 인식의 견고한 근거를 확립하여 인간 제국을 건설하려는 과학의 꿈이 형이상학의 해체와 더불어 붕괴될 수밖에 없는 이유를 설명할 수 있을 것이다. 이를 위해 먼저 형이상학과 과학의 은폐된 전제를 찾아내어 분석하는, 근대 이성의 첨단 모델인 니체의 계보학을 소개한다. 그런 후에

이 계보학의 문제점을 자각함으로써 근대성의 한계를 벗어나고
자 시도하는 니체의 탈근대 전략에 접근해 보자.

서양 문화의 중심 가치로 부각되어 온 '진리'와 '도덕'의 의
미를 근본적으로 재해석하는 니체의 계보학은 무엇인가? 계보학
이란 어떤 주장이나 사건, 성질이 어떠한 조건, 전제에서 발생하
여 어떻게 '변형'되어 왔는가를 다각도로 검토하는 작업이다.
특히, 계보학은 인간에게 최고의 가치로 부각된 기호를 '탐구 대
상'으로 삼아, 그것의 화려한 외면에 의해 가려진 이면(裏面)의
성질을 추적 · 분석한다. 계보학의 유형은 다음과 같이 분류할
수 있다(Blandel, 1989: 715-719).

- '역사계보학'은 현 시대에 '보편 진리'로 부각되는 이론 ·
  관점 · 관념의 이면에 은폐된, 그것들의 '과거 흔적'을 추적
  한다. 그리하여 그 진리 기호가 처음에 '누구'에 의해 어떤
  긴급한 필요 상황에서 발생하였고, 어떤 힘에 의해 유지 ·
  변형되어 왔는가를 드러낸다. 그리고 이러한 발생 · 변형 과
  정이 현대인에게 은폐 · 망각되어 온 원인이 무엇인지를 분
  석한다. 즉, 역사의 표면에 드러난 주장과 이면에 망각된 성
  질 사이의 관계를 해독한다.
- '심리계보학'은 인간이 자랑해 온 '자아 · 의식'이 어떤 과
  정을 통해 형성된 것이며, 그것의 성질과 기능이 무엇인지
  를 연구한다. 또한, 의식의 인식활동에 영향을 미치는 의식
  배후의 정신활동에 관심을 기울여 그것의 정체를 드러낸다.
  예를 들어, 현재의 정신현상에 영향을 미치는 무의식의 내

용과 작용을 추적하여 그것의 정체를 분석한다.

- '생리계보학'은 '절대적 진리'를 갈망하는 사람의 이면성이 삶에의 의지인지 허무의 의지인지, 그것의 생리적 건강 상태를 판독한다. 그리고 그 주장을 진리로 믿고 따를 경우, 본능적 활력이 강해질 것인지 위축될 것인지를 진단한다.
- '언어계보학'은 존재 일반을 정리하게 하는 '의미'가 어떠한 '의미작용·구조'를 통해 발생하는 것인지를 분석한다. 그리고 특정한 문법구조가 사유에 미치는 영향에 대해 연구한다.

계보학은 역사 속에 출현한 대부분의 '진리'와 '가치' 기호가 그 발생 초기에는 진리성과 가치성을 인정받지 못한 채 억압되다가 생활환경의 급속한 변화와 더불어 갑자기 새로운 중심 위치로 이동하는 과정을 주시한다. 그런데 이상하게도 역사 속의 진리 주장들은 항상 이런 사실을 은폐하고 마치 자신의 이론이 처음부터 항상된 진리였던 것처럼 위장한다. 그러고는 어느 순간 뜻밖의 사태에 부딪혀 붕괴되거나 변형되는 양태를 반복적으로 드러낸다. 이런 주장들은 자신의 밝은 면만을 드러내고 어둡고 문제 있는 면은 은폐한다. 따라서 사람들은 그 주장에 대한 올바른 인식과 가치평가가 어렵게 된다. 그래서 계보학은 '참된 진리'로 부각되는 모든 기호·담론의 이면에 숨겨진 뿌리(전제, '최초 흔적'과 변형 흔적)를 파헤쳐, 그것을 대기 중에 노출하려한다. 이를 통해 그것이 과연 영원한 생명력을 지닐 수 있는 것인지 시험한다. 또한 진리임을 강조하는 모든 이론 체계는 그 체계의 근거를 구성하는 재료와 도구를 지닌다. 그런데 만약 이 재료와 도구가 부실하다면, 그것의 견고함에 의해 힘과 빛을 지닌 건축물로 인정받을 수 있었던 모든 학문 체계가 붕괴될 수밖에 없게 된다. 따라서 전통 학문이 표면적으로 드러내는 의미와 그 이면에 은폐된 성질들이 서로 다르거나 모순성을 지닐 것으로 추정하는 계보학은 학문들의 뿌리(전제)에 대한 심층 추적 작업을 시도한다. 이런 계보학적 계획에 따라 형이상학과 근대 과학을 존립시켜 온 은폐된 조건들을 추적해 보자.

전통 학문의 도구들에 대한 검토 : 이성 · 논리 · 언어 비판

이성 비판: 비자립성과 자기중심성

무릇 모든 학문을 존립 가능하게 하는 근본 토대는 인간이 실재에 대한 인식 능력인 이성을 지녔다는 데에 있다. 형이상학자들은 초자연적 에너지를 통해 '신성한 실재'의 본질을 인식하는 이성을 인간의 최고 성질로 전제해 왔다. 이성은 모든 완전성의 중심에 위치한다. 인간은 이성을 지님으로써 영원한 (초)자연적 법칙에 대한 인식과 안정된 지식 체계를 확립할 수 있게 된다. 그리고 '자기동일성'을 지닌 이성이 있기에 인간은 자기 행위의 일관성을 평가하는 도덕적 인격체로 존립한다. 그런데 인간은 실제로 '초자연적 실재'를 이성에 의해 인식하는가? 그리고 이성은 과연 도덕성의 보증 역할을 할 수 있는가?

이성은 항상 진리와 비진리를 판별하는 '근거'였다. 그런데 인류의 역사에는 해결할 수 없는 사태(aporia)에 부딪혀 최고의 진리로 간주되던 이론이 붕괴되는 사태가 수없이 많았다. 이처럼 이성이 무기력을 드러내는 파국 사태들을 반성해 볼 때, 이성은 결코 '영원한 진리'의 보증 근거로 해석되기 어렵다. 그렇다면 표면적으로 '완전성'에 대한 인식 능력임을 자랑하던 이성이, 새로운 사태에 처해 무기력하다가 또다시 새로운 진리 주장을 발생하는 까닭은 무엇인가? 계보학자는 이를 이성이 '삶'에 대한 심판자가 아니라 오히려 '삶'이 이성의 조정자이기 때문이라고 해석한다. 그렇다면 이성은 더 이상 자신이 표방해 온 '진리/비진리', '가치/무가치'에 대한 판단 평가의 독립적 근거로 해석될 수 없다. 또한, 이성은 삶을 '올바로' 인도하는 활동으로 규정되기도 곤란하다. 역사 속에서 신화와 문학작품과 철학적 세계관을 발생시킨 이성의 기능을 회고해 볼 때, 이성은 불확실한 타자를 자신이 이해하고 다루기 쉬운 것으로 변형, 왜곡, 조정하는 활동으로 해석된다. 그러므로 인간이 신뢰해 온 이성과 이성의 여러 범주는 그것의 '진리 반영성' 때문이 아니라 삶에 대한 '유용성'에 의해 '진리'로 인정받은 것일 뿐이다. 이성은 인간이라는 특정 동물의 특이 체질이며, 삶의 안정적 보존에 기여하는 유용성 때문에 거부하거나 항변할 수 없는 일종의 생물학적 강요다. 그런데 항변할 수 없다는 것에서 그것이 진리 자체를 소유하고 있다는 증명을 이끌어냄은 오류 추론이다. 이성에 대해 항변할 수 없다는 것은 일종의 인간 무능력이지 그것이 '진리'라는 것은 아니다(Nietzsche, 1968: 515, 538). 오히려 삶의 자기보호 본능에 따를 수밖에 없는 의식의 무능력으로 인해, 사고할 수 있는 것은 허구화되지 않을 수 없는 것이다(Nietzsche, 1968: 539). 따라서 자기 자신과 타자를 있는 그대로 보지 못하고 자신의 관점으로 해석할 뿐인 이성은 '사실 그 자체'에 대한 객관적 인식활동으로 볼 수 없다. 이성은 자신과 다른 성질을 주변화하거나 억압하는 자기중심적 폭력성을 지닌다. 따라서 철학자가 이성을 삶의 중심에 위치하게 한 이래로 인간은 '이성에 의해 해석된 삶'만을 지각할 수 있도록 길들어 왔으며, 이로 인해 더 이상 '본래의 삶'이 무엇이지 온전히 느낄 수 없게 되었다. 그렇다면 이성의 근원인 동시에 이성으로 인해 그것에 대한 총체적 인식이 차단되어 있는 '삶'을 왜곡 없이 만날 수 있는 방법은 무엇인가?

논리 비판: 동일성 해체론

형이상학과 과학 그리고 근대철학은 동일률과 (무)모순율을 진리법칙으로 전제하고서 고유한 이론 체계를 구성한다. 학문적 이론의 권위는 그것이 엄밀한 논리적 일관성을 지닌 데에서 온다. 그런데 '논리'는 과연 그들이 주장하는 대로 사유를 '사실 그 자체'로 올바로 인도하는 참된 법칙인가? 만약, 필연성과 보편성을 지님을 자랑으로 하는 논리가 실재에 대응하는 법칙이라면 서양의 이론들이 뜻밖의 논리적 난제(aporia)에 직면하여 해체되고 새롭게 재구성되는 운동을 거듭해 온 까닭은 무엇인가? 그리고 논리적 지식의 첨예화가 삶을 고양시켰다는 주장이 증명되기 어려운 까닭은 무엇인가? 논리에 충실했던 이론들이 역사 속에서 다양한 양태로 발생·변형·해체되었음을 반추해 볼 때, 논리가 사실 세계에 대한 보편적이고 필연적인 법칙으로 판단되긴 어렵다. 그럼에도 불구하고 논리학이 철학자들에 의해 사실을 '설명'하는 진리 규칙인 양 강조되어 왔다면 거기에는 어떤 숨은 이유가 있을 것이다. 계보학자는 그 이유가 논리를 통해 삶을 해석해 온 사람들이 숨겨 온 어떤 상태, 성질과 연관될 것으로

추정한다. 그래서 그는 수천 년 동안 인류가 특정한 논리의 틀들
을 형성·변형하고도 마치 그것이 선험적인 영원한 진리인 양
선전해 온 심연의 이유를 다각도로 추정한 후에 논리의 본성을
다음과 같이 해석한다.

> 논리학이란 실제 세계에서는 어떤 것도 그것에 대응하지 않는
> 전제들에, 가령, 하나의 사물이 서로 다른 시점에서 동일하다는
> 전제에 의존한다(Nietzsche, 1879).

그런데 논리학과 수학의 모든 명제가 전제하고 있는 이런 자
기동일적인 A는 일종의 가상성일 뿐이다. 이렇듯 논리학의 전제
는 하나의 가상 세계를 전제하며, 시간과 무관하게 동일성을 유
지하는 '사물'이 실재한다고 믿는 것이다. 이는 논리학의 기본
단위가 자기동일성을 지닌 '사물'을 흉내 내어 구성되기 때문이
다. 논리학은 고정불변의 것에 적용되는 공식만을 취급하기 때문
에, 동일성을 지닌 존재를 상정하는 일이 사고와 추론을 위해 필
요하다. 그런데 이런 상정의 숨은 이유는 '주관', '실체', '이성'
따위의 허구화된 동일성 기호들이 삶의 질서를 세우고 삶을 위
조하는 데 필요하기 때문이다(Nietzsche, 1968: 516, 517).

동일성을 지닌 것만을 취급하는 논리학은 형식화하기 어렵고
일관성에 어긋나는 생성·변화의 세계를 무가치하고 기만적인
세계로 부정한다. 변화하는 것은 결코 고정화하는 논리의 틀에
잡히지 않는다. 그럼에도 불구하고 우리가 변화성보다 논리적 형
식(logical form)을 가치화하는 이유는 그것이 정신에 안정된 믿
음을 제공하기 때문이다. 그리고 세계가 우리에게 논리적인 것으
로 보이는 까닭은 우리가 관습적으로 세계를 논리화하였기 때문

이다(Nietzsche, 1968: 521). 따라서 '논리학의 근본 원리인 동일률과 모순율은 모든 경험에 선행하고 있기 때문에 순수 인식이다.'라는 말은 독단에 불과하다. '동일한 것을 긍정하는 동시에 부정하는 것이 우리에게 불가능하다.'는 명제는 존재의 법칙을 반영하는 기호가 아니다. 이것은 단지 모순율을 벗어나서 사유할 수 없는 이성의 무능력을 나타낼 뿐이다. 모순율은 진리로 안내하는 표지(indication)가 아니라 안정된 삶을 위해 참이라고 간주해야 할 것에 관한 명법을 내포한다. 따라서 논리는 인식이 아니라 삶을 위해서는 이것을 믿어야만 한다는 규제적인 신앙 조항일 뿐이다(Nietzsche, 1968: 530).

논리학은 참된 것을 인식하라는 명법이 아니라 '우리에 대해 참'이라고 불러야 할 어떤 세계를 정립·보장하라는 명법이다. 논리화란 이성화와 마찬가지로 대상을 이해해서 지배하는 것을 목적하는 활동이다. 논리학은 순수한 '진리에의 의지'에서 유래하는 것이 아니라 '자기 관점의 관철'이라는 어떤 충동에 지배받는 활동이다. 형이상학자는 추상화와 범주를 만들고 적용하는 기술을 통해 자신의 욕구를 표출한다. 따라서 문제가 되는 것은 겉으로 드러난 형이상학적 진리가 아니라 사물의 명칭일 뿐인 것을 현실법칙이 되게끔 하는 은폐된 권력활동이다(Nietzsche, 1968: 515-516). 따라서 우리는 모든 논법의 배후에 자신의 관점을 중심화하는 가치판단이 은폐되어 있음을 유념해야 한다. 가령, 명료한 것이 애매한 것보다 낫고, '진리'가 현상보다 낫다는 판단은 인간이 안정된 '자기보존'을 위해 필요로 하는 어리석음에 지나지 않는다(Nietzsche, 1886: 3).

보편성과 동일성을 강조해 온 서양의 전통 논리학이 삶의 운

동성을 왜곡하는 기호라면, 삶의 실상을 인식하기 위해 우리는
기존의 논리틀을 벗어던져야 한다. 그런데 안정된 생존을 위해
지금까지 필요로 한 전통 논리 관점을 해체한다면 그 결과는 어
떤 것인가? 혹자가 스스로를 '진실을 직시하고자 하는' 의지를
지닌 자라고 진정코 자부한다면, 그는 그 결과에 개의치 않아야
할 것이다. 그렇다면 이성과 논리의 장막을 걷어 내고 실재의 진
면목을 만나기 전에, 실재와의 직접적 대면을 방해하는 또 다른
장애물인 언어와 개념의 이면성을 검사해 보자.

언어와 개념 비판: 은유론과 문법론

　학문의 진리성은 언어의 실재 반영성과 개념의 보편성에 의존
한다. 따라서 언어와 개념의 본성이 무엇인가에 따라 그것에 의
해 구성된 학문의 성격이 결정된다. '태초에 (신의) 말씀(Logos)
이 있었다. 그리고 이 말씀에 의해 세상이 창조되었다.'는 성경
구절처럼 언어는 실재를 창조하는 성질을 지녔거나, 적어도 실재
의 본질을 반영해야 비로소 '언어와 언어적 사유에 매개된 학
문'이 존립할 수 있다. 학문의 존폐가 달려 있기 때문에 종래의
학문은 언어와 개념이 실재의 성질을 있는 그대로 반영함을 자
명한 진리로 전제해 왔다. 그러나 언어와 개념의 실재 반영성을
의심하면 학문이 존립할 수 없다는 것과 그것이 실제로 정확한
지식 전달의 매개체라는 것은 별개의 사실이다. 그럼에도 불구하
고 학자들은 언어와 개념의 권위를 확립하려는 데에만 관심의
초점을 맞추어 왔을 뿐, 그것의 본성이 무엇인가에 대한 심층탐
구를 회피해 왔다. 그렇다면 전통 철학자들이 그런 행태를 보인
숨은 이유는 무엇인가? 고전 문헌학자였던 니체는 여러 기호와

그 의미의 다양한 발생 · 변천 과정을 추적 · 분석한 후에 언어와 개념의 본성에 대해 다음과 같은 해석을 내린다.

언어의 제정이 진리의 첫 번째 법칙을 규정한다. 언어에 의해 처음으로 진리가 거짓과 대비된다. 그런데 언어라는 관습은 과연 실재의 올바른 표현인가? 언어는 어느 사물의 이런저런 특징 중 어느 하나를 일방적으로 선호하고 다른 요소는 자의적으로 제한함으로써 특정한 의미를 발생시킨다. 그리고 인간은 사물의 인간에 대한 관계만을 주시하며, 이 관계마저 과감한 은유를 사용하여 표현한다. 가령, 사물이라는 신비로운 X는 처음에 신경자극으로, 다음에는 이미지로, 마지막에는 기호의 소리로 번역된다. 이처럼 대상 X가 언어로 번역되는 과정에는 언어와 X 사이의 어떤 유사성에 관심의 초점을 맞춤으로써 무의식적 상상력에 의해 양자가 마치 동일한 것인 양 연결하는 은유작용이 작동한다. 즉, 언어의 발생은 논리적인 연결 과정을 밟지 않는다(Nietzsche, 1873: 248-249).

언어는 또한 개념을 창출한다. 가령, 똑같지는 않고 어느 정도 유사하고 상이한 경우들을 포괄적으로 의미할 때, 낱말은 개념이된다. 즉, 모든 개념은 유사한 것들을 동일시하고, 차이성들을 망각함으로써 형성된다. 인간은 개별적 사실들의 고유성을 무시함으로써 보편적 형식(形式, Form)을 얻게 되듯이 이와 동일한 방법으로 개념을 얻는다. 그러나 우리가 접근할 수 없는 '자연'은 형식이나 개념을 전혀 모른다. 이런 언어적 · 개념적 구분은 사물의 본질에서 발생하는 것이 아니라 인간 자신의 인식을 절대화하는 신인동형론적(神人同形論的) 경향에서 생겨난다. 따라서 진리란 언어의 이런 은유성과 인식의 신인동형설에 의해 생겨나는, 이것이 환상이라는 사실이 잊혀진 환상이다(Nietzsche, 1873: 250).

언어의 독특한 힘은 동일성에 관한 다양한 상상력이 발생하는 은유의 생생한 효과에 기인한다. 그러나 상상력이 특정 관념에만 고정되어 개념화된 학문적 언어는 생기를 잃어 미라가 된 은유일 뿐이다. 따라서 개념을 통해 실재를 인식하는 행위는, 율동하는 삶의 생기가 제거된, 굳어진 시신(屍身)을 보고서 그것이 마치 참된 실재라고 주장하는 것과 다를 바 없다. 그런데 신화적 언어의 환상성을 비판하면서 등장한 형이상학과 형이상학적 개념의 추상적 허구성을 비판하는 과학은 모두 개념의 체계 속에서 움직인다. 이것은 개념의 거대한 납골당에서 인간이 신이 되는 세계를 그 속에 배열하려고 노력하면서 거대하게 치솟는 건축물의 공간을 창조한다. 그러나 영원한 동일성을 표방하는 개념의 건축물은 끊임없이 유동하는 '삶'의 토대 위에 세워진다. 따라서 언제 붕괴될지 모를 위태로움을 벗어날 수 없다.

"언어에 대한 우리의 믿음은 가장 단순한 선입견에 의존한다. 그럼에도 불구하고 우리는 오직 언어의 형식 속에서 사고하기 때문에 이런 선입견을 사물들 속에 넣고서 읽는다." 가령, 문법의 무의식적 기능에 의한 의식의 지배와 지도에 의해 처음부터 인간의 철학 체계가 동질의 전개와 순열을 이루도록 정해져 있는 것은 어쩔 수 없는 일이다. 이와 동시에 세계를 다르게 해석할 가능성의 길이 막혀 있는 것도 어쩔 수 없는 일이다. 이런 문법적 기능의 굴레는 궁극적으로 생리적 가치 판단과 인종 조건의 굴레다(Nietzsche, 1888: 20). 이런 사실을 망각하고 전통 논리학자들은 여전히 문법상의 관습에 따라 추론하는 미신에 빠져 있다. 이들은 생각하는 것은 하나의 활동이며, 모든 활동에는 반드시 활동의 '주체'가 있다고 판단한다. 가령, '나'라는 주어는 '생각한다'는 서술어의 조건이 된다는 것은 자명한 직관이며, 합리적인 추론이라고 단정한다. 그러나 이런 종류의 사유는 '그것(삶, 무의식, 문법 체계, ……)'이 원했을 때 출현하는 것일 뿐, '내'가 원했을 때 나오는 것은 아니다(Nietzsche, 1888: 17). "우리가 언어의 규제 아래서 사고하는 것을 바라지 않게 되면 우리는 사고를 멈추게 된다. 따라서 '언어적 사유'의 한계를 한계로서 보는 회의(懷疑)에 좀처럼 도달하지 않는다. 합리적 사고란, 우리가 자신의 한계성 때문에 떨쳐버릴 수 없는 (언어적) 도식에 따르는 해석일 뿐이다."(Nietzsche, 1968: 522)

언어와 개념은 실재의 본질에 대한 반영이 아니다. 그것은 인간에 필요한 특정 성질만을 부각하고, 다른 성질은 은폐하는 은유화의 결과물이다. 따라서 언어와 개념을 통해 실재에 대한 참된 인식을 꿈꾸던 서양의 언어 중심적 세계관(Logos-centrism)은 진리의 관점이 아니다. 또한, 신화의 시적 언어나 형이상학의 개념적 언어, 과학의 수학적 기호들이 모두 특정 상황에서 인간이 필요로 하는 특정 성질만을 초점화하는 일종의 은유 기호라면, 더 이상 학문과 학문 아닌 언어 사이의 엄밀한 구분이 어려워진다. 아울러 '학문적 담론'에 권위를 제공하던 개념 · 논리 · 이성을 통한 정당화 활동의 가치와 의미 역시 변화한다. 그렇다면 근대 이성이 기대한 '개념적 언어를 통한 실재와의 순수한 만남' 계획은 이제 수정되어야 한다. 엄밀한 언어 사용법에 의해 언어

와 실재 사이의 틈을 메워 양자를 합일하려던 근대 이성의 계획
은 의식에 현전하는 대부분의 '대상'이 이미 인간 중심적 은유
기호임을 자각하는 순간 해체될 수밖에 없다.

계보학자는 이성·논리와 더불어 개념 언어의 가면을 벗기면
실재에 접근할 수 있다고 추정한다. 그러나 인간이 실재를 허구
없이 만나려면 아직 가장 어려운 관문인 도덕의 거대한 방어벽
을 뚫고 나가야만 한다. 그런데 소크라테스 이래로 인간을 '인
간'이게끔 해 온 마지막 보루인 도덕을 분석하고 해체한다는 것
의 의미는 대체 무엇인가? 이것은 인류 최대의 금기를 위반하는,
그 결과를 누구도 예측하기 어려운 얼마나 어마어마한 사건인가?

도덕 비판: 힘에의 의지와 죽음에의 의지

전통 철학자들은 항상 자신의 이론이 가치 있는 것임을 드러
내기 위해 도덕과의 연관성을 전면에 내세워 왔다. 이들은 마치
자신의 인식활동이 도덕을 위해 존립하는 것인 양 자신의 작업
을 도덕과 연관지어 왔다. 형이상학자들은 '도덕적 진리'를 인
식함으로써 인간을 신적 존재에로 상승시키는 것을 목적으로 삼
았다. 그리고 과학자들은 온갖 편견과 허구에서 인간을 해방시켜
'진정한 자유'를 실현하는 것이 자신의 도덕적 목적이라고 내세
워 왔다. 이런 인식활동·자유·해방 등의 언어는 항상 '도덕'
이라는 언어와 결합됨으로써 소중한 가치로 인정받았다. 이처럼
인간은 자신이 상상할 수 있는 최고 가치를 '도덕'과 연결해 왔
다. 그런데 '도덕'이 무엇이기에 실재에 대한 엄밀한 인식을 강
조하는 근대 이성조차 항상 자신의 이론과 관점이 당대의 도덕

과 부합되거나 적어도 상충되지 않는다는 이론적 해명 작업을
해 온 것인가?

　계보학자는 전통 철학자들이 항상 특정한 도덕 관점을 전제한
채 이론 활동을 펼쳐 온 흔적을 추적한다. 그리고 특정 도덕적
신념의 울타리 안에서 수행한 모든 인식은 결코 엄밀한 인식일
수 없다는 해석을 내린다. 소크라테스가 '이성＝덕＝행복'이라
는 등식을 제시한 이후 서양 학자들의 사실 판단에는 항상 은연
중에 (도덕적) 가치판단이 개입되어 왔다. 그렇다면 겉으로는 실
재를 '있는 그대로' 인식하는 객관 학문임을 주장한 전통 이론
들은 사실상, 인간의 가치 관점에서 대상을 판단 · 평가하는 인
본주의적 가치론에 불과한 것이 된다. 즉, 학자들은 (의식과 언어
의) 은유작용을 통해 인간의 특유성을 존재 일반의 성질로 보편
화한다. 그리고 인간의 가치 기준을 존재 일반의 보편적 가치 기
준 내지 가장 탁월한 가치 기준인 양 장식하고는 그 사실을 은폐
한다. 이런 인간 중심성은 그것을 문제 삼으면 세상의 종말이 오
기라도 하는 듯이 결코 의문시할 수 없는 도덕적 금기의 영역으
로 보호되었다. 그런데 도덕의 본성이 무엇이기에 냉철한 인식
의지를 자부하던 근대 이성조차 도덕의 보호 감호를 받을 수밖
에 없었던 것인가? 계보학자는 이를 파악하기 위해 도덕의 발생
과 그것의 변천 과정을 추적한다.

　어원학적으로 볼 때, '좋음'이란 단어는 어느 사회에서나 '고
귀한' · '귀족적인'의 의미를 지녀 왔다. 그리고 이로써 '고결
한 영혼을 지닌' · '특권을 지닌 영혼' 등의 의미를 지닌 '좋
음'이라는 개념이 발전하였다. 이와 더불어 '평민적인' · '저급

한' 등의 개념이 '나쁨' 이란 개념으로 의미가 변화되었다. 즉, 사회적 신분과 그 계급의 자연적 특성을 지칭하던 개념이 오늘날의 '좋음'·'나쁨' 이라는 형이상학적 개념으로 변한 것이다(Nietzsche, 1887). 그렇다면 '도덕' 의 의미는 영원불변성을 지닌 '도덕적 진리' 에서 기원한 것이 아니다. 도덕은 그것이 겉으로 표방하는 바와 전혀 다른 '권력' 활동에서 유래한 것으로 추정된다.

> 정치적 우월성을 지칭하는 개념은 항상 영혼의 우월성을 지칭하는 개념으로 전화(轉化)된다는 규칙은 (비록 예외의 경우도 있지만) 최상의 신분이 동시에 성직과 연관된 신분일 경우엔 마찬가지로 적용된다. 즉, 그들은 자신에 대한 총체적 서술에서 성직자적인 기능을 연상하는 술어를 강조한다. 예를 들어, '순수', '비순수' 는 처음에는 신분에 대한 규정으로 서로 대립되었다. 그런데 이것에서 더 이상 신분을 지칭하지 않는 의미를 지닌 '좋음' 과 '나쁨' 으로 진화되었다. …… 이런 평가의 대립에 의해 마침내 인간과 인간 사이에는 …… 깊은 간극이 벌어졌다(Nietzsche, 1887: I. 61).

계보학자는 또한 역사 속의 수많은 사회가 각기 다른 도덕관념을 지녀 왔음을 발견한다. 그런데도 모든 사회는 공통적으로 사회 구성원이 어겨서는 안 되는 금기조항을 설정하고, 이를 '영원하고 보편적인 절대 도덕' 으로 명명한다. 그렇다면 특정 가치 관점이 특정 사회에서 절대 규범인 '도덕' 으로 상식화되는 과정은 어떤 것인가?

인간으로 하여금 윤리와 비윤리, 선과 악을 구분하게 만드는 근본 대립은 '이기적인 것'과 '비이기적인 것'에 있는 것이 아니라 관습과 법률을 준수하느냐 아니면 위반하느냐에 있다. 관습이 어떻게 생겨나게 되었느냐 하는 것은 여기서 중요한 것이 아니다. 그것은 적어도 선·악에 대한 고려나 어떤 내재적인 정언명령에 대한 고려 때문에 생긴 것은 아니다. 도리어 그것은 무엇보다 하나의 공동체, 민족의 보존을 위해 생겨난 것이다. 우연을 바탕으로 형성된 미신적 관례는 인습을 강요하는데, 이 관습에 복종하는 것이 윤리적인 것이다. …… 모든 관습은 그 발생 기원이 멀리 떨어져서 더 많이 망각되면 될수록 더 존중할 만한 것이 된다(Nietzsche, 1879: 96).

도덕성에 직면할 때마다 우리는 가치평가 그리고 인간의 충동 및 행위에 관한 순위 매김에 직면하게 된다. 이런 가치평가와 서열은 항상 공동체와 무리의 필요를 순서대로 표현한 것이다. 가장 이익되는 것이 무엇이며, 그 다음으로 이익되는 것이 무엇이며…… 도덕성은 개인을 대중의 한 기능이 되도록 그리고 오직 하나의 기능으로만 자신의 가치를 가지도록 훈련한다. 그런데 생존을 위한 조건들은 공동체마다 달랐다. 그러므로 매우 다른 도덕성이 있어 왔다(Nietzsche, 1882: 116).

사회, 국가 같은 집단이 개개인을 굴복하게 하여 하나의 단체로 정렬할 때, 그때 비로소 모든 도덕성을 위한 기초가 정비된다. ……도덕성은 고통 회피를 위해 사람들이 얼마 동안 순응하는 강제력인 것이다. 그 후 그것은 윤리가 되며, 좀 더 뒤에는 자유로운 복종, 마침내는 거의 본능이 되고 만다. 그러면 그것은…… 쾌감과 결부되어 그때부터는 '미덕'이라고 불린다(Nietzsche, 1882: 99).[7]

도덕의 사회적 발생 과정을 탐색한 계보학자는 이제 도덕이
인류의 정신 속에서 그토록 오랫동안 중심 가치로 신뢰된 심리
적 원인이 무엇인가를 추적한다. 왜 인간은 도덕이 역사 속에서
다양한 생성·변화를 거쳐 왔음을 반성할 수 있는 데도 불구하
고, 여전히 도덕이 영원한 가치를 지닌다는 신념을 굳게 견지해
온 것인가? 대중은 물론이고 예리한 인식 능력을 자랑하던 근대
이성조차 감히 도덕의 본성에 대한 엄밀한 분석을 시도하지 못
한 데에는 반드시 깊은 이유가 있을 것이다. 예컨대, 도덕의 계
보에 대한 인식 자체가 인식자 자신의 정신성에 엄청난 파란을
일으키기 때문일 것으로 추정된다. 그러나 '앎의 의지'에 투철
한 니체는 끝내 계보학의 삽으로 도덕을 발생시키고 믿게끔 하
는 심리활동의 지하세계를 파헤친다. 그 결과 도덕이 발생할 수
밖에 없었던 망각된 심리상태와 생리상태를 다음과 같이 해석
한다.

> 도덕은 과도한 현실 제약 속에서 병들고 고통받는 삶에서 유래
> 한다. 병들고 무기력하며 죽음을 면치 못할 운명은 만성적 고통이
> 나 지루함에 대처하기 위한 강력한 무기와 병을 치료하고 고통을
> 이겨 내기 위한 약을 필요로 한다. 그래서 그들은 약을 구하게 되
> 고, 약이 외부에서 주어지지 않을 경우 스스로 약을 조제한다. 이
> 로 인해 형이상학적 도덕이 발생한다(Nietzsche, 1887: II. 1).

개별화된 삶은 '도덕적 이상'을 통해 육체의 유한성에 기인한
고통뿐만 아니라 삶을 허무화하고 해체하는 죽음을 극복하려 한
다. 따라서 도덕적 이상은 개별화된 삶을 안정적으로 보호하고
향유하기 위한 삶 자신의 심리적 방어 기호다(Nietzsche, 1887:

III. 13). 도덕적 이상을 통한 심리치료법의 특징은 온갖 종류의 고통을 완화하고 위로하는 데 특효를 지닌다는 데 있다. 도덕은 규칙적이고 금욕적인 생활습관을 통한 정신의 '탈아(脫我)'와 '신성화'를 유도함으로써 피로하고 중압감을 지닌 영혼에게 심리적 위로와 청량제, 고통완화제 및 마취제를 제공한다. 삶에 대한 도덕적 해석을 통해 인간은 무질서하고 허무한 육체적 환상에서 벗어나 '진리'·'존재'와 합일된 상태에 이른다. 이런 상태는 어떤 종류의 고통도 더 이상 느끼지 않는 최상의 휴식 상태다. 또한 도덕은 인간으로 하여금 선을 행하고 베풀고, 타인을 도와주고 격려, 위안, 칭찬, 보답해 줌을 통해 심리적 행복감을 느끼게 한다. 이러한 이웃 사랑·공동체의 번영에 동참함 등은 삶의 불쾌함과 대결하여 심리적 건강함을 유지하는 효과적 수단이 된다(Nietzsche, 1887: III. 17-19).

도덕을 발생시킨 무엇보다 중요한 심리적 이유는 삶의 의미와 가치 문제에서 유래한다. 즉, 인간은 그 어떤 경우에도 고통스런 자극에서 벗어날 수 없다. 그런데 의식을 지닌 인간은 그 고통의 이유와 원인이 무엇인지를 알고 싶어 한다. 인간은 고통 그 자체보다는 '왜 내가 삶의 고통을 겪어야 하는가.'의 이유를 알고 싶어 한다. 타고난 지적 호기심을 지닌 용감한 동물인 인간은 고통을 긍정하는 법을 알지 못했기에 고통스런 생존의 의미 문제로 괴로움을 겪게 된다. 괴로움 자체가 아니라 괴로움의 무의미성이 바로 지금까지 인간에게 내린 저주였다. 이런 삶의 상황에서 형이상학자는 개인이 겪는 고통의 원인이 도덕에 무지하고 도덕을 망각하거나 불성실을 행한 죄에 대한 벌이며, 역으로 인간은 도덕적 삶을 통해 죄를 극복함으로써 영원히 고통 없는 삶을 살 수 있다는 하나의 답을 제공한다. 이런 고통의 이유에 대한 답을 통해 인간은 비로소 삶의 고통을 감내하고 극복할 수 있는 심리적 힘을 획득할 수 있게 되었다(Nietzsche, 1887: III. 20). 도덕적 이상은 인간에게 하나의 '의미'를 제공하여 인간의 괴로움을 '해석'하였으며, 인간의 심리적 공허를 충족할 수 있었다. 인간은 지금까지 도덕적 이상을 제외한 어떤 의미도 지니질 못해 왔다. 지상에서 도덕적 이상을 제외할 경우, 인간 생존은 어떠한 '목적'도 품을 수 없었던 것이다. 따라서 도덕적 이상을 통해 인간은 삶을 살아가야 할 목적과 의미를 획득하게 되었으며, 무엇인가를 의지(will)하게 되었다. 즉, 인간의 의지 자체가 구원되었던 것이다(Nietzsche, 1887: III. 28).

그런데 문제는 고통과 병을 정신적으로 치료하는 도덕적 심리요법에 내재된 결함으로 인해, 삶에 심각한 부작용이 유발된다는 데 있다. 예컨대, 삶의 유한성과 허무성을 극복하기 위해 형이상학자에 의해 고안된 도덕은 세속의 삶을 영원한 내세의 '진정한 삶'을 위한 일종의 '다리'로 주변화된다.

형이상학적 도덕은 삶을 '삶의 창조주와 궁극 목적'에 합일되게 하기 위해 잠시 거쳐 갈 뿐인 하나의 과정, 잘못된 길, 교정해야 할 실책으로 취급한다. 이처럼 삶의 고통을 치료하기 위해 삶을 수단화·저가치화·부정하는 심리학적 치료술은 삶을 영혼/육체로 분열하고, 영혼 중심적 삶을 위해 육체적 삶을 부정하는 심리적 전략을 지닌다. 그런데 이런 전략은 '삶'을 심리적으로 구제하기 위해 심리작용의 토대인 생리적 '삶'을 부정하는 자기 모순성을 지닌다(Nietzsche, 1887: III. 11). 또한 삶을 위한 수단인 도덕을 마치 삶의 목적인 양 믿게 함으로써 삶을 허무화한다. 따라서 계보학자는 도덕적 이상을 발생시킨 형이상학자의 심리적 의도와 성향을 의심할 수밖에 없는 것이다. 그렇다면 특정한 도덕 관념을 창조하고 이를 진리화함으로써 대중을 도덕의 주체가 아니라 도덕에 길들게 만든 형이상학자가 내면에 숨기고 있는 심리적 의도와 성향은 무엇인가? 그리고 형이상학자에 의해 도덕에 길든 인간의 심리적 성향은 무엇인가? 그것은 삶의 의지인가 아니면 삶을 부정하고 원망하는 허무의 의지인가?

형이상학적 도덕은 현실에 무기력하고 못 견뎌 하는 사람들이 자유롭게 살아가는 사람들을 우회적으로 압제하는 '원한 본능'의 기호다. '삶'이 곧 가치며 가치의 근원이라면, 병들고 무기력해진 사람들은 자신의 삶을 의식하면서 의기소침해질 수밖에 없다. 따라서 그들은 '도덕적 이상'을 통해 자신의 현재 상태를 미화함으로써 위안을 찾고, 그로 인해 건강을 회복하고자 꾀한다. 그런데 이들은 자신이 믿는 특정 도덕을 마치 절대적이고 영원하며 유일한 진리인 양 주장한다. 바로 이 과정에서 자기와 다른 타자에 대한 무의식적 원한 감정이 표출된다. 그들은 자신이 특정 도덕을 믿고 의존하는 심리적 동기를 망각하고, 타자로 하여금 망각하게 조장함으로써 자신과 타인의 삶 모두에 대한 '원한 감정'을 숨긴다. 이 경우 그들이 겉으로 드러내는 미덕이란 증오에 대한 일종의 은폐적 가면이다(Nietzsche, 1887: III. 14).[8]

병과 나약함으로 고통받는 사람들의 고통을 완화·마취·지배하는 도덕을 제시함으로써 형이상학자는 그들의 구원자가 된다. 형이상학자는 병자에게 약과 향유(香油)를 가져다준다. 그러나 형이상학자가 의사로 행동하기 전에 먼저 사람들을 환자로 만들어야 한다. 즉, 그는 상처의 고통을 진정시키면서 동시에 상처를 감염시킨다. 따라서 그 앞에서는 모든 건강한 사람들이 병들게 되고, 병든 모든 것이 도덕적으로 길들어진다(Nietzsche, 1887: III. 15).

그런데 이런 형이상학적 심리학자의 참다운 기교는 삶에 대해 폭발하는 원한 감정을 연약한 인간이 다치지 않도록 기술적으로 변형하는 데 있다. 즉, '원한의 방향을 도덕으로 전환'함으로써 형이상학자는 고통받는 사람들의 원한 감정을 자기훈련 · 자기감시 · 자기극복을 위해 이용하게끔 유도한다. 이로 인해 도덕에 길든 인간이 행하는 삶에 대한 부정은 마치 마력에 의한 것처럼 더욱 풍성하고 부드러운 긍정으로 전환된다. 그들은 더 이상 삶의 상처나 고통에 대해 원한 감정을 느끼지 않게 된다(Nietzsche, 1887: III. 13, 16). 그러나 이런 기교조차 고통의 원인을 근본적으로 치료할 수는 없다. 심리학적 치료술은 일종의 최면술 · 마취술에 불과할 뿐이므로 병의 생리적 원인을 수술해 주는 근본적 치료술일 수는 없다. 그로 인해 불쾌한 감정의 진정한 원인(생리적 병)은 더욱더 감추어질 뿐이다.

생리학적 병의 원인과 치료를 오직 도덕적 심리학의 영역에서만 찾고 검토한 결과, 인간은 병의 진정한 원인에 대한 탐색을 시도할 수 없었다. 병에 대한 전(前)근대적 심리학의 투쟁 방식은 마치 '고통 속에서 오류를 발견하면 고통이 그 즉시 사라진다.'는 순진한 가정 아래 고통이 논리적 오류임을 증명하려는 경우처럼 우매하고 비효과적이다. 이 경우, '생리적' 고통은 여전히 사라지기를 거부할 것이 너무도 뻔하다. 따라서 우리는 형이상학적 도덕관이 고통과 병을 해소하는 근본 치료술이 될 수 없으며, 오히려 병의 원인을 은폐함으로써 병을 더욱 악화할 뿐인 죄 많

은 최면술임을 폭로해야 한다. 이런 형이상학적 최면술은 결과적
으로 인간을 특정 관념에 종속되게끔 길들임으로써 삶의 실상을
직시할 용기를 잃게 하는 데 기여한다. 그로 인해 인간은 급기야
삶의 고통스러운 실상을 직면하기보다는 죽음을 그리워하는 허
무주의에 빠지게 된다(Nietzsche, 1887: III. 17, 21).

　도덕은 관념에 의존하여 힘을 획득하고자 하는 의지활동이다.
그러나 이 의지는 삶의 다양한 활력을 평가절하하고 무기력화하
는 허무의 의지를 내포한다.[9] 도덕은 영원한 탁월성이며, 도덕적
삶이 최상의 삶의 방식이라는 관념은 분명 사회적 · 심리적 생존
에 필요하다. 그러나 그 어떤 관념과 관점이 삶에 필요하다는 것
과 그것이 사실적 진리라는 것은 분명히 다르다. 이런 다름을 망
각함으로써 인간은 자신의 '삶'을 제대로 인식할 수 없게 되어,
'삶'의 생명력을 충분히 음미하지 못하는 자기소외 · 자기망각
에 빠져 왔다. 따라서 니체는 과거 인간으로 하여금 자신이 '인
간'임을 자부하게끔 지지해 준 최후의 보루인 (형이상학적) 도덕
관념과 관점을 거부한다. 이제 인간이 자부해 온 이성 · 논리 ·
개념 언어 · 도덕 등과 무관하게 삶(실재)을 원초적으로 직면하
려는 계보학자에게 '삶'은 전혀 예측할 수 없는 방식으로 밀려
들 것이다. 그러면 '진실 앞에서 두려워할 것은 아무것도 없다.'
는 근대정신을 엄밀하게 수행한 계보학자에게 '실재'는 어떤 모
습을 드러내는가?

　　내 앞에 펼쳐진 것은 고통스럽고 무시무시한 하나의 광경이다.
　　나는 인간의 타락을 가리고 있던 장막을 걷어 내 버린 것이다
　　(Nietzsche, 1888: 6).

　　형이상학적 '동일성'을 철저히 해체하면, '삶'이 장애물 없이 성장할 수 있는 '최적상태'가 드러나리라는 꿈을 지닌 근대 이성의 정점에서 니체는 드디어 근대적 인식의 목표물과 만난다. 그런데 형이상학적 신념과 관점을 해체한 근대 이성은 무엇을 만나게 되는가? 의식과 도덕의 안전장치와 보호막이 벗겨진 채 인간 앞에 적나라하게 드러난 세계와 인간 삶의 실상은 무엇인가? 데카르트의 분석 이성과 경험주의의 감각 지각을 첨예화한 계보학의 눈으로 자신을 '인간'으로 장식하고 지지하던 조건들을 파헤쳐 분석·검증할 때, 인식자 자신의 정체는 어떤 것으로 드러나는가? 니체는 형이상학적 의미들이 무의식적인 은유작용과 문법구조, 인간 중심적 해석활동의 효과물임을 자각한다. 그러고는 어떤 안정된 '동일성'도 없는 차이성의 파도에 직면한다. 거기엔 도덕, 인과율, '나'라는 동일한 '무엇', 궁극적인 목적, 그 어떤 질서와 법칙도 없다. 단지 끊임없이 출렁이는 어떤 충동 에너지들, 의지들의 율동이 있을 뿐이다. 즉, 형이상학적 동일성이 사라지자, 허구에 때 묻지 않은 '순수한 가치'가 발견되거나 삶을 고양하는 강력한 '근거'가 드러나는 것이 아니라 뜻밖의 결과에 접하게 된다. 이 상황에서 니체는 그토록 신뢰해 온 계보학적 인식활동의 정체가 무엇인지를 묻게 된다. 그렇다면 계보학적 활동 자체에 대한 계보학적 분석에 의해 드러나는 근대 이성의 정체는 무엇인가?

2. 근대 이성의 근본 문제: 자가당착

근대 이성은 암암리에 '영원한 진리'와 '완전한 선'으로 대변되는 형이상학을 해체하면, 독단적 편견과 권위적 폭력에서 해방된 활기찬 삶과 대면할 거라는 신념을 지녀 왔다. 그런 신념이 있었기에 삶의 에너지를 인식활동에 몰입하여 학문의 진보를 이룩할 수 있었다. 그런데 전통 이성·논리·언어 그리고 도덕의 이면성에 대한 첨예화된 분석 결과, 무릇 어떤 종류의 동일성도 더 이상 '사실의 기호'가 아님을 자각한다. 그렇다면 이런 인식을 제공한 관점은 그것의 진리성을 무엇에 의해 보증받을 수 있는가? 그리고 온갖 동일성이 해체된 삶은 과연 근대 이성이 그리던 완전한 자유의 상태인가?

니체는 동일성 일반이 해체되자 뜻밖에도 비판활동 자체의 진리성을 보증받을 근거나 기준조차 사라짐을 자각한다. 또한, 동일성이 완전 해체된 상태는 인간이 바라던 완벽한 자유상태로 느껴지지 않는다. 그렇다면 진리를 인식하면 '유토피아'가 나타날 것으로 믿어 온 '앎의 의지'의 정체는 무엇이란 말인가? 근대인은 이제 인식활동의 힘으로 인식 능력의 유한성과 기만성을 자각함으로써 자신의 주장에 의해 자신의 진리성마저 부정되는 자가당착 사태에 처하게 된다. 근대 이성의 힘에 의해 이루어진 근대 이성의 한계에 대한 비판인 동시에 비판의 자기붕괴 사태에 대한 니체의 통찰은 다음과 같이 요약할 수 있다.

도덕 비판의 자가당착

과학과 형이상학은 모두 '진리를 정직하고 성실하게 드러내는 일보다 더 가치 있는 일은 없으므로 어떤 대가를 치르더라도 진리는 반드시 밝혀야만 한다.'는 동일한 전제적 신념을 근거로 하고 있다. 형이상학과 과학은 이 신념과 더불어 존립하고 소멸한다. 따라서 이 신념이 공격당하면 형이상학과 과학은 함께 상처받을 수밖에 없다. 그런데 지금까지 자신을 형이상학적 신념에서 완전히 해방된 자유정신으로 믿어 왔던 과학 정신은 바로 이 사실을 망각해 왔다. 이들은 자신들이 '진실은 반드시 밝혀져야만 한다.'는 특정 신념에 어느 누구보다 강하게 속박되어 있음을 망각한다. 그런데 이 앎의 의지의 정체는 과연 무엇인가? 과학의 관점으로 과학 자신의 전제(뿌리)인 이 신념을 분석해 보면, 이것은 바로 자신이 근거 없는 허구라고 비판해 왔던 '진리는 절대 가치를 지닌다.'는 형이상학적 신념과 연결된다. 또한, 지적 성실성과 정직성에 근거하지 않고는 학문활동이 존립할 수 없다는 것은, 곧 도덕에 대한 형이상학적 신념을 전제하지 않고는 학문이 존립할 수 없다는 것이다. 그렇다면 계보학은 실제로는 도덕적 이상의 대립자가 아니라 오히려 도덕적 이상의 새로운 형태로 해석된다(Nietzsche, 1887: 24-25). 그리고 '지적 정직함과 성실함'이라는 도덕성에 근거하여 도덕의 형이상학적 환상성을 비판하던 계보학은 자신이 공격하던 대상의 해체가 동시에 자신의 해체를 가져오는 자가당착에 빠진다.

진리를 향한 인식 욕망을 지속시켜 온 도덕적 신념의 불꽃이 인식활동에 의해 사그라진 오늘날 서양인은 자신의 도덕적 신념을 긍정할 수도 부정할 수도 없는 애매한 사태에 처한다. 이런

상황에서 서양 정신의 역사를 회고해 보자. 진리에의 의지에 의
해 유지되던 형이상학은 역으로 그것이 성숙시켜 온 진리에의
의지에 의해 부정되는 사태에 처했다. 그리고 거짓 없는 지식으
로 가치를 인정받아 왔던 과학 역시 자신의 정직성을 첨예화한
결과 정직성 자체가 일종의 형이상학적 환상에 연결되어 있음이
드러나 부정되는 자가당착 사태에 처한다. 그렇다면 이런 자가당
착성이 되풀이되는 까닭은 무엇이며, 이에 대처할 수 있는 방법
은 무엇인가? 인간은 이 자가당착의 굴레를 벗어날 수 있는가?

인식 비판의 자가당착

계보학은 의식, 논리, 언어, 개념에는 실재에 대한 인식을 왜곡
하는 요소가 있다고 주장한다. 그렇다면 계보학은 자기 관점의
진리성을 어디에서 어떻게 보증받을 수 있는가?

> 인식 능력에 대한 비판은 자기모순이다. 어떤 도구가 비판을 하
> 기 위해 오직 자신만을 사용할 수 있을 때, 그 도구는 어떻게 자신
> 을 비판할 수 있는가? 그 도구는 자기 자신을 정의하는 일조차 할
> 수 없다(Nietzsche, 1968: 486).

의식을 통해 의식의 한계를 비판하고, 언어를 통해 언어의 왜
곡성을 비판하던 계보학은 결국 자신이 비판하는 '대상'에 의존
하여 자기주장의 진실성을 보증받아야 하는 자기모순에 직면한
다. 그 결과 자신의 비판에 의해 자신의 주장이 무효화되는 자가
당착에 빠진다. 계보학자가 자신의 관점이 진리임을 '증명'하려
하는 한, 그는 또다시 의식 · 언어 · 논리의 허구화 그물에 걸려
들게 된다. 그리고 증명을 포기한다면 계보학은 더 이상 '학문'

의 가치를 지닐 수 없게 된다. 따라서 계보학은 자기 관점의 문제를 직면하고 새롭게 변신하지 않는 한, 자가당착 사태에 대처하기 어렵다. 인식활동을 통해 '진실/허구'를 엄밀히 구별할 수 있다고 본 계보학의 관점은 결국 계보학자 자신이 비판하던, '의식에 의해 존재 일반의 본성을 명료히 판단·평가할 수 있다.'고 보는 이성주의를 벗어나기 어렵다. 계보학이 아무리 철저히 의식에 대한 비판과 반성을 행할지라도, 그 반성 역시 결국에는 '의식활동에 의해 의식의 한계를 자각함으로써 자신과 실재를 보다 잘 알 수 있다.'는 의식주의 신념에 얽히고 만다. 비판과 반성활동의 지적 우월성을 주장하는 것은 '의식주의'라는 어떤 관점의 표현일 뿐이다.

인식의 생 부정성

진실을 인식하려는 의지 속에는 허구적 관념의 속박과 기만으로 무기력해진 삶을 해방하여 건강을 회복하려는 기대가 숨어 있다. 이런 기대는 계보학적 인식 의지를 촉발한다. 그런데 계보학적 인식의 결과 삶은 과연 더욱 건강해질 수 있는가? 이에 대한 답변은 이중적일 수 있다. 즉, 계보학자는 한편으로 영원 동일한 진리로 간주되던 특정 관념이 '삶'에서 생성된 잠정적 삶의 도구임을 자각한다. 그로 인해 우상화된 관념이 좌우하던 수동적 삶의 태도에서 벗어난다. 그러나 다른 한편으로 모든 종류의 '동일성'에서 해방은 동시에 삶을 보호하던 보호막의 상실로 체험된다. 진리와 도덕은 '영원한 실체'라는 생각이 단지 불안한 '삶'을 안정시키기 위한 의식의 환상이라는 것을 자각하는 순간 인식에 대한 열정은 침체된다. 이로 인해 영원한 진리를 향한 인식 의지와 도덕 의지는 더 이상 강력한 힘을 발휘할 수 없게 된다. 그렇다면 '영원한 실재'에 대한 인식 능력과 자연 욕구를 넘어서는 도덕 능력에 의해 자신이 사육하고 잡아먹고 가공하는 동물과 차별되는 '인간'임을 자랑할 수 있었던 '인간적 자부심'은 어찌 되는가?

> 우리에게 세계의 본질을 폭로하게 하는 자는 우리 모두에게 가장 불쾌한 환멸을 안겨 주고 말리라(Nietzsche, 1879: 29).

> 참된 인식, 가공할 진실의 통찰, 이것이야말로 사람으로 하여금 행동으로 몰고 가는 모든 동기를 압살해 버리는 것이다. ……인간이 일단 직시한 진실을 의식하는 한, 도처에서 보는 것은 실존의 공포나 배리(背理)일 뿐이다(Nietzsche, 1871: 7).

동일성의 해체란, 곧 인간이 지녀 온 모든 금기와 이상의 해체다. 이 경우 인간은 '힘에의 의지' 활동의 적나라한 모습과 만난다. 이 속에선 지금까지 인간이 신뢰해 왔던 모든 인간적 분별(인간적/비인간적, 참/거짓, 선/악……)이 더 이상 종래의 의미와 가치를 지니지 않는다. 거기에는 힘을 소유, 탈취, 생장하려는 원초적이고 우연적인 율동들이 전개될 뿐이다. 이제 더 이상 인간에게 부담을 주던 절대적 '진리'와 '선', '사회정의'는 물론이고 탁월한 가치 담지체로서 '인간', '나'란 의미조차 존재하지 않는다. 인간은 자연에 동화된 것이다.[10] 이 상황에서 근대 이성은 삶의 숨겨진 이면을 들추어 내는 인식활동의 가치가 무엇인지를 묻지 않을 수 없게 된다.

> 우리 내부에서 실상 '진리'를 의지하는 것은 무엇인가? ……이

의지는 얼마만한 가치가 있는가? 우리가 진리를 원한다면, 왜 비진
리와 불확실과 무지(無知)를 원하지는 않는 것인가? 진리의 가치
에 관한 문제가 우리에게 도래하였다. 이런 문제는 한 번도 제기
된 적이 없다(Nietzsche, 1886: 1-1).

진실을 파헤쳐 낱낱이 드러내려는 근대 이성의 활동은 그것이
어느 한도를 넘게 되면 오히려 인간 자신에게 위기를 초래한다.
그래서 근대 이성은 이제 인간 삶을 위해 인식 의지의 가치를 재
평가하지 않을 수 없게 된다. 이 상황에서 니체는 '진실은 반드
시 밝혀져야만 한다.'는 계보학의 인식 중심적 가치관을 다음과
같이 전회(前悔)한다.

무엇보다도 먼저, 우리는 실존의 그 풍부한 모호성을 벗기고자
원해서는 안 된다. ……수(數)를 세고, 계산하고, 무게를 재고, 보
고 만지는 것만으로 세계를 해석하려는…… 세계에 대한 '과
학적' 해석은 그러므로 모든 해석들 가운데 가장 어리석은 것
의 하나가 될 것이며, 의미적으로도 가장 빈곤한 것 중의 하나
가 될 것이다(Nietzsche, 1882: 373).

만약, 우리가 여러 가지 예술을 환영하지 않고 비현실적인 것에
대한 숭배를 발명하지 않았다면, 과학을 통해 현재 우리에게 도달
한 일반적인 비진리나 허구에 관한 자각─환영과 오류가 지식의
필요조건이라는 자각─은 견딜 수 없는 것이 되리라. 정직함은 우
리를 구토와 자살로 이끌 것이다(Nietzsche, 1882: 107).

역사적 반성이 지나치면…… 살려고 하는 모든 것이 오직 그
안에서만 살 수 있는 경건으로 가득 찬 환상적 정서가 필연적으
로 사라져 버린다. ……자신과 타인 속의 환상을 파괴하는 사람

이 있다면 자연은 가장 준엄한 폭군으로 그를 처벌한다. …… 살
아 있는 사람을 철저하게 해부하면 활력이 사라지고, 역사적 해부
연습을 시작하면 고통스럽게 병적으로 산다. …… 모든 문제를
잊고 사는 것을 배워야 할 장소에서 인식을 추구함으로써…… 도
살되든지 적어도 마비되는 것은 아닐까? ……모든 살아 있는 것
은 그 주위에 하나의 분위기, 신비로 가득 찬 운무(雲霧)를 필요
로 한다. 이 베일이 제거되면…… 메말라서 삭막하게 되고, 불모
로 되는 것은 조금도 이상한 일이 아니다. ……성숙하려는 사람
은 모두 덮어씌우는 환상을, 그런 보호하고 베일로 가리는 운무를
필요로 한다. ……학문이 삶을 지배하기 시작하는…… 그런 삶엔
가치가 거의 없으리라는 것은 분명하다. 왜냐하면 그것은…… 본
능과 강력한 환상이 지배하던 이전의 삶에 비하면, 활력은 훨씬
적고 미래에 대해 삶을 보증하는 것도 훨씬 적기 때문이다
(Nietzsche, 1874: II. 7).

내가 나의 치료와 자기 회복을 위해 필요한 것은…… 전경,
외관, 근접, 가장 친근한 것의 향락, 색채나 피부, 표면성(Schein-
barkeit)을 가진 모든 것들의 향락이었다. ……아마도 나의 이런
여러 '술책', 더욱 정교한 수많은 위조 화폐를 비난할 수도 있
으리라. 그러나 얼마나 많은 자기보존의 지혜가…… 그런 자기기
만 속에 들어 있는가. ……어쨌든 삶은 도덕에 의해 고안되지
않았다. 삶은 기만을 '바란다'. 삶은 기만으로써 '살고 있는' 것
이다(Nietzsche, 1879: preface 1).

어떤 판단이 오류라는 것이 반드시 우리가 그 판단에 반대한다
는 것은 아니다. 문제는 그 판단이 어느 정도 생명을 촉진·보존
하고 종족을 보존·육성하는가에 있다. 우리는 근본적으로 가장
틀린 판단이 가장 필수불가결하다고 주장하는 경향이 있다. 가령,

논리적 허구를 인정하지 않거나, 절대적이고 자기동일적인 순수 환상적 세계에 반대하여 실재를 측정하지 않거나, 수(數)를 통해 세계를 계속해서 위조하지 않고는 인간은 살 수 없는 것이다. 그 릇된 판단을 포기한다는 것은 생 자체를 단념하고 부정하는 것이 다(Nietzsche, 1886: 4).

근대 이성이 추구하던 실재에 대한 철저한 분석과 실험 관찰 은 한편으로 자연에 대한 인간의 지배력을 강화한다. 그러나 인 간에게 자연 지배력을 제공하던 바로 그 분석의 칼날이 인식자 자신의 뿌리를 향하게 될 때 철학적 난제가 발생하며, 인간의 자 연적 생존 조건을 분열하는 힘으로 작용한다. 가령, '삶'의 이면 성에 대한 계보학의 심층분석활동은 유기적 생명체를 보존·강 화하기보다는 생체리듬을 파괴하고 병들게 한다. 분석은 생명력 을 분해하고, 관찰은 삶의 신비를 소멸한다. 또한 '진실한 것, 가 상이 아닌 것, 확실한 것으로 향하는 집착과 충동'인 지적 욕구 는 삶의 휴식과 향유를 방해한다. 그렇다면 삶에 어떤 위험이 닥 치더라도 진실을 밝히고야 말겠다는 계보학적 인식 의지는 '삶 의 의지'에서 유래한 것이라기보다는 삶이 해체된 종말을 보고 자 하는 '죽음의 의지'로 추정할 수 있다.

삶의 모든 것을 논리로 분석하고 개념적 언어로 대체하려는 학문은, "비록 모든 것이 사멸할지라도 진리는 널리 퍼지게 하 라."는 위험한 표어를 드러낸다. 그런데 이런 주장은 그 자체가 진실과 무관한, 자기 근거를 지니지 못하는 이상한 신념일 뿐만 아니라 삶을 병들게 하는 반가치적이고 생명 부정적인 위험한 교설이다. 전통 형이상학이 유발하는 여러 강박 증상을 극복하기 위해 추진된 형이상학의 숨겨진 전제들에 대한 계보학적 분석활동은 뜻밖에도 자신의 인식으로 인해 삶이 허무주의 증상에 빠지게 되는 자가당착을 지닌다. 즉, 계보학은 병의 원인을 인식함으로써 병을 해소하는 동시에 삶을 불안정하게 하는 모순적 딜레마에 직면한다.

이런 자기모순성은 형이상학을 비판하여 해체하려는 계보학에 내재된 필연적 귀결이다. 왜냐하면 동일성을 해체하려는 그 의도와 관점 속에 이미 상대방과 자신을 이분법적으로 대립시키는 특정 중심주의가 내포되어 있기 때문이다. 여기엔 비판 대상과 비판하는 사람을 '거짓/참'으로 '분열'시키는 자기중심성이 무의식적으로 깔려 있다. 이런 자기중심성은 반드시 어떤 종류의 동일성을 전제할 수밖에 없다. 따라서 동일성이 '환상'임을 드러내려는 계보학은 자신의 비판 내용에 의해 자신조차 해체되는 자가당착에 빠질 수밖에 없는 것이다.

그렇다면 자기모순 사태에 처한 근대 이성의 위기를 벗어날 방법은 없는가? 이에 대한 해결책은 결코 간단하지 않다. 근대 이성은 '의식 · 논리 · 언어 · 도덕'의 이면성과 발생 과정에 대한 심층 반성 및 그 반성활동의 한계에 대한 자각에까지 도달하는 '진보'를 이룩하였다. 그러나 이 '진보'는 진리성을 주장하는 순간 자가당착에 빠지며, 삶의 안정을 깨뜨리기 때문에 더 이상 '진보'로 평가하기 어렵다. 또한 의식 · 논리 · 언어의 한계를 벗어난다는 것은 마치 일상의 삶을 포기하는 것만큼이나 어려운 일이다. 그렇다면 근대 이성의 첨단에 서서 학문적 사유 태도의 한계(환원주의)와 문제점(자가당착)을 절감한 니체는 어떤 해결책을 제시하는가? 목적의식과 자부심을 제공하던 모든 종류의 동일성 기호들이 허구로 느껴지면서 삶이 공허하고 무기력하며 불안하게 느껴지는 상황에서 종래의 '인간'은 붕괴될 수밖에 없다. 이 상황에서 '인간'은 동물로 전락하거나 '초인'이 되어야 한다는 니체의 외침은 무슨 뜻인가?

미주

1) '근대성'을 구성하는 세 가지 중심 관점으로 과학, 자본주의, 변증법적 역사관을 들 수 있다. 흔히 '계몽(en-lightenment)'과 '합리성'이란 낱 말의 의미에는 이 관점들이 다양한 비율로 혼합되어 있다. 근대화 과정 은 이 세 관점이 각각 이론적으로 첨예화되고 일상생활에 침투해 상식화 되는 과정이다.

2) 기원전 5세기경의 '비극작가시대' 이전에는 신(들)의 뜻을 대변하는 제 사장과 왕의 말씀을 전적으로 믿고 따르는 것이 가장 올바르고 현명한 삶의 방식이었다. 따라서 그 시대의 인간은 삶의 주요 문제에 대해 굳이 '개인적 사유'를 할 필요가 없었기에 정신적 갈등과 '선택' 부담이 없었 다. 이에 비해 '비극작가시대'에 비로소 '지성을 통해' 세상을 계산하고 해석하려는 관점이 출현한다. 이런 '지적인 삶'의 유형은 기존의 '신앙 중심적 삶'의 패턴과 갈등을 일으킨다. 이 상황에서 비극작가들은 지적 인 삶을 살 것인가, 신앙적인 삶을 살 것인가 사이에서 느낀 갈등과 결론 을 비극 작품을 통해 표출한다. 그들의 결론은, '지성'은 삶의 문제를 해 결하는 데 놀라운 힘을 발휘하지만, 운명을 바꿀 정도의 큰 능력은 아니 라는 것이다. 그래서 신앙적 삶을 지성적인 삶으로 '함부로' 대체한 인 간은 비극적 상황에 직면하게 된다. 소포클레스의 『오이디푸스왕』은 이 런 비극 정신을 드러내는 대표 작품이다. 오이디푸스는 안정된 삶을 살 수 없는 운명을 지니고 태어났다. 그래서 그는 그 시대 사람들과 달리 '자신의 운명을 바꾸기 위해 스스로 생각하는 능력'을 틈틈이 개발해 왔 다. 그 결과 그 누구도 해결하지 못한 '스핑크스의 수수께끼를 지성의 힘 으로 해결'하고 왕으로 추대된다. 그러나 바로 그의 '지적 자만'으로 인 해 돌이킬 수 없는 비극의 주인공이 된다. 오이디푸스는 결국 지혜를 상 징하는 '눈'을 상실한 장님으로 떠돌다가 '지적 오만'이 불행의 원인임 을 자각하고 신에게로 귀의한다.

3) Gilson은 형이상학의 존립 근거를 '존재의 유비성(analogy of being)' 과 '존재의 차등성(hierachy of being)'으로 본다. 이 두 사실이 긍정되 어야 비로소 '형이상학적 인과율'이 존재를 규명하는 법칙으로 작용할

수 있다.

4) 형이상학자들이 생각해 온 완전성 내지 '도덕적 진리'는 영원불멸성, 자족성, 동일성(실체성), 형상성, 정신성, 순수성, 전지전능성, 자유의지성, 무한성, 통일성, 전체성 등을 지닌다. 완전성의 이런 다양한 성질에도 불구하고 그것들은 모두 초자연적 가치성으로 간주된다.

5) 흄의 『A Treatise of Human Nature』(1740). 책 첫머리의 공시문(advertisement)에서, '인식활동의 궁극적 목적이 도덕 세계에 대한 해명에 있다.'는 구절과 1권의 결론에서 '학문활동보다 생활의 중요성을 선호'하는 정서를 주시해야 한다.

6) 유럽 인들이 자신의 철학에 대해 근본적 반성을 하게 된 현실적인 계기는, 그들의 제국주의 권력에 타격을 준 제1, 2차 세계대전에 있다. 기독교 형이상학과 헤겔의 변증법적 역사관은 전 세계를 식민지화하려는 야심을 지녔던 19, 20세기 독일 제국에 적합한 이데올로기로 활용된다. 그리고 두 차례의 세계대전에서 패한 후에야 비로소 독일 지식인들은 자신의 근대 이성 관점에 대해 반성을 시도한다.

7) 프로이트의 초자아론과 비교해 보라. 고통스런 '아버지의 요구'를 거세 공포 때문에 내면화하고 동일시한 결과 정신에는 '도덕적 명령'을 하는 최상위의 내부 조직이 형성된다. '그것(초자아)'이 형성된 이후부터 자아의 커다란 기쁨은 도덕적 명령을 실천하여 '그것'의 칭찬을 듣는 데 있다.

8) 정신분석학의 용어로 이러한 방어작용을 '반동형성(reaction formation)'이라 한다. '반동형성'이란 속마음에는 상대방을 공격하거나 비난하고 싶지만, 겉으로는 그 사람을 위해 도덕적으로 헌신하고 친절하게 대하는 행동을 의미한다. '반동형성'은 일종의 가짜 도덕이다. 그 이유는 혹자가 반동형성을 행하는 이유가 주체적 자기 선택이 아니라 '불안 회피'에 기인한다는 데 있다. 즉, 반동형성자는 화가 나 있는 자신의 속마음을 직접 표출할 경우 그 대상과 어릴 적의 부모, 사회 모두에서 거세될지도 모른다는 불안을 강하게 지닌다. 그로 인해 거세당하지 않기 위한 방어 차원에서 유난히 도덕적으로 보이는 행동을 자신도 모르게 한다. 니체는 형이상학적 도덕을 믿는 사람의 심리적 동기가 원한 감정을 현실 속에서 표출하지 못하는 나약한 사람의 자기방어라고 해석한다.

9) 프로이트의 '초자아'에도 삶 본능과 죽음 본능 에너지가 각각 유입된다.

삶 본능이 유입되면 초자아의 도덕 명령은 자상하고 따스하며, 죽음 본
능이 유입되면 혹독하고 극단적인 명령을 내린다.
10) 니체의 '힘에의 의지'와 프로이트의 '무의식'은 그 성질이 매우 유사하
다. 프로이트의 무의식은 무도덕, 무시간, 무분별, 비현실, 본능적인 1차
적 정신활동이다.

8

탈이분법적 유희: 탈근대 전략

1. 근대 이분법적 사유의 문제점: 허무주의

삶을 향유하는 전통 이성들의 태도는 크게 두 가지 유형으로 분류할 수 있다. 하나는 고통 없는 자족상태로 머무르려는 영생의 의지며, 다른 하나는 서로 다른 순간을 최대한 풍요롭게 음미하려는 쾌락 의지다. 이들은 각각 형이상학의 태도와 자연주의 태도로 규정되며, 전자는 영원동일성의 전략을 후자는 차이성의 전략을 지닌다. 그런데 각 전략은 '삶'을 자신이 보고자 하는 특정 방식으로만 규정하려는 패쇄적 환원주의로 인해 '삶'의 반발 사태에 직면하게 된다. 이는 곧 의식의 모든 의미 규정이 갑자기 허구로 느껴지고, 삶이 무기력화되는 사태다. 니체는 이를 허무주의로 칭한다. 허무주의란 어떤 종류의 동일성 기호도 더 이상 사실로 인식되지 않는 동시에, 변화하는 삶 자체에 대해서도 가

치를 느끼지 못하는 상태를 지칭한다. 그렇다면 인간에게 자부심
과 목적의식을 제공하던 형이상학적 기호들(신, 진리, 선……)이
허구와 기만으로 느껴지고, 더 나아가서 그것들이 허구임을 입증
하던 '학문'조차 허구적 구성요소를 지님을 자각하는 순간, 인간
이 취할 수 있는 삶의 태도는 어떤 것인가?

　인간은 더 이상 영원한 진리와 선을 주장할 수도, 자유롭게
해방된 삶을 주장할 수도 없다. 무릇, '자유'나 '해방'이란 말조
차 인간의 가치를 미화하려는 특정한 도덕적 희망을 배후에 깔
고 있는 형이상학적 관념이기 때문이다. 따라서 가장 '인간답
게' 살기 위해 형이상학적 의미와 관점을 해체하려던 근대 이
성의 계획은 자기배반성을 지닌 것으로 드러난다. 무릇, 인간이
존엄한 '인간'으로 간주된 것은 형이상학적 관념과 신념의 힘
에 근거한다. 따라서 형이상학을 해체하면 '인간'은 해방되는
것이 아니라 해체된다. 가령, 형이상학적 관념들을 철저히 배제
한 '자연의 눈'으로 인간이 무엇인지 기술해 보라. 진리 · 도덕
은 물론이고 자기 의식 · 자유 · 자율적 주체성 등 근대 이성이
내세우던 의미조차 사라진다. 그렇다면 무엇이 인간을 인간 아
닌 존재자와 차별되는 탁월한 존재자이게 하는가? 만일, 인간이
자신이 사육하고 가공하고 상품화하는 대상과 차별 가치를 지
닐 어떤 토대나 성질을 지니고 있지 않다면, 인간은 결코 사육
되고 가공식품화되고 상품화 · 놀이 도구화되면 안 된다는 절대
금기의 근거는 무엇인가?

　이 문제에 진지하게 젖어 드는 사람들은 허무주의 사태에 직
면하게 된다. 개별 과학에 의해 분석된 인간의 모습들을 세세히

인식하는 사람은 감당하기 힘든 자기분열 속에 빠지게 된다. 그는 더 이상 TV나 광고매체에 빈번히 등장하는, 생활에 안락함과 자극을 주는 상품 선전을 즐기기 어렵게 된다. 수많은 타자를, 인간의 편리성을 위해 가공하여 가치를 매겨 놓은 상품들을 보면서, 그에게는 자기가 아끼던 사람들이나 자신조차 그 상품과 동일한 운명에 처할 수도 있다는 느낌이 밀려들게 된다. 그는 주변을 감싸던 온갖 화려한 가치기호들이 일종의 은유적 허구며, 시간 속의 새 대상에 의해 부정되어 망각될 것임을 자각한다. 인생의 가치 역시 마찬가지다. 이처럼 모든 존재자를 특정한 자연의 논리로 무차별하게 평등 가치화하는 과학적 합리성은 '인간'만의 탁월한 가치를 보증하거나 창조하지 못한다는 문제점을 지닌다. 그런데 현대의 문제점은 자연에 대한 인간의 지배력(생산력)을 확보하기 위해, 인간에게 과학적이고 경제적인 세계관을 계속 숙지시키지 않을 수 없다는 데 있다. 이런 상황에서 위정자는 사회 구성원의 정신적 안정을 위해 인간이 영원한 자기동일성을 지닌 탁월한 존재라는 관념을 암암리에 범사회적으로 심어 주고, 그 관념의 기원은 은폐해야만 한다. 삶의 뿌리에 대한 심층 체험을 거친 위정자일수록 자신이 '인간'을 대할 때 항상 특별한 가치를 느끼며, 결코 허무주의적 느낌을 갖지 않는 사람임을 과시해야 한다. 그래서 그들은 자신이 항상 특정한 종교나 도덕적 신념을 지녔음을 강조한다. 그런데 상호 대립된 논리를 지닌 과학적·경제적 합리성과 형이상학적 합리성을 동시에 강조할 경우 대중은 어떤 진리관과 가치관을 지녀야 하는가? 그들은 어떨 때 형이상학적 인생을 선택해야 하고, 어떨 때 자연주의적 삶을 살면 되는가? 대중은 과학과 신앙, 자연적 쾌락과 영원한 가치의

기쁨 사이를 '왔다 갔다' 하면서 자신이 왜 '오락가락' 해야 하는
지 알고 있는가?

2. 탈이분법적 유희: 표면과 이면에 대한 다중 음미술

'진리'와 완전성을 지향하는 인식 관점들이 출현하여 융성하
다가 쇠퇴되고 또다시 완전 진리를 내세우는 새로운 관점이 출
현하는 현상이 반복되어 온 까닭은 무엇인가? 영원동일한 진리
를 강조하는 형이상학이 융성하다가 그것을 부정하는 근대 이성
들이 출현하여 자신이 진정한 진리임을 주장한다. 그러다가 근대
이성의 첨예화된 인식활동에 의해 근대 이성 자체의 진리 근거
가 해체되는 자가당착 사태가 발생한다. 이처럼 겉으로 주장하는
내용과 실재의 사태를 서로 다르게 전개하는 'X'의 본성은 무엇
인가? 형이상학과 계보학에 대한 반성을 통해 우리는 서로 다른
양면성을 반복해서 출현시키는 원인자의 본성을 추론해 볼 수
있다. 즉, 수천 년간 인간이 영원동일성을 중심 가치화해 왔다면,
그 당시의 '삶'은 영원동일성을 필요로 하는 특정 상태에 처해
있었을 것이다. 또한 근대 이성이 영원동일성을 해체하는 활동을
수백 년 동안 해 왔다면, 근대의 '삶'은 동일성을 못 견뎌 하는
성질을 지녔을 것이다. 그렇다면 '삶'은 동일성을 필요로 하기도
하고 못 견뎌 하기도 하는 양면성을 지닌 '무엇'으로 추정된다.
삶이 양면성을 지녔다면 그것은 더 이상 특정 성질만을 중심화
하는 이분법적 논리 · 언어관에 의해 온전히 표현되기 어렵다.
그러면 이처럼 역설성(paradoxical unity)을 지닌 '삶'을, 어떤 논

리와 언어를 통해 온전히 발현할 것인가?

니체는 형이상학과 계보학의 일방향적 편향성을 탈이분법적 유희를 통해 극복하려 한다. 그는 이제 형이상학적 의미를 '위험한 허구'가 아닌, 어떤 상황에선 '유익한 환상'으로 재해석한다. 그리고는 형이상학적 환상과 계보학적 '인식' 모두를 '삶'이 생존을 위해 필요로 하는 고유한 가치 대상으로 긍정한다. 그래서 삶의 상황에 따라 각각의 관점을 활용하면서, 서로 다른 두 관점 사이를 유연하게 넘나든다. 이것은 더 이상 이성의 태도만도 아니며, 미적 가상의 태도만도 아니다. 이것은 어느 한쪽 관점에 고착되지 않으며, 다양한 관점과 관념을 상황에 맞게 유용하게 활용한다. 일관된 진지성만으로 삶을 의식하려 할수록 역으로 의식에 포착되지 않는 다양한 성질들이 은폐·왜곡되는 역설에 빠진다. 따라서 진지성을 중심 가치화함으로써 존립 가능한 학문 일반의 이분법적 사유 태도로는 삶의 양면성과 역설성을 온전히 이해하여 활용하기 어렵다. 그리고 자가당착이 유발하는 허무주의 사태를 극복하기 어렵다. 허무주의에 대처하려면 전통 학문의 이분법적 편향성과 자가당착성 모두가 '삶'이 자신을 드러내는 상징적 양태임을 통찰하고 긍정할 수 있어야 한다. 따라서 '인식'에만 집착하는 의식의 과대망상증과 그것이 현실에서 충족되지 못함으로 인한 회의주의를 극복하고, 동시에 형이상학적 환상에의 지나친 도취가 유발하는 현실 부정과 회피 증상을 치료하기 위해서는 인식과 환상 모두 삶을 위한 '삶'의 표현임을 긍정하는 시각을 확립해야 한다.

이것은 기존 학문에 '참/거짓'을 판단·평가할 권위를 가져다

주었던 이분법적 논리(가치)관을 더 이상 불변 진리로 전제하지 않는 새로운 사유여야 한다. 가령, 도덕 아니면 무가치, 진리 아니면 허무 등처럼 배중률의 틀로 '삶'을 굴레 씌우고 환원하면, 삶의 다양성은 은폐 · 왜곡 · 망각될 수밖에 없다. 따라서 우리는 삶이 표면과 이면, 동일성과 차이성을 함께 지니며, 영원한 것도 허무한 것도 아니라고 표현하는 새로운 사유 방법(Both~and~, Neither~nor~, 多價論理)을 발굴해야 한다.

모든 언어와 개념은 특정 유사성만을 강조하고, 차이성을 망각하는 은유성을 지닌다. 의식의 지각활동 역시 자신에게 필요한 것만을 초점화하여 의식하고, 부적합한 것은 부정 · 왜곡 · 억압하는 일종의 해석활동 내지 은유활동이다. 그런데 이런 은유활동 역시 '삶'에서 발생하는 것이므로 은유 기호들은 '삶'의 특정 상태를 반영한다고 추론할 수 있다. 이러한 은유 기호들은 '삶'의 본성을 왜곡하고 은폐하는 동시에 '삶'의 상태를 어렴풋이 드러내는 이중성을 지닌다. 따라서 우리는 역사 표면에 드러난 은유 기호들을 통해, 역으로 그것을 발생시킨 은폐된 '삶'의 본성을 계보학적 눈과 은유적 상상력으로 추적하는 다중적 실재 인식법을 모색해야 한다. 예컨대, 영원성을 표방하는 진리와 도덕 기호들이 잠정적으로 출현하다가 사라지는 표리부동한 모습들이 역사의 표면에 반복되어 왔다. 우리는 이 현상에 대해 실재와 언어 사이의 은유적 관계를 고려하여, 표리의 다름을 발생시킨 'X'를 드러내는 새로운 '눈'과 언어관을 모색해야 한다. 이런 기호 관점으로 니체는 삶의 표면과 이면을 상상력과 직관으로 넘나드는 탈개념화된 예술적 언어관을 제안한다.[1] 이를테면 기존의 기호들을 새로운 방식으로 사용하여 기존 의미를 인정하는 동시에 변질하는 패러디, 아이러니 기법을 사용한다(Nietzsch, 1873: 254-256).[2] 예를 들어, 혹자가 '오! 위대한 진리여.', '오! 신성한 똥이여.' 라는 표현을 '어떤 상황'에서 '어떤 느낌으로' 발설하는가에 따라 '진리', '똥'의 의미는 변한다. 어떤 기호의 기존 의미를 긍정하면서 변화시키는 이런 언어 표현법은 언어와 실재 그리고 기호와 기호 사이의 관계가 결코 고정불변하고 필연적인 것이 아님을 드러낸다. 그리고 우리의 정신에 현전하는 수많은 의미기호들은 우리에게 더 이상 집착의 대상도 포기의 대상도 아님을 암시한다. 은유적 기호로서 언어는 이제 인식과 환상의 이중도구로 새롭게 재해석된다. 따라서 우리는 인식을 위해 언어를 사용하면서 그 한계를 노출하며, 언어에 관심을 쏟는 동시에 집착을 버리는 탈이분적인 율동 과정에서 '실재'와의 다중적 만남을 꾀할 수 있다.

의식은 '실재'를 인식하게 하는 동시에 의식 중심성으로 인해 실재를 왜곡한다. 니체는 이를 인간의 불가피한 운명으로 긍정하고는, 의식을 상황에 맞게 활용하고 버리는 인식과 망각의 이중 유희를 시도한다(Nietzsch, 1968: 606; 1879: 251). 즉, 일단 진지성의 관점에서 최대한 의식을 활용하고는 의식의 자기도취적 환상성과 방어성을 극복하기 위해, 특정 순간에 분별지(分別知) 일반을 과감히 내려놓음으로써 '삶'과 융합하는 '공감적 인식'을 꾀한다.

탈이분법적 사유를 향한 니체의 시도들은 오늘날 이분법적 사유가 자신들의 삶을 위태롭게 하는 독소(毒素)를 지님을 자각한 서양인들에게 새로운 구원의 모델로 부각된다. 고도의 과학 문명

으로 한때 세계를 지배하였던 서양인들은 오늘날 과학이 오히려
자신들의 숨겨진 문제를 드러내고, 나아가 사회와 개인의 안정된
토대를 해체함을 자각하고는 당황한다. 과도한 합리주의로 인한
'삶'의 메마름과 인간주의적 태도로 인한 환경공해가 눈앞의 문
제로 밀려든다. 이런 상황에서 그들은 생존을 위해 자신들의 철
학을 뿌리에서 재반성하여 새로운 생존술을 모색한다. 그런데 수
천 년간 이분법적 생존술에 의해 자신들이 '인간'이며, 우월한
종족임을 자만해 왔던 서양인들에게 탈이분법적 생존술이 과연
실용 가능한 것인가?

  니체의 말년 저작들을 보면, 한편으로 인식과 환상, 삶과 죽음,
쾌락과 고통 등의 상호 의존성과 삶의 양면성을 함께 긍정하고
유희할 것을 주장한다(Nietzsch, 1888: III). 그러나 가볍고 경쾌한
유희를 역설하는 그에게는 근심의 그늘이 깊게 드리워져 있다.
왜냐하면 삶의 뿌리와 열매(이면과 표면)의 경계를 자유롭게 넘
나들기 위해서는 형이상학적 신념(관념)들 없이 삶을 직시할 수
있는 용기와 고통의 감내 과정을 반드시 거쳐야 하기 때문이다.
'초인'이 되려면 형이상학적 환상에 의존해 삶을 지지해 왔던
종래의 '인간'에서 환상 없이 생을 직면하려 드는 진지한 비판
정신의 단계를 통과해야 한다. 초인은 탈이분법적 유희자이기에
'삶'이 발생시킨 형이상학적 의미 기호들을 허구일 뿐이라고 이
분법적으로 거부하지 않는다. 니체는 의식 · 논리 · 언어를 통해
발생한 기호들을 '삶'의 특정 필요를 충족해 주는 잠정적 도구
로 긍정한다. 그러나 그는 이것들이 명실상부한 영원동일한 실재
가 아님을 통찰하기에 특정 의미에 관념적으로 '고착'하는 삶을

끊임없이 부정한다. 이런 끊임없는 자기극복 운동을 하는 데에서 니체가 우려하는 것은 대중이 과연 형이상학적 신념들이 해체된 삶의 상태를 잠시라도 직시하고 감내할 수 있는가다. 이것이 바로 끊임없는 삶의 고양을 바라던 니체의 근심이며, 탈근대를 위한 탈이분법적 유희 전략이 대중에게 쉽게 전달되지 못한 이유다(Nietzsch, 1882: 380).[3] 그런데 '힘'에 집착하던 서양의 토양에서 자란 니체에게 과연 진정한 탈이분법적 유희의 춤이 가능한 것인가?

그는 온갖 무거움의 근원인 '자기(自己)'를 버려서 의식이 가볍고 경쾌해야, 논리와 관념과 의식의 경계(境界)를 넘나드는 유희의 춤이 실효성을 지닐 수 있다고 역설한다(Nietzsch, 1882: 380). 그러나 이것을 현실에서 실천하는 것은 간단치 않다! 니체는 자신을 형성한 근대 이성의 뿌리를 파헤치는 계보학적 실험 속에서 오랜 기간 긴장되고 고립된 삶을 살아왔다. 그리고 그 긴장 끝에 무의식에 함몰되어 정신병자로 삶을 마감한다. 그토록 갈구하던 의식과 무의식, 표면과 이면, 형이상학적 하늘과 계보학적 지하의 성질을 함께 긍정하고 음미하는 유희에 대한 니체의 실험 결과는 알려진 바가 없다.

우리는 이 상황에서 탈이분법적 유희와 연관해 서양 문화의 몇 가지 문제점을 추적해 볼 수 있다. 즉, 니체 자신이 한탄하듯이 서양 역사에는 본능에 도취된 삶과 생성활동을 함께 상징하는 디오니소스라는 신화적 대상 이외에 '존재'의 표면과 이면을 다양하게 유희하는 방법을 전수해 줄 안내자를 발견하기 어렵다. 그리고 제국주의적 국가주의, 억압적인 기독교 정신, 과학주의, 공리주의 등이 획일적으로 강요되던 19세기 유럽 현실

에서 관습을 때로 벗어나는 주체적이고 창의적인 유희의 몸짓
이 타인에게 이해되거나 긍정되기 어려웠을 것이다. 이런 열악
한 환경 속에서 니체는 상식을 넘어섬으로 인해 사회에서 비난
받을 수 있는 탈이분법적 유희를 시도할 엄두조차 내기가 힘들
었을 것이다. 병으로 쓰러지기 직전까지 철학적 글쓰기 작업에
몰두하였던 니체는 결국 자신의 탈이분법적 유희를 관념으로만
구상한 채 현실화하지 못했다. 그에게조차 탈이분법적 유희는
하나의 소망일 뿐, 일상의 삶에서 실천하기 어려운 소외와 고통
으로 밀려든다.

　　그런데 상식을 내려놓고 본 '진실'의 모습은 과연 니체가 직
면한 것처럼 그 자체로 인간에게 고통스런 무엇인가? 진실 인식
이 고통스럽게 느껴지게 된 상황에는 암암리에 서양적 진실 확
인법(근대 이성) 자체의 문제가 얽혀 있는 것은 아닐까? 이에 대
해 니체는 충분한 반성과 문제의식을 보여 주지 못한다. 그 이유
는 서양의 문화 기반에는 이런 문제의식을 지닐 토대나 축적된
시행착오적 자료들이 아직 없기 때문이다. 니체는 '삶'의 고양을
위해 어떤 종류의 지식과 탈지성적 체험이 어느 정도 필요한지
감을 잡고 있을 뿐, 삶의 양면성을 어떤 언어로 표현할 것이며,
어떻게 구체적으로 유희할 수 있는지 '경험 사례를 통해' 제시
하지 못한다.[4] 그로 인해 니체가 근대 이성의 문제를 극복하기
위해 구상한 탈이분법적 유희는 서양 근대 이성의 위상을 보다
넓은 차원에서 반성하지 못한, 하나의 서양적인 생존술에 머문
다.

　　니체는 자신이 탈이분법적 사유를 구상한 최초의 인간이라고
착각하였기 때문에 서양 정신 밖에서 탈이분법적 사유의 오랜

실험이 있었을지도 모른다는 생각을 미처 하지 못한다. 그렇다면 이런 생존술은 21세기 한국에 살고 있는 우리에게 어떠한 의미와 가치를 지니는가?

3. 동양의 유희술

우리에게 니체의 탈이분법적 유희관은 아직 제대로 알려져 있지 않다. 우리는 여전히 근대냐 탈근대냐라는 이분법적 문제의식을 지닌 채, 이분법적 관점에서 이에 대한 명료한 결론이 나오기를 기대할 뿐이다. 일반인의 관심은 여전히 어떤 이론이 나의 삶에 즉각적으로 빛과 힘이 될 수 있는가 아니면 고통스럽고 부담스러운 것인가의 일차적 경계선을 넘지 못한다. 우리는 아직 우리가 바라는 진실과 다른 모습의 진실을 인정하고 대면하는 자세에 눈을 뜨지 못한다. 우리는 자신이 바라는 진실만을 진리와 선과 아름다움의 모델로 초점화하는 나르시시즘적 태도를 벗어나려는 진지한 몸짓을 보여 주지 못한다. 그것이 범인(凡人)의 한계다. 범인은 자신에게 행복을 보증해 줄 환상을 바랄 뿐 진실 그 자체를 바라지 않는다. 그들은 자신이 바라는 것만을 가치화할 뿐 바라지 않는 것은 무시한다. 이런 상황에서 '인간'의 존엄성과 권리를 주장하는 사람들이 내세울 수 있는 가치 있는 진실은 도대체 무엇인가?

탈근대적 상황이란 자기도취적 환상과 현실 사이를 오락가락하는 사이비 도덕주의자의 문화 풍속도가 아니다. 그것은 인간이 '인간'일 수 있음을 자랑하는 근거가 더 이상 근대 이성의 관점으로는 제시되기 어렵다는 첨단 지성의 진지한 하소연이다. 이와 더불어 정신 발달에 장애가 되는 기존의 의미와 기준을 탈피하는 동시에 보다 성숙한 의미와 기준을 주체적으로 창조하는 실험적 기투 상황이다. 이런 상황에서 아주 단순한 질문을 우리 자신에게 던져 보자.

우리가 정말 찾는 것은 무엇인가? 그것은 고귀한 '진실과 공정성'인가? 아니면 '나'에게 편안하고 이로운 '무엇'인가? 이 물음에 대해 우리는 과연 어떤 솔직한 답변을 할 수 있는가? 행복한 환상에의 의지와 냉철한 진리에의 의지 사이에서 우리는 진정 무엇을 택해 왔는가?

소크라테스와 예수를 거짓말하는 선동가로 처형한 후 시대 상황이 변하자 그들을 '절대진리'의 상징으로 만든 역사의 아이러니를 우리는 어떻게 해석해야 하는가? 진리와 선을 강조하던 서양 역사의 이면은 의식을 통해 인간의 가치를 과대 포장해 온 의식 중심적 인본주의의 연속 과정이 아닌가. 그런데 이런 태도와 관점으로 니체의 유희를 해석하게 되면, 그는 마치 학문과 예술, 계보학과 형이상학, 진실과 환상 사이를 오락가락하며 조금이라도 더 강한 힘을 맛보고자 하였던 기회주의자, 인격 파탄자로 해석된다(Habermas, 1987: 96-97). 그리고 그 해석자 자신은 어느덧 권위 있는 도덕심판자의 위치에 군림한다. 또 다른 한편으로 니체의 '유희'를 마치 가장 합리적인 인생 향유술로 성급히 긍정하는 사람은, 역으로 자신의 뿌리를 직면할 용기를 지니지 못하는 병리적 향락주의자이기 쉽다. 따라서 우리가 니체의 탈근대 전략을 온전히 이해하기 위해서는 먼저 유희에 도달하기까지 근대 이성의 진지하고 고통스러운 자기인식 과정을 주시해야 한다. '유희'는 세상에 대해 무지한 어린애의 '놀이'나 향락주의자의 '장난'과는 다르다. 유행의 흉내 내기와 '진리'의 코미디, 상품들의 '빛'이 율동하는 오늘날, 자기 삶의 실상을 정말 알고서 음미하고 싶은 사람이라면, 그는 일단 근대 이성의 진지한 인식 과정을 거쳐야만 한다.

유희의 힘과 빛은 유희자가 얼마나 적나라하게 자신의 뿌리를 깊이 파헤쳐 보았으며, 파헤침의 자가당착을 어떤 태도로 수용하였느냐에 의해 결정된다. 그가 얼마나 진지성의 땀을 흘렸고 허무주의 상태를 얼마나 깊이 느껴 보았느냐에 의해 어떤 행위가 탈이분법적 유희인지, 인격 파탄자의 방종인지를 판별할 수 있을 것이다. 이런 자각 속에서 우리는 광복 이후 강력한 힘과 구원의 상징이었던 서양 문화에 압도되어 자신의 뿌리 탐색을 천시하고 안전한 권위의 뒤만 좇아 온 우리의 모습을 되돌아볼 필요가 있다. 서양 철학자들은 이미 100여 년 전부터 자신의 뿌리를 파헤쳐서 그것의 문제점에 놀라고, 그 해결책을 위해 자기 문화의 중심을 상당 부분 수정해야 함을 알고 곤혹스러워하고 있다. 그런데 한국의 철학자들은 여전히 서양의 열매를 서양식으로 먹어 보았는가 아닌가의 잣대만을 가지고 자신과 타자의 '삶'을 판단·평가하고 있다. 강력한 힘을 자랑하던 서양의 열매들은 오늘날 병리적 메마름을 미처 감추지 못하고 있다. 그럼에도 불구하고 이미 1800년 전에 용수(나가르주나)에서 시작된 허무주의(병리적 메마름)를 해소하는 탈이분법적 사유[四句百非 中道]와 이를 실천하려던 선사(禪師)들의 다양한 유희술[雙遮雙照]이 어떻게 성공하고 실패했는가의 자료들은 여전히 무관심의 영역으로 방치되어 있다. 우리는 그 이유를 한국의 가난하였던 철학계가 아직 서구적 진지성의 훈련 과정을 미처 이수하지 못하였기 때문으로 자위할 수도 있다. 그러나 그토록 먹고 싶어 하던 서양 철학의 화려한 열매를 어느 정도 맛본 이제는 서양 이성의 삽과 칼로 서양의 뿌리와 동양의 뿌리를 함께 파헤쳐 찔러 볼 필요가 있다. 그 결과를 궁금해하며, '인간'의 무엇이 대단한 것인가라는 문제의식[話頭]에 빠져 생을 보내다가, 문제 그 자체가 허구였으며 그 문제에 집착하는 태도에 독과 약이 함께 묻어 있음을 자각하는 순간 교(敎)와 선(禪), 사구백비(四句百非)와 이사구절백비(離四句絶百非)(서산대사, 1978)의 경계를 넘나드는 춤법을 독자적으로 체득한 선사들의 세련된 탈이분법적 유희술을 음미해 보자.

한 생각이 일어날 때 즉각적으로 그 일어나는 곳의 정체를 돌이켜 꿰뚫어 보라(廻光返照).

내 말을 곧이듣지 마라. 내 말은 아무 근거가 없어서, 그때그때 허공에다 그림을 그리는 격이며…… 비유와 같은 것이다(임제록, 1994).

마음으로 헤아릴 때는 그 헤아리는 마음의 굴레에 묶여 버리고, 헤아리지 않을 때는 또 헤아리지 않는 마음에 묶이게 된다(임제록, 1994).

이 용도를 따르면서, 이 용도를 벗어나는 것이 중요하다.

미주
---

1) "은유 충동은…… 새로운 영역을 신화와 예술에서 발견한다. …… 즉, 은유 충동은 기존 세계를 꿈의 세계처럼 많은 변화 속에 불규칙하고 통일성도 없으며, 또 자극적이고 새로운 세계로 바꿀 수 있는 가능성을 끊임없이 보여 준다."

2) "자유로워진 개인에게 가련한 인간이 스스로를 보존하기 위해 평생 의존하였던 '개념'이라는 널빤지와 대들보로 건축된 공중누각은 이제 교수대이거나 가장 대담한 예술의 곡예를 위한 장난감에 지나지 않는다. 이것을 산산조각으로 깨뜨리고 이리저리 흩뜨려 아이러니컬하게 다시 결합한다면, 즉 가장 멀리 떨어져 있던 것을 붙여 놓고 또 가장 가까이 있었던 것을 멀리 떼어 놓는다면, 그는 더 이상 개념에 의존하지 않는 셈이 된다. 이제 개념이 아니라 직관에 의해 움직인다. 이런 직관을 경험할 때 인간은 침묵 속에 잠기거나 아니면 완전히 금지된 은유나 개념을 전혀 들어 본 적이 없는 방법으로 결합하여 이야기한다. 구태의연한 개념적 한계를 무시하고 파기함으로써 강력하게 실존하는 직관이 주는 감명에 창조적으로 반응하기 위해……."

3) "시대의 최고 가치 표준을 스스로의 눈으로 보고자 하는 이 피안의 인간은, 무엇보다 먼저 이 시대 자체를 자신 속에서 '극복'해야 한다. ……그리고 결과적으로 그의 시대뿐만 아니라 이 시대에 대한 지금까지 그의 혐오와 모순, 이 시대에서 받는 고통, 비시대성, 낭만주의도 극복해야 한다."

4) 니체의 『비극의 탄생』에서는 학문과 예술 사이의 균형을, 『역사적 지식의 유익함과 해로움』에서는 역사적 지식과 반역사적·초역사적 관점 간의 조화를, 후기 저작들에서는 선과 악, 멀고 가까움, 무거움과 가벼움의 이중 유희를 제시한다. 그러나 그의 주장은 여전히 계보학적 진지성 대 형이상학적 환상이라는 이분법적 관점과 틀에 얽혀 있다. 그가 이분법적 분별과 평가로 인한 무거운 스트레스에서 벗어나 다양한 이분법적 틀을 유연하게 '유희'하였는지는 판단하기 어렵다.

9

도덕의 자기극복

도덕은 · 인간에게 · 약이다 · 독이다 · 약이면서 독이다 · 약도 아니고 독도 아니다 · 이 구분들은 · 유의미하다 · 무의미하다 · 의미가 있는 동시에 없다 · 의미가 있지도 않고 없지도 않다. 당신의 현재 의식은 각 낱말들 사이에서 어떤 연결을 선호하는가. 그 연결을 선택하는 활동은 '당신'인가 '그것'인가. 그 연결 과정은 논리적인가 은유적인가.

1.

니체는 '도덕에 의해 도덕이 극복되는 상황'이 '미래 2세기 동안 유럽에서 전개될 가장 두렵고, 그 결과가 어떤 것인지 의문스럽지만, 아마도 가장 희망찬 광경'일 것으로 예견한다 (Nietzsche, 1887: 27). 1세기가 지난 오늘날 도덕은 '사실'을 서

술하는 기호로 해석되지 않는다. 그리고 '당위'를 전제하는 도덕
적 추론은 더 이상 논리적으로 정당화되지 않는다. 그렇다면 우
리의 내면에 있는 도덕 명령과 도덕적 신념의 정체는 무엇인가?
마르크스, 프로이트 이후 현대철학은 니체와 무관한 독자적 사유
임에도 불구하고 마치 니체의 예견을 다각도로 증명하는 듯한
인상을 준다.[1] 그러나 '도덕'이라는 주제가 현실의 삶에 미치는
예민한 파급효과를 염려하여, 서양의 학계는 아직까지도 '도덕
의 자기극복'에 대한 해석에 있어 방황과 방어를 드러낸다. 그렇
다면 니체 사유의 초점이 모아진 이 기호의 의미는 무엇인가?

2.

　전통적 의미의 도덕, 의식의 도덕은 일종의 선입견이며 (원인과
결과가) 뒤바뀐 것이며, 아마도 잠정적인 것이지만…… 어떤 경
우든 극복되어야 할 무엇이다. 도덕의 극복, 어찌 보면 도덕의 자
기극복, 이것이 오늘날 가장 예리하고 가장 정직하면서도 가장 악
의에 찬 현대의 양심을 위해 그 영혼의 산 시금석으로 보존되어
온, 그 오랫동안의 비밀 작업을 위한 이름이 되게 하자(Nietzsche,
1886: 32).

하나의 결론으로 강조된 이 언설의 의미를 인식하기 위해서는,
이 말을 표현하게 된 과정에 대한 이해가 선행되어야 한다. 즉,
전통 도덕에 대한 반성과 반성활동 자체에 대한 재반성 그리고
반성 일반의 한계에 대한 충격적 체험을 음미해야 한다. 니체는
모든 '의식의 도덕'은 그 이면에 자체와 매우 다른 성질을 은폐

한다고 본다. 따라서 혹자가 어떤 도덕적 담론을 대하면서 내용의 숭고함에만 관심을 쏟는다면, 그것의 이면성을 망각한 채 표면적 의미를 '사실'과 동일시하는 편견에 빠지게 된다. 학문의 목적이 진실을 왜곡 없이 드러내는 것이라면, 학자는 문자 기호의 외면적 의미에 현혹되기보다 그것이 어떤 숨겨진 원인에 의해 현재의 의미를 지니게 되었는가를 추적해야 한다. 따라서 니체는 어떤 도덕이 표면적으로 의미하는 바가 무엇인가에 초점을 두어 그 도덕의 가치를 평가해 온 종래의 관점에 대해 문제를 제기한다.

오늘날 우리는 인간의 또 다른 자기성찰과 심오함의 성숙에 의해 다시 한 번 가치에 대한 근본적 전이(轉移)와 역전(逆轉)을 결심해야 할 필연성에 도달한 것은 아닐까? 우리는 탈도덕적이라고 부정적으로 규정해야 하는 어떤 시대의 문턱에 서 있는 것이 아닐까? 적어도 현대의 우리 탈도덕가들은 어떤 행위의 결정적인 가치가 그 행위 이면에 놓여 있는 무의도적인 것에 있으며, 행위에 관한 모든 의도처럼 보이는 것, 즉 그것에 대해 보일 수 있고 알릴 수 있고 '의식할 수' 있는 것은 단지 그것의 표면과 피부에 속하는 것이며, 그것은 모든 피부처럼 무언가를 드러내지만 보다 많은 것을 감춘다고 의심하고 있다. 즉, 의도라는 것은 (그것의 이면 정체가 무엇인지) 여전히 그것에 대한 해석이 요구되는, 단지 일종의 기호와 징후에 지나지 않는다고 믿는다(Nietzsche, 1886: 32).

지금까지 사람들은 어떤 행위의 가치 등급을 그것이 어느 정도의 도덕의식을 가지고 행해졌는가에 의거해 평가해 왔다. 가령, 어떤 행위가 동물성을 극복하려는 의도와 사회규칙을 준수하면서 타인을 도우려는 의도를 갖고 행해졌을 때, 그 행동은 매우 고귀한 가치를 지닌다고 평가한다. 그런데 니체는 이처럼 의식 내지 의도를 행위 평가의 기준으로 삼는 도덕관은 암암리에 행위의 본래 동기를 은폐·망각하고 부정·억압하는 독성을 지닌다고 추정한다. 의식은 자연 욕구를 효율적으로 충족하기 위해 본능에서 발생·진화한 것이다. 그런데 의식의 '기원'과 이면성이 은폐·망각된 채, 역으로 의식에 의거해 '삶'의 가치가 총체적으로 평가된다는 것은 주객이 전도된 것이다. 의식이란 단지 정신의 일부분이고 표면에 불과한 것이다. 따라서 의식에만 관심을 쏟는 사람은 아직 스스로의 총체적인 본성과 가치를 잘 모른다.

그렇다면 본래의 '나'를 발견하여 삶의 가치를 올바로 음미하기 위해서는, 먼저 의식에 지각된 삶이 '삶'의 본질이며, 의식에 의해 정당화된 도덕 규칙이 최상의 행위 방식이라는 선입견을 벗어나야 한다. 예컨대, 현대의 도덕 기호는 비이기성, 자기희생의 의미를 의식에 연상(연결)시킨다. 그런데 도덕에 대한 현재 의식의 의미 해석은 과연 그 자체로 진리인가 아니면 삶을 왜곡하는 허구며 허무주의의 징후인가? 우리를 특정한 의미 해석에 고착하게 하는 '그것'의 정체는 무엇인가? 우리는 이에 대한 니체의 답변을 주시함으로써 '도덕의 자기극복'이란 기호의 의미를 다각도로 음미할 수 있다.

3.

도덕 기호에 대한 기존 해석들의 타당성을 검토하기 위한 니체의 비판적 가설은 다음과 같이 정리할 수 있다.

삶을 보상하고 구원해 주는 초자연적 도덕 법칙, '도덕적 진리' 등의 기호는 '사실'을 지칭하지 않는다. 이것들은 의식의 해석작용과 언어의 은유작용에 의해 발생·유지되는 일종의 환상 기호일 뿐이다. 해석활동이란 '강제, 조절, 요약, 생략, 삽입, 발명, 속임 그리고 그 밖의 작용'을 통해 자신의 근본 욕구를 교묘하게 은폐·변형하여 표현하거나 타자를 자신에게 적합한 것으로 변형하는 활동이다(Nietzsche, 1887: 24).[2] 그리고 은유란, 서로 다른 두 기호(개체, 사물, 개념……) 사이에서 그동안 주목받지 못했던 어떤 유사성을 순간 포착하여 이를 초점화(중심화)함으로써 양자가 동일한 것인 양 착각하게 하는 작용이다(A=B). 두 기호 사이의 어떤 유사성에 초점을 맞추어 의식 에너지를 강력히 집중하면, 두 기호 사이의 차이성과 틈은 순간적으로 망각된다. 그래서 서로 다른 두 기호가 마치 동일한 것처럼 느껴지거나 서로 융합되어 제3의 의미가 발생한다. 이처럼 차이성들 사이를 독특하게 연결하는 '건너뜀(Über)' 활동의 효과에 의해 의미의 동일성이 발생하며, 새로운 의미의 생성이 끊임없이 가능해진다(Nietzsche, 1873: 248-249).[3] 만약, 의미 일반이 해석활동과 은유작용의 결과물이라면, 영원성과 선험적 보편성을 표방하는 도덕은 모두 그것을 발생시킨 이면 활동과 전혀 다른 성질을 지닌 언어적 허구로 추정된다. 이런 도덕들은 표면적으론 인간을 위한

'진리'임을 내세우지만, 그 이면에는 '삶'을 왜곡하고 억압하는 의심스런 성질을 지녔을 것으로 추정할 수 있다. 이런 도덕에 의해 '삶'이 길들게 되면 삶은 점점 더 억압되고 왜소화되어 병들게 된다. 따라서 건강한 삶을 살기 위해서는 도덕의 이면 정체를 낱낱이 드러내어, 삶을 도덕의 굴레에서 해방시켜야 한다.

도덕적 가치에 대한 비판이 요구되며, 무엇보다도 이 가치들 자체의 가치가 먼저 검토되어야 한다. 이를 위해 도덕 가치가 그 안에서 발생한 '내부 조건'과 그 영향 아래서 성장, 변화해 온 '외부 환경'에 대한 지식이 요구된다. (결과, 징후, 가면, 위선, 질병, 오해로서 도덕뿐만 아니라 원인, 치료, 자극제, 속박, 독약으로서 도덕) 이와 같은 지식은 지금까지 결코 존재한 적도, 욕구된 적도 없었다. 사람들은 이 '(도덕) 가치들'의 가치를 주어진, 사실적인, 의문의 여지가 없는 것으로 여겨왔다. 사람들은 '선인'이 '악인' 보다 더 큰 가치를 지니며…… 일반적으로 인류의 진보와 번영을 촉진한다는 점에서 더 큰 가치를 지닌다고 생각하는 데 조금도 주저하거나 의심하지 않았다. 그러나 만약 그 반대가 참이라면, 만약 '선함' 속에 퇴보의 징후가 내재하며, 또한 현재를 위해 미래를 희생하려는 그런 위험, 유혹, 독약, 마취제가 숨겨져 있다면, 아마도 '선'해짐으로써 현재의 삶이 보다 안락하고 덜 위험하지만 동시에 보다 비열하고 저급한 것으로 되는 것이 아닌가? 따라서 인간에게 가능한 최고의 힘과 풍요로움에 도달하지 못한 비난이 도덕에 가해진다면? 따라서 저 도덕이야말로 위험들 중에서도 가장 위험한 것이라면?(Nietzsche, 1887: preface 6).

도덕에 의해 은폐된 도덕의 '기원'을 드러내기 위해 니체는 문헌학, 심리학, 생리학, 역사학 관점 들을 동원하여 도덕의

이면을 현재에서 과거로, 표면 의미에서 심층 의미로, 의식에
서 무의식으로 추적해 간다. 그 결과 비이기성을 도덕의 중심
의미로 부각하는 현재의 도덕 관점은 이 시대의 특이한 해석
관점일 뿐임이 드러난다.

최초의 도덕 개념은 삶을 그 자체로 긍정하면서 능동적으로
향유하는 가치관을 지닌 귀족계급에서 유래한다. 이들은 현실을
지배하는 강한 힘을 지녔던 동시에 사물에 이름을 부여하는 권
리를 지닌 명령자였다. 이들에게 '좋음'이라는 단어는 싸움 능력
에서 우월한 그들 스스로를 지칭하는 '세력가, 지배자, 명령자'
등의 의미를 지녔다. 따라서 최초의 도덕적 구분은 강함과 약함
이라는 힘의 차이성·거리감을 지칭하였다. 그리고 귀족적 가치
판단의 몰락을 계기로 새로운 대립 쌍인 '선/악', '이타성/이기
성'이 양심을 압박하는 주제가 된다. 이 대립은 집단 본능을 유
발하여 그 이후 오랜 기간이 지나는 동안 도덕 평가는 바로 이
대립 쌍에 결합하고 점착한다(Nietzsche, 1887: I. 206). 그렇다면
자연적 삶의 활력을 중시하던 도덕의 최초 의미가 자연성을 경
시하고 초자연성을 지향하는 의미로 변환된 이유는 무엇인가?
어떤 도덕 의미가 최초로 발생하는 과정과 그 의미가 전혀 새롭
게 변환되는 과정의 특징은 무엇인가?

한 사물의 발생 원인과 그것의 결과적인 효용은…… 전혀 다
른 것이다. 현존하는 모든 것은 그보다 우세한 어떤 힘에 의해
새로운 목적을 위해 반복해서 재해석되고, 힘이 탈취되고 변형되
어 재관리된다. 유기체 세계의 모든 사건은 일종의 제압이며 지
배다. 사건은, 그것을 통해 이전의 '의미'와 '목적'이 필연적으
로 애매화되거나 심지어 말소되는 일종의 해석과 조정을 내포한

다. 혹자가 어떤 생리적 기관(또는 법률제도, 사회관습, 정치적 관례, 예술의 형식이나 종교적 제의 형식)의 효용을 아무리 잘 이해하였다 해도, 이것은 결코 그것의 '기원'에 대한 지식과는 무관하다. …… 모든 목적과 효용은 어떤 권력 의지가 보다 약한 것을 지배하여 그것에 하나의 기능성을 강제로 부과한다는 기호에 불과하다. 그리고 어떤 '사물', 기관, 관습의 모든 역사도 동일한 방식으로 일종의 새로운 해석과 조정들의 계속적인 기호-연쇄일 수 있다. 이 경우 그 해석과 조정의 원인은 서로 연관성을 지닐 필요는 없으며, 오히려 경우에 따라서는 순전히 우연한 양태로 계속되고 교체될 뿐이다. 그러므로 어떤 사물, 관습, 기관의 '진화'란 결코 하나의 목표를 향한 진보는 아니며, 더구나 최소한의 힘으로 최단 경로를 통해 도달하는 논리적 진보 같은 것은 결코 아니다. 이것은 다소 심오화되고, 다소 상호 독립적인 제압과정들의 연속이다. 또한 이 제압 과정에서 부딪히는 저항이며, 방어와 반작용을 위한 변형 시도며, 성공적인 대응의 성과이기도 하다. 그 형식은 유동적이며, 그 '의미'는 더욱 유동적이다 (Nietzsche, 1887: II. 12).

'현재 의식'의 이면에 숨겨져 있는 도덕 의미의 발생과 변형 과정의 특징은 한마디로 비논리적 우연성을 지닌다. 거기에 어떤 보편성이 감지된다면 그것은 매시대마다 보다 강한 힘들이 그 사회의 중심 의미와 가치를 해석하고 결정하는 기원으로 작용해 왔다는 점이다. 이를 테면 특정 사회나 집단에 적합한 생존 방식을 인간의 일반적 행위규범으로 개념화하고 정착하는 과정에는, 자신에게 적합한 삶의 유형을 삶 일반의 모델로 가치화하기 위한 힘 사이의 격렬한 투쟁과 의식의 '과도한' 해석활동이 작동한다. 특정 개체나 집단의 생리적 필요를 사회 전반의 보편 개념으로 '진리화'하는 심리적 각인·변형·연상 과정에는, 이 연상을 통제하는 주도권을 점유하려는 힘들 간의 투쟁이 생기게 된다. 따라서 '도덕'에 특정한 의미와 가치를 부여하고 효율적 유지를 위해 그 발생 과정과 이면성을 은폐하는 권리는 오랜 투쟁에서 이긴 자의 몫이며, 패한 자의 의미 해석은 억압되어 은폐·망각된다.

4.

니체는 도덕에 대한 플라톤과 기독교적 해석의 이면성이 노출되면, 지금까지 억압되었던 힘들이 새로운 의미와 가치로 부각될 것으로 예견한다. 이 힘들은 삶 자체를 긍정하고 향유하는 능동적 활동으로 추정된다. 생리적으로 건강한 대지의 인간들은 삶의 다양한 변화를 그 자체로 만끽할 뿐, 타자에 대한 부정적 평가나 타자의 평가에 큰 관심을 두지 않는다. 이들은 사유에 의해 '삶'을 합리화하기보다 자율적으로 행동하는 삶을 산다(Nietzsche, 1887: I. 10). 생명활동은 끊임없는 욕망활동들의 연쇄다. 따라서 불변적이고 보편적인 추상 개념으로 사유 대상화(범주화)되고 규범화되는 순간 불가피하게 왜곡·억압될 수밖에 없다. 생리적 가치관은 '삶'에 대한 의식의 왜곡 정도가 단순하다. 이에 비해, 의식을 통해 유토피아에 도달하려는 형이상학적 도덕관은 현실에 대한 왜곡이 너무도 크다(Nietzsch, 1887: I. 6).[4] 그렇다면 이런 거대화·신성화된 도덕 가치의 이면에는 생리-심리적 병인(病因)이 은폐되어 있을 것으로 추정할 수 있다(Nietzsche, 1886:

242).[5] 가령, 생리-심리적으로 병약한 자들은 자존감 보호를 위해 자기 문제에 대한 직면을 회피하며, 안전한 '자기보존'을 위해 힘들 사이의 직접적 대결을 피한다. 그리고 욕구를 '간접적으로' 해소하는 의식의 관념술에 의존한다. 이런 관념적 자기합리화 활동에 의해 삶의 근본 욕구는 더욱 억압되고 내향화된다(Nietzsche, 1887: II. 16).[6] 이 내향화는 잠정적으로는 삶을 보호하지만, 장기적으로 고착(습관화)되는 순간, 정신을 병들게 한다(프로이트, 1916: 358).[7]

전통 도덕은 정신을 특정 관념에 고착하거나 의식에 과도하게 의존한다는 문제를 지닌다. 영원불변성을 강조하는 특정 도덕관념에 고착할 경우, 현재 순간에는 자신이 매우 고상하게 느껴진다는 장점이 있지만, 그로 인해 자신의 문제와 한계를 망각하여 새로운 정신 '발달'을 도모할 수 없게 된다. 이는 현재의 심리적 안정감을 위해 미래 전체를 포기하는 것과 같다.

존재 일반을 특정 범주와 개념으로 질서 있게 정돈하는 의식의 기능이 과대평가되면, 불규칙한 우연성을 지닌 정신의 다양한 성질은 가치 영역에서 제외된다 이루 인해 '의식의 도덕'은 은연중에 본능 욕동과 원초적 정신활동을 평가절하한다. 이런 도덕관은 '삶에 대해 투쟁하는 삶' 내지 '힘의 원천을 봉쇄하기 위해 힘을 사용'하려는 자기모순적 시도로서 어리석은 생존술이다(Nietzsche, 1887: III. 11, 13). 따라서 이런 도덕관을 인간 모두에게 보편화하는 것은 결코 진정한 도덕 행위로 해석할 수 없다. 보편 규칙과 평등을 강조하는 종래의 도덕은 이 점에서 삶을 경시하는 반(反)자연성과 타자의 삶을 속박하는

원한 감정의 기호다(Nietzsche, 1886: 219, 221). 이것이 자기 삶의
에너지를 타자를 위해 희생하는 것이 가장 가치 있는 삶의 태도
라는 연민 관념과 결합할 경우, 인간은 죽음을 그리워하는 허무
주의로 유도된다. 그런데 어떻게 해서 이처럼 자기모순적 도덕
관념이 인간 일반의 의식 속에 각인되어 그토록 오랫동안 지속
될 수 있었는가?

> 어떤 것이 기억에 남으려면 그것은 달구어져야 한다. 부단히 고
> 통을 주는 것만이 기억에 남는다. ······ 인간이 자기에게 기억을 새
> 겨야 할 필요가 있을 때는 피와 고문 그리고 희생 없이는 할 수 없
> 다(Nietzsche, 1887: II. 3).

타자(부모, 권력가)에게서 가해지는 특정 요구를 무시할 경우
체험되는 고통의 강도가 만족보다 훨씬 클 경우, 개체는 자기
보존을 위해 자신의 욕망을 억압한다. 그러고는 의식에 '특정
행위를 해서는 안 된다.'는 관념을 새겨 기억하지 않을 수 없게
한다. 그가 겪은 고통이 치명적일수록 기억도 오래 간다. 이를
테면 '약속을 어기면' '죄를 짓는 것이며', '그 대가로 반드시
벌을 받아야만 한다.'는 서로 다른 관념이 자연스럽게 결합(연
상)하여 의식의 중심에 위치하게 된 과정은 어떤 것인가? 현전
하는 도덕 의미의 이면에는 서로 다른 관념을 하나로 연결하기
위해 오랜 기간에 걸쳐 반복 강요된 타자의 고통 압박과 이로
인한 부자연스러운 내면화 과정이 숨어 있다. 예컨대, 약속 위
반은 그 위반을 당한 자에게 특정 고통을 유발하고 사회에 혼
란을 가져오므로 모종의 통제 수단을 요구한다. 그 한 방법으로
다단계의 반복적 관념 연상 훈련이 사용된다. 가령, '고통의 양

은 측정되어 형벌을 통해 그 고통 유발자에게 되돌릴 수 있으며, 되돌려져야만 한다.'는 특정한 등가(等價) 관념과 당위 관념을 인간 심리에 연결하고 각인하기 위해서는 오랜 기간에 걸쳐 그 관념을 받아들이지 않으면 생존의 위협을 느낄 정도로 강력한 고통 압박을 주어야 한다. 이처럼 모든 의식화된 미덕의 이면에는 수많은 고통 체험 '흔적'과 억압된 욕구가 존재한다. 따라서 서로 다른 관념이 마치 필연적 연관성을 지닌 것처럼 연상되는 방식은 논리적이거나 자연적인 것이 아니다. 이것은 보다 우월한 힘의 필요에 의해 선택되고 강제된, 무의도적 우연성과 인위적 반자연성을 지닌다(Nietzsche, 1887: II. 4, 6).

5.

도덕적 이상을 확립하기 위해 인간은 이처럼 엄청난 대가를 치러 왔다. 인간은 자연적 욕구를 억압하고 내향화하여 도덕으로 변형함으로써 종국에는 욕구 일반을 혐오하는 반자연적 심리상태에 처하게 된다. 여기에 타자를 위해 자신을 희생하려는 '연민의 도덕관'이 연결되면, 급기야 삶의 에너지를 빨리 소모하고 싶어 하는 허무의 의지에 경도된다. 그런데 인간은 그 큰 대가를 치르고서라도 반드시 도덕적이어야만 하는 것인가? 다양한 생명 활동을 '도덕/비도덕'이라는 특정한 이분법적 의미로 환원하여 나누는 것은 과연 삶을 가치 있게 인도하는 최상의 선택인가?

인간은 너무나 오랫동안 자신의 자연적 성향을 '나쁜 눈초리'

로 보아 왔다. 이로 인해 마침내 이 자연성은 '죄책감'과 불가분의
관계가 되어 버렸다. 그 정반대의 시도도 그 자체로 가능할 것이
다. 그러나 이것을 할 만큼 강한 자가 있을까? 정반대의 시도란, 모
든 부자연스러운 성질, 피안적인 것, 반감각적인 것, 반본능적인
것, 반자연적인 것, 반동물적인 것의 모든 열망을, 요컨대 삶에 적
대적이며 세계를 비방하는 종래의 이상을 '양심을 속이는 것'으
로 간주하는 시도다(Nietzsche, 1888a: II. 24).

니체는 전통 도덕에 의해 유도된 특정한 의미 연결 방식을 변
화시키는 두 가지 새로운 유형을 제시한다. 하나는 자연성을 가
치와 연결하고, 반자연적 의지는 양심을 속이는 반가치적 태도로
연결하는 자연주의적 가치관이다. 이 관점은 형이상학적인 '선/
악' 관념을 '자연적' 힘의 '강/약' 의미로 변환한다. 다른 하나
는 '선/악', '강/약' 등의 특정한 가치 위계로 삶을 대립·분열
하는 이분법적 도덕관을 넘어서 탈이분법적 가치의 연결을 꾀한
다. 그런데 첫째 유형의 가치 연결법은 이분법적 관점에 의해, 도
덕을 단순한 허구나 반가치로만 판단·평가한다. 이 경우 인간
은 동물과 다름없는 존재가 되고 만다. 이와 유사한 비판이 '의
식의 도덕'이 허구임을 주장하는 계보학적 관점에도 적용된다.

형이상학적 도덕의 이면을 파헤쳐 도덕의 허구성과 생리적 부
작용을 드러내 원초적 생명력을 해방하려는 계보학은 기존의 의
미와 가치 관념을 해체하기만 할 뿐이다. 계보학은 스스로 의미
를 부여하는 의미 창조 능력을 지니지 못한다는 치명적 결함을
지닌다.[8] 따라서 계보학적 비판활동을 추동하는 이면성 역시 건
강한 생명력으로 해석하기 어렵다. '본능의 억압이 곧 도덕이며,
도덕은 곧 최고 가치'라는 연결(연상)을 진리화하는 형이상학적

관념 연결법과 이 연결법의 이면 정체를 드러냄으로써 그 효력을 해체하는 계보학은 외면적으로는 상호 대립적이다. 그러나 이것은 모두 '진리는 신성한 것이다. 따라서 인간은 어떤 대가를 치르더라도 반드시 진리를 인식해야만 한다.'는 특정한 연결법(연상습관)에 고착되어 있는 '진리 인식에 대한 최후의 이상주의자'라는 점에서 동일성을 지닌다. 형이상학적 관념 연결법과 계보학은 '진리'를 최고 법정으로 간주하기 때문에 '진리' 그 자체의 가치와 진리를 인식하려는 의지의 가치를 문제 삼지 못한다. 그러나 '신'에 대한 믿음과 학문에 대한 열정이 약해진 오늘날, '진리'를 최고 가치로 여기고 이를 '인식'하려는 의지는 비판적 검토가 요구되는 하나의 문제 대상으로 등장한다. 그렇다면 '진리'를 알려는 의지 자체의 가치가 의심되는 이 상황에서 진리에의 의지에 의해 그 가치성이 보증된 모든 '의식 도덕'의 의미와 가치는 어떻게 재해석되어야 하는가.

  진리에의 의지가 자기의식에 이를 때…… 도덕은 점차 소멸할 것이다(Nietzsche, 1887: III. 27).

도덕적 행위를 통해 삶을 '완전한' 것으로 만들려는 의도의 이면 정체는, 삶을 그 자체로 음미하지 못한 채 특정한 '가상'에 의존하려는 병든 의지로 해석된다. 그리고 삶을 보호하던 신념들이 붕괴되는 위험을 무릅쓰고 이런 사실을 추적하여 드러내려는 의지 역시, 삶의 에너지를 인식활동에만 집중하는 '소외된 삶'의 의지로 해석된다. 이처럼 의식에 의해 본능을 억압하거나 해방하려던 의지들이 삶에 부적응하는 병든 의지라면, 의식의 가치는 탈중심화되어야 한다. 그리고 진리에의 의지가 병리성을 내포한

다면, 의식의 합리화에 의해 가치를 보증받아 온 도덕은 더 이상
기존의 가치를 유지하기 어렵게 된다.

정신은 '삶'의 불규칙한 변화성을 효율적으로 관리하기 위해
삶을 특정한 이분법적 의미로 환원하여 정리하고, 이 사실을 망
각한다. 니체는 정신의 이런 이면성이 의식 스스로에 의해 자각
되는 상황이, '진리로서 도덕'이 소멸하면서 의식을 중심화하
지 않는 새로운 가치관이 탄생할 수 있는 가장 자극적 계기라
고 본다. 소크라테스 이후 인류 역사를 지배한 의식과 개념의
이면에서 역동하는 '은유적 건너뜀(Über)' 작용에 의해 서로
다른 '진리'와 '도덕'이 하나로 연결되어 발생한 '영원한 진리
로서 도덕' 관념은, 그 이면을 드러냄으로써 극복되기를 현대인
에게 요구한다. 현대는 바로 '진리'와 '도덕'을 전제하거나 연
결하지 않은 채, 삶에 대해 진실한 대면과 삶을 풍요롭게 하는
다양한 초점화와 의미 연결을 시도할 수 있는, 2000년 만에 회
귀한 소중한 가치 변환 기회다. 그렇다면 이 상황에서 니체는
기존의 인식 중심적이고 도덕 중심적인 의미 연상법을 넘어서
는, 어떤 유형의 인생을 제시하는가?

6.

격렬하게 그리고 자긍심 있게 살아라. 항상 넘어서라. …… 자
기의 감정을, 찬의와 반의를 마음껏 지니고 또 버려라. …… 감정
의 불꽃도 우둔함도 이용할 줄 알아야 한다. …… 우리의 '심저'
를 아무에게도 보여서는 안 될 경우도 있기에 남들에게 보일 다양

하게 꾸민 얼굴과 어두운 안경을 보유하라(Nietzsche, 1886: 284).

　'도덕'과 '진리'를 이분법적으로 '과대 가치화'하는 관점을 극복하려면 더 이상 의식을 '삶 전체'에 대한 판단·평가의 기준으로 고정화하지 말아야 한다. 그리고 삶의 변화성을 다양한 감수성의 눈으로, 비통합적 상태로 음미할 수 있어야 한다.[9] 또한 '영원한 진리/사소한 허구'라는 특정한 이분법적 사유 틀과 의미로 삶을 정형화하지 않고, 외면하고 억압한 욕구를 해방시키는 제3의 시각을 가져야 한다.[10] 이 미래적 시각은 과도한 진실 확인 욕구의 병증과 지식 중심적 가치관의 독단성을 또다시 이론적으로 논박하려는 입장이 빠지는 자기모순에서 벗어나기 위한 나름의 방법을 지녀야 한다(이창재, 1995a: 181-185). 의식·개념·언어·논리를 중심 가치화하여 구성된 형이상학에 대한 계보학적 '비판'은 자신이 비판하던 도구를 또다시 사용해야 하기 때문에 결코 완전한 비판이기 어렵다. 양자는 모두 삶의 일부 기능인 의식을 기준 삼아 삶 전체를 판단·평가할 수 있다는 의식주의의 환상을 암암리에 전제한다. '무엇이 가장 진리에 가까운가'에 삶의 에너지를 초점화하는 지식 중심적 가치 기준에 근거해 자기활동의 정당성을 보증받으려 하는 점에서, 과학이든 형이상학이든 학문 일반은 여전히 특정한 이분법적 관점에 관념적으로 고착되어 있다. 따라서 학문의 눈만으로는 결코 삶의 다중가치성을 왜곡 없이 드러내거나 해방시킬 수 없으며, 도덕에 대한 엄밀한 판단·평가나 극복이 어렵다(Nietzsche, 1887: III. 25).

　도덕과 진리를 통해 생을 구원하려던 인간의 의지가 자신의 의도와는 반대로 허무주의에 빠지게 됨을 '자기인식'하게 되는 이 상황에서 종래의 도덕과 그것에 의거해 존재 가치를 인정받던 '인간'은 몰락하든가 스스로 변해야 한다. 그렇다면 의식의 한계와 부작용을 넘어 삶을 풍요롭게 음미하는 방법은 무엇이며, 변환된 도덕은 어떤 의미를 지니는가?

7.

형이상학적 도덕은 바로 자신이 성숙시켜 온 '지적 성실성과 정직성'에 의해 작동하는 계보학에 의해 부정된다. 그리고 계보학의 진리성과 가치 역시 스스로의 비판활동에 의해 부정되고 만다. 니체는 이 상황을 '도덕의 자기극복'으로 기호화한다.[11] 이 상황에서 더 이상 학문의 권위를 토대로 '도덕의 완전성'을 주장할 수 없게 된 인간에게 다가오는 '의식 도덕'의 균열 사태를 니체는 예술적 창조를 통해 극복하려 한다.

> 그 영역 안에서 환상이 숭배되고, 가상에의 의지가 긍정적 활동으로 간주되는 예술이야말로 과학보다 훨씬 근본적으로 금욕주의적 이상에 반대한다(Nietzsche, 1887: III. 25).

> 오늘날 금욕주의적 이상에 손상을 입힐 수 있는 단 한 종류의 진정한 적은 이 이상을 '패러디화' 하는 코미디언들이다. 왜냐하면 그들은 이상에 대한 불신을 유발하기 때문이다(Nietzsche, 1887: III. 27).

예술은 '진리/가상'이라는 특정한 이분법적 의미 범주에 고착하지 않은 채, 그 범주를 넘어서는 창조적인 의미형성활동을 뜻한다. 계보학은 자신도 모르게 자신이 비판하던 형이상학적 가치관의 효과물인 '진리' 아니면 '가상'이라는 대립적 관념을 전제로 대상을 분석해 왔다. 이로 인해 형이상학적 도덕에 얽혀 진정으로 형이상학을 극복할 수 없었다. 이를 반성한 니체의 예술은 일차적으로 의미 해석의 기존 범주에서 벗어나기 위한 하나의 방법으로 기존 관념의 무게를 가볍게 만드는 패러디 전략과 기존의 가치 위계를 뒤바꾸어 '가상'의 가치를 미적으로 긍정하는 방법을 이중으로 활용한다. 예술은 형이상학적 도덕을 '참/거짓'의 차원에서 평가하지 않고, 일종의 '아름답고 고상한 환상'으로 유희한다. 따라서 도덕에 강박적으로 집착되지 않은 채 그것의 고유한 효용성을 유연하게 음미할 수 있게 된다. 또한 다양한 감수성을 일깨워 '참/거짓', '선/악'이라는 양 극단적 관념 사이에 가려져 있는 수많은 삶의 질을 음미하면서, 이들에게 새로운 의미를 끊임없이 부여한다. 예술은 범주화·규범화되기 이전의 삶을 드러내려는 계보학적 의지가 기존 의미들을 해체하기만 할 뿐 새로운 의미 창조에 무기력함을 자각한다. 그러므로 기호들 사이의 주목받지 못한 유사성을 포착하여 관심을 쏟음으로써 새로운 의미를 생성하는 은유활동을 중단하지 않는다. 이런 예술적 가치관은 진실을 드러내면서 왜곡할 수밖에 없는 지성의 아이러니성을 삶의 자연성으로 긍정하고, 이를 탈이분적으로 유희한다. 이러한 태도는 특정 성질에 강하게 몰입함으로 인해 발생하는 의미의 환상효과에 도취한다. 그러나 이것의 은유적 기원성과 아이러니성(양면가치성)을 인식하기에 이를 '잠정적'으로만 음미할 뿐 결코 고착되지는 않는다. '진리/허구'를 나누는 이분법적 경계는 '삶'이 안정된 자기보존을 위해 임의적으로 발생시키는 은유적 의미화 구조의 한 부분이다. 이것이 자각되는 순간, 기존에 상호 대립되던 의미와 가치는 '대립적 통합관계(paradoxical unity)'로 용해되어 새로운 해석과 활용을 기다린다.

8.

니체의 예술에 의한 '도덕의 자기극복'에 대해 우리는 현대의 분분한 해석들을 만난다. 이 해석들을 몇몇 열거해 보면 다음과 같다.

생물학적 우월성을 지닌 종족이 우대되어야 인류가 끊임없이 진화할 수 있다고 본 나치 학자들은 '도덕 극복'을 나약한 종족의 기만적 관념 사슬에서 해방되어 정복자 본래의 권력의지를 회복하는 의미로 해석한다. 해석학자인 하버마스는 이 기호를 이성만능주의의 허구성을 비판하는 계보학과 반이성적인 예술 관점 사이에서 방황하는 니체의 현실성 없는 관념으로 해석한다(하버마스, 1994: 126). 역사계보학자인 푸코는 이를 특정 시대 특정 집단이 선호하던 의미를 '절대진리'로 치장해 온 '도덕 이데올로기' 전략에 대한 주체적 자각과 극복으로 해석한다(푸코, 1993: 116-120). 하이데거는 플라톤 이후 서양 형이상학의 은폐된 이면성이 '힘에의 의지'임을 노출함으로써 플라톤적 가치 위계를 전복하고자 하는 기호로 해석한다.[12] 바타유는 자연 본능을 억압하는 도덕 금기를 통해 개체성을 확립하는 동시에 이를 일탈함으로써 자연에로 새롭게 회귀하는 희열의 의미로 해석한다(Bataille, 1989). 프로이트는 초자아의 발생 과정과 무의식적 특성을 성찰하여 유아적 부모 환상과 거세불안에서 벗어나려는 메시지로 해석한다. 들뢰즈는 동일성과 필연성이 아닌 차이성과 우연성이 삶의 근원성임을 능동적으로 긍정하고, 인생을 특정 동일성에 고착되지 않고 다채롭게 살라는 의미로 해석한다(들뢰즈, 1993: 326-327). 코프만은 인간의 인식활동이 암암리에 은유작용을 내포함을 자각하면서, 은유의 탈형식적 율동을 다중심적으로 긍정하는 웃음 · 가벼움 · 춤의 의미로 해석한다(Kofman, 1972: 101-107, 119). 데리다는 이 기호를 '의미 생성'의 근원활동을 경직시키는 형이상학을 해체 · 재구성하는 과정에서 직면할 수밖에 없는, 언어적 · 지성적 한계를 넘어서기 위한 전략적 의미로 해석한다(Derrida, 1978: 280-282, 292). 이런 다양한 해석 사이에서 정답은 어디에 있는가?

우리는 이 물음을 가장 정확한 하나의 해석을 발견해야 한다고 고집하는 계보학적 관점에서 사유해야 하는가? 아니면 "이제 그대에게 명하노니, 나를 버리고 그대 자신을 발견하라. 그대가 나를 철저히 부정하였을 때만이 나는 그대에게 회귀할 것이다."(Nietzsche, 1887: preface 4, 224)라고 외친 니체를 위해, 니체주의를 버리고 우리의 고유한 자기극복 체험과 반성에 기초한 우리의 해석을 제시하는 것이 옳은가? 이 문제의 해결을 위해 우리는 현대 계보학자들의 연구 자료를 참고할 필요가 있다.

현대 언어학자 소쉬르는 기표와 기의 간의 관계가 논리적 필연성의 관계도, 자연적 결합관계도 아니기 때문에 하나의 기표는 스스로 자립적 의미를 지니지 못함을 언어학 관점에서 드러낸다. 그에 의하면 의미와 가치는 선험적이거나 초월적 원인자나 개별 정신에서 발생하는 것이 아니라 기표들 사이의 차이·유사·인접관계에 의해 발생한다. 즉, 언어의 심층에 자리한 결합구조 (langue)에 의해 하나의 기표는 하나의 의미와 연결될 수 있다 (소쉬르, 1990: 83-88, 146-150). 그리고 프로이트에 의하면 사회의 과도한 금기 압력은 정신을 특정 상태에 고착하게 함으로 정신의 발달을 저해한다. 따라서 도덕이 '정신 고양'에 유익한 무엇이라면 정신의 발달 단계마다 필요한 의미가 달라지므로 특정 도덕에 대한 강박적 고착에서 벗어나야 함을 강조한다.[13)]

현대 언어학과 정신분석학의 자료와 관점을 참조하면서 우리는 '도덕의 자기극복'을 현대의 언어로 재해석할 수 있다.

첫째, '도덕의 자기극복'은 의식에 의해 영원불변하는 '도덕적 진리'에 합일할 수 있다고 믿는 형이상학적 도덕이 불안을 해소하는 데 유익한 일종의 환상임을 자각함으로써 극복하려는 시도다.

둘째, 이타심(利他心)을 강조하여 개인을 특정 규범 속에 획일적으로 정렬하는 '사회적 도덕'에는 타자의 삶을 통제(속박)하려는 원한 감정이 은폐되어 있음을 자각함으로써 그 한계를 넘어서려는 율동이다.

셋째, '자기극복'은 의미의 생성 원리인 이분법적 구분의 장점과 한계를 탈이분적 유희로 넘어서려는 시도다. 이를 위해 형이상학/반형이상학, 금기/위반, 의식/무의식을 둘로 나누는 경계선 활동의 정체가 무엇인지 세심히 분석해야 한다. 그리고 '진리'와 '도덕'으로 대변되는 전통 의미들이 은유작용의 효과물이며, 은유는 사용하는 방식에 따라 사용자에게 약이 될 수도 독이 될 수도 있음을 자각해야 한다. 그런 후에야 비로소 삶의 효과물을 융통성 있게 생성·해체하는 활동과 의미를 사용하고 버리는 탈이분적 유희가 가능할 수 있다(이창재, 1994: 554-581).

지금까지의 문화는 '도덕'과 '진리'에 대한 형이상학적 해석이 정신에 유발하는 본능 억압 효과에 의해 유지되어 왔다. 사회는 '근친상간'과 '근친살해' 욕구(성욕, 공격욕, 권력욕)의 직접적인 표출을 도덕에 의해 효과적으로 억제·지연·우회·대체하여 그 힘을 다양한 창조력으로 '전환'함으로써 비로소 존립·진보할 수 있었다. 그런데 과거의 도덕관념이 새로운 생활환경에 심각한 부작용을 유발한다. 또한 도덕의 이면성이 드러난 오늘날 도덕은 더 이상 '진리적 실재'라고 단순하게 주장할 수 없다. 그러므로 '진리는 반드시 선하며, 선은 그 자체로 완전한 가치다.'라는 '도덕적 진리관'은 새로운 가치관으로 대체·변환되어야 한다. 이 상황에서 우리는 선과 악, 참과 거짓 관념이 표면적으로는 상호 대립적이지만 '삶'이 특정 필요를 위해 발생시킨 잠정적 은유임을 자각하여 이들을 상보적으로 유희하는 역설(paradoxical unity)의 눈을 지녀야 한다.[14]

9.

모든 위대한 사물은 자기극복 활동에 의해 스스로 몰락한다. 따라서 삶의 법칙은 자신의 본성 속에 '자기극복'의 필연법칙을 지닐 것이다(Nietzsche, 1887: III. 27).

  '도덕의 자기극복'은 전통 도덕에 억압되어 주목받지 못한 삶
의 성질들을 찾아내어 그것의 가치를 회복하고, 기존 가치와 통
합하여 정신의 새로운 '발달'을 도모하는 활동이다. 이것은 기존
의 도덕이 이면에 은폐해 왔던 요소들 중에서, 현재 삶에 유익한
어떤 요소를 예리하게 찾아내어 그것에 의식의 초점을 던진다.
이로 인해 '현재 삶'이 필요로 하는 새로운 의미를 생성하여 기
존 의미를 '대체'하는 은유작용에 비유할 수 있다.[15] 따라서 '도
덕의 극복'은 지금까지 인간 삶을 통제해 온 정언명령적(유아적)
도덕에서 '현재의 나'에게 적합하고 성숙한 도덕이 무엇인지 끊
임없이 반성하는 활동이다. 그런데 기존 의미를 전복·대체하고
새로운 의미를 창조하는 은유작용은 결코 정신이 퇴보하는 반도
덕 활동이 아니다. '극복(Über)' 율동은 결코 기존 도덕 의미에
대한 완전한 초월이나 부정과 말소를 의미하지 않는다. '극복'
과정에서 기존 의미는 새로운 의미의 이면에 흔적으로 잠복한다.
여기서 우리는 이 잠복된 흔적의 고유 역할을 주시해야 한다. 푸
코는 인간 육체에는 과거에 각인된 체험이 개념에 가려져 은폐
되지만 '흔적'으로 보존된다고 본다. 그리고 프로이트에 의하면
정신에 일단 각인된 '과잉자극'과 관념 및 정서는 '현재 정신'의
중심 관념 및 생존과 대립할 경우 억압된다. 그러나 이것들은 소
멸하는 것이 아니라 무의식의 '흔적'으로 남아 자유롭게 역동하
면서 의식에 모종의 영향을 미친다. 그러다가 전통 의미들이 새
로운 현실과 마찰을 일으켜 자아를 계속 탈진시킬 경우, 억압하
는 방어벽을 뚫고 의식에 돌출해 기존 의미체계를 '전복'시키기
도 한다.[16] 이처럼 새로운 의미에 의해 대체·억압된 '과거 의

미'들은 고유한 흔적의 역할을 수행한다. 이 관점들을 활용하여 우리는 '도덕의 자기극복'을 다음과 같이 해석할 수 있다.

개체를 안전하게 보존하기 위해 인간은 본능을 억압하고, 여러 단계의 승화(이전상태의 극복) 과정을 거쳐 도덕적 차원에 진입하면, 특정 도덕이 발생한다. 역사의 한 시점에서 발생한 특정 도덕은 그 시대 상황에 유용성을 제공하는 일정 기간 동안에는 '진리'로 간주되고 정언명령이 된다. 그러나 이런 '절대 진리화'로 인해 발전 없는 정체성에 빠져, 변화하는 삶에 능동적으로 대처할 새로운 의미를 얻을 수 없게 된다. 이 상황에서 전통 도덕은 안정감보다 속박감과 피해의식을 유발한다. 따라서 삶은 자기보존을 위해 불가피하게 기존 도덕의 진리성과 가치에 의문을 제기하며, 마침내 그 도덕의 묻혀 있는 '기원'을 자각한다. 그 결과 새로운 은유적 초점화의 눈을 재작동하여, 변화된 현실에 보다 적합한 새로운 의미의 도덕이 발생한다. 이 경우 도덕의 기존 의미는 잠재의식에 보관되어 새 도덕이 삶에 유익하지 않을 경우 의식에 다시 돌출하여 견제하는 '자원'이 된다. 따라서 도덕의 자기극복은 결코 도덕 일반과 도덕 의식이 부정·말소되는 원시상태의 회귀가 아니다(바타유, 1989: 787).[17]

'도덕(道德)'은 일차적으로 개인과 사회를 안전하게 유지하며, 이차적으로 정신의 '발달'을 도와주는 인간의 성취물이다. 도덕이 반드시 영원불변하거나 획일적 보편성을 지녀야만 하는 선험적 이유는 없다. 역사 속에는 삶의 환경이 변할 때마다 기존 도덕에 대한 새로운 의미 해석이 끊임없이 시도되어 왔다. 이것을 주시한 니체는 도덕의 역사를 일종의 풍습의 기호로 해석한다.

이 영역에서는 공동체의 보존을 위해 필요한 특정 관례나 인습이 '정언명령'화 된다. 이 경우 '도덕/비도덕'을 구분하는 유일한 기준은 단지 혹자가 사회규범을 잘 지키느냐 위반하느냐에 있을 뿐이다(Nietzsche, 1879: 99). 그리고 이런 도덕에 대해 사람들은 그 거대한 보호막을 고마워하는 동시에 그 속박을 벗어나고 싶어 하는 양가감정을 지니게 된다.[18] 도덕의 외양은 공동체의 흥망성쇠와 구성원의 욕구 상태에 따라 다양하게 변화할 수 있으며, 이를 해석하는 관점과 음미하는 태도 역시 상황에 맞게 다양할 필요가 있다. 우리는 니체의 '은유', 프로이트의 '역동적 정신구조' 등을 참조하여 다양한 힘(정신활동) 사이의 차이를, 불안한 대립이기보다 상호관계를 유발하여 새로운 의미를 생성하는 조건으로 받아들여 유희하는 태도를 개발해야 한다. 그리고 최후 순간에는 고착/탈고착, 구속/해방이라는 이분법적 관념조차 버림으로써 '삶'과의 탈관념적 합일을 시도해야 한다. 그렇다면 니체 자신은 '도덕의 자기극복'을 실천하였는가?

10.

니체가 역설한 '도덕의 자기극복'에 충실하기 위해 우리는 니체 사상의 한계를 반성해야 한다. 니체는 영원한 행복을 강조한 플라톤·기독교 도덕과 사회적 다수의 이익을 강조한 공리주의가 정신을 특정 관념에 무반성적으로 고착시킴을 비판하였다. 이 도덕들에는 자체 관점의 한계를 넘어 새로운 상태로 '발달'하려는 자기극복 의지가 암암리에 억압되어 있다. 그런데 니체의 비판 관점에도 여전히 그가 비판하던 특정 중심주의의 잔재가 남아 있다. 그는 일관되게 억압된 무의식의 본능 충동·관념·관점 들을 해방하여 허무를 극복하는 주체적이고 고양된 정신성을 실현하겠다는 목표를 지닌다. 이를 위해 그는 '선/악', '이타성/이기성' 관념에 대한 고착에서 벗어나 그 관념의 '기원(이면성)'을 직면한다. 그리고 새로 드러난 이면성을 기존 관념과 '통합'하여 새로운 의미를 생성하는, '힘에의 의지'의 강함을 추구하였다(Nietzsche, 1887: I. 17). 그의 '힘에의 의지'는 추상적 도덕관념에 대한 강박적 종속에서 해방된 유연한 해석활동을 나타내는 기호다. 그런데 거기엔 암암리에 '강함/약함'이라는 분별 기준이 중심화되어 있다. 니체는 주체적 의미 부여를 하지 못한 채, 타자가 제시한 의미에 안주해 살아가는 군중을 '나약한 노예'라고 경멸하였다. 그는 고통스런 진실조차 용기 있게 직면하는 '강한 정신'과 끊임없이 '발달'하는 정신성을 지향한다. 그리고 삶의 의미를 스스로 창조하고 부여하는 '주인의 도덕'을 역설하였다. 이런 니체의 지향엔 그가 주장한 탈중심주의적 유희와 어긋나는 요소가 담겨 있다. 또한 기호의 의미에 대한 판단·평가는 고정되고 통일된 기준이 없다는 자신의 은유관에도 어긋난다(Nietzsche, 1873: 250-253). 니체가 주장하듯이 삶이 고정된 본질이나 목적을 지니지 않는, 서로 환원될 수 없는 다중적 생체 리듬을 지닌 해석활동이라면, 삶의 유형을 특정 기준에 의해 가치 위계화하는 것 자체가 그가 주장한 유희 정신에 위배될 수 있다. '힘에의 의지'의 고양을 지향하는 그의 생각과 태도는 또다시 삶을 특정 관념과 기준으로 규정하고, 특정 방향을 요구함으로써

'삶'의 자유를 속박한다. 그는 모든 의미 가능성을 긍정적으로 가볍게 유희해야 한다고 표현하면서도, '보다 강한 삶의 추구'라는 특정 관념을 한 번 더 넘어서지 못한 채 집착한다(Schutte, 1984: 107-108).[19] 왜 반드시 '강한' 인간이 되어야만 하는가? '진실' 대면에 무관심하고, 쾌락과 이익과 안전만을 추구하는 '군중'은 과연 니체의 지적처럼 노예, 종말인, 가축에 불과한 것인가? 과연 니체의 주장처럼 '인간'의 유일한 목적은 '극복인'이 되는 데 있는가? 정신의 한계를 끊임없이 반성하여 '발달'을 추구하는 '극복인'의 삶만이 '의미 있고 가치 있는' 삶의 유형인가?

바로 이 '강함/약함' 의식에 집착함으로 인해, 니체의 유희는 제한될 수밖에 없다. 예컨대, 자신을 탈계산적으로 타자에게 한껏 나누어 주면서도 생명력이 손실되거나 억압되지 않는 제3의 가능성(기독교의 아가페, 불가의 해탈 유희)에 대해 그는 미처 상상할 수 없었다. 이는 그가 여전히 이분법적 존재 계산(강/약, 건강/병, 가치/무가치, ……)을 꾀한 서양철학의 전통에 얽혀 있다는 데서 유래하는 한계로 해석된다.[20] 이는 니체 자신이 역설한 특정 상태에 고착하는 이분법적 도덕 관점을 넘어 '삶'을 다관점적으로 음미하는 건강술을 충분히 터득하지 못하였다는 징후로 해석된다.

'가치의 위계'를 올바로 확립하는 것이 미래의 가치관이 해결해야 할 과제라는 니체의 주장(Nietzsche, 1887: 52)[21]은 그 이면에 '생명력이 곧 가치며, 삶이란 곧 일련의 가치평가 활동이다.'라는 전제를 깔고 있다. 그런데 니체는 당대의 서양 형이상학 전통에 대한 대결에 너무 많은 관심을 집중한 결과, 자신이 암암리에 전제한 '생명' 해석에 대해 충분한 자기 검토를 하지 못했다. 그는 계보학적 지식 관점이 암암리에 사유활동의 가치에 대한 과대평가에 의존하며, 과도한 지식주의는 삶에 해로울 수 있음을 드러냄으로써 의식주의의 한계를 넘어선다. 그러나 인간을 '강한/약한', '힘에의 의지' 유형으로 분류하는 관점의 이면에 숨겨진 전제에 대해선 미처 반성하지 못하였다. 니체가 '존재'를 가치로 환원하여 계산 평가하는 인간중심적 형이상학을 미처 극복하지 못하였다는 하이데거의 비판은 이 점에서 일면 설득력이 있다(Heidegger, 1977: 108).

'도덕의 자기극복'은, 첫째 형이상학적 도덕의 반자연성과 억압된 원한 감정을 억압된 본능의 활성화를 통해 극복하려는 활동이다. 둘째, 삶에 (잠정적으로) 필요한 이분법적 도덕 의미들을 탈이분(탈중심)적으로 음미하려는 태도다. 이런 사상의 구체적 실험 결과가 어떤 것인지는 우리에게 아직 예측하기 어려운 연구 과제로 남는다. 형이상학적 도덕의 과도한 무게로 인한 도덕 강박증을 극복하여 삶을 다관점적으로 유희하기 위한 전략으로 니체는 '도덕'의 패러디화·미적 '가상'화·탈이분적 유희를 제시하였다. 그런데 그는 자신의 주장이 과연 인간을 창조적 주체로 고양하는 건강술의 기호인지 아니면 삶을 혼란케 하는 수사학적 환상인지를 확인할 역사적 기반을 미처 지니지 못했다. 그는 당대의 서구 도덕관을 대체할 새로운 가치관 모델을 자신의 현실 속에서 발견하지 못한 채, 고대 그리스 신들의 모습에서 찾았다. 그는 디오니소스와 아폴론 그리고 소크라테스의 성질들을 통합한 새로운 인간 이미지를 상상했다. 그런데 이런 회귀는 그 것의 현실화 가능성이 역사에서 검증되지 않는 '신화적 과거'의

호소라는 점에서 다분히 관념성을 지닌다.[22]

　니체가 속했던 19세기의 서양 전통에는 '도덕의 자기극복'
이 구체적으로 어떤 내용을 현실화할 수 있을지 예측할 만한
역사적 참고자료가 부족하였다. 그래서 그에게는 '도덕의 자
기극복'이 미래 2세기 동안 전개될―그 결과가 어떤 것인지 예
측하기는 어렵지만―인간 삶의 질을 변환할 중요하고 희망찬 모
험 상황으로 추정되었던 것이다. 그는 형이상학적 도덕관이 허무
주의의 원인이지만 허무를 망각할 수 있게끔 하는 약간의 긍정
적 가치도 지닌다는 이중 언설로『도덕의 계보』를 끝맺음으로써
도덕 극복이 단순한 반형이상학적 태도가 아니라는 여운을 남긴
다(Nietzsche, 1887: III. 28). '임신'은 활동력이 저하된 일종의 병
적 상태인 동시에 새로운 생명 창조라는 양면의 가치를 지닌다.
도덕 역시 '삶'에 대해 양면 가치성을 지닌다는 니체의 비유는
(Nietzsche, 1887: II. 19) 사유에 의해 존재 일반의 가치를 일의적
으로 확정하려는 근대적 학문 정신에 대한 반성이 담겨 있다. 그
러나 아쉽게도 니체는 특정한 사유 범주와 가치 기준을 활용하
는 동시에 이것의 유한성을 자각하여 벗어나는 탈이분적 '자기
극복' 율동에 대한 탈이분적 징표의 필요조건은 '진지한 자기인
식'이며, 충분조건은 '은유적·예술적 유희'로 기호화된다는 것
을 충분히 드러내지 못했다. 이로 인해 후대의 학자들에 의해 비
학문적 은유론자 내지 학문과 비학문 사이에서 오락가락하는 몽
상가로 오해될 여지를 남겼다. 이와 더불어 근대의 전통 속에 묻
혀 있는 니체의 '자기극복' 기호는, 또다시 사유에 의해 사유의
한계를 극복하려는 사유 만능적 관념론이나 반사유적인 미적 직

관에 의해 사유로 인한 문제를 벗어나려는 예술지상주의적 관념
론이라는 양극단적 해석에 의해 왜곡될 여지가 크다. 이런 상황
에서 우리는 근대에서 근대를 넘어 가고자 외롭게 애쓰다 탈진
한 니체를 위하여, 그가 탈근대(post-modern)의 문을 열어 줄 열
쇠일 것으로 기대한 '도덕의 자기극복' 기호의 의미를 추적하여
새롭게 재음미할 필요가 있다. 이 기호는 현대의 해석자들에게
근대의 진지한 학문 정신과 더불어 진지성의 한계를 미적으로
'넘어서는(transfer)' 은유적 의미 창조 율동의 실천적 참여를 이
중적으로 요구한다. '진지성과 은유적 유희'라는 두 관점과 활동
을 어떤 방식으로 조화롭게 결합하느냐에 따라 '자기극복'의 의
미와 결과는 다양하게 전개될 것이다.[23] 그리고 이러한 작업이
피상적 사변이 아닌 실천 가능한 경험 효과를 지니려면 무엇보
다도 해석자 자신의 무의식에 대한 심층적 '자기분석' 체험이
요구된다. 무의식은 의식의 해석활동을 추동하는 보이지 않는 힘
들이기 때문이다. 이에 대한 왜곡 없는 인식은 이미 특정한 자기
방어 한계 안에서 작동하는 합리적 사유만으로는 불가능하다. 의
식의 이면을 파헤쳐 '진정한 나'를 만나서 '삶'의 표면과 이면을
강박과 고착 없이 다양하게 유희하려면 해석자는 탈사유 중심적
인 다양한 '자기인식' 방법을 모색해야 할 것이다.

미 주

1) 푸코의 역사계보학, 하이데거의 탈형이상학, 데리다의 탈구조주의, 프로이트와 라캉의 정신분석은 각각 고유한 방법론과 관점으로 전통 관념의 은폐된 발생 과정과 '기원'을 추적하는 계보학이다. 그리고 서술적 담론/규범적 담론/미적 담론 사이의 통합 불가능한 '차이성'을 드러낸 리요타르, 형이상학 언어의 검증 불가능을 드러낸 영미 언어분석철학, 형이상학의 존립 근거 중 하나인 '언어'의 근원성과 심층구조를 분석한 비트겐슈타인을 들 수 있다. 이 현대철학들은 모두 '계보학적 비판철학의 장점을 살리면서 그것의 한계를 어떻게 극복할 수 있는가?'라는 문제에 걸려 있다. 니체는 계보학의 한계를 자각하면서 이를 넘어서려는 어떤 시도를 보여 준다는 점에서 탈현대의 모델로 등장한다.

2) 프로이트는 꿈을 연구한 결과 무의식이 자아의 검열을 피하면서 자신의 욕구를 표출하기 위해 '압축, 전치, 상징화, 이미지화, 반대로 전환, 동일시, 2차 가공'이라는 '꿈 작업'이 작동하며, 검열의 눈은 꿈 작업의 결과물에 대해 또다시 '완화, 변장, 암시, 생략, 강조' 등의 손질을 가한 후에야 비로소 꿈이 발현한다는 것을 밝혀낸다. 니체의 '해석활동'에는 근본 욕구를 은폐하면서 변형하여 표출하는 '가상화(假像化) 작업'과 타자를 자신이 관리하기 편리한 것으로 변형하여 이해하려는 활동이 함께 내포된다〔강의, *Introductory Lectures on Psycho-Analysis*, 정신분석 입문, 열린책들, 1996. 제11장 참조. 이하 이 장에서는 **정신분석 강의**로 약칭함〕.

3) "언어의 창조자는 (언어 속에) 오직 사물에 대한 인간의 관계만을 (주목하여) 규정한다. 그리고 이 관계를 표현하기 위해 가장 대담한 은유를 사용한다. 먼저, 그는 신경 자극을 이미지로 번역한다. 이것이 첫 번째 은유다. 그리고 이미지는 소리로 변형되어야 한다. 이것이 두 번째 은유다. 여기에는 매번 서로 다른 영역 간의 완벽한 '건너뜀(轉移)'이 있다. 즉, 한 영역에서 전적으로 다른 새로운 영역의 중심으로 건너뜀이 있다."

4) "성직자에서…… 대립적 평가가 심화, 첨예화, 내면화되어, 이런 대립적 평가에 의해 인간과 인간 사이에는 마침내 깊은 간극이 벌어졌다"〔Nietzsche, *Genealogy of Moral*, trans. by Walter Kaufmann (New

York: Vantage Books, Random House, 1967), I. 6. 이하 이 장에서는 〈*GM*〉으로 약칭함).

5) 모든 도덕적이고 정치적인 전경(前景)의 배후에는 그런 형식이 가리키는 하나의 격렬한 생리적 과정이 발생하며 힘을 획득한다(Nietzsche, *Beyond Good and Evill* trans. by Kaufmann(Now York: Random House, 1966), 32. 이하 이 장에서는 (BGE, 242) 〈*BGE*〉로 약칭함).

6) 니체는 외부로 발산하지 못한 본능들이 '내향화'된 결과 정신엔 깊이와 높이를 지닌 새로운 '정신조직(영혼)'이 생겨난다고 본다. 특히, 공격적 본능이 본능 소유자 자신에게로 방향을 돌리는 것이 '양심의 가책'의 기원이라는 그의 해석은 마치 프로이트의 초자아론을 미리 말한 듯하다 (*GM*, II, 16).

7) 내향화된 성 욕동과 공격성은 자아의 방어기능에 부담을 주어, 제3통로 (증상, 실수……)로 배출을 유발한다. 따라서 이것은 병의 원인으로 작용한다(**정신분석 강의**, 제22장).

8) 과학은 금욕적 이상에 대한 반대 의지가 되기에는 충분히 자립적이지 못하다. 과학은 모든 면에서 '진리탐구'라는 이상적 가치를 필요로 한다. 과학이 자체를 믿을 수 있는 건, 이 이상적 가치('진리')에 봉사하기 때문이다.그런데 과학은 결코 (자신의 관점만으로는) 가치를 창조하지 못한다(*GM*, III, 25).

9) 비통합적 상태로 원초적 삶과 융합하였다가 현실로 복귀하는 능력을 니체는 디오니소스로 표상화한다. 이에 대해 현대 정신분석학자 위니컷은 자기 혼자 아무 인식 없이 비통합적(비의식적) 상태로 휴식할 수 있어야 삶 자체를 긍정적으로 느낄 수 있음을 강조한다. 이 비통합적 체험 능력은 유아기의 '좋은 엄마' 경험에 의해 튼튼한 '자기'가 형성된 개인만이 가능하다. 그리고 이 비통합적 체험 능력이 배경에 갖추어져야 창조력과 서로 다른 경험 재료를 개성 있게 '통합'하는 자아 기능이 발달할 수 있다고 해석한다(위니컷, **성숙과정과 촉진적 환경**(한국심리치료연구소, 2000), pp. 42-45).

10) "우리는 진리 세계를 폐지하였다. 어떤 세계가 남아 있는가? 아마도 가상의 세계일 것이다. 그러나 아니다. 진리 세계와 더불어 우리는 또한 가상 세계도 폐지하였다"(Nietziche, *Twilight of the Idols, in the Portable Nietzsche*, trans. by W. Kaufmann (New York: Viking Press,

1964), 486].

  "이 미래인은 지금까지 우리를 지배해 온 이상과 그 이상이 발생한 거대한 구토, 허무의 의지, 허무주의에서 우리를 구원할 것이다. 의지를 다시 해방하고, 의지의 목표를 대지로 복원하고, 인간에게 희망을 갖는 정오와 위대한 결단의 이 종소리. 이 반그리스도며 반허무주의자, 신과 허무의 극복자"(*GM*, II, 24).

11) 도덕의 이런 '자기극복' 율동은 태초의 율동을 형상화한 그리스의 창조 신화와 유사성을 지닌다. 우주의 기원인 카오스의 배를 가르고 출현한 우라노스(하늘)가 그 자식인 크로노스(시간)에게 거세되고, 그 자식인 제우스(권력)가 그를 지하에 매장한다. 그리고 그 기념으로 인간 창조를 프로메테우스(지혜)에게 허락했다가 뜻밖에 강해져 가는 인간에 의해 자신의 권위와 권력이 전복될까 봐 불안해 판도라의 상자(분열)를 열게 한다. 이 신화 속의 '권력 전복' 과정에는 자신의 기원을 넘어서려는 권력 의지와 바로 자기 행위의 감춰진 '흔적'으로 인해 그 스스로도 자신의 창조물에 의해 '극복'(거세)될 수밖에 없는 운명이 은유적으로 표출되어 있다. 프로이트는 자신을 태어나게 한 원천인 아버지를 제거하고, 또 다른 원천인 엄마를 좌지우지하려는 아이의 욕구, 상처, 갈등을 '오이디푸스 콤플렉스'로 상징화한다. 이에 비해 라캉은 의미의 새로운 '출현/억압'을 정신의 은유활동 구조로 해석한다[프로이트, **토템과 금기**(경진사, 1993), 제4장 5절 참조. 이하 이 장에서는 **토템과 금기**로 약칭함; Lacan, *Écrits*, trans. by Alan Sheridan(Norton & Company, 1977), p. 158].

12) 하이데거는 니체가 플라톤의 일방향 중심적인 '도덕적 진리관'을 다관점주의적 예술활동으로 대체·재해석함으로써 도덕의 경직성과 반자연성을 극복하고, 미적 가상들로 삶을 풍요롭게 하려 하였음을 높이 평가한다. 그러나 니체는 여전히 '존재'를 가치로 해석하는 인간주의의 한계에 머물러 있기 때문에 플라톤주의에 대한 진정한 극복이 이루어지지 못한다고 해석한다[Heidegger, Nietzsche, trans. by Krell(San Francisco: Harper & Row, 1961) Vol. I, p. 210].

13) 프로이트에 의하면 원시인, 유아, 강박증자는 내부의 강한 금기 압력과 양가감정(애정과 증오, 일탈욕구와 불안) 사이에서 과민한 갈등을 지닌다는 공통점을 지닌다. 이들은 이와 같은 갈등과 불안을 안전히 해소하

기 위해 '사유를 전능화(全能化)'하여 사유 속에 자기애적으로 도취하고
고착한다. 또한 이들은 마치 사유가 현실보다 소중하거나 실재인 양 착
각한다[프로이트, 토템과 금기(경진사, 1993), 제2장, 제3장, 2-3절 참조].

14) 프로이트는 타부(금기)와 여러 원시언어들이 반대적 의미를 함께 내포
하는 이유가, 금기들이 외부 현실의 압박과 이에 대립되는 내부 욕동의
압력 사이에서 자아의 갈등을 반영하며, 이 갈등을 해소하기 위한 승화
과정에서 생성된 결과물이기 때문으로 본다. 결국, 인간의 이분법적 구
분은 개체성을 안전하게 보존하려는 자아 본능과 본능 욕동을 직접적으
로 표출하려는 힘 사이의 대립적 긴장 관계 속에서 발생한 것이다. 이
사실을 인식하는 순간 어떤 관념에도 고착될 이유가 없게 된다(정신분
석 강의, 제11장; 토템과 금기, 제2장, pp. 91-92, 98-99).

15) 은유의 작용은 다양하게 언표될 수 있다. 예를 들어, '삶'이 개념으로
대체되기까지 다단계의 '전이(건너뜀)' 작용, 하나의 기표와 다른 기표
의 관계 변화에 따라 기의가 달라지는 의미변환작용, 혹은 서로 무관하
였던 두 기호 A와 B가 은유작용에 의해 'A는 B다(예: 태양은 하나님이
시다.)'의 의미로 결합하는 순간 A의 기존 의미가 B로 대체되는 동시
에, A와 B의 상호 결합 작용에 의해 A와 B에서 제3의 새로운 의미가 창
조되는 작용 등이 있다.

16) 생후 6개월에서 18개월 사이에 형성되는 거울 단계에서 타자를 자아 내
부로 흡수하여 동일화하는 사유 습성은 자아가 상징계로 진입한 이후에
도 계속 유지된다. 그리고 두 기표 사이에서 은유적 초점화가 발생하여
한 기표가 다른 기표를 대체할 경우, 대체된 기표는 다른 기표 연쇄와
환유적 연결을 통해 남아 있게 된다(토템과 금기, 제2장, p. 50; Lacan,
Écrits, p. 4, 6, 7, 157).

17) '에로티즘의 영역은 금기를 (일단 의식한 상태에서) 위반한다는 점에
서 동물의 성 행위와는 다르다.' 도덕 의식이 작동하지 않는 상태는
자연에 함몰되는 일종의 동물 상태일 뿐이며, 인간 삶의 심연을 통찰
하기 위해서는 항상 특정 도덕 의식이 전제된 상태에서 이를 넘어서
려는 위반활동이 '이중 수행'되어야 한다[바타유, 에로티즘(민음사,
1989), pp. 156-157].

18) 금기와 위반은 상호 보완적 대립체로 의식될 때 비로소 그것의 역설적
의미를 이해할 수 있다[에로티즘, p. 221].

'반대 감정의 병존' 욕망의 직접적 표출이 삶의 치명적 해체를 유발할까 두렵기에 도덕에는 금기를 존중하면서 동시에 이를 위반하려는 이중 욕구가 담겨 있다〔**토템과 금기**, 제2장〕.

19) 니체는 도덕의 유형을 '주인의 도덕'과 '노예의 도덕'으로 구분하고, 앞의 입장을 지향한다. '주인의 도덕'이란 자신과 인간의 삶에 주체적으로 의미와 가치를 부여하며, 삶의 '고양'을 위해 능동적 노력을 기울이는 가치관점을 지칭한다. 반면에 '노예의 도덕'은 이데올로기에 무반성적으로 길들어 행복과 이익만을 원하는 '군중'이 선호하는 수동적이고 평균주의적인 규범을 지칭한다.

20) 이 결과 그는 불가를 허무주의(무기공)로 해석할 수밖에 없었다(*GM*, preface 5). 그러나 서양의 힘과 강점은 바로 이 명료한 이분법적 분별 활동에 있다. 참/거짓, 정의/부정의, 쾌락/고통이 삼분법 이상으로 나뉘면 존재 해석이 불명료해져서, 그에 대한 계산과 대처가 어려워지고, 그로 인해 정신 에너지가 한 곳으로 집중되기 어려워진다.

21) 철학자들의 미래 과업이란 가치의 문제를 해결하는 것, 가치들 사이의 등급을 정하는 것이다.

22) 이 점에선 정치철학 차원에서 니체가 '반동보수주의'로 해석될 여지를 남긴다〔Habermas, *The Philosophial Discourse of Modernify* (Combridge: polity Press, 1987), p. 115〕.

23) 현대의 학자들은 안정된 불변성을 지닌 개념과 창조적 활력을 지닌 은유의 결합, 또는 학문적 진지성과 다양한 신념(환상) 관점을 하나로 '결합'하여 양쪽의 장점을 함께 살릴 수 있는 제3의 관점과 방법을 발견하려 노력한다. 그런데 학문과 예술, 철학과 신화, 과학과 종교가 하나로 통합되어 유희되는 제3의 관점이 형성될 수 있는지는 아직 미지수다.

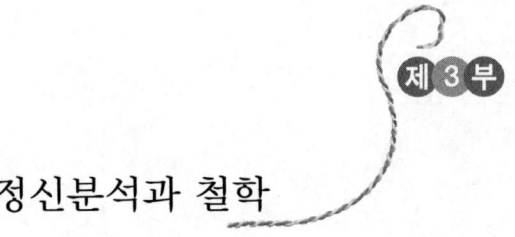

제 3 부

정신분석과 철학

10

니체와 프로이트

1. 니체의 사유에 대한 정신분석학적 연구의 동향

최근 10년간 한국에서 니체의 사유는 들뢰즈, 푸코, 데리다의 탈구조주의와 하이데거의 해석학 및 포스트모던 문예비평 관점을 통해 소개되었다. 그런데 니체가 정신분석 지식을 선구적으로 개척한 심층심리학자라는 사실은 잘 알려져 있지 않다. 그 원인은 무엇인가? 한국에서 '정신분석'이라는 단어는 정신과 의사가 정신병자를 치료하기 위해 사용하는 내밀한 지식 기호로만 해석되었기 때문이다. 그리고 정신을 '누가' 어떤 관점과 방법, 개념으로 해석하는 것이 진실을 가장 잘 반영하는가라는 문제에서 철학자와 정신의학자는 거리감을 지녀 왔기 때문이다. 이처럼 양집단 사이의 보이지 않는 장벽으로 인해 상호 협동적인 연구 작업은 물론이고, 철학과 정신분석 사이의 연관성을 언급하는 담론조차 발생하지 못했다. 그러던 중 프랑스 구조주의 사상가 겸 정신분석가인 자크 라캉의 사상이 국내에 소개되었다. 그 후로 국내 철학자들 사이에서는 철학과 정신분석학이 모종의 연관성을 지닐 수 있다는 생각과 관심이 비로소 발생하였다. 프랑스에서는 라캉이 지식인들을 향해 20여 년간 격주로 행한 공개 세미나의 영향으로 인해 1950년대부터 철학의 전통 주제들인 정신 · 진리 · 언어 · 주체 · 욕망 · 규범 · 타자성 등을 정신분석학의 관점과 개념들로 재해석하는 학문적 분위기가 형성되었다.[1] 라캉이 파리대학에 창시한 정신분석학과에서는 프로이트를 비롯한 여러 정신분석이론과 현대 언어학, 철학 등에 대한 종합적 수강이 이루어지고 있다. 이처럼 철학과 정신분석학 사이의 학문적 연결은 프랑스가 주도해 왔다. 그러나 미국과 영국을 비롯한 대부분의 국가에서는 정신분석학이 의사들의 의학적 지식으로 간주되거나 문예비평가들의 관심 분야로 부각되었다. 그 결과 정신분석의 사상적 의미에 대한 연구물들이 아직은 미미한 상황이다. 그런데 라캉으로 대변되는 '정신분석철학'이 이미 니체에게서 출발되었다는 사실은 우리나라는 물론 서양의 지식인들에게도 잘 알려져 있지 않다.[2] 그 이유는 주로 니체의 사유가 나치즘의 국가 이데올로기로 활용되었다는 사실에 기인한다.[3] 그런데 1980년대 이후 미국에서는 푸코, 데리다, 들뢰즈의 사유가 미국의 포스트모던 문화 연구에 영향을 미치자, 이들 사상의 기원(들)을 추적하는 과정에서 니체의 중요성이 재부각되어 대대적으로 연구되고 있다.

　필자의 경우, '근대 이성'에 관한 니체의 비판이 현대 사상가들에게 어떻게 계승되고 첨예화되는지를 추적하는 과정에서 프로이트와 라캉의 정신분석학을 접하게 되었다. 최근에 서구에서 이루어진 정교한 문헌학적 연구들의 결과를 보면, 프로이트를 비롯한 융, 아들러, 위니컷, 라캉 등의 이론과 니체의 사유가 깊은 유사성을 지니고 있음이 드러났다. 니체와 프로이트를 비교하는 학자들에게, 니체는 마치 정신분석의 핵심 내용을 이미 다 알고 있는 심층심리학자·폭로심리학자인 것처럼 부각되었다. 그중에서 특히 프로이트와 니체의 연관성은 거의 전 주제에 걸쳐 거론되었다.[4] 그러나 이 글에서는 니체의 사유가 프로이트의 정신분석에 '현실적'으로 어떤 영향을 미쳤는가를 논하진 않을 것이다. 왜냐하면 역사적 사실의 '진/위' 여부는 역사학자와 문헌학자가 규명할 일이기 때문이다. 니체와 프로이트의 사상적 연관성을 연구한 서양의 저서들은 대부분 프로이트가 당대의 독일어권 지성인들에게 열정적으로 숭배되던 니체의 사유에서 의식적으로나 무의식적으로 영향을 받아 정신분석학을 확립한 것처럼 서술한다. 그리고 그들은 정신분석학의 내용이 니체의 사유에 이미 대부분 표현되었다는 듯이 서술한다. 그런데 프로이트가 니체의 사유를 구체적으로 자신의 학문에 활용하였느냐 아니냐 하는 사실의 '진/위' 여부는 철학자들에게 별 의미가 없다. 철학적 독서의 초점은 특정 인물들 사이의 사실 관계가 아니라 철학과 정신분석학이 어떤 사상적 연관성을 지니는가를 이해하는 데 있기 때문이다.

니체의 철학과 프로이트의 정신분석 사이의 연관성을 드러내기 위해 필자는 이 장에서, 첫째 정신분석이 어떤 이유로 현대철학에서 중요한 관점으로 부각되는지를 설명할 것이다. 둘째, 이런 정신분석이론과 니체의 사유가 어떤 연관성을 지니는가를 드러낼 것이다.

2. 정신분석 지식의 철학적 의미

의식의 비자립성

인간 정신은 서로 다른 성질을 지닌 의식과 무의식으로 분열되어 있다. 그리고 의식은 무의식과 '상호관계' 속에서 작동한다. 이런 정신분석 지식은 '의식은 자율적이고 독립적인 정신활동이다.'라고 믿어 온 소크라테스 이후의 전통 정신론에 대해 수정을 요구한다. 자아의 한 부분인 의식은 자아의 본질 기능인 '안전한 개체 보존'에 기여하기 위해 작동하는 정신작용이므로 결코 자립적 인식활동이 아니다. 인간은 의식이 지각한 자극들만 인식한다. 그로 인해 의식이 인간의 유일한 인식 기관인 양 생각한다. 그러나 의식의 판단은 항상 자아의 방어와 여러 기능 그리고 무의식과의 관계 속에서 이루어진다. 의식의 이런 비자립성(본능 의존성), 방어성 등에 대한 자각은 의식에 의해 규정된 모든 의미에 대한 새로운 해석을 요구한다. 즉, 정신에 현상하는 모든 의미 기호는 대상 그 자체의 본질을 반영하는 기호가 아니며, 정신의 전체 상태를 투명하게 드러내는 기호도 아니다. 이 기호들은 자아의 '성숙/미성숙' 상태에 따라 그 의미가 변할 수 있는 것이다. 외부 세계에서 정신에 주어진 어떤 사건과 자극은 자아의 상태에 따라 유동적인 의미와 가치를 지닌다. 정신의 분열성, 사후작용 등에 의해 정신현상들의 의미는 불확정적이다(Samuals, 1993: 62-71).

정신의 타자 유래성

인식구조와 방어구조는 정신이 최초로 형성되는 유년기에 대부분 조직(constitution)된다. 클라인과 위니컷은 '엄마-유아' 사이의 최초 대상관계를 정신구조 형성의 핵심 요인으로 본다. 이에 비해 프로이트는 오이디푸스기의 3자 관계(나-엄마-아빠) 체험이 외부 세계에 대한 인식과 방어 유형을 조직하는 데 가장 중요하다고 본다. 그의 오이디푸스론은 아이의 정신이 내부의 본능 욕동과 외부 세계의 압력 사이에서 어떤 환상과 갈등, 상처와 불안을 지니게 되며, 어떻게 새로운 정신구조를 형성하게 되는가를 드러낸다. 즉, 정신의 핵심 구조와 내용은 본능 욕동과 타자(외부세계: 부모, 사회적 권위자, 규범적 의미 체계)와의 관계에서 유래한다. 정신의 발생과 발달이 타자와의 관계에 의해 상당 부분 좌우된다는 자각은 정신 능력의 선천성과 주체적 자율성을 강조한 전통 이성주의 관점과 대립된다. 그 결과 현대철학에서는 개인 정신에 내면화된 '타자'의 성질과 기능에 대한 연구가 새로운 주제로 부각된다.[5] 개인의 정신은 최초 형성 단계에서 그 개체에게 중요한 타자(양육자)와의 관계 속에서 발달하거나 고착된다. 개인 정신의 병리성과 건강성 내지 발달과 퇴행은 그가 관계 맺는 타자(들)의 병리성과 건강성에서 직접·간접적으로 유래한다. 현대사상은 구체적 권력 대상보다 문화적 의미 체계·언어·사회구조 등과 같은 비가시적이며 상징적인 타자성이 개인 정신에 미치는 영향에 관심을 쏟는다. 예를 들어, 정신구조의 형성에 영향을 미치는 잠복된 타자성들은 무엇이며, 그것은 어떤 방식으로 사유활동에 (무의식적으로) 개입하는가에 관심을 집중한다.[6]

자아의 이중 기능과 인식의 오락가락

본능에서 후천적으로 자아가 발생(분화)한 원인과 과정에 대한 프로이트의 연구는 '인식의 본능 의존성'을 드러낸다. 프로이트에 의하면 무의식의 영향을 덜 받는 의식의 지각일수록 온전한 현실 검증력을 지닐 수 있다. 무의식에 대한 자아의 방어 에너지 지출이 과다하거나 원시적 방어 유형에 고착될수록 현실에 대한 왜곡 정도는 심하게 된다. 자아의 인식 에너지는 자아 아닌 것(본능)에서 제공되기 때문에 인식은 보존 본능의 목적에 봉사하지 않을 수 없다. 이 때문에 자아의 인식활동은 개체 보존을 위한 '정확한 정보 수집'과 더불어 개체 보호를 위한 '방어적 해석'이라는 두 대립되는 성질 사이에서 상황에 따라 오락가락한다. 우리는 자아 기능의 이런 양면성과 비자립성을 자각할 경우, 정신의 문제 상황에 보다 능동적으로 대처할 수 있다. 나아가 획일적 의식 범주를 넘어서는 새로운 인식 틀을 모색할 수도 있다.

의식주의적 윤리 관점의 해체

인간의 양심은 유년기의 오이디푸스 갈등과 거세공포로부터 자신을 방어하기 위해 행하는 부모에 대한 '동일시' 과정에서 유래한다. 그리고 죄책감은 내향화된 공격성이 초자아에 위임되어 자아를 비난하기 때문에 발생한다. 이런 프로이트의 주장이 내포하는 윤리학적 의미는 각별하다. 도덕 관점과 도덕 감정의 유년기 기원성·타자성 그리고 그것의 무의식성에 대한 자각은 의식의 관점에서만 인간의 가치를 판단해 왔던 윤리 일반에 대한 수정과 해체를 유발한다. 무의식에 대한 심층적 자각 없이 행해진 정신의 고양에 관한 종래의 해석들은 편견과 오류로 전락한다. 그리고 의식의 자율적 주체성과 도덕의 보편 법칙성을 강조하던 윤리 담론은 무의식의 취약성을 은폐하는 방어적 기호로 재해석된다.[7] 예를 들어, 칸트의 도덕적 정언명령은 정신의 고양을 위한 실천 이성의 성숙한 합리성 기호가 아니다. 이것은 초자아에 의해 처벌받을 것을 극도로 두려워하며, 초자아의 명령에 절대 순종하는 '유아적 자아'의 방어적 합리화 기호로 재해석된다(프로이트, 1920: 179).

철학적 사유의 병리적 함정 I: 의식주의

정신분석학은 어떤 사유 유형이 성숙한 정신성의 기호인지를 판별하는 데 새로운 기준과 구체적 자료를 제공한다. 예를 들어, 어린이·원시인·신경증자 들의 방어적 사고 유형을 성인·문명인·과학자의 사유 방식과 비교하여 드러낸다. 프로이트가 제공하는 성숙한 사유의 기준은 탈주관적(탈자기애적) 현실 검증력이다.[8] 인간은 '내부'의 무의식에 방어 에너지를 덜 지출할수록 '외부' 세계를 보다 온전히 지각할 수 있다. 그리고 현실 대상에 관심을 기울이며, 다각도의 관계를 맺게 된다. 프로이트에게 '방어적'이란 말은 주관 환상적·유아적·원시적·비현실적·신경증적이라는 의미와 깊은 연관을 가진다. 방어적 정신은 특정 방어기제를 평생 반복하는 경직된 정신구조를 지칭한다. 정신의 이런 과거 고착성은 현실세계에 대한 왜곡되고 편협한 지각을 유발한다. 신경증자는 부정·억압·전환·무효화·분리·회피·투사 등의 방어기제를 자동적으로 작동하여 자신에게 불안을 유발할 만한 모든 현실 지각과 본능 표상으로부터 자신을 방어한다. 또한 편집증자는 분열과 투사기제를 통해 대상을 '선/악'으로 분열하고 내부의 파괴적 충동과 환상을 외부 대상에 투사한다. 그 결과 왜곡된 대상 지각을 갖는다.

철학자가 '참된 이론'의 특성으로 간주하는 논리적 일관성·보편성 등은 정신분석학에서는 단지 외부 세계를 '안정성'을 중심으로 정리하는 의식작용의 고유 특성일 뿐이다. 이것은 결코 실재에 대한 정확한 인식 표상이 아니다. 무의식의 정신작용은 논리성과 인과성을 지니지 않는다. 그렇다면 무의식에 대한 논리적·인과적 인식은 단지 의식의 정리일 뿐이다. 의식과 무의식의 이런 차이에도 불구하고 의식의 기준을 마치 정신 전체의 기준으로 간주하는 것은 무의식이 드러날 것을 두려워하는 방어기호로 해석된다.

정신분석은 각종 편견들의 논리적 오류가 아니라 생리－심리적 '기원'을 조명한다. 즉, 생존을 위한 본능적 방어작용의 결과로 무의식적 환상이 발생하는 과정을 탐구한다. 어떤 개인이 특정 관념과 관점에 집착하는 이유는 그것이 진리 그 자체이기보다 의식의 이면에서 역동하는 무의식에 대해 자아를 방어하는 데 그것이 효과적이라고 상상하기 때문이다.

철학적 사유의 병리적 함정 II: 관념주의

철학자들이 정신분석에 입문하기 힘든 원인은 철학자가 '정서적 인식'에 낯설기 때문이다. 철학자는 관념과 정서를 '분리'함으로써 어떠한 생각에도 충격받지 않는 방어기제가 구조화되어 있다. 이로 인해 철학자에게 지식활동은 두려움의 대상이 아니라 존재 일반을 사유 속에서 안전하게 정리하는 좋은 수단이 된다. 이들은 의식과 개념 그리고 논리를 통해 본능과 불안을 억압하고서 외부 세계에 대한 '관념적 정리'를 시도함으로써 자아의 전능한 힘을 만끽한다.[9] 이러한 자아도취로 인해 철학자는 무의식의 정서와 분리되어 오직 관념의 세계 속에서 살게 된다. 그런데 철학자의 의식적 관념은 자신의 무의식적 정서와 분리되어 있거나 자신이 선호하는 특정 정서에만 연결되어 있기 때문에 '인간'을 총체적으로 반영하지 못한다. 철학자는 의식활동에 대부분의 생명 에너지를 집중하고 거기에서 만족을 얻으려 한다. 이로 인해 의식과 다른 무의식적 정신작용의 특성인 무시간성, 무논리성, 무인과성, 무도덕성, 은유성, 쾌락원칙 등을 직면하고 수용하려 하면 정서적으로 불안하고 무척 힘이 든다. 철학자의 과도한 관념 중심적 인식 습관은 신경증자와 편집증자의 현실 인식 방법과 유사하다. 거세공포에 시달리는 신경증자는 유년기의 거세공포를 연상시킬 만한 모든 외적 자료를 부정 · 억압하거나 정서와 사건을 '분리'하여 기억한다. 그리고 타자의 박해 불안에 시달리는 편집증자는 자신에게 안전하다고 느껴지는 대상과 사실만을 수용하여, 그것을 진리화하고 중심 가치화함으로써 현실을 편집적으로 왜곡한다. 신경증자와 편집증자 모두 현실에 대한 '전체적(whole) 지각' 대신에 특정 관념들로 현실을 주관적으로 구성하는 방어기제가 잘 발달해 있다.[10]

3. 니체의 계보학과 프로이트의 정신분석학

지금까지 정신분석학과 철학의 연관성에 관해 살펴보았다. 그런데 니체의 철학과 프로이트의 정신분석 사이에는 어떤 연관성이 있는가? 니체와 프로이트의 사유는 다음의 점에서 서로 밀접한 연관성을 지닌다.[11]

① 프로이트는 정신현상들(증상, 꿈, 실수 등)의 정체를 온전히 이해하고 극복하려면, 그 현상들이 발생한 정신의 이면성(무의식)에 대한 분석이 필요함을 강조한다. 이것은 형이상학 관점과 관념의 '정체를 파악하고 극복하려면, 그것을 발생시킨 비의식적인 활동의 성질을 검사해야 한다.'는 니체의 주장과 유사하다.

② 프로이트는 1차(선천)적 정신 과정인 무의식적 본능욕동과 2차(후천)적 정신 과정인 자아의식 사이의 차이성을 구분한다. 이 구분은 '힘에의 의지'가 삶의 본래성이며, 의식은 그것의 표면활동일 뿐이라는 니체의 분류와 유사하다. 그리고 양자 모두 '의식의 나'가 아니라 '무의식의 그것'이 사유를 발생, 유지, 변화시키는 근원활동이라고 해석한다.

③ 프로이트는 의식의 관점과 관념이 정신 내부의 힘들(의식/

전의식/무의식, 이드/자아/초자아)과 외부 세계 사이의 '역동적 관계'에서 발생한다고 해석한다. 이 입장은 정신과 개념은 '성스러운 기원(신, 절대 진리)'에서 탄생한 것이 아니라 '힘에의 의지(자연 본능과 사회적 압력)'들 사이의 투쟁에서 유래한다는 니체의 해석과 통한다. 양자 모두 '형이상학적 기원(Ürsprung)'을 본능 욕동과 외부 대상의 힘으로 '대체'한다는 점에서 공통적이다.

④ 프로이트는 양심(초자아)이 '유년기 부모'에 대한 거세공포와 '동일시' 활동에서 유래한다고 설명한다. 이 관점은 무력한 개인에게 가해진 권력자의 거대한 압력(고문과 이데올로기적 회유)에서 '도덕'과 양심이 발생하였다는 니체의 생각과 통한다. 그리고 '공격성의 내향화'로 인해 죄책감이 발생한다는 생각은 양자가 동일하다. 범죄자가 억압된 욕구를 분출하여 범죄를 저지른 후 스스로 처벌받는 심리를 묘사한 『자라투스트라는 이렇게 말했다』의 '창백한 범죄자' 단락은 엄격한 초자아로 인한 신경증자의 도덕적 피학증 증상과 유사하다.

⑤ 프로이트와 니체 모두 (형이상학적) 환상에 의존하지 않고 현실을 왜곡 없이 직면할 수 있는 능력의 차이가 정신력(힘에의 의지)의 강함과 약함을 구분하는 기준이 된다고 해석한다.

⑥ 프로이트는 의식의 지각 기능과 무의식의 직관 기능이 정신에서 함께 작동함을 주목한다. 이것은 '몸'이 '탁월한 이성'이며, 의식은 몸의 표면일 뿐이라는 니체의 언명과 유사하다.

⑦ 프로이트는 힘 있는 외부 대상을 이상화하고서 이를 정신 내부로 '동일시'한 군중 사이에 공통된 유대감이 형성됨에 주목한다. 이것은 타자(성직자, 권력가)가 제공한 형이상학적 환상에 집단적으로 길들어, 그것에 수동적으로 의존하며 살아가기를 바라는 군중심리에 대한 니체의 비판과 유사하다.

⑧ 프로이트에 의하면, 군중은 정신의 안정을 위해 '동일시'할 이상적 모델을 간절히 바란다. 군중은 사회가 칭송하는 '도덕'과 자신을 동일시하기 때문에 도덕에 순응한다. 그런데 이들의 '순응적 도덕'은 거세공포를 벗어나기 위한 방어적 태도일 뿐 '주체적 선택'을 하는 '성숙한 도덕'이 아니다. 니체는 인류를 주체적으로 자기 삶을 선택하며 살아가는 소수의 힘 있는 존재와 권력자가 강요하는 관념을 수동적으로 내면화하여 안정을 도모하는 다수의 약한 무리로 구분한다. 약자의 도덕은 겉으로는 고상해 보인다. 그러나 그 이면에는 강자에 대한 '원한 감정'과 거세공포가 숨어 있다.

⑨ 프로이트에 의하면, 유년기의 '동일시' 모델인 '전능한 부모'에 대한 아이의 감정과 이미지는 오이디푸스 콤플렉스와 더불어 억압된다. 이 억압된 무의식이 어떤 추상적 대상에 투사되면 종교와 형이상학적 관념이 생겨난다.

니체에 의하면 불안하고 무기력한 현실에 처해 본능을 억압해야 하는 개체는, 자신의 약함을 결코 인정하고 싶어 하지 않는다. 그래서 현실에 직면하여 개선을 꾀하기보다 현실을 '부정'하고 현실에 대한 '원한 감정'을 변환하여 투사한다. 그 결과물이 형이상학과 종교다.

⑩ 프로이트는 '관념철학'을 '사유의 전능감정'과 의식 · 논리 · 관념의 가치에 대한 과대평가에 기인한 방어적(유아적) 사유의 결과물이라고 비판한다. 니체는 형이상학을, 현실을 온전히 직면할 능력이 없는 '약한 힘에의 의지'가 자신의 부끄러운 실상을 은폐하고 미화하기 위해 만들어 낸 '합리적 허구'라고 비판한다.

⑪ 프로이트는 정신의 성숙을 위해 리비도가 특정 단계에 '고착'되지 않고 끊임없이 '발달'해야 한다고 생각한다. 니체는 '힘에의 의지'가 현재 상태에 '안주'하려는 태도보다 현재의 '한계'를 넘어서려 움직이는 것이 정신 '발달'의 좋은 징후라고 해석한다.

⑫ 신경증자는 유년기의 거세공포가 기억될까 봐 두려워, 과거의 사건(무의식)에서 자신을 강박적으로 방어하는 행위 양태를 반복한다(프로이트). 인간은 끔찍한 과거 사건(권력자가 강요한 특정 행동규칙을 사회 구성원이 무력하게 내면화하는 과정에서 겪었던 수치스런 고통 경험)에 대한 '망각의 의지'를 지닌다(니체).

⑬ 리비도가 과거의 특정 대상이나 사건에 고착하고, 이런 사실이 억압되어 망각되면, 자아의 '발달'에 장애가 생긴다(프로이트). 영원불변성을 최고의 신적 가치로 간주하는 형이상학적 관념과 관점에 안주하는 인간은 더 이상 새로운 '정신 고양'에 관심을 쏟지 못한다(니체).

⑭ 프로이트는 너무도 곤혹스런 현실을 '사소한 사실'로 변형하여 즐기는 '유머' 능력을 높이 평가한다. 니체는 고통스

런 운명('영원 회귀')에 대한 능동적 긍정과 '유희'를 통해 허무를 극복하려 한다.

⑮ 프로이트는 '정신분석'을 통해 무의식의 환상, 상처, 불안과 경직된 방어기제를 해체하려 한다. 이에 비해 니체는 계보학을 통해 형이상학적 편견의 뿌리를 드러내어 '전복'하려 한다.

⑯ 프로이트는 말년에, 모든 생명체는 삶 본능과 죽음 본능의 결합체며, 개체성을 해체하여 최초의 무자극 상태로 회귀하려는 죽음 본능이 늘 삶 속에 내재한다고 주장한다. 니체는 삶의 유지와 발달을 위해서는 영속적 형상과 질서를 부여하는 아폴론과 생명의 생성·해체 율동을 거듭하는 디오니소스가 함께 필요하다고 주장한다.

⑰ 프로이트가 그리스 신화에서 차용해 강조한 '오이디푸스 콤플렉스' 개념은 그리스 고전학자이기도 하였던 니체의 『비극의 탄생』 9절에 이미 어느 정도 예시되어 있다.

⑱ 정신분석 치료란 무의식에 억압된 '과거'의 상처와 갈등, 불안, 환상 등을 직면하고 재해석하여 정신의 초점을 '현재와 미래'로 전환하는 과정이다(프로이트). 계보학은 오랫동안 '고착'해 온 어떤 관점과 관념의 뿌리('기원')를 대면하여, 정신의 새로운 고양을 꾀하는 활동이다(니체).

⑲ 정신질환은 자신의 과거에 대한 병리적(부정적) '사후(事後)해석'으로 인해 발생한다. 반면에 병의 치료는 억압된 과거에 대한 성숙한(긍정적) 사후 (재)해석을 통해 이루어진다(프로이트). '삶'의 가치를 비하(卑下)하는 형이상학적 편견과 환상은 허무주의를 비롯한 생리-심리적 병(삶의 왜

소화, 침체)을 유발한다. 따라서 병을 극복하려면 형이상학
적 편견과 환상을 해체하고, 새로운 긍정적 환상을 창조하
고 유희해야 한다(니체).

⑳ 자아의 발달은 자기애(narcissism)에서 시작하여 자기 밖의
대상에 대한 관심과 수용을 통해 서서히 이루어진다(프로이
트). 모든 생명체의 인식활동에는 일차적으로 자기보존을
위한 자기 중심적 관점성·해석성이 있으며, 정신 고양을
위해서는 이런 한계를 넘어서야 한다(니체).

이 외에도 투사기제를 사용한 우상화 활동, 꿈에 대한 해석, 초
자아의 사디즘과 자아의 마조히즘, 리비도와 공격 충동, 여성, 증
상·환상의 긍정적 측면과 부정적 측면, 발달적 측면과 방어적
측면에 대한 해석 등에서 프로이트와 니체의 사유는 놀라울 정
도로 유사성을 드러낸다.

여기에서는 니체와 프로이트 사이의 여러 유사성 중에서 첫째
항목인 니체의 계보학과 프로이트의 정신분석학 사이의 관계를
조명해 본다.

니체는 인간을 병리적 상태로 유도하는 각종 편견과 허구적
관념이 정신 속에 형성·유지되어 온 이유와 과정에 대한 계보
탐색을 시도한다. 당대인의 의식 표면에서 '진리'와 '도덕'으로
칭송된 관념의 이면성에 대한 탐구활동은 그동안 의식의 영역에
서 금지되어 왔다. 그리고 전통 형이상학은 의식의 표면과 이면
이 동일하거나 고상한 의미의 '기원'은 성스럽고 통일된 완전성
을 지닐 것으로 믿거나 합리화해 왔다. 그러나 니체는 바로 이런

고정관념과 관점에 대해 의혹을 제기한다. 그리고 의식과 개념, 도덕적 양심과 죄책감, 논리와 보편 법칙의 이면 내지 발생 원인에 대한 실증주의적 탐구와 엄밀한 논리적 추론을 시도한다. 니체는 과학과 자본주의가 유행하던 19세기 말 유럽의 산업사회에서 정신적 부작용을 유발하는 형이상학의 '도덕적 진리관'에 대해, 그것의 발생과 변화 과정을 문헌학, 심층심리학, 비판역사학, 생리학 관점들을 통해 추적한다.[12] 이런 기원 탐색활동의 결과 형이상학적 의미는 '하나의 성스러운 기원'에 의해 발생한 것이 아니라 여러 가지 생리적·심리적·사회적 힘 사이의 역학관계에서 생긴 것임을 밝혀낸다. 이처럼 '현재의 삶'에 부정적 영향을 미친다고 의심되는 전통 의미들의 이면성과 발생·변천 과정을 추적하는 계보학은 정신질환을 유발하는 무의식적 원인을 파헤치는 정신분석과 유사한 탐구구조를 지닌다. 계보학과 정신분석 모두 의식의 이면성에 대한 탐구와 의미, 환상(증상)의 '기원'에 대한 반형이상학적이고 고고학적인 심층분석을 강조한다. 또한 '표면의 사실'에 대한 단순 서술이 아니라 증상의 이면을 진단하고 처방하는 실천적 학문의 기능을 부각한다.

징후진단학으로서 계보학

니체는 형이상학적 도덕이 인간의 근원적 생명활동인 '힘에의 의지'를 약화시키는 편견과 환상이라고 해석한다. 그리고 서양인이 이런 형이상학을 '진리'라고 믿고서 이에 집착해 왔다는 사실은, 그들의 힘에의 의지가 어떤 문제 상태에 처해 왔음을 암시하는 징후로 해석한다(Nietzsche, 1886: 32). 예를 들어, 금욕주의 도덕에 강박적으로 집착하는 인간의 의식 이면에는 '완전한 이상'에 의존하지 않으면 살기 힘든 '나약한 자아'와 고통을 주는 현실에 대한 원한 감정이 역동하고 있다(Nietzsche, 1887: 20-21). 형이상학적 인간은 외면으로는 안정적이며 고상하게 보인다. 그러나 이면으로는 과도한 양심에 시달리며 새로운 모험을 행할 용기와 기력을 상실한다. 이런 상황에서 그가 내면에 우상화한 정신 모델이 해체될 경우, 그는 마치 정신 전체가 해체되는 듯한 강한 불안과 허무주의에 빠진다.

니체는 형이상학적 관념과 관점이 인간을 점점 더 수동적이고 나약하게 만들며, 삶의 가치에 대한 허무감을 느끼게 유도하는 병리적 기호라고 진단한다. 그리고 허무주의를 극복하여 힘에의 의지를 강화하기 위해서는 모종의 정신적 발달 과정을 거쳐야 한다고 역설한다. 그 과정을 요약하면 다음과 같다.

- 원초적 혼란상태에서 형이상학적 질서 단계로 이행(낙타).
- 형이상학적 관점과 관념에 대한 계보학적 비판 단계(사자).
- 계보학의 한계에 대한 자각과 허무주의 단계.
- '환상'과 '실재' 모두에 대한 운명애적 긍정과 유희 단계(어린이).[13]

정신의 성숙 과정에 대한 니체의 해석

탄생 초기의 인간은 외부 세계에 대한 인식 능력과 방어 능력을 담당하는 자아가 미발달해 있다. 이로 인해 외부 세계와 관계하는 과정에서 고통과 불안을 겪게 된다. 이처럼 '힘에의 의지'가 위축된 상태에 있는 인간에게 삶의 숭고한 목표와 질서 규칙을 제시하여 불안을 극복하도록 하는 것이 바로 인류 정신의 발달 과정에서 형이상학적 진리관과 도덕 관점이 (잠정적으로) 지녀 온 가치며 힘이다.[14] 형이상학적 '궁극 목적'을 내면화하여 내면의 도덕 명령을 잘 준수하는 한, 인간은 타자 일반에 대한 불안과 고통에서 보호받는 안정된 정신상태를 유지할 수 있다. 그런데 과학과 자본주의의 결합에 의해 인류는 외부 세계를 인간의 의지대로 정복하고 관리하는 풍요로운 생활환경에 접한다. 인류에게 외부 세계가 더 이상 불안에 떨 필요가 없는 대상이라고 자각한 순간, 인간에게는 원초적 욕구를 비하하고 억압하던 형이상학적 가치관에서 벗어나 현실을 왜곡 없이 직면하고자 하는 욕망이 발생한다. 그러나 현실을 방어 없이 대면하는 인간은 형이상학적 환상 없이 직면하는 '사실(fact)'들이 아름답지도 유쾌하지도 않다는 뜻밖의 자각으로 인해 고통을 받게 된다. 과학에 의해 해석된 '사실'은 삶의 안정된 목표와 방향을 제시하지도 않고, 미적 쾌감과 도덕적 감동을 제공하지도 않는다. 이로 인해 보다 '유익한 진실'을 보고자 형이상학을 해체하였던 계보학자는 의도되지 않은 허무상태에 처한다. 삶의 궁극 목적과 절대보편적 가치 기준이 사라진 우연적인 이 세계는 무가치하고 허무하게 느껴진다. 니체는 이 상태를 형이상학과 과학에 '의존'해 살아온 정신이 겪을 수밖에 없는 필연적인 사태며, 새로운 가치를 창조하기 위해 반드시 거쳐야만 하는 과도기 상태로 해석한다(Nietzsche, 1968).

과도기적 허무 상태가 어느 정도 지나면, 사태 자체를 능동적으로 직면하면서 그것의 의미를 재해석하려는 새로운 삶의 시도가 시작된다. 이 단계의 인간은 삶의 무목적성과 무의미성을 자연스런 사실로 수용하면서 '삶'을 고양하기 위해 스스로 새로운 의미를 창조한다. 또한 이미 허무의 고통상태를 충분히 직면하고 감당해 온 사람은 어떤 고통스런 사태가 밀려들지라도 그것을 긍정하고 가볍게 유희하는 능력을 형성한다.

니체의 '극복인'(Über-mensch)은 형이상학적 편견과 환상을 해체한 후에 허무주의적 과도기를 거쳐, 삶의 모든 사실을 운명으로 긍정한다. 그리고 주체적으로 의미를 창조함으로써 주어진 삶을 다각도로 유희하는 동시에 그 한계를 끊임없이 넘어선다.[15] 니체는 인간을 강박적 당위 상태로 유도하여 고착시키는 경직된 도덕적 환상 대신에 삶의 자유와 쾌감을 제공하는 미적 환상에 대한 창조와 유희를 새로운 삶의 스타일로 제시한다(Nietzsche, 1885: 151-163).[16]

형이상학적 인간상의 극복으로서 계보학

형이상학적 인간인 낙타는 힘 있는 타자의 요구가 정신에 깊이 각인됨으로 인해 유래된 타자 중심적 도덕관념과 관점을 지닌다. 낙타는 '너는 반드시 ~ 해야만 한다.'는 내면화된 타자의 도덕 명령에 성실하게 복종하면서, 내세의 보상적 행복을 믿고 살아간다. 낙타의 문제는 그의 신념이 비주체적이고 무반성적이며, 방어적 정신작용의 결과물이라는 점에 있다. 그 결과 낙타가 그동안 의존해 온 형이상학적 관념과 이상화 모델에 문제가 발생할 경우, 그의 정신 역시 문제 상황에 빠지게 된다. 그의 정신은 타자의 가치 관점을 대변하는 내면적 정신 기관인 양심(초자아)의 지배를 받는다. 그는 새로운 '자아 이상'을 수용하거나 주체적으로 창조할 융통성 있는 자기 변환 능력이 결여되어 있다. 결국 그는 특정 관념 내지 무의식적 환상에 삶 전체가 종속되는 노예적 인간상이 되고 만다. 그의 인격은 특정 과거의 우상과 동일시되어 있기 때문에 그것이 붕괴될 때 그의 운명 역시 심각하게 붕괴된다. 니체는 형이상학적 인간의 이런 문제점을 우려하여 제자들에게 다음과 같이 역설한다.

> 이제 나는 홀로 떠난다. 제자들이여. 그대들 역시 지금 홀로 가야 한다. 나는 그것을 바란다. 그대들에게 충고하느니, 나에게서 떠나가라. 그리고 자라투스트라에 저항하라! 나아가서 그를 부끄러워하라! 아마도 그는 그대를 속였을지 모른다. 지혜로운 자는 적들을 사랑해야 할 뿐만 아니라 친구를 미워할 줄도 알아야 한다. 혹자가 선생에 대해 항상 제자로만 남는다면, 그는 선생에게 나쁘게 보답하는 것이다. 왜 그대는 나의 화관을 잡아채려 하지 않는가? 그대는 나를 숭배한다. 그러나 언젠가 그대가 숭배하는 자가 몰락한다면 그대는 어찌하겠는가? 추락하는 동상이 그대를 쳐 죽이지 않게끔 조심하라. ……그대는 아직 그대 자신을 찾지 않았었다. …… 이제 그대에게 명하노니 나를 버리고 그대들 자신을 발견하라. 그대들이 나를 철저히 부정하였을 때만 나는 그대들에게로 되돌아갈 것이다(Nietzsche, 1885: 3)

4. 계보학과 정신분석의 차이성과 상호 보완성

프로이트의 정신분석은 정신의 구조가 최초로 형성되는 유년기의 중요성을 강조한다. 그리고 무의식적 방어작용에 대한 세

세한 인식과 무의식에 대한 접근방식에서 니체의 계보학과 다
르다. 정신분석은 자유연상과 꿈 해석, 방어적 저항과 전이현상
에 대한 분석가의 '해석'을 통해 무의식의 내용과 무의식적 정
신 작용들의 특성을 간접적으로 추론한다. 이에 비해 니체의 계
보학은 문헌에 대한 '행간을 읽어 내는' 문헌학적 독해와 철저
한 논리적 추론 등을 통해 편견과 환상의 뿌리를 파헤친다. 그
러나 니체는 인간의 사유 관점 · 정서 · 환상 들이 대부분 '유년
기'에 형성되며, 정신구조는 일단 형성되면 보다 강력한 체험이
있지 않는 한 좀처럼 변하지 않는다는 사실을 세세히 밝히진
않았다. 니체는 삶의 근원성인 '힘에의 의지'가 본래 끊임없이
변화하기 때문에 정신 역시 매 순간마다 변화에 개방되어 있을
것이라 낙관하였다. 이런 낙관론은 인간의 주체적 창조활동을
통해 삶이 끊임없이 발달할 수 있다고 보는 당대의 낭만주의적
역사관과 모더니즘적 가치 신념을 반영한다. 그러나 정신분석
에 의하면 무의식에서 의지와 무관하게 작동되는 방어기제의
경직성으로 인해 기존 방어기제를 변화시킬 특별한 계기가 주
어지지 않는 한 인간은 '새로운 정신상태'에 도달하거나 주체
적 창조활동을 행하기가 본래 어려운 존재다.[17]

정신분석과 계보학은 모두 무의식적 방어작용 · 환상 · 편견 ·
고정관념들에 의존하지 않고서 현실을 왜곡 없이 대면해야 자아
가 '발달'한다고 해석하는 점에서 유사하다(Nietzsche, 1886:
39).[18] 그런데 논리적 반성에서 니체의 계보학은 특정한 과학적
전제에 근거한 프로이트의 정신분석보다 훨씬 더 철저하다. 예를
들어, 니체의 계보학은 종국에는 자체 관점의 자가당착성을 스스

로 자각한다. 이에 비해 프로이트의 정신분석은 자체 관점의 몇
몇 한계에도 불구하고 과학의 특정 진리 관점을 끝까지 고집한
다.[19] 니체는 의식·개념·논리가 실재에 대한 온전한 재현 도구
가 되지 못한다면, 계보학 역시 실재에 대한 진리 관점으로 주장
하기 어려움을 자각한다. 이 순간 계보학이 지향하던 '사실에 대
한 왜곡 없는 인식'이란 하나의 이념일 뿐, 의식에 의거해 진실
과 허구를 엄밀히 구분하는 일이 어렵다는 것을 자각한다. 이런
상황에서 관심의 초점은 어떤 관념과 의미의 '진/위'가 아니
라 그것이 인간 삶에 대해 어떤 가치를 제공하느냐로 변한다.
계보학의 최종 활동은 어떤 관념과 관점이 삶의 총체적 건강
과 발달에 유용한 가치를 지니는지 아니면 힘에의 의지를 왜
소화, 병약화하는지를 판독하는 것이다(Nietzsche, 1887: 24-25).
사유와 사실 사이의 일치대응설(correspondence theory)이 약화
된 이후 철학의 초점은 '진/위' 문제에서 가치 문제로 변한다.
그렇다면 어떤 해석 관점이 인간을 보다 강한 삶의 유형으로 발
달시키며, 어떤 해석 관점이 인간을 병약한 삶으로 유도하는가?
니체는 정신과 도덕의 불변성·초자연성·보편성을 강조하는
형이상학 관점이 '삶'의 변화를 가치 비하함으로써 정신의 새로
운 발달을 방해했다고 해석한다. 반면에 의식 이면에서 역동하는
'힘에의 의지'의 상태를 정확히 직면하고서, 그것의 한계를 끊임
없이 극복하려는 '극복인'의 이념을 통해 '정신의 고양'을 도모
한다.

　니체의 계보학은 의식 표면에 현상하는 의미들이 어떤 이면
활동에서 발생한 것이며, 그것이 '힘에의 의지'를 고양하는가,

왜소화하고 침체시키는가를 판독한다. 나아가서 계보학적 해석 관점이 개인 정신에 부각되고 있음은 그의 힘이 넘치고 있다는 기호인가, 아니면 힘의 고갈 기호인가를 진단한다. 어떤 기호의 가치성을 판독하는 작업에서 그것이 사실을 반영하는 것인지 허구를 지칭하는 것인지는 더 이상 관심의 초점이 아니다. 그런데 어떤 정신적 대상의 '가치/반가치'를 진단하는 활동 역시 일종의 '앎의 의지'에 의해 작동하는 것이다. 따라서 우리는 앎의 의지의 정체와 가치가 무엇인지를 물어야 한다. 니체에 의하면 앎의 의지란 '앎'을 통해 문제(상처)를 극복하려는 의지를 지칭한다. 그런데 '과도한 앎의 의지'는 삶의 모든 에너지를 인식활동에 집중함으로써 다른 활동을 약화시키는 문제를 지닌다. 그렇다면 인식 중심적인 삶의 유형은 '삶의 의지' 기호라기보다 현실에 대한 다각도의 직면을 차단한 채 안전한 관념 세계 속에 파묻히려는 병든 의지의 기호로 해석된다. 이 상황에서 니체는 의식의 자기애적 해석성을 자각하면서 되도록 다양한 해석 관점을 통해 '삶'을 다각도로 직면하고 유희하는 '극복인'의 생활 스타일을 강조한다. 그러나 고통스런 진실을 방어적 환상과 편견 없이 직면하고 유희하려면, 그 개체는 무의식적 방어기제에 의존하지 않아도 될 정도의 강인한 정신력을 지녀야 한다. 니체의 계보학은 바로 이 대목에서 기존의 경직된 방어기제를 수정·해체하고 자아를 강화하는 구체적 기술과 방법들을 보유하고 있는 정신분석의 도움을 필요로 한다.

미주

1) 라캉에 의하면, 인간 정신은 주체와 자아, 의식과 무의식으로 '분열'되어 있다. 자아는 거울에 비친 자신의 이미지를 자기 자신과 동일한 것으로 오인하여 내면화함으로써 최초로 형성된다. 그리고 이런 자기애(自己愛)적인 오인작용을 통해 외부 세계(타자)의 이미지를 끊임없이 내면화함으로써 성장한다. 따라서 자아의 일부분인 의식은, 상상적 자기애를 추구하는 자아의 본성에 영향받지 않을 수 없다. 자아와 의식은 '진리 인식'의 기능체가 아니다. 정신기능은 그것의 발생 과정에서 이미 주관적 이미지(小타자)와 상징적 의미체계(大타자)에 '매개'되어 있다. 그로 인해 자기 자신과 외부 세계를 순수하게 대면하지 못하게끔 그리고 주체적인 삶이 어렵게끔 '구조화'되어 있다. 이 구조는 사회적 삶(상징계)에 적응하기 위해 인간이 운명적으로 수용한 것이며, 이 구조를 벗어난다는 것은 곧 사회적인 죽음 내지 정신질환의 영역에 들어섬을 의미한다. 즉, 정상인에게 자유와 주체성은 구조적으로 존립하기 힘든 것이다. 인간의 무의식은 '대타자'로 불리는, 인생을 좌우해 온 상징계의 핵심 기표(엄마, 아빠, ……)와 상징적 의미 체계, 상징 기표들이 활동하는 장소를 지칭한다. 의식은 대타자에 대해 주체적 영향을 미치기보다 대타자가 허용하는 욕망 구조의 범위 안에서 작동할 뿐이다. 라캉이 강조한 '무의식의 언어성, 은유와 환유'는 니체가 성찰한 '은유'를 정신분석적으로 정교화한 것이다〔Samuals, *Between philosophy & psychoanalysis-Lacan's Reconstruction of Freud* (New York and London: Routledge, 1993), pp. 3-10 참조〕.
2) 니체와 프로이트를 비교한 글은 서양에서조차 소량에 불과하다〔Lehrer, Nietzsche's Presence in Freud's Life and Thought (New York: State Univ., of New York Press, 1995)〕.
3) 니체는 독일어권 지성인들에게 숭배되는 철학자 중 한 사람이었다. 프로이트의 제자들도 니체의 사상과 정신분석 사이의 유사성에 관한 논의를 꽤 했었다. 이런 사실에도 불구하고 오늘날에까지 니체와 정신분석 사이의 연관성에 대한 담론의 양이 많지 않음은 정치적 요인 때문이라 추정

된다. 프로이트학파에 의한 니체와 정신분석 사이의 연관성 논의는 Lehrer(1995, pp. 103-117)를 참조.

4) Lehrer의 앞의 책, Kaufmann, *Nietzsche, Heidegger, and Buber* (New Brunswick: Transaction Publishers, 1992), 개서, 니체와 프로이트(1999) 참조.

5) 분열된 주체 내부에서 작동하는 타자성의 종류와 기능에 대한 대표적인 연구 모델로 라캉의 정신분석학적 철학을 들 수 있다. 라캉은 주체란 단지 상징적 기표로 얽혀진 대타자가 노니는 공간일 뿐이며, 자아란 주관적이고 상상적인 이미지들인 소타자에 의해 형성된 것임을 드러낸다. 이처럼 인간 정신(자아/주체)이 구조적으로 타자성에 의해 형성되고 유지되는 것이기 때문에 '자율적이고 독립적인 주체성'이라는 관념은 일종의 자기애적 상상 기호일 뿐이다〔라캉, 무의식에 있어 문자가 갖는 권위, 욕망 이론(문예출판사, 1994), pp. 60-89〕.

6) 라캉의 상상계/상징계/실재계 구분이나, 2자 관계/3자 관계의 구분은 타자성의 유형에 대한 구분과 각 타자성이 개인 정신에 미치는 영향에 대한 연구를 드러내는 기호다. 라캉은 중기에는 상징계적 타자로서 문자(기표의 사슬)가 정신에 미치는 영향을 강조하며, 후기에는 죽음 본능과 향락(jouissancce) 기표를 통해 탈문자적 실재계의 힘을 주시한다〔벤베누토, 라캉의 정신분석 입문(하나의학사, 1999), pp. 216-229〕.

7) 정신분석 지식이 윤리학 분야에 미친 보이지 않는 영향은 크지만, 그것을 새로운 윤리이론의 형성에 적극적으로 활용하는 담론은 아직 초기 연구 단계에 있다. 즉, 정신분석 지식은 형이상학적 도덕 관점을 해체하는 광범위한 영향을 미쳤지만, 새로운 윤리 관점 확립에 적극적으로 활용되는 단계에는 아직 이르지 못하고 있다〔엔 · 배리 · 율라노프 공저, 종교와 무의식(한국심리치료연구소, 1996), pp. 177-210 참조〕.

8) 자아기능은 성 욕동의 발달과정과 밀접히 연관된다. 성 욕동이 '자아('나')'에 집중되는 자기애 단계에 고착되면, 주관적 환상과 외부 세계의 차이성을 온전히 구분하기 어렵다. 이에 비해 성 욕동이 외부 대상에 집중하면, 현실에 대한 깊은 관심과 판단이 이루어진다. 가장 심한 정신질환인 정신분열증의 경우, 자아의 리비도가 외부 세계에서 철수하므로 분열증자는 현실 검증력을 지니지 못한 채 오직 주관적 환상과 환각 속에서 살게 된다. 편집증에서 신경증으로 갈수록 현실 검증력이 온전해진

다〔프로이트, 편집증자 쉬레버, 늑대인간(열린책들, 1996), pp. 355-356; 토템과 금기(경진사, 1993), p. 117; 새로운 정신분석 강의(열린책들, 1996), p. 229〕.

9) 프로이트가 비판하는 '철학자'라는 기호는 엄밀히 말해 형이상학자, 관념론적 철학자를 지칭한다. 그러나 프로이트는 당대의 철학자 일반을 관념론적 철학자로 너무 단순하게 일반화하는 오류를 저지른다. 그가 공격하는 철학자의 약점은 '구체적인 실험, 관찰'을 행하지 않은 채, 오직 '논리적 추론'으로써 세계에 대한 이론적 지식을 제공하려 한다는 점에 있다〔프로이트, 새로운 정신분석 강의(열린책들, 1996), p. 229, 236〕.

10) 편집증에 관해서는 프로이트, 「편집증자 쉬레버」, 『늑대 인간』, pp. 350-351, 『토템과 금기』, 2장 3절, pp. 92-96, 마이쓰너, 『편집증과 심리 치료』(한국심리치료연구소, 1998), pp. 78-80, 146-147, 299-300, 302, 311. 신경증에 관해서는 프로이트, 「쥐인간 강박증에 관하여」, 『늑대 인간』, pp. 133-135, 『나르시시즘에 관한 소론』, 『무의식에 관하여』, p. 47.

11) 니체와 프로이트 사이의 연관성에 대한 비교 내용 중 도덕과 초자아 그리고 자아의 특성에 관한 언명은 니체와 프로이트를 비교한 필자의 두 편의 논문 『이분법적 사유와 탈이분법적 사유-정신분석학적 관점에서 본 고찰』, 『도덕계보학-니체의 생리심리학과 프로이트의 정신분석학』에 의거했으며, 나머지는 Lehrer(1995)의 책과 Kaufmann(1992), Gasser(1997)의 책을 참조하였다.

12) Blodel, La Question de la genealogie, *Encyclopedia Philosophique Universelle*(Paris: Univ. de France, 1989), Vol. I, pp. 715-719 참조.

13) 이 구절에는 니체철학의 핵심에 대한 필자의 해석이 압축되어 있다. 존재에 대한 형이상학적 해석 단계에서 계보학적 인식 단계로, 그리고 허무주의 단계와 운명애적 유희 단계로의 발달 과정은 가치관의 혼란을 겪고 있는 현대인이 참조할 만한 탁월한 메시지다. 현대 (탈)구조주의 사상가들 내지 포스트모던 문화비평가들에게 니체의 '자기극복' 이론은 관심의 초점으로 등장한다. 그런데 이들은 니체 사유의 일부 내지 결론만을 발췌하여 자신의 주장에 활용한다는 문제를 지닌다. 그리고 핵심 문제는 '극복인(초인)'의 경지에 오르기 위해서는 앞에 제시한 '정신의 발달 과정을 차분히 단계적으로 겪는 것이 중요하다.'는 것을 망각한다

는 점이다[이창재, 도덕의 기원에 대한 탈이분법적 고찰—니체의 가치관을
중심으로(연세대 박사 논문, 1993)].

14) 무의식적 방어작용의 가치는 정신분석에서 두 가지 차원에서 해석된다.
하나는 '발달적 측면'이며, 다른 하나는 '방어적 측면'이다. 원시 인류
나 유아가 초기의 성장 과정에서 외부 세계에 대처하기 위해 사용하는
무의식적 방어기제는 그 당시에는 정신을 위해 필요한 긍정적 가치를
지닌다. 그러나 이 방어기제들은 성인이 된 이후에도 계속 반복될 경우
정신의 성장을 방해하는 반(反)가치적 성질을 지니게 된다. 형이상학이
인류 정신사에 지니는 의미 역시 이와 같은 두 측면에서 해석할 수 있
다. 형이상학은 인류와 개인의 정신 발달 과정에서 위태로운 과도기를
안정되게 극복하게 돕는 데 긍정적 가치를 내포한다. 그러나 형이상학
에 계속 의존하고 고착하면, 정신은 새로운 발달의 기회를 놓치게 된다.
이것이 곧 불변성을 강조하는 형이상학의 문제점이다.

15) '극복인(초인)'은 니체의 『차라투스트라는 이렇게 말했다』의 중심 메시
지다. 이 책에서 니체는 '신(형이상학)'의 죽음은 곧 신에 의거해 자신
을 보존해 왔던 '인간'의 죽음을 수반한다. 이 상황에서 인간에겐 편안
함에 안주하는 '종말인'의 길과 스스로 가치를 창조하는 '극복인'의 길
이 있음을 강조한다[Nietzsche, *Thus Spoke Zarathustra*, trans. by
Kaufmann (New York: The Viking Press, 1966) "Zarathustra's
Prologue", "On the Higher man"을 비롯한 책 전반 참조].

16) 동일자의 영원회귀성에 대한 니체의 운명애적 긍정과 유희 개념은 반
복해서 회귀하는 무의식을 직면하고 긍정적으로 재해석하여 극복하려
는 정신분석 치료 관점과 유사하다.

17) 여기서 특별한 계기란, 첫째 개인의 현재상태가 너무 고통스럽기 때문
에 정신구조가 변화하지 않으면 생존하기가 힘들어 변하고 싶은 욕구가
매우 강한 경우다. 둘째, 현재의 방어기제를 변화시키는 데 정서적으로
그리고 지적으로 도움 줄 수 있는 대상, 즉 유년기의 부모에 못지않은
강력한 대상을 만나서 구체적 도움을 받을 경우다. 이 두 조건이 서로
결합하면 정신구조의 변화가 가능하며, 두 가지 중 하나만 결핍하여도
이미 형성된 정신구조는 좀처럼 변하지 않는다.

18) "정신의 힘은 그것이 얼마나 '진실'을 감내할 수 있는가에 따라 측정되
어야 한다. 또는, 더 명료하게 말해, 그 영혼이 어느 정도로 부드럽게

된, 둔감한, 허구화된 …… 진실을 '요구'하는가에 따라 측정되어야 할
것이다"(Lehrer, 앞의 책, p. 27).

19) 프로이트 정신분석은 일치대응적 진리관에 기초해 있으면서 일부는 정
합설(coherence theory)의 측면도 지니고 있다. 프로이트는 자기 이론
의 이런 이중성에 대해 특별히 반성적 언급을 하진 않는다. 이는 그가
논리의 가치를 중요시하지 않기 때문이다. 그에게 가장 중요한 것은 구
체적 임상경험이다. [Charles Hanly, *The Problem of Truth in Applied
Psychoanalysis*, (New York:The Guilford Press, 1992), pp. 1-24].

11

니체의 계보학과 프로이트의 정신분석

1. '철학'의 현대적 의미와 정신분석의 철학적 위상

정신 속에는 복잡한 의미 체계들과 수많은 기호들이 각인되어 있다. 그 기호들 중 특별한 가치를 지닌 것으로 부각되는 의미는 사회마다 개인마다 다를 수 있다. 혹자에게는 진리와 영생이, 혹자에게는 육체적 쾌락과 돈이, 혹자에게는 명예와 권력 등이 인생의 핵심 의미로 부각된다. 그 의미들이 어떤 특정 관점과 전제에 의거해 결합되어 구성된 것이 담론이며, 이론이다. 현대인은 인생의 본질과 목적 등을 표현하는 다양한 담론들에 둘러싸여 있다. 그런데 어떤 관점과 담론이 '진실'을 반영하며, 삶을 '성장'하도록 돕는 것인지에 대해 분명한 판단을 내리기는 쉽지 않다. 정신을 유혹하는 수많은 기호와 이론에 대해 대다수 인간은 그것이 정신에 유발하는 '환상효과'와 현실적 유용성에 이끌리며, 굳이 그것의 '정체'를 심층 분석하는 고된 작업을 시도하지 않는다. 초점은 어떤 이론이 내게 심리적 쾌감과 힘을 주느냐에 있지, 그것이 진리인가 거짓인가에 있지 않다. 그런데 계보학은 이런 대중적 심리 성향과 달리, 어떤 담론이 겉으로 드러내는 의미가 사실과 일치하는지 아닌지에 대해 진지하게 의문을 품는다. 그리고 그것의 이면적 사실성에 대한 정밀 분석에 관심을 집중한다. 오늘날 계보학은 심층심리학, 생리학, 비판사회학과 비판역사학, 기호학(언어학) 분야에게 각각 전통 사상들의 이면('기원')에 대해 고유한 분석을 시도한다. 니체 이후 100년간 현대 서양 철학자들은 그들이 자부해 온 전통 관념과 관점의 타당성에 대한 분석을 새로운 과학 지식을 참고하며 전개해 왔다. 그로 인해 오늘날의 '철학'은 '인류를 구원할 위대한 의미와 가치의 발견을 통한 삶의 궁극 목적 제시'라는 전통 형이상학의 목적을 전제하거나 강조하지 않는다. 현대철학은 '언어와 의식에 매개되어 형성된 모든 이론의 한계를 비판적으로 재해석'하는 데 주력한다.[1] 오늘날 전통 철학이 담당해 온 우주와 인간, 사회와 도덕규범, 언어의 본성 등에 대한 '사실 규명'은 대부분 자연과학과 정신의학, 심리학, 정신분석학, 사회학, 기호학 등의 신생 학문 분야에 그 연구 활동을 넘겨주었다. 철학은 이제 개별 과학자들이 많은 노동을 들여 밝혀 놓은 다양한 실증 자료를 기반으로 그것들이 인간 삶에 대해 어떤 의미와 가치를 지니는지에 대한 종합적 사변을 시도한다. 그리고 개별 과학의 연구 관점과 전제, 연구 과정에 어떤 편견이 개입되어 사실에 대한 온전한 인식을 방해하는지에 대한 메타-과학적 반성을 시도한다. 즉, 오늘날 '철학함'의 의미는 형이상학에 대한 반성과 과학에 대한 반성 그리고 언어와 문화에 매개된 인간의 인식활동 일반에 대한 반성활동에 초점이 맞추어져 있다. 그리고 이러한 반성 과정을 충실히 거치고 통과한 철학자가 있다면, 그 사람의 입에서 과연 어떤 종류의 책임질 수 있는 종합적 언설이 나올 수 있는지에 관심을 기울인다.

현대 철학자가 인간에 관한, 인간을 위한 단 한마디의 엄밀한 진술을 발설하기 위해서는 이처럼 인식의 조건과 첨단과학 일반에 대한 숙고된 이해와 반성 과정을 거쳐야만 한다. 이러한 '철학함'의 현대적 특성은 니체, 프로이트, 마르크스가 개척한 계보학적 학문활동의 유산으로 해석된다. 가령, 혹자가 "철학과 정신분석학은 정신에 대한 해석 관점과 구체적 접근방법이 다르기 때문에 결코 상호 결합될 수 없다."는 언명을 주장할 경우, 우리는 이에 대해 어떤 반응을 보일 것인가? 현대 계보학자의 경우, 그(녀)는 이 언명의 이면에 은폐되어 있는 여러 선입견과 전제를 찾아내어 이 전제와 선입견의 진/위에 대해 사회계보학(마르크스), 기호해석학(니체), 심층심리학(니체, 프로이트) 관점 들에 의거해 정밀하게 검토할 것이다. 그리고는 이 전제 사이의 논리적 연관성과 전제와 외면적 주장 사이의 논리적 모순 여부를 검토한 다음, 종합적으로 이 언명의 타당성을 논할 것이다. 이런 계보학적 비판 과정을 통과하여 그 진리성을 객관적으로 보증받을 수 있는 담론은 오늘날 매우 드물다.[2]

프로이트가 개척한 정신분석은 '의식'에 영향을 미치는 정신 내적·외적 조건과 '온전한 인식'을 방해하는 요인들 그리고 이를 극복하는 방법에 대해 고심해 온 현대 계보학 영역 중 하나다.[3] '이성과 도덕성'이 인간의 본질이며, 이성을 통한 도덕성의 탁월한 실현이 인생의 궁극적인 목적이라는 2500년에 걸친 서양의 인간론은 프로이트의 무의식론, 유아성욕론, 오이디푸스 콤플렉스론, 초자아론, 자아의 방어기제와 증상론, 사후작용론, 역동적 정신구조론, 죽음 본능론 등에 의해 상당 부분 해체되었다. 현대 철학자들은 프로이트가 발견한 '무의식'에 관한 인식을 거치지 않고서는 정신에 관한 엄밀한 학문적 주장은 물론이고 정신의 고양을 유도하는 타당한 윤리적 담론을 제시하기 어렵다. 정신분석이 부각시킨 '정상/비정상'의 판단 기준은 이제 철학자들이 연구해야 할 주요 과제다. 어찌 보면 정신분석학은 현대 철학자들이 자신의 전문성을 계속 유지하기 위해 감당해야 할 또 하나의 벅찬 짐으로 다가온다.

그런데 현대사상의 발달에 커다란 자극을 준 프로이트 자신은 아이러니하게도 '철학'에 대한 오해와 편견을 지니고 있었다. 프로이트는 당대에 독일과 오스트리아에서 숭배되던 철학자 중 하나였던 니체를 외면한 채, '철학'의 본질이 마치 형이상학과 동일한 것인 양 일반화하고 비난하는 오류를 범하였다.

> 많은 노동을 들여야만 하는 정신분석학적 탐구가 단지 철학자가 직관에 의해 인식한 진리에 (결론적으로) 일치한다 해도, 나는 내 이론의 선구적 독창성을 의심하는 모든 주장을 기꺼이 감수할 준비를 해야만 했다(Freud, 1914: 15-16).

프로이트의 쓸쓸한 고백에는 철학활동에 대한 강한 편견과 무의식적 방어(부정)가 담겨 있다. 그런데 묘하게도 프로이트는 니체가 선구적으로 개척한 계보학 관점에 동참하여, '정신'에 관한 이전의 모든 선입견에 '완곡한 방식으로' 대항하는 모습을 보인다.[4] '철학'의 본성에 대한 프로이트의 정신분석학적 해석은 전통 형이상학에 대한 니체의 계보학적 비판과 여러 면에서 유사성을 지닌다.[5] 그중에서 정신의 병리성을 극복하기 위해 거쳐야만 하는 정신의 발달단계에 관해 니체와 프로이트가 제시하는 처방책의 유사성과 차이성을 살펴보자.

2. 계보학과 정신분석학 사이의 유사성과 차이성

1908년 4월에 열린 비엔나 정신분석학회에서 니체의 『도덕의 계보』 세 번째 에세이인 「금욕주의적 이상들의 의미는 무엇인가?」에 관한 토론이 열렸다. 이 자리에서 프로이트는 세간에서 말하는 니체의 사유와 자신의 이론과의 유사점에도 불구하고 자신은 니체를 읽지 않았으며, 니체는 결코 정신 발달에서 '유년기'의 중요성과 (히스테리 증상을 유발하는) 무의식적 방어기제에 관해 충분히 인식하지 못했음을 비판하였다. 또한, 1908년 10월 회합에선 니체의 책 『이 사람을 보라』[6]에 대한 토론이 열렸다. 이 자리에서 프로이트는 이 책이 온전한 정신에 의해 씌어졌으며, "그 어떤 사람도 도달하지 못했고, 그 어떤 미래인도 도달하지 못할 것 같은 정도의 내성 능력에 의해 씌인 글"이라고 니체의 '내적 성찰' 능력을 이례적으로 칭찬하였다(Lehere, 1995: 115). 그러나 (또 다른 문헌에 의하면) 프로이트는 그 토론에서 "니체는 '사실(ist)'을 '당위(Soll)'로 바꾸었다. 그러나 과학은 당위를 알지 못한다. 그는 결국 도덕주의자에 머물렀고, 신학자를 떨쳐 버리지 못했다."는 비판을 하였다고 전해진다.[7] 결국, 프

로이트는 니체를 '철학자'로 규정하고서 철학의 형이상학적 사
변성과 과학의 실험정신은 엄밀히 구별되어야 함을 일관되게 강
조한다. 프로이트는 니체와 자신의 이론 사이의 외견적 유사성에
도 불구하고, '현실 대상에 대한 오랜 관찰'을 통해 검증된 정신
분석학 이론과 '현실과 유리된 내성적 사변활동'의 결과물인
'철학' 이론은, 이면성이 매우 다른 것으로 해석한다. 여기엔 학
문적 엄밀성에서 정신분석학자가 철학자보다 훨씬 뛰어나다는
프로이트의 선입견이 담겨 있다. 그런데 니체의 철학은 과연 학
문적인 엄밀성을 결여한 내성적 사변일 뿐인가?

니체 계보학의 분석 주제와 분석 결과

철학에 입문하는 많은 사람들은 개념과 논리를 사용하여 이
세상과 인간에 관한 심오한 지식을 습득할 수 있으리라 기대한
다. '나'의 정신활동을 통해 존재하는 모든 것의 운명을 좌우할
거대한 '진리'를 발견하면, 그것의 힘을 내 것으로 소유할 수 있
으리라는 희망은 프로이트가 '자기애(自己愛)적 사유'라고 비판
한 '자아 전능 감정'을 유발한다. 서양철학의 경우 소크라테스에
서 헤겔에 이르는 대부분의 철학은 이런 자기애적 자아 전능 욕
구를 어느 정도 충족시킨다. 소위 형이상학으로 불리는 철학은
이 세상에서 좌절되고 억압된 욕구들을 무제한 보상해 줄 '완전
한 세계'와 그것에 도달하는 방법을 제공함으로써 못마땅한 현
실을 무시할 수 있는 정신적 힘을 제공한다. 형이상학은 그것이
의식에 선보이는 관념들(진리, 선, 신, 절대정신)의 (거대한) 완전
성으로 인해 정신을 매료한다. 각 형이상학이 제시하는 삶의 방

향을 그대로 믿고 따라가기만 하면 인간은 완전한 존재와 영원히 행복한 동일시를 보증받게 된다.[8] 그런데 형이상학의 부작용은 사회적 관계 속의 한 개체로서 현실세계에 적응하는 과정에서 발생한다. 근대 이후의 현실세계는 생산 가치의 (재)창출을 위해 개인에게 특정 양식의 노동활동과 특정한 지식 관점, 가치 관점을 요구한다. 그런데 형이상학적 가치관을 지닌 인간이 과학적 합리성과 경제적 합리성의 결합으로 구성된 현대 산업사회에 제공할 수 있는 노동활동과 타자관계 방식은, 이 사회의 현실적 요구에 좀처럼 부합되지 않는다. 즉, 형이상학적 인간이 중요하다고 생각하는 가치들의 위계는 현대사회의 가치 요구와 불일치 관계에 있는 것이다. 그 결과 형이상학적 인간은 좀처럼 적응하기 힘든 현실에 대해 방어기제를 작동하여 '병리적인 사적 공간(왜곡된 현실세계 내지 주관적 환상세계)' 속에 고착되고 만다.

형이상학적 가치관을 대체하면서 서양 사상사에 부각된 새로운 지식 및 가치 관점은 과학이었다. 과학과 자본주의 제도가 결합되어 고도의 물질 생산력을 창조하게 되자 인간은 과학적 이성을 통한 지상 낙원의 건설을 꿈꿀 수 있게 되었다. 19세기 말부터 급속하게 확장된 과학적 발견과 물질 생산력은 인간으로 하여금 과학의 거대한 힘에 대한 경이적인 신뢰감을 갖게 하였다. 이와 더불어 19세기 유럽에선 과거의 모든 사상과 가치 관점의 진리성을 과학의 기준과 관점에 의거해 재검증·재해석하는 실증주의가 유행하게 되었다. 니체의 계보학은 실증과학 정신의 철학적 모델로서, 특히 정신을 구성하는 관념과 가치 관점이 발생하고 변천해 온 과정에 대한 (메타)과학적 탐색을 지칭한다.

계보학의 관점에서 전통 기호들의 의미를 재해석할 경우, 무
엇보다도 '영원한 진리', '완전한 선', '도덕적 완전성을 지닌 유
일한 기원(신)이 있다.'는 관념은 해체된다. 그 대신에 '끊임없이
역동하는 다양한 힘과 규약적인 관계'가 의미 일반의 새로운
'기원'으로 의식에 부각된다.[9] 그와 더불어 형이상학을 구성하
는 핵심 관념인 실체성, 동일성, 인과성, 당위성, 이성, 신성한 보
편법칙, 궁극 목적 등에 대한 신념이 균열된다.

형이상학적 관념들이 사실을 반영하는 기호가 아니라 단지 특
정한 문법(주어—술어)이 인간정신에 유발한 환상 기호일 뿐이라
는 계보학적 분석의 깊은 의미는 21세기의 대중에게 아직 자각
되지 않고 있다. 왜냐하면 이것은 계보학자조차 감당하기 힘든
매우 충격적인 내용이기 때문이다. 그렇지만 니체는 이 사실을
능동적으로 직면하는 과정을 통과해야만 비로소 형이상학적 환
상에 의존하지 않는 주체적 삶이 가능하다고 보았다. 그러나 불
확실한 모험보다 삶의 안정된 보존을 지향하는 대중에겐 이 직
면 과정이 너무도 힘들고 위험할 것으로 추정된다. 그렇다면 형
이상학에 대한 계보학적 해체가 구체적으로 의미하는 바는 무엇
이며, 그것이 인간 삶에 미치는 영향은 무엇인가?

형이상학적 관념과 신념이 균열되는 과정에서 사람들의 마음
은 충격을 받는다. 세상과 인간에 대한 가치평가 관점의 변화는
때로 하늘과 땅이 뒤집히는 듯한 충격으로 밀려든다. 예컨대, 인
간과 이 세상은 하나의 성스러운 존재에서 기원한 것이라는 '형
이상학적 기원' 관념의 균열은, 인간이 궁극적으로 회귀하고 싶
은 고향이 결코 완전하고 거룩한 세계가 아니라는 생각으로 유

도된다. 이 경우 인간은 자기 존재를 지지하던 안전한 배경이 사라진 듯한 불안과 상실감을 갖게 되며, 자신이 추구해야 할 '고귀한' 목적을 더 이상 발견할 수 없게 된다. 인간에겐 모든 것이 목적이 될 수 있으며, 이 목적 사이의 가치 차등을 판별할 궁극적인 기준이 존재하지 않기 때문에, 어떤 행동도 행할 수 있는 가능성이 개방된다.

실체성과 동일성 관념이 해체되면 개인은 더 이상 수많은 속성들을 통합하는 자기 동일적이고, 영속성을 지닌 존재가 아니다. 개인이란 단지 서로 다른 성질들이 우연히 잠정적으로 결합해 있는 무엇일 뿐이다. 그렇다면 인간은 굳이 일관된 삶을 살려고 애쓸 필요가 없어지며, 순간을 향유하다가 사라지면 된다.

인과성 관념이 해체되면, 사건과 사건, 성질과 성질 사이에는 '필연적 연관성'이 없어진다. 단지 시·공간적으로 인접한 사건들을 반복해서 연상하는 심리작용과 그것의 (은유적) 환상효과만 존재한다. 인과적 필연성이 '심리적 환상'이라면 우주의 운동은 정확히 예측할 수 없는 우연성과 개연성에 의해 움직이고 있는 것이며, 인간의 삶 역시 인과적 예측이 어려운 우연적 사건들의 집합체가 된다. 또한 과학적 이론의 뼈대인 인과적 추론이 필연성이 아닌 개연성의 기호라면, 과학이론들은 언제든지 비진리화될 가능성을 내포한다. 인간은 이제 그 어떤 사건이나 행위에 대한 '하나의 확실한 원인'을 발견할 수 없는 수많은 다중적 원인 속에 위치하며, 자신의 삶이 어떤 원인에 의해 영향받고 있는지 정확히 계산하기 어렵게 된다.

무엇보다 생활에 심각한 영향을 미치는 것은 '도덕적 당위 관념'의 균열이다. 과학의 눈으로 아무리 정밀하게 관찰해도 '당위

성'이라는 성질이나 사실은 결코 발견되지 않는다. 그리고 삶의 궁극적인 목적 내지 통일된 목적이 부재하는 상황에서는 인간을 완전한 '자아 이상'으로 지향하게 하는 '당위'가 존립할 수 없다. 이 경우 인간은 자신에게 쾌락이나 이익을 제공하지 않는 그 어떤 행위에 대해, 그것을 행해야만 할 필연적 이유 내지 '당위적 의미'를 갖지 못한다. 그렇다면 다른 생명체들과 인간을 차등 대우할 당위적 근거도 상실된다. 즉, 인간은 동물이나 물건과 동일하게 취급할 수도 있고, 심지어 자신에게 쓸모없는 인간인 경우, 자신이 아끼는 물건보다도 가치 없는 수단으로 취급할 수도 있는 것이다. 인간 행동을 특정 방향으로 '안내하거나, 금지하는 당위'가 실재성이 아닐 경우, 사회적 처벌을 피할 수만 있다면 인간은 사유 · 욕구 · 행동에서 어떠한 속박도 받지 않게 된다.

이성은 형이상학에서 탁월한 가치를 지닌 초자연적 실재(진리, 신, 선……)에 대한 인식 능력을 지칭하였다. 그러나 자아의 일부분인 의식이 무의식에 좌우되어 사실을 왜곡한다는 자각은 이성을 통해 영원한 진리에 도달하고자 하였던 인간들에게 좌절감을 준다. 개체의 안전한 보존을 위해 무의식적으로 작동하는 방어작용으로 인해 외부 지각들을 진실과 무관하게 왜곡 · 편집하면서도, 그런 사실을 은폐 · 망각하는 의식은 이제 정신을 대변하는 기관이 아니다. 의식은 정신의 이면성을 은폐하면서 (애매하게) 드러내는 정신의 표면에 불과한 것으로 해석된다(Nietzsche, 1882: 333). 의식을 통한 인식 과정에서 생존에 불필요하거나 해로운 지각들은 무의식적 정신활동에 의해 선별되어 왜곡되거나 억압된다. 이처럼 생명 보존이 목적이고 현실 인식은 부차적 수단일 뿐이라면, 의식활동은 결코 그 자체로 가치를 지니는 자율적 활동이 아니다(Nietzsche, 1882: 354). 그러므로 의식이 사유하던 '초자연적 관념'들은 사실 자체가 아니라 무의식적 욕동상태를 상징적으로 반영하는 기호로 해석된다.

'실재'를 있는 그대로 반영하는 기호로 간주되던 '개념' 역시 재해석된다. 개념은 사실을 개념 자체의 특성에 부합되게 변형(평준화)하여 반영하기 때문에 오히려 사실을 왜곡하는 인식 도구로 비판된다(Nietzsche, 1873: 249-251).

여기에서 개괄된 계보학적 인식 내용들은 그것을 감당할 수 있는 사람에게는 새로운 삶을 모색하게 하는 성숙의 계기로 활용할 수 있다. 그러나 감당할 만한 정신력을 지니지 못한 사람들의 경우, 이 내용은 매우 위험한 후유증을 유발할 수 있다. 가령, 혹자가 '형이상학적 기원, 궁극적 목적, 도덕적 당위성, 실체 등은 허구일 뿐이다.'라는 고정관념[10]을 갖게 되면, 그(녀)는 외부의 처벌 위협에서 벗어난다고 생각되는 순간 죄책감 없이 어떤 반인류적인 행위도 저지를 수 있다. 또한 삶의 궁극적 목적과 실체성이 없다면, '쾌감을 한껏 맛보는 것이 최상의 인생'이라는 자기애적 환상을 굳이 벗어날 이유가 없게 된다. 이런 상황에서 사회의 권력자들은 형이상학적 신념의 붕괴로 인해 유발될지 모를 위험한 사태에 대비하기 위해 사람들을 길들이고 유혹할 최신 이데올로기 장치를 개발하여, 새로운 자극을 주는 환상을 대량 생산할 것이다.

계몽주의의 첨단 모델인 계보학에 의해 드러난 이러한 자료는 오늘날 서양에서 더 이상 외면·억압할 수 없는 지식으로 간주되고 있다. 니체 이후 100년의 기간이 경과하면서 그리고 프로이트의 정신분석이 촉매가 되어 니체의 사유는 오늘날 서양의 전통문화를 해체하는 사상의 핵으로 자리 잡고 있다. 니체에서 시작된 서양의 현대철학은 이제 더 이상 프로이트가 비판하듯 '논리적 사변의 가치를 과대평가해 구축된 편집적이고 자아 전능적인 환상 체계' 기호가 아니다. 현실보다 관념과 환상의 가치를 더 소중하게 생각하며, 자아 전능적 감정 속에서 유아와 원시인, 편집증자가 구성하는 환상적 방어 체계로서의 철학은, 니체 이전 시대의 형이상학에 대해서만 타당한 비판일 뿐이다. 니체의 계보학은 이미 철학에 대한 프로이트의 비판 차원을 넘어서, 프로이트 자신이 의존해 있던 과학의 근거를 반성하는 단계에 와 있다. 니체의 계보학 이후 현대 사상가들은 더 이상 논리적 사변에 의해 우주의 비밀을 순간적으로 파악할 수 있다는 환상을 지니지 않는다. 그들은 현대과학이 이룩한 성과와 다양한 지식 관점에 대한 오랜 연구 과정을 거쳐, 생각할 수 있는 모든 반성을 시도하는 전문 비판가다.

정신분석가는 정신 내부에 대한 분석을 '정신분석 관점과 기법에 의거해' 시도한다.[1] 분석가는 본능 욕동의 '발달/고착' 유형, 자아의 방어기제 유형, 초자아의 성숙 양태, 상처와 불안 유형, 무의식적 환상 등이 의식에 미치는 영향력을 주목한다. 그리고 무의식에 관한 지식이 참인지 거짓인지 임상적 경험과 꿈 해석을 통해 구체적이고 검증된 지식을 소유한다. 이에 비해 철학자는 구체적 검증활동에서 단절되고 밀폐된 연구 공간에서 과학의 전제들에 대한 비판적 검토와 '무의식론'이 인간에게 어떤 '의미'를 지니는지에 대해 거시적으로 사유한다. 그런데 이처럼 서로 다른 특성을 지닌 철학자나 정신분석가의 활동이 상호 연계되지 못할 경우, 철학자는 정신에 대한 피상적인 사변가가 될 것이다. 그리고 정신분석가는 분석활동 자체가 자신과 내담자 일반의 삶에 어떤 의미와 가치를 지니는 것인지에 대해 거시적 균형감각을 지닐 수 없게 된다. 이 경우 분석가는 자신이 교육받은 특정 지식을 가지고, 내담자의 어떤 행위나 특성에 대해 관례적 처방을 제공하는 단순 기능인으로 전락한다. 정신분석가는 개인의 정신 발달 상태에 따라 세상이 달리 해석된다는 것을 이론적·경험적으로 잘 알고 있다. 이들은 무의식적 방어 양태를 변형·해소하여 내담자의 자아가 성장하기 위해 어떤 종류의 노력을 기울여야 하는가를 잘 알고 있다. 그러나 이들은 특정 정신분석 이론이 규정하는 범주 안에서 정신의 의미를 해석하는 데 습관화되어 있다. 그로 인해 정신분석 관점 자체의 한계에 대해 그리고 정신의 기능과 의미가 또 다른 관점에 의해 더 심오하고 건강하게 해석될 수 있는 가능성에 대해 충분히 열려 있지 않다. 그 결과, 누구도 무의식적으로 영향을 받지 않을 수 없는 '문화적 의미 체계와 가치 체계'에 대한 계보학적 연구와 단절된 채 내담자와 '의학적 관례'에 따른 면담 관계에 고착하기 쉽다.

프로이트가 니체를 '사실'에 대한 인식활동을 넘어서 또 하나의 '당위'를 주장한 사변 철학자로 오인한 까닭은 니체가 『자라투스트라는 이렇게 말했다』에서 당대의 인간이 앞으로 지향해야 될 새로운 인간상은 종말인(終末人)이 아닌 '초인이어야 한다.'고 강조하였기 때문으로 추정된다.[12] 그런데 이 오인은 니체가 '초인'을 강조하게 된 배경적 맥락을 충분히 이해하지 못한 데서 온다. 이 지점에 대한 상세한 서술이 니체와 프로이트의 차이점을 지각하는 데 중요하다. 프로이트는 자신의 학문 영역을 넘어서는 언명은 자제하는 것이 엄밀한 과학자의 태도라고 해석한다. 따라서 '어떤 인간이 되어야 한다.'고 대중을 향해 주장하는 것을 특정한 '동일시' 모델을 강요하여 인간을 또다시 유아적 집단심리에 빠뜨리는, 형이상학적이고 병리적인 태도로 해석한다. 그런데 니체가 대중을 향해 '초인'이 되라고 역설한 것이 과연 유아적 초자아상을 재현하는 형이상학적 태도였는가? 엄밀한 계보학적 비판 정신의 소유자인 니체가 '초인'을 역설하게 된 원인과 과정은 무엇인가? 이를 검토하기 위해 니체의 허무주의론에 대한 이해가 요구된다.

허무주의의 원인 : 형이상학적 환상의 해체

니체는 계보학에 의해 형이상학적 관념이 해체될 경우, 오랫동안 형이상학적 관념에 의존하여 살아온 사람들의 정신에 가치관의 혼란상태가 도래할 것으로 추정하였다.[13] 형이상학적 가치관에 의해 자신이 '인간'임을 자부할 수 있었던 개인에게 자신을 지지하던 중심 가치들이 해체될 경우, 그가 직면하게 될 현실세계란 어떤 의미와 가치를 지니는가? 그에게 남겨진 현실은 그가 지금까지 무가치한 것으로 경멸한 물질과 육체·감각 등이다. 그런데 오랫동안 형이상학적 환상에 의존해 온 인간은 이런 대상에서 진정한 가치와 마음의 위안이 좀처럼 느껴지지 않는다. 그의 정신은 어떤 목적과 가치도 없이 무엇이든 다 가능하고, 무의미하게 느껴지는 허무주의 상태에 처하게 된다. 허무주의란 '모든 것은 다 허무하다.'는 고정관념에 사로잡혀 있는 무기력한 정서 상태를 지칭한다. 인간 삶을 가치 있는 것으로 보증해 주는 '하나의 궁극적인 목적'과 '성스러운 고향(하나님의 나라)' 이 있다고 믿어 온 사람들에게 정신이 성스럽지 않은 기원에서 발생한 것이라는 자각은 자신의 존재 가치에 대해 환멸감을 유발한다.[14] 그러므로 니체는 형이상학적 편견과 환상이 해체된 직후에 과도기적으로 겪게 될 정신적 난관에 대처하는 하나의 방법으로, 다양한 관점과 환상을 균형 있게 유희할 줄 아는 '초인' 을 제시한 것이다. 니체가 유럽 사회에 허무주의가 향후 200년간 이나 만연할 것으로 예견한 까닭은 유럽 인들이 2000년간이나 기독교 형이상학에 의거해 자기 삶의 의미와 가치를 합리화해 왔기 때문이다. 허무주의는 이처럼 오랫동안 '거대 환상'에 의존하고 고착해 온 사람에게만 밀려드는 일종의 과도기적 증상이다.[15] 형이상학적 환상이 해체될 경우, 혹자는 '자살'로부터 자신을 방어하기 위해 병리적 증상에 고착하거나 가장 편했던 상태로 퇴행하여 쾌락과 안전만을 추구하는 '종말인'이 된다.[16]

허무주의의 또 다른 원인 : 계보학의 자가당착 사태

프로이트는 신경증의 원인과 치료 방법을 발견하려 노력하는 과정에서 무의식의 내용과 활동성에 관한 학문인 정신분석을 확립하였다. 그는 '심리적 현실'이 생리적 신체기능에 장애를 유발할 뿐만 아니라 의지와 무관하게 고통스런 상태에 반복하여 처하게 되는 증상들을 자주 관찰한다. 그래서 당대의 도덕규범에 순종한 채 평생을 병리적으로 사는 것보다 증상의 원인을 자각하여 주체적인 삶을 선택하도록 돕는 것이 가치 있는 활동이라 생각했다(Freud, 1917: 434).[17] '정신건강'은 프로이트에 의해 인간이 이룩해야 할 새로운 목적으로 설정된다. 그는 자아의 리비도 에너지를 무의식에 대한 방어에 과도 지출하지 않고 긴장을 적절히 분출하면서, 외부 세계에서 새로운 경험을 '내면화'하면, 정신의 성장이 지속될 수 있다고 보았다. 프로이트에게 정신의 성숙도란 곧 유아적이고 방어적인 정신상태에서 벗어나 자기 자신과 현실세계를 방어 없이 직면하고 향유하는 능력 정도에 달려 있다.[18] 강한 쾌감은 쾌락원칙을 쫓아 즉각적이고 직접적으로 원대상을 향해 본능 욕동을 분출하는 과정에서 느껴진다. 부드러운 쾌감은 원초적 욕구를 '현실원칙'에 의거해 현실세계와 조화를 이루는 방식(지연, 대체, 우회적 매개)으로 안전하게 표현하는 과정에서 얻어진다.[19] 반유대주의적이고 비민주적인 사회제도, 제1차 세계대전으로 인한 빈곤한 생활환경에서 무력감을 느껴온 유대인 프로이트는 정신분석이라는 새로운 학문을 개척하여 인간을 신경증의 고통에서 해방시키는 것이 그가 현실세계에서 할 수 있는 가장 가치 있는 활동이라 해석한다. 그는 어떤 추상적 삶의 목적을 제시하는 것은 열악한 생존 조건에 허덕이는 가없은 당대 인류에게 또다시 힘든 짐을 지우는 일일 뿐, 그것이 정신을 해방하거나 '발달'시킨다고 해석하지는 않았다. 따라서 그는 인간이 '마땅히 나아가야 할' 추상적 목표와 방향을 제시하지 않는다. 단지 무의식에 억압된 유년기 상처, 욕구, 환상, 불안, 방어기제 및 도덕적 편견으로 인한 심리적 부담에서 정신분석을 통해 인간을 구체적으로 해방시키는 것이 철학의 사변적 주장보다 가치 있는 활동이라고 해석하였다. 그래서 그에게 니체의 '초인'은 인간에게 정신적 짐을 지우는 또 하나의 강박적 관넘으로 해석된 것이다. 그런데 이 해석은 과연 타당한 것인가?

니체가 '초인'을 역설하게 된 배경은 형이상학적 관념의 해체
가 자유롭고 충만한 삶이 아닌, 목표와 가치감이 부재하는 허무
주의를 유발함을 체감하였기 때문이다. 니체는 최대량의 육체
적 · 심리적 쾌감 획득을 인간의 가장 합리적 목적인 양 생각하
는 19세기 공리주의와 자본주의 문화를, 허무주의를 극복한 기
호가 아니라 정신의 허무상태를 은폐하고 고착하게 하는 데카당
적 기호로 해석한다. 육체적 · 심리적 쾌감에 집착하는 태도는
자신의 빈곤한 정신성을 직시할 용기도 없고 새로운 가치를 창
조할 능력도 없으며, 조금의 정신 · 신체적 고통도 감당할 능력
이 없는 병약한 인간의 자기방어적인 도피 기호다. 이것은 형이
상학적 신념이 해체된 상태를 새로운 정신 발달의 계기로 전환
하지 못한 채, 의존할 어떤 대상도 없는 허무상태가 불안하여 인
생의 의미를 성급히 단순화하고, 거기에 고착하는 왜소한 '힘에
의 의지' 기호다. 진실로 강한 사람은 심리적 · 육체적 고통을
방어하는 데 급급해하지 않는다. 강한 사람은 환상이 붕괴되어
동일시할 가치 대상이 부재하는 상태의 원인을 직면하고, 그에
대처하기 위해 새로운 가치를 찾아 모험을 떠나거나 스스로 새
의미를 창조한다. 자신의 현재 한계를 뼈아프게 반성하면서 새로
운 정신상태로의 변화를 시도하는 '초인'은 주체적 가치 창조
유희 속에서 그만의 기쁨을 향유한다. '인간'은 이제 이데올로기
적 환상에 대한 의존적 고착에서 '분리'되어, 스스로 통합한 의
미를 정립하는 '초인'으로 변화함으로써 힘에의 의지를 계속
'성장'시킬 수 있게 된다.

  니체는 정신의 성장 과정을 '낙타→사자→ 어린이'로 은유
화 한다(Nietzsche, 1885). 이는 형이상학적 당위 규칙을 성실하
게 실천하는 무반성적 인간상에서 주체적 의지에 의해 모험적으
로 살아가는 인간상으로 그리고 삶의 한계를 운명으로 긍정하면
서 스스로 '의미'를 창조하고 가볍게 유희하는 인격으로의 성숙
과정을 의미한다.[20] '당위적 인간'의 문제점은 그의 도덕적 행동
이, 타자의 요구에 무의식적으로 지배되는 비주체적인 것이며,
원한 감정이 외부로 노출될까 봐 두려워 방어 차원에서 나온 태
도라는 데 있다.[21]

  형이상학적 환상의 도움 없이 현실과 자신의 한계를 직면하면
서 살 수 있는 용기와 힘을 지닌 사자의 문제점은, 기존 가치를
해체만 할 뿐 새로운 가치를 창조하거나 현실을 유희하는 융통
성을 지니지 못한다는 데 있다. 그래서 사자는 '어린이'로 변해
야 한다. 어린이란 고통스런 현실을 가볍고 흥미로운 놀이로 전
환하여 유희하는 인격을 상징한다. 그런데 이 상태는 오직 낙타
의 성실성과 사자의 용기 있는 진지성 과정을 충실히 거친 자만
이 가능하다. 즉, '초인'의 가치 창조와 유희상태에 도달하기 위
해서는 형이상학적 성실성과 계보학적 진지성 그리고 '허무주
의'라는 고통스런 과도기 과정을 '통과'해야 한다. 이것이 억압
된 병리 상태를 극복하여 삶을 온전히 만끽하려 드는 개성 있는
시도가 출현할 수 있는 조건인 것이다. '초인'은 결코 특정한 형
이상학적 당위성을 자기 자신이나 타인에게 강요하지 않는다.
'초인'은 특정 단계에서 정신 발달이 멈추어 변화 없는 인생을
반복하는 사람에게, 자신의 삶을 진지하게 '자기분석'하여 주체
적이고 다중적인 삶을 사는 것이 자기 자신과 문화 발전을 위해

바람직하다고 알릴 뿐이다.

 기존의 무의식적 환상·콤플렉스·방어기제가 해체되려는 순간 자아에게서 강한 방어적 저항이 발생하는 이유는, 그것이 기존의 환상·콤플렉스·방어기제와 더불어 유지되던 자아의 평형 체계를 깨뜨리기 때문이다. 기존의 평형상태가 깨져 있기만 할 뿐, 아직 현실세계에서 긍정적 자극원을 발견하기 이전의 과도기에는, 니체가 말한 허무주의적 불안이 있다.[22] 이 상태를 감당하기 힘들 것으로 예감하기에 자아는 극도의 방어적 저항을 하게 된다. 이 저항은 기존의 환상에 계속 고착하려는 몸짓이나 유아적인 군중심리, 데카당적인 향락주의로 유도될 수 있다.

 프로이트는 환자가 치료를 요청할 '그 당시에' 드러나는 콤플렉스 이외에 잠복된 콤플렉스를 해소하지 않으면 신경증 증상이 재발하는 사태가 종종 발생함을 말년에 가서 새롭게 주시한다. 그런데 잠복된 콤플렉스를 단기간에 찾아내어 해소하기란 현실적으로 쉽지 않다. 따라서 정신분석가가 환자로 하여금 현재 시점에서 역동하는 콤플렉스 외에 깊이 잠복된 콤플렉스를 노출하게 하려면, 현재 상태에 고착하려드는 환자의 정서를 교란시키는 비공감적 태도를 취할 필요가 있다. 그런데 이 경우 환자는 불안해져 무의식에서 강한 저항을 유발할 가능성이 높게 된다. 환자는 분석가를 마치 낯선 사람처럼 대하거나, 정신분석 치료를 중단하거나, 더 퇴행하거나, 치유되기를 원치 않는 부정적 치료 반응을 드러낸다(Freud, 1937: 229-233).[23] 이처럼 연약한 자아와 강한 방어 성향을 지닌 환자의 경우, 자신의 무의식을 직면하라는 요구는 치료로 연결되기보다 (니체가 예견한) 불안한 허무상태로 유도될 가능성이 높다. 든든한 '환상 없이도 현실'을 대면할 능력이 있는 자는 형이상학적 환상과 대결해 온 계보학자와 정신분석가에 국한될지도 모른다. 타자(안정된 공감과 지지를 제공하는 정신분석가, 심취된 철학자)에 의존하여 환상이 해체되는 과정에 있는 자는 습관화된 의존성의 장벽을 뚫고 고통스런 정신 내적 · 외적 현실을 자립적으로 직시하기 힘들다. 더 나아가서 과도기적 허무상태를 감내하면서, 새로운 가치를 창조하거나 고통스런 과거에 대한 성숙한 긍정적 재해석과 유희를 수행하기에는 역부족일 수 있다.

바로 이 지점에서 우리는 니체와 프로이트 사이의 차이점을 명료하게 할 필요가 있다. 과학적인 정신분석 기법을 통해 신경증을 유발하는 경직된 방어기제와 콤플렉스에 대한 완벽한 정복을 바랐던 프로이트에게 부정적 치료 반응과 정신분석 작업의 현실적 난관(심란함과 장기간의 치료)에 대한 당대인의 비난은, '과학의 힘'에 대한 그의 신념에 적지 않은 상처와 회의를 주었다. 프로이트는 '과학의 힘'에 대한 낙관적 희망에 의거해 평생 정신분석 이론의 구축과 분석치료 작업을 추동해 왔다. 그는 정신현상을 기술하는 기존 심리학의 한계를 넘어서, 정신의 이면성을 드러내는 정신분석학을 정립하려는 과정에서 직면한 난관들을 과학주의 신념에 의거해 극복해 왔다. 이런 프로이트에게 과학정신 그 자체의 한계에 대한 심각한 회의와 반성은 뚜렷이 발견되지 않는다.[24] 프로이트는 신경생리학 · 의학 · 정신분석학이라는 여러 과학의 단계를 거쳐, 그 오랜 연구 흔적을 바탕으로 말년에 가서야 인간과 문화에 대한 거시적 사변활동을 시작한다.

이에 비해 니체는 희랍 고전학에서 출발하여 계보학 단계로, 그리고 계보학의 한계 자각과 허무주의 단계를 거쳐 '학문적 진지성과 예술적 아름다움'을 함께 유희하는 '초인'으로 나아간다. 지금까지 니체의 철학은 초인(Übermench)·힘에의 의지·영원회귀 등으로 널리 알려져 있을 뿐, 이 개념을 강조하게 된 배경인 형이상학에 대한 계보학적 비판 과정과 계보학의 자가당착·허무주의 등의 의미를 충분히 음미하지 못했다. 프로이트가 니체를 또 다른 형이상학적 당위성을 주장한 피상적 '사변가'로 오인하고 부정했다면 그 원인은 바로 니체의 계보학과 허무주의 대처 전략에 대해 프로이트가 미처 알지 못했기 때문이라 할 수 있다. 니체는 이미 형이상학의 부작용과 더불어 과학의 문제를 통찰하고 있었기에 무엇인가에 의존하려는 '인간'이 아닌 자율적 '초인'이 되어야 한다고 외친 것이다. 그러나 과학을 열렬히 신뢰했던 프로이트에게 니체의 이런 선구적 문제의식과 초과학적 반성 과정이 온전히 이해되었으리라 판단하기는 어렵다. 프로이트가 정신분석학의 몸체를 형성할 수 있었던 배경적 힘은 바로 과학의 '진리성'에 대한 열정적 믿음에 의거한다. 그런데 이 믿음의 이면에는 '이성을 통한 진실 규명 활동은 인간의 가장 가치 있는 활동이며, 과학은 진실을 규명하는 최상의 관점이며, 무의식적 환상이 해체된 상태가 최상의 건강상태다.'라는 전제가 은폐되어 있다. 바로 이 지점에서 니체와 프로이트 사상의 차이가 드러난다.

니체의 계보학은 최종적으로 자체의 관점과 도구들 자체에 대해 또다시 '계보학적 반성'을 요구한다. 즉, 형이상학을 해체하

던 칼날을 계보학 자체에게도 동일하게 들이대어, 비판활동과 비
판 도구 자체에 어떤 결함과 편견적 요소가 은폐되어 있지 않은
가를 검토한다. 그리고 이 검토 결과, 니체는 계보학적 비판활동
자체를 추동하는 "진실을 끝까지 알고자 하는 의지의 숨겨진 정
체는무엇인가"를 묻는다. 그리고 극단적인 앎에의 의지는 이성
을 지닌 "인간이 추구할 수 있는 가장 가치 있는 활동은 인식활
동이다."라는 형이상학적 신념에 연결되어 있음을 새롭게 자각
한다(Nietzsche, 1887: 23). 또한 계보학의 비판처럼 의식과 의식
이 사용하는 인식 도구들이 불완전하다면, 비판활동 역시 불완전
한 의식과 개념, 논리, 언어, 인과적 추론 등을 사용해 이루어지
는 것이므로 계보학의 진리성은 스스로에 의해 부정되고 만다.
심지어 도덕적 당위가 부재하다면, 굳이 진실을 알려고 노력하거
나 진실을 전해야만 할 어떤 당위적 이유 또한 없다. 이런 자가
당착 사태는 모든 학문 일반에 대한 심각한 회의를 유발한다. 인
간은 이제 형이상학을 대신해 인간에게 미래의 희망을 제공하던
과학 역시 전적으로 신뢰할 수 없는 것이라는 절망감에 빠지게
된다. 이제는 지식의 보편타당성 논의가 무의미하게 느껴지며,
의식활동은 단지 쾌락과 이익을 얻기 위한 '도구적 가치'에 불
과한 것으로 평가절하된다. 이러한 인식 허무주의 상태에서는 그
누구도 인식의 전문가임을 자랑할 근거를 지니지 못한다. 이 상
황에서 니체는 다음과 같은 물음을 던진다.

형이상학적 환상들을 해체하여 인간을 허무주의에 빠뜨리면
서, 정작 자신의 진리성을 증명하지도 못하고, 아름다운 의미를
창조하지도 못하는 그 건조한 과학적 앎의 의지의 가치는 무엇
인가? 그것은 인간의 삶에 약인가, 독인가(Nietzsche, 1887: 23)?

니체의 '초인'과 '유희'에는 인류가 수천 년간 지녀 온 (무의식
적) 환상들이 정신 속에서 해체되려는 순간 정신이 겪게 될 과도
기적 현상인 불안, 허무감, 방어적 저항과 퇴행, 자기파괴 등에
대한 치유적 안내가 담겨 있다. 계보학의 한계를 자각한 이후 니
체는 '인생에서 환상의 불가피성과 유용성'을 인정하게 된다
(Nietzsche, 1886: 40).[25] 그래서 그는 강박증을 유발하는 무거운
'도덕적 환상'이 아니라 속박 없는 활력을 제공하는 '미적 환
상'을 주체적으로 창조하고, 다양한 관점을 융통성 있게 유희하
는 '초인'을 새로운 정신건강의 모델로 생각해 낸다. 그러고는
목적 완수 후의 긴장 이완 결과였는지 더 이상 무거운 학술활동
의 짐을 지지 않아도 될 정신질환에 함몰되었다. 이에 비해 프로
이트는 말년에 가서야 메타심리학을 지향하던 정신분석의 이론
적·임상적 한계를 자각하고는 정신분석의 진정한 가치가 인문
사회과학의 결합과 응용을 통해 드러날 것이라고 희망한다.

3. '사실' 대 '환상'의 대립을 넘어서

프로이트는 원시인, 어린이, 신경증자뿐만 아니라 종교인과 철
학자조차 정확한 현실 인식보다 어떤 사유가 자신에게 얼마나
만족을 주느냐에 관심 쏟는 자기애적 사유에 고착해 있다고 해
석한다. 이에 비해 과학자는 이론과 현실 사이의 '일치' 여부에
관심을 집중한다.

철학과 종교에 대해 '진실에 대한 요구'를 하는 것은 불필요하

다. …… 외부 세계와의 일치를 우리는 '진실'이라고 부른다. 이
일치는 과학적 작업의 목표다.[26]

'이론과 현실 사이의 일치'가 곧 어떤 이론의 참/거짓을 판별
하는 기준이라고 보는 입장을 철학에서는 (사유와 실재 사이의)
'일치대응설'이라고 부른다. 그런데 이 관점은 이미 18세기의 철
학자 흄과 칸트에 의해 그 문제점이 노출되어 현대철학에서는
더 이상 통용되지 않는다. 인간은 자신의 사유 관념과 '실재' 사
이의 '동일성'을 보증할 어떤 증거도 관찰할 수 없다. 즉, '동일
성'이라는 성질이나 감각 인상은 발견되지 않기 때문에, 인간은
자신의 사유 관념과 이론이 현실과 동일한지 아닌지를 직접적으
로 확인할 수 없다. 일치적 진리관은 오늘날 '정합설', '규약론',
'쓰임이론' 등으로 대체된다. 니체는 당대에 이미 의식은 하나
의 주관 중심적 해석활동이며, '삶'의 상태에 따라 의식의 관점
과 관심이 달라짐을 드러냄으로써 일치설의 명목성을 비판하였
다(Nietzsche, 1886: 36).[27] 인간에게 '진리'란 자신의 해석 관점과
인식 도구에 외부 세계가 어느 정도의 정합적(coherent) 관계(문
제해결 기능, 심리적·사회적 유용성, 규약과 부합, 현실 반영의 높
은 개연성……)를 맺을 경우, 그것에 대해 부여하는 관습적 명칭
으로 해석한다. 19세기 이전까지 진리란 모든 것을 객관적으로
인식하는 초관점적(중립적) 관찰자에 의해 파악된 명확한 지식을
지칭해 왔다. 그러나 이런 관찰자는 단지 이상일 뿐이다. 존재 일
반은 끊임없는 변화 속에 있으며, 그 속에서 관찰자의 해석 관점
과 관찰 대상 역시 변한다. 따라서 이런 변화는 다중관계의 연쇄
속에 살고 있는 인간에게 진리란 어떤 관찰자와 그가 관계 맺는

대상 사이에서 발생하는 만족스런 상호 정합적 관계로 새롭게 해석된다. 한 개체는 모든 인간을 대변하여 세계를 객관적으로 관찰하는 관계와 눈을 원리적으로 지닐 수 없는 것이다.

　프로이트는 불행히도 당대에 이미 제시된 니체의 철학과 첨단 과학(양자역학, 상대성 이론)에 내포된 진리의 관계성, 불확정성, 규약성 등에 주목하지 못했다. 이로 인해 뉴턴 물리학 관점에서, 객관적 관찰자의 눈으로써 정신질환의 원인을 발견하여 소멸시키고자 하였다. 이런 전통적 진리 관점(일치대응설)을 지녔기 때문에 그는 현실을 왜곡하는 무의식적 환상과 방어기제에 대해 부정적 가치평가만을 하였다. 이에 비해, 니체는 계보학적 반성을 통해 의식의 관점성과 해석성, 진리의 정합성, 규약성, 쓰임성 등을 자각하였기에 진실/허구, 약/독의 명확한 경계선을 제시하지 않았다. 그는 환상 일반에 대한 극단적 부정은 오히려 삶을 어느 한 관점으로 환원하는 오류를 내포한다고 해석한다. 과학 역시 인간에게 어떤 특정한 유용성을 제공하기 때문에 존립하는 하나의 해석 관점이다. 따라서 니체는 환상에 대한 절대 부정의 태도에서 환상에 대한 능동적인 (재)활용의 태도로 전환한다. 인간이 심리적 존재며 의식이 주객 혼합적 해석활동인 한, 인간의 지각은 어차피 실재와 허구가 교묘히 배합된 결과물로 추정된다. 이것이 '심리적 사실(psychological fact)'이다.

　프로이트는 일치대응적 진리관에 의거해, 신경증의 병인(病因)을 환자의 무의식에서 발굴하고자 시도한다. 그러나 억압된 무의식이 정확히 기억될 수 있다는 관점의 문제점을 자각한다. 또한 증상을 일으키는 상처(과잉자극)인 유년기의 '원초적 장면'이 사실일 수도, 환상일 수도 있음을 자각한다. 즉, 대부분의 신경증자가 분석 치료 과정에서 유년기에 겪었다고 호소하는 '성적 상처' 내지 '유혹'은 유아가 지닌 '유아성욕'에 의해 생성된 보편적 환상일 수 있다고 해석한다. 이것은 또한 인류의 원시적 경험이 본능 속에 녹아 유전되어 개인 정신에 발현된 '원초적 환상(Primal phantasies)'일 가능성도 있다고 해석한다. 결국 프로이트는 신경증을 유발하는 '원초적 장면'이 사실인지 환상인지는 정확한 규명이 불가능할 뿐만 아니라 그것에 매달리는 것이 임상적으로 별 의미를 지니지 못한다고 결론 내린다. 왜냐하면 신경증의 발생과 치료를 좌우하는 핵심 변수는 당사자가 그 장면을 '사실'이라고 정서적으로 믿느냐 아니냐에 달려 있기 때문이다. 결국 프로이트는 '외상설'과 '환상설' 사이에서 또는 일치대응적 진리관과 정합적 진리관 사이에서 뚜렷한 결론을 유보하고 만다(Freud, 1937b: 260-268).[28]

정신분석은 환상이 정신 속에 형성되는 과정을 추적하여 자각함으로써 환상을 해체하려 한다. 그런데 무의식의 환상에 접근하는 과정에서 정신분석은 분석가와 내담자 사이의 환상관계(전이)에 어느 정도 의존해야 한다. 또한 환상은 여러 불안 요인으로 인해 방어기제가 저절로 작동해 생성된다. 따라서 인간은 대부분의 경우 '환상이 투사된 현실'과 대면하면서 살아간다. 투사를 비롯한 자아의 방어기제는 정신질환자뿐만 아니라 일반 사람 역시 현실에 적응하기 위해 적절히 활용하는 보편적 생활도구다. 따라서 프로이트 이후의 정신분석가들은 환상을 정신 치료에 긍정적으로 활용하는 방법을 주의 깊게 모색한다.[29] 그런데 프로이트는 비록 '긍정적 전이' 환상의 치료적 가치를 소중히 인정하

지만 과학적 진리관에 밀착해 환상의 가치에 대한 부정적 해석
을 유지한다.[30]

프로이트 이후의 정신분석가들은 주관성과 객관성, 생리적 현
실과 심리적 현실이 혼합된 정신의 특수성을 고려하여 사실과
환상 모두를 활용하는 적극적 치료 기법을 모색해 왔다.[31] 그러
나 현대 정신분석 이론들의 근본 전략이 이미 니체에 의해 제기
된 것임을 인식하는 정신분석가는 많지 않은 듯하다.

'(계보학적) 진지성과 (예술적) 유희' 내지 '환상의 기원에 대
한 비판적 인식과 긍정적 재활용'이라는 상호 보완적 이중 전략
을 사용해야 형이상학적 편견과 허무주의 상태 모두를 극복하는,
창조적이고 주체적인 삶을 살 수 있다. 이런 니체의 사유는 과학
의 문제점과 한계를 극복하고자 노력하는 현대사상뿐만 아니라
효과적인 정신치료와 성숙한 정신분석 이론을 위해 필요한 메시
지로 해석된다. 니체를 외면하면서, 정작 이 메시지의 중요성을
후대에 전승한 장본인은 프로이트였다.[32]

미 주
─────────────────────────────────────

1) 니체, 마르크스, 프로이트에 의해 개화된 계보학적 비판철학은 푸코, 데리다, 라캉 등의 프랑스 (후기)구조주의자들과 후기 마르크스주의자로 불리는 알튀세, 독일의 비판사상가들에 의해 활성화된다. 또한 영국과 미국의 논리실증주의, 분석철학, 실용주의 전통 역시 나름의 관점에서 전통사상 일반에 대한 반형이상학적인 비판활동을 전개한다.

2) 비트겐슈타인의 '쓰임이론'과 토마스 쿤의 '패러다임론', 현대 해석학 이후의 현대사상은 '객관적이고 보편적으로 타당한 지식'이라는 관념의 사실성을 인정하지 않는다. '타당한 지식'이란 특정한 시대에 특정한 삶의 맥락에서 전문성을 인정받는 집단구성원이 공통적으로 합의하는 관점과 관념, 이론을 의미한다.

3) 인간의 사유에 영향을 미치는 세 가지 중심 요소로 사회 · 문화적 환경과 언어 문법, 심리-생리적 조건 등을 든다. 사회 · 문화적인 힘들이 정신에 어떤 방식으로 영향을 미치는지에 대한 연구는 마르크스에서 시작된 정치 · 경제학(역사 · 사회계보학)이, 언어 · 문법적인 특수성이 사유에 미치는 영향에 대한 연구는 니체의 은유론과 소쉬르의 언어학에서 출발하는 현대 기호학(언어계보학)이, 무의식이 사유에 미치는 영향에 대해서는 프로이트의 정신분석(심리계보학)이 현대에 부각되는 학문 분야다. 오늘날 혹자가 '정신'에 관한 종합적 발언을 하려면, 이 세 분야의 지식을 나름대로 섭렵하고 통합해야 한다.

4) 니체가 전통 사상의 문제를 직접적으로 비판했던 데 비해, 프로이트는 자신의 고유 이론과 입장을 명료화하는 과정에서 과거 입장과의 차이성을 간접적으로 드러낸다.

5) 철학적 사유의 비현실적 사변성, 자아 중심성, 논리 중심성 등에 대한 프로이트의 비판에 대해서는 필자의 논문〔이창재, 이분법적 사유와 탈이분법적 사유-정신분석학적 관점에서 본 고찰, 철학연구 46집, (1999년 가을)을 참조〕.

6) 1889년 1월에 니체가 정신질환으로 붕괴되기 이전에 쓴 마지막 저서로서 지금까지 자신의 저서에 대한 총평과 자신의 철학에 대한 자서전적

언명들이 담겨 있다. 1888년에 저술되었으나 출판은 1908년에 되었다. 자기 자신을 찬양하는 비상식적인 언명('왜 나는 이토록 현명한가')들로 인해 이 책이 정신분석가 모임에서 비정상적 정신상태에서 씌어진 것이 아닌가에 대해 논란이 있었다. 그러나 프로이트는 이 책 저자의 천재성을 인정했다고 전해진다.

7) 프로이트는 니체의 용어를 여러 번 잘못 해석하여 잘못 사용하거나 잘못 인용하곤 한다. 이 인용 문장 역시 그러한 예 중에 하나인데, 필자는 단지 니체와 프로이트 사이의 차이점을 드러내기 위해 이 문장을 사용한다 〔개서, 니체와 프로이트(경북의대 정신의학교실 번역, 1999), p. 29.〕

8) 정신분석학에 의하면 이런 '합일 욕구'는 유아의 생존과 쾌락·고통에 절대적 영향력을 미쳤던 유아기적 엄마 또는 아빠 품으로 재합하고자 하는 욕구, 회귀 욕구가 투사된 것이다.

9) 19세기 실증주의 이전에 이미 17세기부터 시작된 영국의 경험론과 18세기 프랑스의 유물론적 계몽사상에서 형이상학적 기원 관점의 균열이 시작된다. 단지 이것은 여전히 기독교 문화가 지배하던 사회에서, 상식 차원이 아니라 일부 학자들의 사유 차원에 머물러 있었을 뿐이다. 문화의 차원에서 과학적 기원 관점이 널리 퍼진 것은 엄밀히 말해 1960년대 서양의 신문화운동의 영향으로 판단된다.

10) 이 관점은 "이 세계에서 진실/허구는 전혀 다른 것이며, 인간은 진실/허구를 분명히 구별할 수 있으며, 진실은 좋은 것이고 허구는 나쁜 것이다."라는 선입견을 전제로 가지고 있다. 그런데 문제는 그가 이 선입견적 전제가 타당한 것인지를 충분히 검토하지 않는다는 데 있다.

11) 정신분석가는 철학자나 심리학자와 달리, 무의식에 대해 고유한 관점과 접근방법을 지닌다. 정신분석의 기법은 '자유연상, 꿈 해석, 저항과 전이 해석'으로 이루어져 있다. 심리치료 기술은 다양할 수 있다. 그러나 정신분석은 내담자의 '전이와 저항' 현상이 무의식을 드러내는 특별한 기호라고 해석하는 점에서 다른 심리치료법과 차이를 지닌다.

12) "나는 그대에게 초인을 가르치노라. 인간은 극복되어야 할 그 무엇이다. 인간을 극복하기 위해 그대는 무엇을 해 왔는가?" "나는 인간에게 실존의 의미를 가르치련다. 이는, 즉 초인이다……."〔Nietzsche, Zaratjistra's Prologue, *Thus Spoke Zaratbusta*, trans. by Kaufmann(The Vintage Press, 1966)〕

13) 전통 형이상학은 인간의 본질을 '이성과 자유의지'로 규정한다. 인간은 초자연적 실재를 인식할 수 있는 이성 능력과 초자연적 제1원인자가 지닌 '완전한 선'을 주체적으로 선택해 지향하는 도덕 능력에 의해 자연계의 최고 존재로 스스로를 자리매김할 수 있었다. 그런데 만약 형이상학적 세계관이 허구라면, 인간은 자신의 탁월한 가치성을 보증받을 수 있는 가치 기반을 상실하게 되므로 더 이상 자신을 탁월한 존재로 자인할 수 없게 된다. 이 상황에서 인간은 혼란상태에 빠지게 된다〔Nietzsche, *The Will to Power, 1*, trans. by Kaufmann(New York: Random House, 1968)〕.

14) 하나의 통일된 '성스러운 기원(Ürsprung)'은 이제 초자연적 가치와 무관한 다양한 '기원들'로 대체된다. 가령, 정신은 신(완전자, 지고한 선)에서 발생한 것이 아니라 DNA, 자연 본능, 사회적 이데올로기 교육, 타자관계 등에서 형성된 것으로 재해석된다.

15) 정신질환의 원인 중 하나는, 유년기 상처와 유사한 충격이 (잠복기를 거쳐) 사춘기 이후에 반복될 경우에 발생한다. 그러면 형이상학적 관념들의 해체가 일종의 증상인 허무주의를 낳는 원인을 정신분석 관점으로 해석해 보자. 유년기의 '거대한 엄마, 아버지' 체험의 결핍을 보충해 주던 형이상학적 '거대 관념(신, 진리)'들의 해체는 억압된 유년기의 무의식을 자극하여 무의식의 강력한 회귀를 유발할 수 있다. '허무감'이란 '믿을 수 있는 어떤 든든한 대상도 없다'는 유아적 불안감의 기호다. 탄생 초기의 '엄마-유아' 관계 결함이 허무감의 주요 원인이며, 주로 경계선 장애자들이 '존재의 공허함'에 시달려, 이를 매워줄 힘 있고 가치 있게 느껴지는 '대상'을 찾아 융합하고자 방황하게 된다. 그러나 초기 엄마관계의 결핍은 대다수 인간의 운명이기에, 보통의 인간에게도 허무주의의 위험은 존재한다.

16) '종말인'이란 인간과 우주의 정체가 어떤 것이든 상관없이, 어떤 주장이 진실이든 허구든 상관없이, 오직 자신에게 '행복'한 느낌을 주는 것이라면 무엇이든 받아들이고 고통을 주는 것은 모두 거부하는 무반성적이고 수동적이며, 즉물적인 인간상을 의미한다. 한마디로 프로이트의 '쾌락원칙'을 따르는 인간으로서, 이들의 문제점 중 하나는 조금의 고통도 감내하고 싶어 하지 않는 나약한 인간이라는 점이다. 니체는 '군중'을 종말인의 표상으로 보았다(Nietzsche, *Zarathustra's Prologue*, 5).

17) "자신에 대해 진실하라는 교육을 받아 성공한 자는, 비록 그의 도덕 기준이 사회적 기준과 어떤 점에서 다를지라도, 그것이 비도덕이 될 위험은 거의 없다." 프로이트는 도덕 강박으로 인한 신경증 증상을 치료하기 위해, 신경증자들에게 관습적 도덕 기준에 벗어나는 (병의 원인에 대한) 지식을 제공한다. 그리고 치유를 위해, 원하면서도 불안하여 억압해 온 행동을 보다 자유롭고 주체적으로 행하라고 신경증자에게 권하는 것이 결코 도덕에 어긋나는 것이 아니라고 본다.

18) 정신의 강함/약함, 건강/병리를 구분하는 니체와 프로이트의 기준은 '방어 없는 현실 직면' 능력이라는 점에서 유사하다.
    "정신의 힘은 그것이 얼마나 많이 (고통스런) '진실'을 감내할 수 있는가에 따라 측정되어야 할 것이다. 또는, 더 명료하게 말해, 어느 정도로 그 영혼이…… 허구화된…… 진실을 요구하는가에 따라 측정되어야 할 것이다."(Nietzsche, *Beyond Good & Evil*, 39)

19) '쾌락원칙'과 '현실원칙'에 의거한 정신활동 분류는 정신에 대한 '경제학적 분류'로 일컬어진다. 즉, 정신작용은 리비도 에너지를 최대한 효율적으로 활용하여 최대의 쾌락량을 얻으려는 동기로 추동한다는 것이다. 가장 많은 양의 쾌락을 얻으려면 원초적 욕구의 우회적 분출인 '승화'가 필요하다. 그러나 승화만으로는 결코 완전한 만족상태에 도달할 수 없다. 프로이트는 항상 심리적 만족과 생리적(직접적) 만족의 필요성을 함께 고려한다.

20) 삶의 과정에서 불가피하게 직면하는 '심각한 사태'를 가볍게 대면할 수 있는 '긍정적 향유' 대상으로 변환하는 '유머'에 대한 프로이트의 분석과 초인의 '유희'는 유사성을 지닌다. '유머'가 위급한 현실에서도 쾌락원칙을 당당히 실행하는 자기애적 방어활동이라면, '유희'는 현실에 대한 엄밀한 인식과 예술적 창조활동을 함께 의미한다[프로이트, 유머, **창조적인 작가와 몽상**(열린책들, 1996), pp. 13-14].

21) Nietzsche, *Genealogy of Morals*, II, pp. 2-3, 6, 16-18 참조. 필자가 정밀하게 검토한 바로는 양심과 죄책감의 기원에 대한 니체의 언명과 프로이트의 초자아론은 거의 동일하다. 차이점은 단지 니체가 '무기력한 개인에 대한 권력자의 요구'로 표현한 것을 프로이트는 '유아에 대한 아버지의 요구'로 표현한 점에 있다[이창재, 도덕계보학-니체의 생리심리학과 프로이트의 정신분석학, **철학**(2000년 가을호) Lehrer(1995),

344 제3부 정신분석과 철학

pp. 67-68].

22) 허무주의 불안은 정신분석 관점에서 전오이디푸스기의 원초적 '자기(애)' 불안과 연관된다. 가령, 정신을 응집하는 '언어적 중심 의미'가 부재할 경우, 정신이 파편화되는 멸절불안, 의존할 어떤 거대한 대상도 없이 홀로 방치된 듯한 느낌인 유기불안과 분리불안을 생각할 수 있다. 소위 '경계선 장애'자들이 '자기'의 공허감과 유기-파편화된 불안을 자주 느껴, 힘 있고 가치 있는 대상 내지 형이상학적 관념에 의존하고 싶어 한다.

'허무'상태란 '자아 내부에 가치 있는 어떤 것도 없다! 그로 인해 자기가 깨질 것 같다'는 불안상태일 수 있다. 이 불안의 강도가 심하면 고통과 긴장에서 벗어나고자 자살('자기 포기')을 시도할 수도 있다.

23) 프로이트는 정신분석을 통해 유아적 환상과 방어기제에 고착되어 발달이 정지된 신경증자의 자아를 '발달'시키면, 무의식의 통제와 증상 극복이 가능할 것으로 예상했다. 그런데 정신분석은 만능적 치료술이 아니다. 정신분석을 통한 고착된 정신구조의 변형은 내담자의 반복강박 본능이 기질적으로 강할 경우 온전히 성취되기 어렵다(같은 책, p. 230). 정신의 초기 형성 및 발달과정에서 각인된 상처의 흔적은 정신구조화되어 무의식에서 계속 영향을 미치기 때문에 정신의 변화는 현실적으로 쉬운 것이 아니다. 정신분석가는 무의식이 더 이상 과거처럼 위험한 것이 아님을 직면하고 재해석할 수 있도록 내담자를 도와줄 뿐이다. 프로이트는 '부정적 치료 반응'의 경우는 쾌락원칙을 넘어서는 죽음 본능에 기인하기 때문에 극복하기 쉽지 않다고 보았다. 이 경우 미래 과학의 발달된 약물 치료술의 가능성을 예견한다.

24) 물론, 과학의 가설성과 은폐된 형이상학적 요소에 대해 어느 정도 자기반성을 한다. 그러나 이것이 곧 과학 관점 자체에 대한 근본적 반성으로 나아가는 것은 아니다[프로이트, 토템과 금기(경진사, 1993), 3장 3절, p. 130; 프로이트, 새로운 정신분석 강의(열린책들, 1996), p. 247].

25) 미국의 니체 주석가 Kaufmann은 특히 '가면의 철학'이 니체 사상의 결론임을 강조한다[Kaufmann, *Nietzsche, Heidegger and Buber*, (Transaction Publishers, 1992), pp. 140-160].

26) 프로이트는 강박증자('늑대인간')를 분석할 때, '어떤 관념에 정서가 부착할 경우, 의식에 의한 사실과 허구 사이의 구분은 도무지 불가능하

다.'고 자각 한 바 있다. 가정부 소녀(그루지아)가 엎드려 걸레질하는 모습을 뒤에서 보고 흥분한 네 살짜리 아이('늑대인간')가 바지를 내리고 그녀를 향해 오줌을 누었을 때 그 아이가 보고 연상한 흥분 장면이 (무의식의) '원초적 환상'일 수도, 실재일 수도 있다. 문제는 성인이 된 환자의 삶 속에서 그 장면이 '심리적 현실'로 계속 작동한다는 데 있다 〔Freud, From the History of an Infantile Neurosis.(SE.Vol. XVII), p. 96)〕. 현대 정신분석학자인 라캉은 프로이트의 이러한 자각을 중시하여, 인간 정신에는 허구와 실재, 상상계와 상징계, 실재계가 교묘히 중첩되어 있음을 주장한다. 그런데 프로이트 자신은 자신의 예리한 관찰이 어떤 철학적 의미를 지니는지에 대해 숙고하지 못했기에, 계속 '일치대응적 진리관'을 고수한다〔Hanly, *The Problem of Truth in Applied Psychoanalysis*(The Guilford Press, 1992), pp.2-18〕. 이 책은 프로이트가 자신의 이론이 어떤 경우에는 진리의 일치대응설에 의거하고 있고, 어떤 경우에는 정합설에 의거하고 있는지를 충분히 자각하지 못한 채, 두 가지 진리 관점을 혼합해 사용하고 있음을 비판한다.

27) 사유란 단지 욕동들의 서로에 대한 일종의 관계일 뿐이다…….

28) 프로이트는 사건과 환상이 복합되어 병의 원인인 '원초적 장면'을 형성할 가능성이 높은 것으로 결론을 내린다. 이런 결론은 '사실에 대한 규명'을 추구하는 과학자의 관점과 '심리적 현실'의 환상성을 함께 고려한 결론이다.

29) 라캉은 정신을 변화시키는 정신분석의 진정한 효과는 '의식의 대화'가 아닌 '무의식의 대화'에서 온다고 본다. '무의식의 대화'란 '전이' 속에서 역동하는 내담자 무의식의 '대상(대타자)'에게 던지는 직관적이고 상징적인 대화다. 이 경우 내담자 정신을 좌우하는 무의식의 대상(대타자)은 일종의 '심리적 실재'인데, 의식의 관점에서 보면 '환상'으로 간주할 수 있다. '환상'인 이유는 이것이 주로 유년기에 형성된 '내적 대상'이기 때문이다. 이 환상과 모종의 대화를 나누어야, 비로소 그 환상과 더불어 정신구조가 변하게 된다.

30) 병인을 구성하는 기질적 요인과 후천적 요인 중 주로 후천적 경험 요인에 주목해 온 프로이트는 말년에 가서 기질적 요인(죽음 본능)의 강력함이 정신분석 치료의 효력을 떨어뜨리는 주요 원인이라 해석한다. 그는 미래적 발달 가능성을 지닌 과학의 힘이 이 곤경을 해결해 주리라

기대한다〔Freud, Analysis Terminable and Interminable, 〈*SE*〉, XXIII, pp. 220-221〕.

31) 클라인의 '무의식적 환상론'과 어린이 놀이치료, 위니컷의 주관-객관 혼합적인 '중간(transtional) 영역', 중간 대상, 중간 경험 및 창조적 놀이론, 코헛의 심리적 '자기대상'론 등은 정신이 근본적으로 '내적 환상'으로 구성되어 있고, 그 환상의 힘에 의해 작동됨을 긍정적으로 인정한다. 이들은 정신질환이 유년기에 양육자에게서 충족해야 할 '자기애적 경험'이 결핍되어, '자기애적 환상'에 고착된 데에 기인한다고 본다. 따라서 엄마와 아버지가 제공하지 못한 고유한 자기애적 환상 경험을 분석가가 대신 제공하여 '위축된 자기'를 회복하게 하는 데 관심을 기울인다.

32) 정신질환의 원인에 대한 프로이트의 관점은 '외상설'에서 '환상설'로 1897년경에 변한다. 이는 곧 정신질환이 외부의 자극 압력보다 내부의 요인에 기인하는 바가 크다고 보는 것이다. 이런 관점은 1920년대 이후 역동적 정신구조론을 제시하면서, 정신 조직이 외부 대상의 압력에 대한 내부 요인의 반응에 의해 형성·발달한다는 '관계'적 사유로 진전된다. 프로이트 이후 '대상관계론'자들은 프로이트의 후기 입장을 확장하여 새로운 '대상관계' 이론과 기법을 개발한다〔그린버그 & 미첼, **정신분석학적 대상관계이론**(한국심리치료연구소, 1999) 참조〕.

12

의미의 기원

1. 우리의 언어는 우리 삶을 온전히 반영하는가

'삶'은 자체의 모습을 드러내면서 숨긴다. 기대와 실망 · 분노의 느낌이 이미지와 혼합되어 밀려드는 순간, 그것을 미처 정리하기도 전에 어느덧 상황과 관심은 변해 간다. 그리고 그 '삶'을 특정한 의미로 규정하는 순간 '삶'은 일견 명료해지는 듯싶은 동시에 뜻밖의 애매성과 불일치를 드러낸다.

'삶'을 최고의 의미로 규정하려는 노력이 역으로 삶을 소외시키고 무가치하게 만드는 미묘한 현상이 현대에는 다발적으로 출현한다.[1] 현대의 철학자는 '진리' 인식이 주는 자족상태에 도달하지 못한 채, 학문활동에 몰입할수록 의식과 '삶'이 괴리되는 증상에 시달린다. 이는 고도로 분업화된 자본주의 사회에서 철학자라는 정신기능인이 수행하는 노동의 질이 '총체적 삶'의 경험과 유리되는 데에서 오는 부작용인가? 아니면 자아에 과도하게 부여된 문화의 짐에 의해 '삶'이 과잉 억압된 데서 오는 부작용인가? 도대체 이 '삶'의 의미와 정체는 무엇인가?

'삶'의 의미를 어떤 관점으로 해석하고, 삶을 어떻게 향유하는 것이 바람직한가에 대해 현대는 입장이 애매한 상태에 있다. 현대인은 과학기술 진보의 속도 경쟁에 압도된 채, 그것이 제공하는 물질적 풍요와 심리적 편안함의 매력 앞에서 삶의 의미를 스스로 묻고 탐구하는 활동을 부담스러워한다. 철학은 오늘날 일종의 터부로 실감된다. 철학자에게 철학은 강단에서만 주목받는 직업활동일 뿐이다. 만약, 어떤 철학자가 자신의 생각을 실생활에서 주장하려 한다면, 그는 곧 괴상한 관념놀이로 사람의 일상 리듬을 깨뜨린다는 비난에 직면할 것이다. 철학자에게 철학과 현실이 이토록 괴리된 원인은 어디에 있는가?

철학의 주제와 물음은 항상 특정한 역사적 맥락에서 발생하여 상황에 맞게 변해 왔다. 그리고 우리와 매우 다른 삶의 상황에서 오래전에 발생한 서양의 개념과 물음이, '보편 지식'의 이름으로 우리나라에 전파된 지가 어느덧 100년 가까이 된다. 그런데 그 개념과 물음은 여전히 우리의 삶을 연구히는 데 참고자료가 아닌 중심 대상으로 간주되고 있다. 이런 현상은 서양 문화에 종속된 우리 삶의 현재 상태를 드러내는 징표다. 우리는 과연 자신이 진실로 보충해야 할 결핍과 문제가 무엇인지를 스스로 느끼고 물을 수 있는 능력을 지니고 있는가? 서양의 언어를 습득하여 서양의 책을 통해 배운 서양의 물음에 의해 우리의 삶을 해석하는 데에서 오는 소외 현상은 없는가?[2]

이런 문제 상황에서 벗어나는 길의 하나는 동·서양의 구분을 넘어서는 근원적인 주제의 '뿌리'를 추적하여, 거기에서 우리의 체험에 근거된 고유한 사유를 전개하는 것이다. 서양에서는 이미 100년 전부터 자신들의 전통 철학에 근본적인 문제가 내포되어 있음을 자각해 왔다. 그래서 새로운 사유의 가능성을 모색하기 위해 철학의 발생 초기로 되돌아가서 철학적 개념과 물음이 형성되는 과정을 추적하는 계보학적 작업을 활발히 전개하고 있다. 이 상황에서 우리는 지금까지 습득한 서구적 사유 능력의 순기능을 활용하여, 그들의 연구 업적을 신속히 섭렵하고 그 한계를 심층적으로 파악해야 한다. 그럼으로써 우리의 삶을 우리의 언어와 관점으로 자부심 있게 논의하는 관습의 발판 내지 전기를 마련할 수 있다. 필자는 '의미란 어디에서 어떻게 발생하는 것인가'를 주제로 삼아 추적함으로써 우리의 고유한 의미 생성 가능성을 모색하고자 한다.

의미가 발생하는 '기원'은 비트겐슈타인이 지적하였듯이 사유와 언어의 대상이 아니라 조건이다. 따라서 이에 대해 또다시 사유하거나 개념을 규정하는 것은 무의미하거나 불가능하다.[3] 그러나 이 주제는 결코 그의 입장처럼 '말할 수 없기 때문에 침묵해야 하는' 대상만은 아니다. 현대의 계보학자들은 개념적으로 명료화할 수 있는 영역과 침묵할 수밖에 없는 영역 사이를 매개하는 제3의 기호들을 찾아낸다. 그리고 그것을 새로운 관점과 방법을 통해 심층분석함으로써 지식의 경계를 확장한다. 또한 우주와 인간의 '기원'을 서술하는 수많은 창조신화와 종교서 등에는 '의미의 기원'에 대한 고대 인류의 해석이 상징적으로 표현되어 있다.[4] 그런데 우리는 문자의 의미와 상징적 비유의 차이를 망각하고, 문자의 의미를 마치 사실 자체의 재현인 양 착각한다. 또한 우리는 문자의 유혹에 취해, 자신의 호기심과 결핍, 불안을 해소해 줄 완벽한 의미가 나타나기를 수동적으로 기다린다. '삶'에 대해 기술하는 문자 의미의 이면과 발생 과정을 애써 들여다볼 생각과 의욕은 좀처럼 생기지 않는다. '삶의 의미'가 역사의 변환기마다 획기적으로 재해석되어 왔다는 사실과 '의미의 기원'에 온전히 접근할 수 있는 방법이 무엇인가에 대해 왠지 관심이 쏠아지지 않는다. 그렇다면 그 이유는 무엇인가?

여기에는 어떤 내부적 요인과 외부적 방해가 작용하기 때문일 수 있다. 따라서 이 주제에 접근하기 위해 우리에게 요구되는 예비 조건이 무엇인가를 우선 정리해야 한다. 이 조건들은 다양할 수 있다. 그러나 의미의 발생이 의식의 사유와 연관되며, 사유는 언어를 통해 구성되므로 '위미의 기원'을 논의 주제로 삼기 위해 먼저 언어와 의식의 본성에 대해 주시해야 한다. 이 작업은 종국에는 언어와 의식에 의해 언어와 의식의 '기원'을 묻게 된다. 이로 인해 결과물을 통해 그 원인을 판단하는 논리적 비약 내지 한계에 직면하게 될 것이다.[5] 그런데 우리의 주제는 바로 이 '한계'를 초점화하여 그 속에서 무엇인가를 발견하고 표현하는 작업이 될 것이다.[6]

2. 의미의 언어적 기원에 대한 니체의 해석: 은유

근대의 문헌학적 연구 결과 상징적 의미 기호들은 역사의 특정 시점에서 출현하여 다양하게 변화되어 왔음이 관찰된다. 그렇

다면 언어는 태초부터 스스로 있었던 것이 아니라 다른 '무엇'
에서 발생한 것으로 추정할 수 있다. 이 '무엇'은 (우리에게 아직
은) 언어적 의미나 의식의 표상 대상이 아니라 조건이다. 따라서
그것을 의식에 의해 언어로 의미 규정하는 순간 언어의 환원적
대체 기능에 의해 그 '무엇'은 왜곡되므로 그것에 접근하는 새
로운 방법을 모색해야 한다. 니체는 모든 존재를 의식과 언어로
명료하게 재현하려는 기존의 의식 중심주의와 개념 중심적 언어
관의 독단성을 드러낸다. 그리고 '의미의 기원'에 접근하는 새로
운 방법으로 '은유적 인식'과 은유론을 제시한다.[7]

근대정신이 '의미의 기원'으로 강조해 왔던 '나'라는 기호는
그것이 지칭하는 '자율적 주체성'이 근대 과학의 눈에 의해 결
코 '사실'로 검증되지 않는다. 문헌학의 눈으로 볼 때 '나'는 서
양 언어의 특이한 주어-술어적인 문법 구조에 의해 의식에 현전
하게 된 우연적인 개념이다. 그리고 전통 형이상학이 의미의 제1
원인으로 강조해 온 '신', '존재', '선', '진리' 등의 기호 역시
결코 그 의미의 실체성이 경험적으로 관찰되거나 이론적으로 증
명되지 못한다. 이 기호들은 의미의 원인이 아니라 욕구의 안정
된 충족을 바라는 인간의 심리 성향과 특정한 언어 구조에 기인
한 사유의 결과물로 해석된다. 그렇다면 현재 우리의 의식에 현
존하는 그 많은 의미의 '원인'은 '무엇'인가?

니체의 독창성은 형이상학과 과학이 '진리'로 부각해 온 의미
기호의 이면과 발생 과정을 계보학의 눈과 방법을 통해 파헤쳐
드러낸 데에 있다.[8] 계보학이란 의식에 현전하는 모든 기호가 표
면과 이면이라는 양면성을 지니며, 이면을 심층 이해할수록 진정
한 인식에 접근한다고 보는 관점이다. 예컨대, '진리' 논의에서

어떤 주장자가 자신의 이론이 진리임을 증명하기 위해 암암리에 사용하는 전제와 도구를 찾아내어 그 이론의 표면 내용과 그 이면 전제가 어떤 관계를 맺고 있는가를 주시한다. 그리고 그 전제와 도구의 진리성을 보증할 수 있는 것인지를 다양한 관점에서 실험하고 검토한다. 계보학의 최종 단계에선 계보학적 관점과 도구마저 계보학적 비판의 대상에 올려놓는다. 이로 인해 무릇 학문활동 자체의 성질과 한계를 문제 삼게 된다. 진리 주장에 사용되면서도 그것의 진/위가 심층분석되지 않은 채 은폐되어 온 것으로 니체가 주시하는 도구는 언어 · 의식 · 논리 · 도덕관념 그리고 가치의 기준을 좌우하는 권력활동들이다. 필자는 이 도구 중에서 특히 언어와 의식에 관련된 그의 계보학 관점만을 선택하여 '의미의 기원'을 추적해 본다.

'진리는 순수함/똥/정직함/환상······이다.'라는 언어적 규정(구분)이 진실을 드러내는 기호로서 또는 삶에 필요하거나 소중한 의미로서 의식에 현전하게 되는 과정은 어떠한가? 이것은 단순히 순수함, 똥, ······ 정직함 자체에서 발산하는 빛이나 에너지에 의해 인간의 의식에 각각 독립적인 고유 의미로 복사 · 각인되는 것인가? 아니면 언어나 의식의 특정 성질이나 알려지지 않은 어떤 활동에 의해 발생한 것인가?

의식의 사유는 언어에 매개되어야만 비로소 가능하다. 따라서 우리는 언어 이전 상태인 '언어의 기원'을 직접적으로 사유할 수 없다. 따라서 의미의 언어적 기원에 접근하기 위해서는 다른 방법을 모색해야 한다. 니체는 이를 위해 먼저, 언어와 의식의 이면성이 무엇인가를 재검토한다. 그리고 이 과정에서 존재 일반을 개념적 언어를 통해 명료하게 재현할 수 있다고 믿는 언어(로고

스) 중심적 관점과 의식에 의해 진실을 완벽히 통찰할 수 있다고
믿는 의식 전능 관점에 의해 지금까지 은폐 · 망각되어 온 '의미
의 탈개념적이고 무의식적인 기원'을 추적한다.

의식의 본성 : 자기 환상과 자기 인식

지성은 수많은 시행착오를 범해 왔음에도 불구하고 항상 진리
인식 능력으로 부각되어 왔다. 그런데 이런 사실이 일반인에게
주목되지 않은 까닭은 무엇인가? 니체는 그 원인이 생명을 유지
하기 위한 생명체 자신의 자기 환상 활동 때문이라고 해석한다
(Nietzsche, 1873: 247). 모든 생명체는 자신을 초점화함으로써 자
기만족을 느끼는데, 이런 초점화 활동을 통해 의미 환상을 발생
시키는 것이 바로 지성의 기능이다.

> 지성의 소유자는…… 마치 전 세계의 운명이 지성에 달려 있는
> 것처럼 이를 숭고하게 생각한다. ……지성의 위력에 약간이라도
> 스치기만 하면, 아무리 하찮거나 경멸스런 자연의 사물도 고무풍
> 선처럼 즉시 우쭐하여 부풀어 오른다(Nietzsche, 1873: 246).

지성의 이러한 나르시시즘적인 자기 과대평가 기능에 의해 인
간의 삶은 비로소 대단한 의미와 가치를 지닌 것으로 부각된다.
그리고 인간은 자기만족을 위해 환상에서 깨어나고 싶어 하지
않는 본성을 지녔기 때문에 스스로 이 사실을 망각한다. 따라서
호기심이 유난히 강한 사람이 기존의 환상에 적응하지 못해 의
식의 틈새를 헤치고 의식의 밑바닥을 문득 엿보게 될 경우, 그는
자연의 순리를 어긴 결과 섬뜩한 자기인식에 직면하게 된다

(Nietzsche, 1873: 247).

지성은 이처럼 자기환상과 자기인식, 망각과 기억이라는 이중 기능을 지닌다. 자기 초점화 활동을 통해 환상적 의미를 창조하면서 이 사실을 망각하는 것도 지성이며, 이 사실을 발견하는 것도 지성이다. 그렇다면 정신은 그 자체로 순수하며 일관성을 지녔다고 믿어 온 사람들은 지성의 이런 상반된 이중작용을 어떻게 해석해야 하는가? 지식의 역사적 한계로 인해 니체는 이에 대해 세세한 설명을 제시할 수 없었다. 프로이트에 와서야 비로소 정신이 의식과 무의식이라는 서로 다른 성질의 활동으로 구성되어 있으며, 정신기능이 상호 대립적인 동시에 상호 의존적인 구조를 통해 그 역동성을 창출한다는 것을 인식하게 된다.

언어적 의미의 발생 과정 : 초점 맞추기와 순간적 건너뜀

어떤 용어가 사물을 효율적으로 규정 · 관리할 수 있게 하는 효용성을 지닐 경우, 일반인은 그 언어를 사물을 재현하는 진리 기호라고 간주한다. 인간은 즐거움과 생존에 유익한 결과를 가져오는 제한된 진리만을 원하며, 고통스럽거나 손해를 유발할지 모를 사실에 대해서는 적대적이기 때문에 그것을 결코 진리로 부각시키지 않는다(Nietzsche, 1873: 249-250). 따라서 일반적으로 통용되는 진리/거짓이라는 의미 구분에는 은연중에 언어와 사물 사이의 차이를 은폐하는 기만적인 요소가 개입한다. 그렇다면 무릇 언어란 실재와 전혀 무관한 것인가?

니체는 실재와 언어 사이 그리고 언어와 언어 사이의 관계 맺음 방식에 관심의 초점을 맞춘다. 그는 언어의 기본 단위를 낱말로 보고 서로 다른 낱말이 관계 맺는 방식과 어떤 실재 X가 특정한 낱말 기호와 결합하여 낱말의 의미로 대체되는 과정을 심층 분석한다. 가령, '돌은 단단하다.'는 문장에서 '돌'이라는 기호는 '단단하다'는 의미를 내포하는 것으로 간주된다. 그런데 어떻게 '돌'과 '단단함'이라는 서로 다른 두 낱말의 의미가 마치 필연적인 연관성을 지닌 것인 양 상호 결합될 수 있는가? 이것은 자연적 연결이거나 논리적인 연결인가 아니면 인간의 의식에만 인정되는 자의적이고 우연적인 결합인가? 그런데 '단단함'이란 의미는 결코 독립적이고 객관적인 성질이 아니라 인간 육체의 강도를 기준으로 삼고서 타자의 강도를 측정한 주관적·상대적인 감각 자극의 표현이다. 따라서 '돌은 단단함이라는 본질성을 지닌다.'는 의미 연결은 매우 자의적인 것이다. 그리고 돌이라는 X는 단단함이라는 신경 자극 외에도 수많은 다른 성질을 지녔건만 인간에겐 이 성질들이 현재의 필요나 욕구와 무관하기 때문에 간과되어 어둠에 묻힌다. 따라서 '돌'이라는 낱말의 문자적 의미와 그것의 지시 성질 사이의 관계는 서로 무관하거나 인간 중심적인 편협성을 지닌다. 그렇다면 '실재의 돌(X)'은 어떠한 과정을 거쳐서 특정한 '의미 기호인 돌'로 의식화되는가? 니체는 어떤 사물이 의미를 지닌 기호인 낱말로서 개인의 의식에 현전하는 과정을 다음과 같이 서술한다.

언어의 창조자는 (언어 속에) 오직 인간에 대한 사물들의 관계만을 규정한다. 그리고 이 관계를 표현하기 위해 그는 과감한 은유를 사용한다. 먼저, 그는 신경 자극을 이미지로 옮긴다. 이것이 첫 번째 은유다. 다음에 이미지는 소리로 변형되어야 한다. 이것이 두 번째 은유다. 여기에는 매번 서로 다른 영역 사이의 완벽한 건

너뜀이 있다. 즉, 한 영역에서 전적으로 다른, 새로운 영역의 중심
으로 건너뜀이 있다(Nietzsche, 1873: 248-249).

　사물이라는 신비한 X는 처음에 신경 자극으로 다음에는 이미지
로 그리고 마지막에는 소리로 나타난다. ……언어의 기원은 논리
적인 과정을 밟지 않는다(Nietzsche, 1873: 249).

　'사물(X), 신경 자극, 이미지, 소리, 낱말' 기호 사이의 비논리
적 결합을 함축하는 의미 기호의 발생 과정은 다음과 같이 해석
할 수 있다.

　어떤 대상 X가 인간과 접촉하는 순간 X는 인간의 고유한 신경
자극으로 번역된다. 니체는 여기서 인간 중심적인 전이(轉移,
transference)의 임의성을 통찰한다. 이 다양한 신경 자극 중에서
개인의 생존에 중요한 영향을 미치는 자극만이 의식되며, 나머지
자극은 무관심하게 망각된다. 니체는 여기서 의식적 지각의 비자
립성과 편향성을 본다. 그리고 이 의식화된 자극은 다시 의식이
계산하기 쉬운 공간적 이미지로 번역된다. 여기서 니체는 시각
중심적 전이를 포착한다. 이 공간적 이미지는 인간에게 보다 친
밀하게 느껴지는 시간적 차원의 리듬 소리로 또다시 번역된다.
여기서 니체는 음성 중심적인 비약을 본다.

　이처럼 서로 다른 영역 사이를 건너뛰는 비약적 '넘어감(轉
移)' 활동이 무의식적(순간적)으로 이루어짐으로써 비로소 어떤
대상 X는 인간에게 친숙한 의미 내용을 지닌 특정한 낱말 기호
와 마치 동일한 것인 양 착각한다. 즉, 대상은 낱말 기호와 결합
하는 순간 기호로 대체되는 것이다. 그렇다면 '의미의 기원'은
다양한 전이 과정을 거쳐 '사물을 기호로 대체'하는 모종의 활

동으로 해석할 수 있다. 니체는 이 독특한 '다른 상태로 건너뛰어 결합(轉移)'하는 방식이 비논리적 연결이라는 점을 중시하여, 이것을 논리와 대립하던 당대의 기호인 '은유'로 명명한다.[9] 은유란 서로 다른 두 대상 사이에서 은유 사용자가 특정 유사성을 포착하여 그 부분에 관심을 초점화함으로써 그 초점화 효과에 의해 두 대상 사이의 차이가 은폐되고, 특정 유사성만이 부각됨으로써 양자가 마치 동일한 것인 양 오인(誤認)하게 하는 환상작용이다(Kofman, 1988: 189-190). 또한 새로운 은유를 창출하는 과정에서 기존 의미와 차이성을 드러내는 이중성을 지닌다.

니체는 전통 형이상학이 보편 실재나 불변적 본질성을 재현하는 기호로 전제해 온 개념 역시 은유활동에 의해 생성된 특정한 의미가 사회적 관습에 의해 일반화되고 고정화된 결과물이라 해석한다. "결코 똑같지는 않고 유사할 뿐인 경우를 포괄적으로 의미하게 될 때, 낱말은 개념이 된다. 모든 개념은 이처럼 서로 다른 것을 동일시함으로써 생겨나는 것이다." 예를 들어, '나뭇잎'이라는 개념은 수많은 나뭇잎의 개별적 차이를 망각함으로써 자의적으로 형성된다. 이로부터 '나뭇잎'의 원형이 있다는 관념이 생긴다. 이처럼 개념적 의미란, 수사적으로 고상해지고, 전이되고, 치장되고, 오래 사용된 후에 견고해지고 법적으로 구속력을 가지게 된 은유나 환유 그리고 인간 중심주의가 기동성 있게 움직인 결과물인 것이다. 그리고 문자적 의미를 실체화함으로써 생겨나는 '진리'라는 관념은 그것이 은유적 '환상이라는 사실이 망각된 환상'이며, 최초의 감각적인 인상이 지워져 나가서 이제는 문자적·습관적인 의미만 남은, 죽은 은유일 뿐이다(Nietzsche, 1873: 250).

'개념은 은유가 사라지면서 남긴 찌꺼기며, 신경 자극을 예술적 이미지로 전이한 환상이 개념의 기원'이다. 따라서 은유를 통해 형성된 의미를 실체화하는 순간 인간은 '은유가 은유라는 사실을 망각하는' 오류에 빠진다. 인간은 자신이 의미 형성 활동의 주체라는 사실을 망각하고 사회가 제공하는 보편 개념을 '사실'로 믿는 대가로 평온하고 일관성 있는 삶을 살게 된다. 그러나 그는 결코 그 스스로가 주장하는 올바르고 정직한 세계에 거주하는 것이 아니다. '올바른 지각'이란 말은 이미 형용 모순적인 무의미다. 주관과 객관이라는 전혀 다른 두 영역 사이에는 인과성이나 '올바름'이 있을 수 없으며, 기껏해야 미학적 상황, 즉 암시적인 전이나 완전히 다른 언어로의 서툰 번역만이 있을 따름이다(Nietzsche, 1873: 252).[10]

의미를 형성하고자 하는 충동은 인간의 근본 충동이므로 은유의 충동은 결코 완전히 억압되거나 제한될 수 없다. 낱말과 개념을 발생시킨 은유 충동은 끊임없이 새로운 전이를 통해 기존의 개념 범주를 끊임없이 혼란시킨다. 그리고 기존 세계를 마치 꿈의 세계처럼 불규칙하고 자극적이고 변화무쌍하며 새로운 세계로 바꿀 수 있는 가능성을 보여 준다. 개념의 굴레에서 자유로운 개인은 개념이 아니라 은유적 직관에 의해 움직인다.

그러나 이러한 직관을 표현할 언어는 전혀 없다. 따라서 인간은 이런 직관을 경험할 때 침묵 속에 잠기거나, 완전히 금지된 은유나, 전혀 들어본 적이 없는 방법으로 개념을 결합하여 이야기한다(Nietzsche, 1873: 255-256).

사회적 삶은 안정된 자기보존을 위해 보편성과 동일성을 지닌 개념적 의미를 필요로 한다. 그러나 끊임없이 변하는 '삶'은 새

로운 상태에 부합하는 새로운 의미를 필요로 하므로 인간은 본
능적으로 끊임없는 은유 율동을 펼칠 수밖에 없다. 따라서 우리
에게는기존의 관습 체계를 꿰뚫고 새로운 의미의 틀을 짤 수 있
는 은유 능력과 새 의미의 효용성을 오랫동안 개념 속에 보존하
는 능력을 지닌 이성 능력을 함께 지닌 새로운 인간형이 요구된
다(Nietzsche, 1873: 256).[11]

　니체의 은유론에는 '의미의 기원'에 관한 언어적 · 심리적 ·
생리적 · 권력학적 해석 관점이 혼합되어 있다. 이것들을 꿰뚫고
있는 하나의 일관된 입장은 의미의 발생 방식이 '은유적'이라는
것이다.[12] 이 경우 '은유'라는 기호는 비논리적, 비개념적, 무의
식적 결합활동 등의 의미를 내포한다. 이는 한마디로 의미의 발
생 과정에 대한 개념적이고 논리적인 규정과 명료한 의식적 해
명이 불가능하다는 표현이다. 그러나 이는 결코 인식 불가능하다
는 의미가 아니라 기호의 이면 성질에 대한 탁월한 감식력을 지
닌 계보학자들에 의해 그 내용이 간접적 · 비유적으로 인식될 수
있다는 의미로 해석되어야 한다. 그리고 이러한 계보학적 작업의
결과 의미는 신이나 신적인 말씀(Logos)이나 선험적 법칙에 의해
발생한 것이 아니라 종래의 의식에 의해 주목받지 못하였던 (무
의식적) 언어구조 · 정신구조 · 권력구조 · 경험구조들과 연관되
어 발생한 것이라는 판단이 가능해진다. 그런데 이러한 판단은
과연 얼마만큼 견고한 것인가? 언어적 의미와 그것이 지칭하는
대상 사이의 관계를 드러내려던 니체는 계보학적 관점과 도구
역시 자체에 문제점을 지님을 이내 자각하게 된다.

　……언어 없이는 어떤 철학적 의식도 없으며, 어떤 종류의 의식

도 결코 인식할 수 없으므로, 언어의 토대는 의식을 가지고 해명할 수 없다. 우리가 더 깊이 언어의 토대를 파고들수록 우리는 더욱 분명히 언어의 깊이가 의식의 한계를 훨씬 넘어선다는 것을 발견한다(Nietzsche, 1870: 211).

계보학적 탐색의 내용처럼 만약 인간의 사유가 특유한 언어 구조에 의해 이미 한계가 정해진 것이라면, 인간은 언어적 사유를 통해 언어의 경계 자체나 경계 밖의 성질을 직접적으로 인식할 수는 없다. 언어적 의미를 발생시키는 '기원'은 언어와 다른 상태이기에 이를 언어로 규정하는 순간 그 기원은 더 이상 본래적 기원이 아니게 될 뿐이다. 따라서 '의미의 기원'에 대한 지금까지의 논의 역시 우리가 그것을 문자적(개념적) 의미로 해석하는 순간 계보학이 비판하던 일종의 형이상학적(개념 중심적) 담론이 되고 만다.

니체를 뿌리로 삼는 현대 계보학자들은 바로 이 점에서 자신의 연구 주제와 방향을 설정한다. 그중에서 현대 기호학의 새 장을 개척한 소쉬르는 언어와 사물 사이의 관계를 또다시 언어로 규정하려는 것은 언어학의 경계를 넘어서는 월권으로 해석한다. 그래서 '의미작용의 구조'를 드러낼 연구 대상을 오직 언어 자체의 내적 구조로 한정하는 현대 언어학을 시도한다. 그리고 프로이트는 의식을 통해 의식이 아닌 상태를 '간접적으로' 파악할 수 있게 하는, 의식과 무의식을 매개하는 제3의 기호인 꿈, 증상, 실수 들을 찾아내어 의미의 발생 과정을 추적한다. 전통 로고스 중심적이고 의식 중심적인 서양철학의 문제점을 드러내어 철학의 의미와 한계를 새롭게 정초하려는 (탈)현대철학의 주제와 출발은, 바로 이들의 고유한 계보학적 사유와 더불어 전개된다.

3. 소쉬르의 언어구조 분석: 연합관계와 연사관계

'언어는 무엇을 지칭하는가'에 관심을 두는 전통 언어관은 언어와 지시 대상 '사이의 관계'를 설명해 줄 제3의 언어를 제시하지 못한다. 따라서 언어의 의미가 언어 외적인 지시체에서 유래한다는 주장은 그 진리성을 언어적으로 보증할 수 없다는 논리적 난점을 내포한다. 이런 난점은 미지의 X에서 신경 자극과 이미지와 소리를 거쳐 하나의 의미가 생성되는 과정을 은유 율동으로 설명하는 니체의 은유론에도 동일하게 적용할 수 있다. 니체는 문자적(개념적) 의미의 기원이 그 개념과 동일한 내용을 담지한 '대상'에서 발생한 것이 아니라 그와 다른 어떤 '활동'에서 유래한 것임을 간접적으로 추론하였다. 그러나 그 역시 자신의 이론이 직접적인 인식 내용을 개념적으로 엄밀히 정리한 것인 양 주장하려는 순간, 자신이 비판한 관점과 동일한 난관에 처하게 된다. 가령, 그의 은유론이 진실이라면, 그는 전(前)언어적 · 비논리적 · 비개념적이며, 무의식적인 '의미화 활동'을 그것의 결과물인 의식의 언어로 엄밀히 기술할 수 없다. 의미의 발생 과정은 서로 다른 영역 사이의 비약적인 관계 맺음 활동이다. 따라서 이미 주어져 있는 하나의 특정한 언어 상태에서 그와 다른 언어 이전의 상태에 대한 동일한 의미 해석은 이론적으로 불합리하다. 그러나 니체의 언설이 직관을 비유적으로 표현한 기호라고 해석한다면 우리는 논리적 난점에 빠질 부담을 덜 수 있다.[13] 이러한 상황에서 소쉬르는 새로운 언어학적 관점을 통해 이 문제를 해결한다. 즉, 언어의 의미는 언어와 사물 사이의 관계가 아니라 언어 자체의 내적 구조에서 발생한다고 추정하고, 그동안 관심을 받지 못하고 어둠에 묻혀 있던 언어의 이면 구조를 탐색한다.

소쉬르는 언어(language)를 언어 행위자로 하여금 외부 세계와 자신을 이해하게 하는 언어 습관의 총체로 본다. 언어는 동시대인에게 보편적이고 안정성을 지닌 '언어구조(langue)'와 이 구조를 통해 구체적인 의미를 표현하는 개인들의 '발화 행위(parole)'로 구분된다(소쉬르, 1990). 언어는 이 둘 사이의 상호 관계에 의해 구성된다. 또한 특정한 기의(記意, 의미)를 지닌 기표(記表, 소리글꼴)인 기호의 집합이다. 이 경우 기표와 기의라는 서로 다른 두 항 사이에서는 자연의 보편법칙이나 논리법칙이 발견되지 않는다. 기표(소리글꼴) 자체에는 본래부터 내재하는 어떤 가치나 의미도 관찰되지 않는다. 가령, '소'라는 글자를 아무리 큰 망원경과 미세 현미경으로 관찰하거나, /so/라는 발음을 고성능 확성기로 증폭하여도, 거기에서 실물의 소는 물론이고 '소'라는 이미지와 개념이 나타나지 않는다. 그 역(逆)도 마찬가지다. 그렇다면 우리는 어떻게 해서 '소'라는 기표(소리-글꼴)와 더불어 '뿔이 둘 달린 온순한 포유동물'이라는 특정 기의(개념)를 의식하게 되었는가? 소쉬르는 한 기호의 의미와 가치는 대중에 의해 사용되는 특정 언어의 이면 구조 안에서 그 기호의 특수 위치와 그 구조에 부응하는 개인의 다양한 발화 행위에서 발생하는 것으로 추정한다.

개인의 의미 발화는 이미 사회적으로 주어진 기호 체계에 의존해서만 가능한 것이다. 그러므로 의미의 보편적인 발생 과정을 이해하기 위한 핵심은 언어의 구조(기호 체계)를 규명하는 데 있다. 언어구조(langue)는 공시적(synchronique) 차원과 통시적(diachronique) 차원으로 구성된다. 그런데 시간 속에서 기호의 의미 변화를 연구하여 현존하는 의미에 대한 심층 이해를 얻고자 하는 통시언어학에서는 서로 다른 의미 구조 '사이의 관계'를 학문적으로 명료화할 어떤 항구적이고, 보편적인 규칙성이나 기준을 발견할 수 없다. 즉, 특정 기호의 이전 의미와 현재 의미 사이의 변화를 설명하는 통시적인 보편적 언어구조가 현재의 특정 언어구조에 속하는 인식자에 의해 제시될 수 없다(소쉬르, 1990: 106-114). 이에 비해 하나의 시점에서 언어를 구성하는 요소의 성질과 요소 사이의 상호관계를 연구하는 공시언어학에서는 일정한 보편성과 규칙이 발견되며, 이를 통해 언어적 의미가 구성되는 방식에 대한 일반 지식을 얻을 수 있다. 따라서 소쉬르는 공시언어학의 가치를 중요시하며, 이를 통해 단순한 질료상태일 뿐인 '기표'가 의미를 담지하는 '기호'로 변형되게끔 기능하는 구조가 어떤 것인가를 연구한다. 이 구조는 표면에 전체적으로 노출되는 것이 아니므로 언어학적 눈에 의한 심층분석을 요한다.

복잡한 덩어리인 언어구조는 최소 단위(음소)까지 명료하게 분절되며, 이 분절된 차이적 요소는 역으로 상호 특정한 방식으로 결합되는 독특한 구조를 지닌다. 소쉬르는 바로 이 '분절'과 '결합'의 구조가 의미를 발생시킨다고 해석한다. 예를 들어, 한국말은 10개의 모음과 14개의 자음이라는 서로 다른 음의 최소 단위(음소)로 분절된다. 이 음소는 그 자체만으로는 아직 어떤 의미도 내포하지 않는다. 그런데 자음과 모음이 결합하여 하나의 글자를 형성하고, 이것이 특정한 언어 맥락에 놓여서 접두사-어간-접미사라는 특정한 의미 기능을 수행할 경우 이 글자는 의미를 형성하는 최소 단위인 의미소(형태소)가 된다(소쉬르, 1990: 128).[14] 이 의미소들이 고유한 방식으로 결합되어 다양한 낱말이 되며, 낱말들이 여러 방식으로 배열되어 문장이 된다. 여기서 소쉬르는 아직 어떠한 의미도 담지하고 있지 않는 불과 몇십 개의 음소들에서 수천 가지의 의미소들과 수많은 의미들이 발생하게 된 원인과 과정에 관심을 집중한다. 그렇다면 아직 의미가 부재하는 음소상태에서 어떻게 의미상태로 비약적인 전이가 가능하게 되는가?

서로 다른 상태의 영역 이탈적인 '넘어감'은 기존의 형식 논리의 관점으로는 해명이 불가능하다. 이것은 매우 신기한 논리적 비약이기에 니체는 이를 '은유'라고 칭했다. 그러나 소쉬르는 이를 구조언어학적 관점과 용어로 재해석한다. 그렇다면 삶을 좌우하는 의미가 발생하는 이 비밀스러운 도약 과정의 구체적 정체는 무엇인가? 소쉬르는 이 초논리적 사건이 외부 대상의 힘에 의해 발생한 것이 아니라 우리가 사용하는 언어를 구성하는 기표들 사이의 고유한 언어적 관계 구조에 기인한다고 해석한다. 언어의 공시(共時)적인 관계 구조에 의해 음소는 이미 의미소와 낱말, 문장으로 상호관계 맺게끔 엮어져 있다. 즉, 음소, 의미소, 낱말, 문장이라는 독립된 영역이란 본래 존재하지 않으며, 이러한 언어 요소는 이미 상호관계적인 의미 규정인 것이다. 언어의 구조는 그 구체적 단위인 다양한 음소와 의미소, 낱말, 문장 사이의 차이와 대립관계로 엮어진다.

그렇다면 의미가 발생하는 언어 요소 간의 관계 구조는 구체적으로 어떠한가? 소쉬르는 이를 연합관계(계열체관계, la relation paradigmatique)와 연사관계(결합체관계, la relation syntagmatique)로 서술한다(소쉬르, 1990: 146-150). 연합관계란 낱말의 소리, 글꼴, 성질의 부분적 유사성에 기초하여 머릿속에 연상할 수 있는 가능한 모든 기표(소리글꼴)들 사이의 무제약적인 결합관계를 뜻한다. 가령, '진리'라는 기표가 우리의 의식에 어떤 특정한 의미를 내포하는 기호로 전해진다면 그것은 진리가 '질리', '진니', '지리'……(소리의 유사관계)나 '진라', '진로', '잔리'……(글꼴의 유사관계)나 학문, 거짓, 성스러움, 곤혹스러움……(성질의 유사관계) 등의 기호와 동일하지 않다는 것을 우리가 이미 분별하고 있기 때문에 가능한 것이다. 만약, 이러한 차이성의 구분이 불가능할 경우에는 '진리'라는 글자는 우리에게 특정한 의미 기호로 의식화될 수 없다. '진리는 모두에게 영원한 것이다.'라는 문장은 각각 '진리/는/모두/에게/영원 /한 /것/이다'라는 의미소들로 구성되는데, 이 경우 이 문장에 표면화된 각 의미소의 이면에는 수많은 연합관계 요소가 얽혀 있다. 이 서로 다른 의미소들로 엮어진 그물 중에서 오직 하나의 요소만이 개인이 발화하거나 문장을 쓸 때 선택된다. 그리고 바로 이 선택활동과 선택 재료들 사이의 차이 구조에 의해 의미의 수많은 잠재 상태에서 하나의 의미가 발생하는 것이다. 일반인들은 표면에 드러난 문자적 의미만을 의식하기 때문에 마치 그 문자에 내재된 고유 의미가 우리의 의식에 직접적으로 인식된다고 생각한다. 그러나 이러한 인식이 가능한 이유는 이미 인식자의 뇌에 현시(顯示)된 기호 이면의 수많은 연합관계들에 대한 언어적 분별이 축적되어 있기 때문이다. 소쉬르 언어학의 독창적인 업적은 언어에 대한 표면적(사전적) 이해를 넘어서서 이러한 언어의 이면 구조를 심층분석했다는 점에 있다.

　연사관계란, 예를 들어 '진리는 인간을 자유롭게 한다.'는 문장은 특정 의미를 지니기 위해 취하는 낱말들 사이의 고유한 배열 방식을 의미한다. 모든 문장은 어느 하나로 환원되지 않는 서로 다른 낱말들 사이의 일정한 배열을 통해 특정한 의미가 발생한다. 이때 문장을 구성하는 단위들(낱말과 의미소들)의 배열을 바꾸게 되면 문장의 의미도 변하게 되며, 동일한 낱말도 배열된 위치에 따라 의미가 달라질 수 있다. 앞 문장의 배열을 '인간을 자유롭게 진리는 한다.' 내지 '진리는 자유롭게 인간을 한다.'로 바꾼다면 의미와 어감이 다르게 된다. 이처럼 서로 다른 낱말들이 고유한 인접관계에 의해 결합되어 독특한 의미가 발생하는 것을 연사관계라 한다.

　특정한 기표(소리글꼴)는 공시적 언어구조 속의 수많은 연합관계 요소 중에서 언어 사용자에 의해 선택되어 문장 표면으로 현시되며, 연사적 관계라는 독특한 공간 배열에 의해 특정한 의미와 가치를 지니게 된다. 이러한 선택과 배열 구조를 우리는 흔히 '문법'이라 한다. 기표들은 바로 이 문법관계(연합-연사관계)에 의해 상호 차이화되는 동시에 결합되어 독특한 의미 기호로 전환된다. 그리고 개인은 문법구조에 의거하여야 비로소 의미 이해와 형성이 가능한 동시에, 이 구조로 인해 사유와 의미 창조 방향의 제약을 받게 된다. 그렇다면 의미의 발생 구조는 개인의 임

의적인 언어 선택과 사회 규약적인 문법 범주 사이의 상호 차이
적 의존 관계로 해석된다.

우리가 형성할 수 있는 의미의 내용과 범위는 주어진 언어구
조 속의 연합-연사관계를 얼마나 언어 상황에 적합하고 다양하
게 응용하느냐에 따라 정해진다. 바둑판에 둔 어떤 바둑돌이나
개인이 선택한 인생 횡보의 의미와 가치는, 주변 관계의 변화에
따라 새옹지마(塞翁之馬)처럼 변한다. 예를 들어, 한때 반사회 인
물로 규정되어 억압받던 사람이 역사적 권력관계가 변하면 민주
운동가와 애국자로 변한다. 이처럼 기표의 의미란 본래부터 고정
된 것이 아니라 기표들 사이의 배열이 어떻게 바뀌는가에 따라
서 끊임없이 다채롭게 변하는 것이다.

소쉬르의 언어학적 의미기원론에 대한 정리를 마치면서 우리
는 그의 연구 결과가 과연 그의 학문 전제에 일관되게 부응하는
것인지를 물어야 한다. 이를테면 그는 어떠한 기호도 그 자체로
독립된 의미와 가치를 지니지 못하며, 수많은 타자(기표) 사이의
연합-연사관계와 이 관계를 인식하는 사람의 언어 행위에 의해
비로소 고유한 의미와 가치가 발생한다고 본다. 그렇다면 소쉬르
가 고집하던 언어구조에 대한 연구활동의 의미와 가치는 또다시
어디에서 발생하는 것인가? 그것은 어떤 또 다른 종류의 연합-
연사관계에 얽혀 있는가? 그가 '의미의 기원' 연구를 언어학의
영역에만 한정하는 순간, 의미를 구성하는 수많은 타자성과의 연
관관계가 은폐되는 것은 아닌가? 이 상황에서 우리는 인간의 의
미 선택과 의미 배열 구조에는 이미 '삶'을 억압하는 속성이 은
폐되어 있으며, 사회적 인간은 언어와 더불어 사회적 의미를 수

용하고 유지하는 대가로, 운명적으로 욕망 충족이 억압되고 지연되는 심리 · 구조에 속박된다는 프로이트의 입장을 주시할 필요가 있다. 소쉬르가 제시한 언어구조와 발화 사이의 상호 차이적 의존관계처럼 의미의 기원에 대한 숙지를 위해 언어계보학은 계보학자 자신의 정신구조에 대한 보완 지식을 필요로 한다.

4. 프로이트의 정신구조 분석: 상호 대립적 타협관계와 반대 감정의 병존

『정신분석강의』의 서문에서 프로이트는 두 가지 근본 가설을 제기한다.

첫째, 정신활동 과정은 그 자체로 무의식적이며, 의식 과정은 정신활동의 한 작용이고 부분에 지니지 않는다.

둘째, 리비도(성 에너지)는 생명활동과 문화 창조의 동인이며, 리비도에 대한 사회의 부정적 가치평가와 억압은 정신질환을 유발하는 편견이다.

첫 번째 주장에 의하면 정신의 모든 작용은 의식의 대상이 아니라 조건이므로 우리는 그것을 의식에 의해 직접적으로 인식할 수 없다. 또한 의식이 무의식적 정신활동의 일부 기능에 불과한 것이라면 의식된 의미의 이면에는 무의식적 의미화 활동이 숨어 있다고 추정된다. 두 번째 주장은 사회적 의미가 리비도 작용의 결과물이라면, 사회의 특정한 도덕적 의미를 기준 삼아 '의미의 기원'을 일방적으로 평가하거나 억압하는 것은 정당화될 수 없다는 말로 해석된다. 인간이 '삶'을 온전히 만끽하지 못하는 원인이 '의식에 의해 지각되지 않는 것들은 무가치한 것'이라고 간주하는 편견에 있다고 본 프로이트는 이 두 주장을 임상 자료를 통해 증명하려 하였다.

프로이트는 무의식에 의식이 접근할 수 있게 하는 열쇠를, 의식 활동과 무의식 활동이 교묘히 혼합되어 있는 제3의 기호인 꿈, 증상, 실수 등에서 발견한다. 꿈은 사회의 중심 관념과 대립되어 의식 밖으로 억압된 유아적 욕구와 표상이, 자아의 방어작용이 느슨해지는 수면상태에서 (초)자아의 검열을 교묘히 피하는 '꿈 작업'을 거쳐 의식 표면으로 분출된 결과물이다. 잠자는 동안에는 원초적 욕구들이 직접적인 행동으로 옮겨질 위험이 매우 적다. 따라서 정신은 축적된 스트레스를 풀게 하는 효율적인 자기 관리 차원에서 수면 중에 무의식적 욕구들의 표출을 어느 정도 허용한다. 꿈을 구성하는 재료는 유년기에 지각했다가 억압한 과잉자극, 성 욕동과 성 환상, 상처와 불안, 낮 동안에 받았던 흥분 자극 및 잠을 자는 동안에 주변 환경에서 받는 생리적 자극 등이다. 그리고 이 꿈 재료는 비록 꿈꾸는 자 자신은 의식하고 있지 않지만, 과거의 경험 속에서 이미 언어로 지각되었다가 억압된 내용이다.[15] 즉, 깨어 있을 때 이미 의식의 언어로 경험된 것이지만 그것이 그 당시의 자아에게 불필요했거나 감당할 수 없는 내용이었기에 억압되었다가 꿈속에서 다시 지각된다.[16] 그런데 꿈에서는 억압되어 왔던 꿈 재료들이 본래대로 표출되지 않고, 독특한 방식으로 변형되어 나타난다. 프로이트의 관심은 바로 원재료에 대한 무의식적 정신의 독특한 변형활동과 변형 이유에 집중된다. 억압된 욕구와 관념이 무의식의 원초적 정신활동에 의해 난해한 꿈의 기호로 변형되어 표출되는 이유는 무엇이며, 그 무의식적 정신활동이 작용하는 방식은 어떠한가? 우리는 이에 대한 프로이트의 해석에서 우리의 관심인 의미의 심리적 발생 과정에 대한 자료를 뽑아 낼 수 있다.

꿈 작업 : 압축 · 전치 · 상징화 · 이미지화 · 2차 가공

프로이트는 꿈의 무의식적 의미를 정신분석 지식과 기법을 통해 해석함으로써 무의식의 내용과 활동을 간접적으로 인식할 수 있는 길을 개척한다. 이처럼 의식의 언어로 정리되지 않던 무의미한 기표를 의미 있는 기호로 전환한 데 그의 업적이 있다. 프로이트에 의하면 꿈의 이미지는 의식이 전혀 이해할 수 없는 무의미한 그림도 아니고, 의식이 일의적(univocal)이고 즉각적으로 그 의미를 인식할 수 있는 기호도 아니다. 꿈은 꿈의 원인과 재료 그리고 작업 메커니즘을 이해할 때 그것의 본래 의미가 다중적으로 드러나는 일종의 은유다. 은유는 그것을 공감하지 못하는 사람에게는 무의미하며, 은유의 작동기제를 이해하지 못하는 사람에게는 불합리한 환상을 유발한다. 그러나 은유를 공감하는 사람에게는 강한 '정서적 인식'을 유발하며, 은유의 작동기제를 이해하는 사람에게는 내밀한 '인식 수단'과 창조 수단이 된다. 그렇다면 은유적인 꿈 기호를 매개로 하여 무의식적 활동의 특성을 분석해 보자.

첫째, 꿈에 나타난 이미지는 의식에 의해 일차적으로 지각되는 의미와 다른 의미를 내포한다. 따라서 현시된 꿈의 이면에 감추어진 본래의 '꿈 사유'를 알기 위해서는 꿈을 생성하는 '꿈 작업' 활동의 특성을 세세히 분석해야 한다. 임상적 꿈 해석의 결과 프로이트는 꿈 이미지의 이면에는 그 이미지와 함께 연상되는 다양한 기억 표상이 한꺼번에 압축되어 있음을 발견한다. 단순 명료성을 선호하는 의식과 달리 무의식은 의식과 충돌을 일으킬 수 있는 금지된 충동 표상의 일부를 선택하여 압축한다(프로이트, 1900: 370, 378).[17] 압축의 효과로 인해 꿈꾸는 자는 의식이 눈치 채지 못하는 방식으로 다양하게 금지된 욕구와 생각들을 한꺼번에 꿈으로 표출할 수 있게 된다. 따라서 꿈꾼 사람이 충족하고자 하는 억압된 소망의 내용을 알기 위해서는 꿈 이미지에 압축된 내용들을 자유연상과 꿈 해석을 통해 세세히 풀어야 한다.

둘째, 꿈에서는 무겁고 강렬한 무의식의 소망이 그것과 우연한 연관성을 지닌 사소한 전의식 자료로 바뀌어 표현된다. 이로 인해 '본래의 꿈 사유'가 무엇인지 알기 힘들게 된다. 예컨대, 꿈꾸는 사람이 소망하는 어느 여인 대신에(그녀가 언젠가 입고 있던 옷의 무늬가 새겨진) '컵'을 움켜쥔 꿈 장면의 경우 (무의식은 알고 있지만, 의식은) 그것이 무엇을 뜻하는지 알기 어렵다. 프로이트는 여기에서 꿈에서는 중요한 것을 사소한 것으로, 무의식의 자료를 전의식의 자료로 바꾸어 위치시켜 본래의 '꿈 의미'를 은폐하는 '전치' 활동이 작동한다고 분석한다.

셋째, 꿈은 무의식의 꿈 사고를 '상징'을 사용하여 표현한다. 상징이란 의식에 드러난 문자적 의미 이외의 의미를 지칭하는 기표다. 꿈의 경우 핵심 의미란 곧 의식에 직접적으로 노출되지 않는 '무의식의 의미'다. 이 무의식적 의미는 해석자가 무의식에 대한 체험적 지식을 지닌 정도에 비례하여 다중적으로 해독된다.

372 제3부 정신분석과 철학

즉, 상징은 그것의 의미를 해석할 수 있는 사람에게만 비로소 그 고유 의미를 드러내는 특수 기호다.

상징은 인류에 보편적인 '전형적 상징'과 개인의 체험 내용에 따라 달라지는 개인 상징이 있다. 꿈 상징은 대부분 금지된 욕망 내용과 연관되며, 그 대표 내용은 오이디푸스 욕구다. 이 욕구를 표현하는 상징은 개인마다 다를 수도 있고, 인류에 공통적일 수도 있다. 이런 상징을 이해하는 데 지름길은 문명인의 무의식에 억압된 원시인과 유아의 욕망 내용, 사유 관점을 공감적으로 이해하는 것이다.

넷째, 꿈 사유는 대부분 이미지를 통해 표현된다. 무의식의 어떤 추상관념은 시각적 이미지로 번역되어 표현된다. 예를 들어, 금지된 연애를 하고 있는 기혼자가 근심하는, 결혼의 깨짐(Ehebruch)이라는 창피하고 불안한 관념 내용은 또 다른 깨짐(Bruch)인 팔의 골절(Beinbruch) 이미지로 바뀌어 번역된다(프로이트, 1916: 203-204). 이런 현상을 통해 우리는 언어로 지각되어 있는 무의식의 부분을 변형된 시각 이미지로 바꾸는 작업이 꿈 형성 과정에서 무의식적으로 행해짐을 추정할 수 있다.

다섯째, 꿈 작업은 꿈꾼 사람의 무의식적 소망과 꿈 사고 각각을 꿈속에 출현하는 개개의 인물들에게 '동일시'하여 표현한다. 그렇다면 꿈속 출연자들의 특성과 행동은 각각 몽자의 무의식 부분들을 반영한다. 또한 꿈은 무의식의 꿈 사고를 '반대로 전환'하여 의미, 상황, 관계와 순서, 인과가 전도된 이미지를 꿈에 출현시킨다. 따라서 꿈이 잘 해석되지 않는 경우, 그 의미를 반대로 대체하면 본래 의미가 드러나곤 한다.

여섯째, 꿈의 기호는 마치 하나의 줄거리를 갖는 것처럼 기억된다. 즉, 본래는 서로 무관한 단편적 지각과 충동들이 마치 통일적 연관관계가 있는 것처럼 인과적으로 결합되어 나타난다. 이것은 마치 작가가 자신의 무의식을 매끄럽게 손질한 줄거리로 다듬어 표현하는 것처럼 꿈 작업이 무의식을 2차 가공하기 때문이다.

무의식의 본래 내용과 의식에 지각되는 꿈의 의미가 이처럼 다른 까닭은 무엇인가? 꿈을 이런 방식으로 형성하는 무의식적 정신 활동의 정체는 무엇인가?

정신활동의 구조 : 의식과 무의식 사이의 상호 대립적 타협관계[18]

프로이트는 의식의 기호와 매우 다른 기표가 꿈에 나타나는 것은 곧 의식활동과 다른 어떤 무의식적인 작용이 정신 속에서 작동하고 있다는 증거라고 해석한다. 그리고 꿈의 기표가 그 본래의 뜻을 파악하기 어렵게 압축되고 초점이 바뀐 왜곡된 이미지나 상징으로 나타나는 까닭은 무의식의 소망이 그대로 드러날 경우 정신의 충격이 발생할 수 있기 때문에 이를 방지하기 위한 것으로 추정한다.

자아가 감당하기 힘든 섬뜩한 꿈을 꾸게 되면 잠을 깨게 되며, 왜곡이 심한 꿈일수록 그 소망은 금기적 내용인 경우가 많다. 프로이트는 주로 사회가 용납하지 않는 근친상간, 변태 성욕, 살인, 자기파괴 등의 소망일수록 왜곡이 심해짐을 발견한다.

우리가 꿈을 꾸는 동안과 꿈을 깬 후에도 꿈의 내용을 어느 정도 기억할 수 있는 것을 미루어볼 때, 수면 중에도 의식활동이 완전히 정지한 것은 아니다. 수면상태에서 의식활동과 무의식활동은 공존하며, 서로 다른 두 정신 기능 사이의 타협관계에 의해 꿈이 발생한다. 이를테면 사회가 요구하는 검열의 기준과 강도를 이미 잘 알고 있는 작가처럼 '꿈 작업'은 자아의 검열에 걸리지 않고서 자신의 소망을 표현하기 위한 독특한 '의미화 기법'을 사용한다. 즉, 압축, 전치 상징화, 시각화, 2차 가공 등의 작업을 통해 독자나 검열관이 그 뜻을 얼핏 알 수 없게끔 꿈 재료를 미묘한 방식으로 선택하고 결합한다. 그리고 이러한 꿈 작업의 결과는 또 한 번 (초)자아의 검열활동에 의해 삭제, 수정, 암시, 완곡화, 재편집 등을 거친 후에야 꿈으로 의식에 현시된다(프로이트, 1916: 173-174).

프로이트의 꿈 해석에 의해 드러난 무의식적 정신작용(꿈 작업, 검열)에 대한 반성을 통해 우리는 의미를 생성하는 정신의 구조를 추론할 수 있다. 꿈의 경우, 잠자는 동안에 무의식의 소망이 꿈 작업과 검열 작업에 의해 변형되지 않은 채 분출된다면, 의식이 감당하기 힘든 소망 내용으로 인해 잠이 깬 후에도 정신의 안정이 깨질 수 있다.[19] 반면에 무의식의 욕구가 전혀 분출되지 못하게 억압될 경우, 축적된 욕구 불만이 일시에 분출되어 정신이 파괴될지 모른다는 불안으로 인해 병리적 증상이 발생한다.[20]

그렇다면 꿈이란 정신을 구성하는 의식과 무의식이라는 서로 다른 두 정신작용이 상호 대립하는 동시에 타협한 결과물이다. 그리고 의식과 무의식은 상호 대립적 타협 구조에 의해서 상호 역동하는 정신 기능으로 해석된다(프로이트, 1916: 178).[21]

신경증의 이면 구조:
이드('그것')와 자아(Ego) 사이의 대립적 타협관계

증상(symptom) 역시 꿈처럼 특정 의미가 발생하는 (무의식적) 과정을 추정할 수 있게 하는 상징적 열쇠다. 신경증자는 감당할 수 없었던 과거의 충격(trauma) 상황에 다시 직면하게 될 것을 과잉 불안해한 나머지 방어 에너지를 과도 지출한다. 그로 인해 새로운 경험을 시도할 정신적·육체적 에너지 여유를 상실한다(프로이트, 1916: 369).[22] 그의 무의식적 관심과 에너지는 자신이 감당키 힘들었던 과거의 어떤 지각·관념·정서에 대한 억압·회피에 집중되어 있다. 이로 인해 외부 세계에 대한 새로운 경험 능력이 결핍되어 자아의 발달을 도모할 수 없게 된다. 신경증자는 자신의 충격적 과거를 '기억'하여 성숙한 관점으로 재해석하지 못한 채 오직 '반복'하기 때문에 인생을 다양하게 음미하지 못한다. 그 결과 새로운 의미 해석을 개발하지 못한 채 제한된 의미 속에 고착되어 살아간다. 그렇다면 신경증자 자신이 알지 못하는 신경증 증상의 본래 의미는 무엇이며, 그것이 발생하는 메커니즘은 어떤 것인가?

자아가 본능 욕동(Id; 원초적 '나')과 외부 현실 사이에서 양쪽의 대립된 요구에 대처하는 대표적인 방법은 승화와 억압의 길이 있다. 승화는 본능 욕동을 외부 현실에 조화되게 변환하여 표출하는 활동으로서 본능 욕동과 외부 현실을 중재하는 자아 기능의 성공적 작용이다. 그런데 인간의 승화 능력에는 개인적 차이와 보편적 한계가 있기 때문에 '완전 승화'란 하나의 이념일 뿐이다(프로이트, 1916: 358). 이에 비해 억압은 금지된 본능 욕동이 내부에 있다는 것 자체를 결코 인정할 수도 없고, 승화할 수도 없는 경우에 자아가 작동하는 방어기제의 일종이다. 이 경우 금지된 욕동과 관념은 억압되어 무의식화되는 순간 소멸하는 것이 아니라 의식의 통제를 벗어나게 된다. 그리고 무의식에서 제멋대로 활동하면서 의식 표면으로 분출될 기회를 틈틈이 엿보기 때문에 늘 자아의 불안 요인으로 남는다. 신경증은 즉각적인 충족을 추구하는 본능(Id)과 이를 금지하는 외부 세계의 압력 사이에서 자아의 갈등과 그 갈등에 대한 미성숙한 자아의 미숙한 대처 방식인 억압에 기인한다(프로이트, 1922: 146). 자아는 본능의 요구에 일방적으로 동조할 경우 충격 상황에 직면하게 된다는 것을 과거의 고통 흔적을 통해 자각한다. 그럼에도 불구하고 기질적 요인이나 우연한 자극에 의해 본능 충동이 강렬해지고 이에 따른 외부 세계의 금지 압력 역시 강할 경우, 미성숙한 자아는 서로 다른 압력 사이의 갈등을 오래 감당할 수 없게 된다. 그런데 금지된 충동의 분출로 인해 초자아(양심)와 사회(타자 일반)에서 겪게 될 거세 처벌은 너무도 두렵다. 이런 상황에서 미성숙한 자아를 지닌 개인은 고통스러운 갈등 상황을 직면하여 해소하지 못한 채 병리적으로 억압한다. 그(녀)는 핵심 갈등을 겪기 이전의 만족을 느꼈던 특정 상태로 퇴행하여 고착함으로써 불안한 갈등 상황에서 벗어나려 한다. 그런데 이러한 자아의 방어활동은 결코 완전한 것이 되지 못한다. 무의식은 방어가 취약해진 뜻밖의 순간에 틈을 비집고 불현듯 회귀한다. 이 경우 정신의 붕괴를 막기 위한 응급 타협책으로 증상을 발생시켜, 무의식의 상징적 대리 분출을 꾀한다. 이처럼 억압 기제를 사용한 개인은 훗날 뜻밖의 부작용인 신경증 증상을 지니게 된다(프로이트, 1922:

144-146). 이렇게 볼 때 증상이란 억압으로 인해 과도하게 축적된 본능 욕동의 압력과 그 욕구를 제멋대로 분출할 경우 예견되는 현실적 파국 및 초자아의 비난에 대한 불안, 억압된 충동의 회귀 압력을 더 이상 방어할 힘이 고갈된 자아가 생성하는 일종의 타협적 방어물의 기호다. 이 경우 신경증자는 감당하기 힘든 고통을 주는 특정 상황이나 생각·대상의 의미와 가치를 부정·억압·왜곡하는 주관적 관념 세계에 빠지게 된다.

본능 욕동에 대한 과잉 억압은 정신활동을 바로 그 억압한 과거의 욕동에 고착시킴으로써 의미의 새로운 생성 기능을 마비시킨다. 반면에 본능의 무제약적 충족은 정신의 발달을 불필요하게 함으로써 의미 생성 기능을 소멸시킨다. 따라서 프로이트는 본능의 완전 충족과 절대 금욕이라는 양극단 사이에서 주체적인 판단과 행동을 권유한다(프로이트, 1916: 440).

정신분석은 유아 시절 자아의 미숙함으로 인해 억압하여 의식의 통제 영역 밖으로 벗어나 버린 유아적 욕망과 관념을 의식의 영역으로 진입시켜 '성숙한 현재의 자아'를 통해 통제 가능한 대상으로 전환하는 활동이다. 무의식적 정신활동의 기능과 구조에 대해 지식이 깊은 사람은 무의식의 내용과 활동을 덜 두려워하고 적절히 대처할 수 있게 된다. 그러나 의식에 의한 무의식의 통제는 어느 정도만 가능할 뿐이다. 상호 대립적 상생구조에 의해 역동성이 존립하는 정신의 구조상 어느 한쪽 정신 기능에 의한 다른 한쪽 정신 기능의 완벽한 통제란 원리적으로 불가능하다(프로이트, 1916: 460). 본능 욕동이 완전 충족된 상태란 의미의 발생이 더 이상 필요치 않은 완벽한 자연상태다. 반면에 욕동이 지나치게 억압될 경우 인간은 과거의 만족스럽던 경험 흔적으로 퇴행하여 그것에 고착하는 신경증적 정신상태에 처하게 된다(프로이트, 1922: 172-173). 그리고 이것조차 불가능할 경우엔 정신적 고통을 유발한 모든 의미 분별과 가치평가 코드를 해체하는 죽음 본능이 활성화된다. 그렇다면 '의미'란 본능 욕동의 완전 충족과 완전 결핍 사이에서 발생하는 것으로 해석할 수 있다. 이를 상세화한다면 이드(원초적 '나')와 자아, 초자아 또는 의식과 무의식 사이의 적절한 긴장과 타협관계가 바로 '의미' 형성 작용을 역동시키는 정신의 구조로 해석된다(프로이트, 1930: 8).

개체가 행하는 어떤 행위가 '적절한' 것으로 판단되기 위해서는 이드, 자아, 초자아와 외계 현실에서 유래하는 제각각의 요구를 동시에 만족시키고 타협하는 것이 필요하다(프로이트, 1930: 1장)

유아와 원시인의 정신구조 : 반대 감정의 병존

신경증이 욕동과 외부 현실 사이의 대립관계로 인한 자아의 갈등 및 억압기제의 과도한 사용에 기인한 것이라면, 보통의 인간은 이런 갈등 상황에 어떤 방식으로 대처하는가? 프로이트는 아동이 성장 과정에서 보편적으로 직면하는 오이디푸스 콤플렉스에 대한 분석을 통해 정상인도 정신구조적으로 신경증 요소를 내포할 수밖에 없음을 드러낸다.

프로이트는 순박해 보이는 아동에게서 독특한 불안상태를 발견한다. 그런데 이 불안은 자연적인 것인가 아니면 후천적으로 형성된 것인가? 그는 이를 다음과 같이 해석한다.

유아는 선천적으로 성 욕동을 갖고 태어나며, 이 성 욕동은 유년기 동안 '구강기-항문기-남근기'라는 심리-성적(Psycho-sexual) 발달과정을 겪는다. 생후 3년이 지난 후부터 아이는 성욕동의 자연적 분출을 금하는 강한 외부 압력에 직면한다. 이때 금지를 어길 경우 얻는 쾌감보다 처벌받아 겪는 고통의 양이 크게 되면, 고통 상황에 대처하기 위해 욕동과 외부 현실 사이를 합리적으로 중재하는 새로운 정신(자아) 기능의 분화가 가속화된다. 아동에게 가해지는 금지 압력의 주체는 일반적으로 아버지인데, 아동은 아버지의 규범 요구와 본능 충동 사이에서 심각한 갈등에 직면한다. 아이는 '이성의 부모' 내지 '최초 성 대상'에서 '분리'될 것을 명령하는 '아버지의 요구'를 수용하는 것이 생리-심리적으로 너무 고통스럽다. 그러나 이를 거부하자니 아버지의 존재가 매우 두렵게 느껴지므로 이럴 수도 없고 저럴 수도 없는 상황에 처하게 된다. 이 상황에서 남아는 자신에게 쾌감을 주던 엄마와의 친밀관계를 유지하기 위해 금지 압력을 가하는 아버지를 제거하고 싶은 욕망이 강하게 역동한다. 그런데 실망스럽게도 엄마는 남아의 욕망과 요구에 협조하지 않으며, 오히려 아버지의 요구에 가세하는 모습을 보인다. 이 상황에서 남아는 엄마와 아빠에 대한 강렬한 애정과 증오의 양가감정에 휩싸인다. 아이는 리비도의 원초적 충족 패턴을 지속하고 싶은 욕구와 이것을 금지하는 외부 압력 사이에서, 또는 부모의 요구를 거부하고 싶은 증오감과 부모의 말씀을 들어주고 싶은 애정 사이에서 갈등한다. 이 갈등은 아버지의 분노를 유발하여 거세될지 모른다는 거세공포를 일으키며, 그 결과로 아이는 갈등을 억압하고 아버지와 자신을 '동일시'하여, 아버지의 힘을 흡수하려는 방어활동을 시작한다. 이 강력한 동일시 작용의 결과로 아이는 엄마에게서 '분리'되며, 아버지의 성질과 태도, 언어적 의미 체계를 수용하여 상징적 의미 세계에 진입한다. 이와 더불어 정신 내부에 (사회적 의미 체계의 대변자인) '아버지의 목소리'를 대변하는 새로운 정신조직인 초자아가 발생한다. 그리고 거세공포로 인해 억압된 오이디푸스 갈등은 소멸되지 않은 채 무의식에 저장되며, 사춘기 이후에 유사한 3자관계 상황에 처할 때마다 자극받아 회귀한다.[23]

인간이면 누구나 유년기의 리비도 발달 과정에서 겪게 되는 오이디푸스 갈등과 충격은 '아이가 감당하기엔' 너무도 큰 것이다. 따라서 개인이 그 충격 과정을 어떤 강도로 경험하느냐가 이후의 의미 세계 일반에 대한 그(녀)의 관점과 정서 반응에 평생 영향을 미친다. 유년기 말에 초자아가 형성된 이후부터 일생에 걸쳐 지속되는 언어적 의미와 규범 일반에 대한 강박적 불안과 불편함의 근원에는 바로 이 오이디푸스 갈등과 거세공포가 있다 (프로이트, 1922: 165, 169).

오이디푸스 단계에 진입한 어린이는 본능 충동과 금지 압력 사이의 갈등에 의해 자신이 욕망하는 대상에 접촉하고 싶어 하는 동시에 이를 두려워하는 '반대 감정의 병존' 상태에 처하게 된다. 이때 금지 요구는 의식되지만 접촉 욕망은 무의식적이기에 본인은 이 이중 감정 상태의 원인을 자각하지 못한다(프로이트, 1913: 49-50).

아동의 이중 감정과 유사한 현상은 원시 부족에게서도 관찰된다. 프로이트는 원시인이 문화인과 다른 과민한 금기의식인 터부를 지녔음을 주목한다. 터부의 표면적 내용은 동일한 토템을 섬기는 부족원은 결코 그 토템 동물을 죽이거나 먹지 말 것이며,

동일한 토템 부족 내부에서는 누구를 막론하고 절대로 성 접촉을 가져서는 안 된다는 것이다. 이 터부는 너무도 엄격하여 그것을 어쩌다 어길 경우 어긴 사람 스스로 이를 정신적으로 견디지 못해 엄청난 공포 속에서 죽어 가든가 자살하곤 한다. 그렇지 않은 경우엔 집단의 잔인한 처벌을 받게 된다. 그런데 이런 과도한 금기의식에도 불구하고 부족의 종교적 제사 때나 축제날에는 터부를 어기는 행위가 정신적 충격이나 사회적 처벌 없이 공공연히 행해진다. 그렇다면 원시인이 과도한 금기의식을 지니게 된 원인과 일상 때와 축제 때의 행위가 상반된 원인은 무엇인가?

신경증자에 대한 정신분석 자료와 일반인의 꿈 해석 자료를 반추해 볼 때, 과도한 금기의식의 이면에는 그 금기를 위반하고 싶어 하는 강한 욕구가 억압되어 있다. 원시적 생활환경에서는 문화가 제공하는 다양한 승화 · 대체 수단이 부족하기 때문에 원초적 충동이 직접적으로 분출되기 쉽다. 따라서 이런 강력한 터부에 의존해야만 원초적 욕구의 직접적 발산으로 인한 심각한 부작용을 방지할 수 있었다고 추정된다. 그러므로 터부의 내용이란 곧 억압된 소망 내용의 변형으로 해석할 수 있다. 그리고 그토록 공포스러워하던 터부가 축제의 절정에선 (마치 꿈에서 무의식이 표출되듯이) 공공연히 위반되는 현상은, 원시인의 내면이 터부를 두려워하는 동시에 이를 위반하고 싶어 하는 '반대 감정의 병존' 상태임을 암시한다.[24] 우리는 이러한 반대 감정의 병존상태에서 상호 대립적인 동시에 상생적인 의식과 무의식의 관계 구조를 재발견할 수 있다. 금지에 대한 공포만 있거나 위반하고 싶은 욕구만 있다면 삶은 붕괴되어 어떤 의미도 발생하지 않는다. 그렇다면 의미란 본능 충동과 이를 금지하는 외부 현실 사이에서 양자를 중재하려는 자아의 고심스런 노력(승화, 지연, 대체)에서 발생한 것으로 해석할 수 있다. 즉, 의미 발생의 구조는 본능 욕동과 자아의 '금지의식' 사이의 상호 대립적 타협관계다.

어린이와 원시인의 사례를 통해 우리는 의미 구분이 아직 미흡하거나 혼미한 상태로부터 명료한 의미 구별이 발생하는 상태로 변화되는 원인과 과정을 관찰할 수 있다.[25] 가령, 원시적이고 유아적인 본능상태에서 자아가 '분화'되어 발달하는 과정에서 언어적이고 2차 과정적인 의미 표현이 출현한다면, '의미의 기원'은 정신기능의 분화와 분화된 정신기능 사이의 상호관계 구조 내지 관계 활동으로 추정된다. 의미는 의식과 무의식, 본능-자아-초자아 사이의 역동적인 상호관계(구조) 활동에서 발생한다. 그리고 이 관계(구조)활동은 개인의 생리-심리상태와 외부 환경에 따라 끊임없이 변화하며, 그와 더불어 출현하는 의미 내용 역시 달라진다.

의미는 전통 철학에서 오직 의식에 의해서만 정립되는 것으로 간주되어 왔다. 그러나 프로이트에 의해 의식과 무의식 사이의 상호관계에서 발생하는 것으로 재해석된다. 자아의 일부 기능인 의식은 본능(원초적 '나')에서 발생한 것이기에 결코 본능과 일방적 대립관계에 놓이지 않는다. 자아의 임무는 외부 현실에서 개체를 안전하게 보호하기 위해 본능과 외부 현실 사이를 조화롭게 매개하며, 나아가 외부 세계를 자아가 원하는 상태로 변화시켜 자아의 통제 아래 두는 데에 있다(프로이트, 1922: 141-142). 따라서 욕구의 즉각적 분출로 쾌감보다 고통이 반복 체험될 경우, 자아는 본능에서 '거리'를 취하고 욕구 분출을 '지연'한다.

이런 작용에도 불구하고 억압된 충동들의 압박이 계속될 경우, 자아는 초자아의 힘에 의존하고 싶어 한다. 그러나 초자아는 한편으로는 (유년기의 부모처럼) 자아에 힘을 제공하면서도, 다른 한편으론 자아의 무능함을 비난하여 죄의식을 느끼게 한다. 본능 욕동과 초자아와 외부 세계의 각기 다른 압력 사이에서 버티기 힘들 경우, 자아는 병리적 방어기제를 작동한다. 이 경우 병리적 의미구조 내지 부정적 관념과 증상을 형성한다.

본능 충동과 이에 대한 자아의 합리적 거리화·지연·대체 그리고 초자아 불안과 자아의 비합리적 방어작용 등은 외견적으로 삶의 본래성이 아닌 듯 보인다. 그러나 실상은 그것이 바로 서로 다른 정신 기능 사이의 대립관계를 통해 삶의 역동성을 유지하려는 인간의 고유한 정신구조로 해석할 수 있다. 그렇다면 인간에게 '의미'는 본능에서 적절히 '거리'를 취하여 본능을 '대상화'하고 그 욕구 분출을 '지연'하여 문화적 향유 기호로 '대체'함으로써 발생한다. 이것은 곧 외부 세계의 압력에 맹종하는 상태에서 벗어나 비논리적인 관계(A=B)에 새 초점을 집중함으로써 새로운 의미를 발생시키는 은유의 율동이기도 하다. 그런데 자아의 방어작용이 양가성을 지니듯이 삶의 의미화 활동에도 순기능과 역기능이 있음을 유의해야 한다. 즉, '삶'에 대한 자아의 해석활동인 '의미화'는 인간 삶을 초동물적 차원으로 승화하는 동시에, 본능에서 소외되는 부정적 측면을 함께 내포한다.[26] 따라서 인간의 삶은 자신의 뿌리와 열매가 공생하기 위해 승화와 본능 충족 사이의 적절한 균형 유지를 요구한다. 그런데 혹자가 승화 내지 의미화의 장점만을 일방적으로 강조하여 삶을 즉자적으로 향유하는 행위를 천박한 것으로 경멸하고 부정한다면, 그는 정신활동의 구조를 제대로 파악하지 못한 채 이미 신경증의 경계에 위치해 있는 것이다.

의미 세계가 '삶'을 완전히 대변하거나 대체할 수는 없다. 이것을 겸허하게 인정하면서, 때로 의미의 기존 경계를 일순간 내려놓거나 넘어설 수 있어야 비로소 의미 일반에 대한 온전한 이해 · 창조 · 향유를 할 수 있다. 그런데 문화의 과잉 억압 때문인지, 언어와 의식의 환원적 폭력성 때문인지, 일단 특정한 의미 체계 속에 고착된 사람은 의미의 경계를 넘나드는 방법을 모르거나 금기시한다.

'의미의 기원' 활동인 '삶'은 결코 그것에서 분화된 일부 기능(의식)이나 결과물(언어)에 의해 완벽하게 의미가 규정될 수 없다. 그러나 인간이 오이디푸스 갈등 단계를 거치면서 그 사회가 요구하는 고유한 언어와 사유 구조, 규범 양식을 이미 받아들인 한, 인간에게 '의미'와 무관한 '삶'이란 존재하지 않는다. 인간은 상징적 의미 체계와 자연 본능 사이에서 적절한 균형과 갈등, 소외와 합일을 느끼며 살아간다. 문화와 자연, 의식과 무의식, 의미와 무의미는 결코 독립적으로 분리되어 존재하거나 일방적인 대립관계가 아니다. 양쪽은 상호 분리될 수 없는 대립적 상생(대대)관계이기 때문에 인간은 충족과 억압, 즉각 분출과 지연, 합일과 거리를 함께 유지해야 '삶'의 리듬에 조화될 수 있다. 바로 이런 이중성은 형식 논리적 불변성과 일관성에 의해 삶의 안정적 질서를 구축하려는 전통 의식 중심적 관점에 의해 부정적으로 가치평가되어 간과되어 왔다. 프로이트는 반대 감정의 병존상태나 반대 의미의 병존상태를 아직 자아가 성숙하지 못한 유아

나 원시인이나 신경증 환자의 특징으로 해석한다.[27] 유아나 원시
인은 본능과 초자아의 요구에 압도당하는 미성숙한 자아를 지녔
기 때문에 불안에 휘둘려 정신의 이중성을 인식하지 못하며, 이
이중성을 조화롭게 활용하거나 향유하지 못한다. 그러나 심리계
보학에 의해 '의미'가 발생하는 정신의 이면구조를 심층 인식한
자는 감정의 이중상태에 불안하게 휩쓸리지 않는다. 삶의 이면을
인식할 수 있는 자는 이미 현실에 총체적으로 대처할 수 있는 성
숙한 자아를 지니기 때문에 자신의 이중성을 긍정하여 능동적으
로 활용할 수 있다. 프로이트의 정신분석 결과로 드러난 의식-무
의식, 본능-자아-초자아 사이의 상호 대립적 상생관계에 대한
철학적 반성을 통해, 우리는 '삶의 의미'를 창조하고 향유하는
데 종래의 의식 중심적 관점과 태도의 미숙한 억압술에서 벗어
나, 정신기능을 다중적으로 긍정하고 음미할 줄 아는 건강한 승
화 기술을 모색해 볼 수 있다.[28]

5. 니체·소쉬르·프로이트 입장의 유사성: 은유, 상호 대립적 상생관계

'의미의 기원'에 대한 계보학적 탐구는 모든 의미가 자립적
실재가 아니라 은유적 효과임을 자각하게 함으로써 우리를 특정
한 의미나 관점에 집착하지 않게 한다. 심리계보학은 기호 세계
속에 파묻혀 '삶'을 머리로 생각하고 언어로 규정함으로써 오히
려 '삶'에서 소외되는 철학자의 의식 중심적 생활이, 성숙된 정
신 유형이기보다 나약한 자아의 방어적 기호임을 드러낸다. 이런

생활의 이면에는 본능 충동과 현실세계 사이의 대립을 인간의 운명으로 긍정하면서 고심에 찬 통합 노력을 시도하지 않은 채, 관념 세계에 안주하여 '합리화'에 도취하려는 유약한 자아의 현실 부적응과 불안이 은폐되어 있다. 인간은 동물성을 넘어서기 위해 상징적 의미 세계로의 도약을 필요로 한다. 의미란 인간이 고통을 감내하여 외부 세계에 대처해 가는 과정에서 타자에게서 받은 영향과 '나'의 반응이 타협되어 생성한 표상이다. 이런 '의미'는 때로 삶을 살아가게끔 자극하는 힘의 원천이 되고, 삶을 속박하는 원인도 된다. 그러나 의미 자체가 '삶'의 목적이나 원인은 아니다. 따라서 우리가 의미들을 잠정적으로 유효한 '삶'의 도구로 활용하지 못하고, 특정 의미나 기호 세계에 갇혀 그것을 '삶'과 동일시하거나 '삶'을 그것에 억지로 끼워 맞추려 한다면 '삶'—의미의 기원—은 소외되고 만다. 그러므로 자연 본능과 문화적 의미 세계를 함께 소유하고 있는 우리는 의미화와 탈의미화의 이중 율동을 함께 익혀야만 '삶의 리듬'에 균형을 취할 수 있다. 이미 오이디푸스 단계를 거쳐 언어와 사유의 기호 세계 속에 진입한 우리에겐, 목숨이 붙어 있는 한 돌아갈 수 있는 순수한 자연상태나 어머님의 품은 없다. 의미의 유토피아 역시 일종의 은유적 환상일 뿐이다. 삶은 매순간 의미와 무의미, 갑갑함과 작은 즐거움이 애매하게 혼합된 느낌으로 다가온다. 그 속에서 이러한 느낌의 원인을 모른 채 사회적 일상에 얽매이고 휘둘리며 지내는 일반인이 자기 삶의 의미 주체가 되기란 쉬운 일이 아니다.

니체와 소쉬르, 프로이트는 계보학의 관점에서 현대인의 '삶'을 그 뿌리에서 진단함으로써 삶의 이정표를 스스로 세울 수 있게 하는 토대를 제공한다. 이들은 각자 언어와 정신의 이면을 들여다보는 고유한 눈과 수단을 지녔으며, 이를 통해 직접적인 인식이 어려운 '의미의 기원'에 관해 우회적인 접근방법과 심오한 지식을 남길 수 있었다. 그런데 비록 이들이 활용한 학문적 접근방법과 연구 대상은 달랐지만 이들의 연구 결과는 상당한 유사성을 보여 준다. 그리고 이 유사성은 마치 현대철학의 상식적 결론인 양 프로이트 이후의 바타유, 라캉, 데리다, 하이데거나 푸코, 보드리야르, 리요타르 등의 포스트모던 입장들에서도 발견된다. 그렇다면 그 유사성은 무엇인가?

니체와 소쉬르, 프로이트는 모두 '의미의 기원'을 어떤 실체성이나 본질성이 아니라 어떤 관계 구조 내지 활동으로 해석한다. 그리고 이 관계 구조나 활동은 사유에 의해 직접적으로 인식되거나 개념적 언어로 명확히 규정할 수 있는 것이 아님을 인정한다. 이것은 언어의 의미가 발생하고 사유를 가능케 하는 '조건'이지 결코 그 결과물이 아니다. 즉, 사유의 표상 대상이 아니라 표상 기준이며, 언어적 구분 대상이 아니라 구분 활동 자체다. 그러나 원인과 결과, 이면과 표면, 무의식과 의식은 전혀 별개의 것이 아니다. 이 '짝을 이루는 기호' 사이에는 모종의 관계가 있다. 니체는 형식 논리적이고 의식 중심적인 관계 이외에는 어떤 가치 있는 관계 가능성도 인정하지 않으려는 기존의 논리-의식 중심주의적 사유 틀을 넘어서, 이 관계의 근원성을 부각시킨다. 소쉬르는 이 관계를 언어의 이면구조 속에서 찾아냈으며, 프로이트는 무의식적 정신작용들 사이에서 발견한다. 이 탈논리적인 관계를 니체는 은유, 소쉬르는 연사-연합관계, 프로이트는 의식-

무의식, 본능-자아-초자아 사이의 역동관계로 기호화한다. 또한 '의미의 생성활동'에 대한 니체의 은유(유사성의 동일화 작용), 소쉬르의 선택과 결합관계, 프로이트의 압축과 전치(꿈과 증상의 기제)는 내용의 유사성을 지닌다. 이것은 한결같이 의식의 논리가 아닌 은유적인 선택(사이 나눔과 초점화)과 결합(사이 건너뜀)이 의미가 발생하는 근본적 배경활동임을 나타낸다. 이 은유적 관계를 우리가 억지로 의식의 논리 언어로 번역한다면 차이성들 사이의 상호 대립적 상생관계로 표현해 볼 수 있다. 본능 상태에서 자아가 분화되고, 자아의 이분법적 분절화('사이 나눔')·초점화·결합(건너뜀)활동과 더불어 형성되는 언어적 의미는, 그 이면에 연결된 수많은 타자성과 상호 대립적 상생관계를 통해 비로소 지금의 현시적 의미를 지니게 된다. 이 경우 우리에게 익숙한 선/악, 참/거짓, 유익함/해로움, 아름다움/추함 등의 표면적 의미 구분은 물론이고, 의미의 발생과 연관된 은유-논리, 연사-연합, 압축-치환, 의식-무의식, 본능-자아 등의 이면 기호조차 상호 대립적인 동시에 상생적인 관계에 의해서 비로소 각기 고유한 의미 기능을 발휘할 수 있게 된다.

만약, 상호 대립적 상생관계가 의미 발생의 근본구조라면, 우리는 이것에서 다양한 철학적 의미를 추론할 수 있다. 가령, 의식과 무의식, 정신과 육체, 자연과 문화, 언어와 침묵 등의 의미 내지 기능을 따로 분리하는 순간 무의미하고 무기력해지는 것이라면, 우리는 이것들 중에서 어느 한쪽에만 그 가치를 편중해서는 안 될 것이다. 또한 니체가 경고한 허무주의나 프로이트가 경고한 정신신경증에 빠지지 않기 위해서는 이분법적으로 나뉜 의미 사이의 틈새와 이면에 숨겨져 있는 '의미의 기원'을 심층 인식

하여, 의미의 표면과 이면 모두를 포용할 줄 아는 탈이분법적인
눈과 태도를 준비해야 할 것이다.[29]

그리고 '의미의 기원'에 대해 언어로써 설명하려는 학문 관점
의 한계와 문제점을 자각하면서 이를 넘어서기 위해 관점과 표
현 양식을 다양하게 변화시키는 니체의 은유 스타일을 재음미할
필요가 있다. 무릇 '의미의 기원'에 대한 탐구는 분석가가 어떤
유형의 삶을 살아가는 과정에서 이 주제에 접근하는가에 따라
그 의미 해석이 다르게 될 것이다.

미주

1) 20세기에 들어 인간의 가치를 강조하는 인간중심주의가 오히려 인간을
파멸시키고, 진보의 상징인 과학문화가 뜻밖에도 지구 종말의 주범으로
인식되는 세계대전과 환경공해 등의 사건들이 다발적으로 돌출한다. 또
한 봉건주의의 폐쇄적이고 불공정한 계급 권력을 '자본'이라는 탈신분적
이고 유동적인 매개체를 통해 많은 인간에게 분배하고자 하는 자본주의
의 합리성이 바로 스스로에 내재된 존재 일반의 경제적 가치 대상화, 무
도덕성, 해체성 등으로 인해 정신의 파편화를 유발한다. 또한 '새로움'과
'진보'를 지나치게 강조하던 모더니즘의 결과 일반인은 '새로움'과 '진
보'라는 고정관념에 빠져 더 이상 새로움과 진보를 느낄 수 없게 되는 역
설적 상황에 처하게 된다. 이런 역설들은 의식의 속성에 의거해 타자 일
반과 '삶'을 단순평가하려는 의식 중심적 획일성과 환원성에 기인한 것
으로 해석된다. 따라서 현대에는 진정한 새로움을 위해 '새로움'에 대한
의미를 규정한 기존의 도구인 의식, 논리, 언어, 도덕 일반에 대한 심층
반성과 태도 변화가 요구된다〔Vattimo, *The End of Modernity*. Trans. by
Jon R. Snyder(Johns Hopkins Univ, 1988, pp. 100-102, 104, 106) 아도
르노. 호르크하이머. **계몽의 변증법**, 김유동 역(문예출판사, 1995), 20-21,
25, 27, 29, 54-55, 60, 72〕.

2) '언어적 무의식'이란 심리적으로 분명한 경험이 이방의 언어로 해석되
면서 상실하는 언어의 바깥 부분 내지, 모국어에 의해 형성된 주체가 다
른 언어로 스스로를 표현할 때 생기는 유실 부분을 뜻한다. 가령, 어떤
동양인이 서양의 언어 체계를 빌리지 않는 한 생활이 불편해지고 사회적
지위가 왜소해지거나 학문적 권위를 인정받기 어려운 상황에 놓여 있다
면, 그가 표출하고자 하는 본래적 경험 중에서 서양적 언어 체계에 부합
되는 부분만이 인정되고 나머지 부분은 '언어적 무의식'으로 묻히게 된
다〔김종갑, 언어적 무의식의 탐구, **어문학논총** 6집(숙명여자대학교,
1994), p. 80, 82〕.

3) "어떤 한 사물의 명명에 의해서는 아직 아무것도 행하지 않는다. 놀이 속
에서가 아니면 사물은 심지어 이름조차 가지지 않는다. 하나의 낱말은

오직 문장의 맥락 속에서만 의미를 가진다."

하나의 대상이나 사건, 행위, 기호 등은 그것이 어떤 의미 놀이의 규칙 내부에서 발생하였는가에 따라 그 의미가 달라진다. 그리고 의미를 규정하는 조건인 놀이 규칙 자체는 그 규칙 내부의 언어에 의해 또다시 규정할 수 없으며, 또한 그와 다른 규칙의 언어에 의해서도 적합하게 의미를 해석할 수 없다. 가령, 프랑스 파리에 있는 표준미터(m)자는 우리가 그것을 가지고 다른 것의 길이를 측정하는 근본 수단 내지 조건이기 때문에 그 물건에 대해 또다시 '그 자의 길이는 1미터다.'라는 말을 사용할 수 없다. 그것은 마치 '그 1미터 자의 길이는 1미터다.'라고 말하는 것으로 이는 일상적인 언어 놀이 규칙에 어긋난다. 비트겐슈타인은 '삶'은 다양한 놀이 규칙들로 엮어져 있으며, 이 규칙들은 삶의 과정에서 배우고 습득되어 직관적으로 보일 뿐, 그것을 의식에 의해 표상하려 하거나 언어로 명명하려는 기존의 철학활동은 언어 놀이에 대한 무지에서 기인한 행위로 해석한다〔비트켄슈타인, **철학적 탐구**, 49, 50(서광사, 1994)〕.

4) 성경 '창세기'에는 신이 혼돈 덩어리인 우주를 말씀(logos)에 의해 사이를 가름으로써 천지와 만물과 인간을 생성하는 과정과, 인간에게 언어를 통해 존재 일반을 명명할 수 있는 능력과 권리를 부여함으로써 의미의 지배자가 되게끔 하는 내용이 비유적으로 표현되어 있다. 또한 카오스에서 우라노스(하늘)-가이아(땅), 크로노스(시간), 제우스(권력), 프로메테우스(지혜)-인간(역사성)으로 전개되는 그리스 신화 창세기의 '권력 계보'에는 서로 다른 이름이 나뉘어 출현하는 과정에 이미 그것의 의미 '기원'이 은유적으로 암시된다. 구약성경의 신이 에펠탑을 세우려는 인간의 힘을 자신이 선물한 언어를 분열시켜 효과적으로 분쇄한 사건 비유와 제우스가 신들만의 도구인 '불'(의미의 생성-해체력 : 지혜 : 본능 통제력)이 인간에게 넘어간 것을 두려워하는 비유 등에는 존재를 언어로 '사이 나누고 결합하는' 능력이 의미의 '기원'과 밀접히 연관되어 있음을 암시한다.

5) '모든 현전하는 대상은 반드시 원인을 지니며, 원인은 결과보다 우월하며, 양자 사이엔 유사성이 있다.'는 '형이상학적 인과' 법칙을 자명한 진리로 전제해야만 결과에서 원인에 대한 유비 추론이 가능해진다. 그러나 이 관점은 "인과적 관계로 간주되는 두 대상 사이에서는 어떠한 필연성의 인상도 관찰되지 않으며, 단지 인접성, 계기성, 항상성, 정합성만이 발

견된다. 인상은 결코 필연성의 관념을 일으킬 수 없으며, 어떤 대상에 언제나 수반되는 관념으로 옮겨 가는 습관 내지 상상력의 빠른 전이활동이 곧 필연성의 본질이다."라는 흄의 인과율 분석에 의해 대체된다〔Hume, *A Treatise of Human Nature*. Vol. I. XIV(Oxford: the Clarendon Press, 1888), pp.155-156〕. 흄 이후로 결과에서 원인을 추론하는 것은 필연적 지식이 아니라 가설적 추론, 사회적 규약, 심리적 연상 습관, 정합적 해석, 은유적 상상력 등으로 해석된다. 일부 현대 철학자들은 결과적 기호를 통해 그런 기호가 발생할 수밖에 없었던 원인적 상황을 역추적하는 계보학적인 기호 해석의 길을 선택한다. 그러나 계보학 역시 종국에는 우리가 언어와 의식을 통해 언어와 의식의 기원에 대해 생각하는 바로 그 순간 언어 중심적이고 의식 중심적인 타자 왜곡이 작동함을 인정하게 된다.

6) 의미는 의미를 분류하는 기준과 더불어 발생한다. 의미와 의미 사이를 나누는 이 경계는 하나의 실체가 아니라 어떤 관계 내지 구조의 활동성으로 해석된다. 의미의 '경계', '관계구조', '사이 활동'에 대한 본격적인 탐구는 하이데거, 라캉, 푸코, 데리다 등이 심층적으로 접근하였다. 필자는 이들의 입장을 소개하기 위한 예비 단계로서 이들에게 영향을 준 니체, 소쉬르, 프로이트를 정리한다.

7) '은유적 인식' 유형이란 대상에 대한 하나의 고정된 해석을 '넘어서' 다양한 원근법적 접근 시도를 의미한다. 이때 '원근법적 다양성'은 이미 이 단어가 표면적으로 지칭하는 시각 중심적인 대상 서술의 관점 자체에 대한 비판을 내포하며, 대상을 의식의 언어로 정리하는 것이 가장 확실한 이해라고 보는 관점도 비판된다. 니체는 이면을 파헤치는 계보학의 눈과 예술의 미적 환상의 눈과 생리학적 본능의 눈을 함께 음미하려 한다. 아마도 가장 엄밀하면서도 섬뜩한 원근법은 '보는 눈을 바라보는 눈' 내지 계보학 자체에 대한 계보학적 비판의 눈일 것이며, 이런 눈은 대상화할 수 없기 때문에 언어로 명료하게 설명하기 어렵다.

8) 계보학은 '존재'에 대한 심층 인식을 지향한다. 그러나 '존재'에 대한 완벽한 앎은 인간의 여러 유한성으로 인해 인간에게 차단되어 있다. 따라서 계보학의 관심 주제가 '앎'을 방해하는 조건에 대한 분석활동으로 그 의미가 상당 부분 전이(轉移)된 감이 있다. 계보학의 유형은 원근법의 종류만큼이나 다양화할 수 있다. 그중에서 의미와 가치의 역사적 · 심리

적·언어적 기원과 변천 과정을 추적하는 역사계보학, 언어계보학, 심리계보학이 오늘날 부각된다. 역사계보학은 한 사회나 개인에게 어떤 이론이나 관념이 '진리'로 인정될 경우 그것이 어떤 숨겨진 과정을 거쳐서 현재의 사람에게 '진리' 가치로 인정받게 되었는가를 추적한다. 언어계보학은 의미의 언어적 기원을, 심리계보학은 의미 발생에 연관된 정신의 이면 구조를 심층분석한다. 계보학은 주로 '진리', '도덕', '과학 지식' 등처럼 오랫동안 우리 삶의 중심 가치로 존립해 온 기호와 '육체', '성', '광기', '감옥' 등처럼 가치 대상에서 주변화된 기호의 발생-변화 과정을 추적함으로써 이에 대한 현재의 해석이 얼마나 단편적인가를 비판적으로 드러낸다〔Blondel. "La Question de la Genealogie", *Encyclopedia Philosophigue Universelle*. (Paris: Press Univ. de la France, 1989), pp. 715-719〕.

9) 19세기의 낭만주의 수사학에서는 은유를 부정확하고 기만적인 수사법으로 보던 이성 중심적인 고전주의 관점에 반발하여 서로 다른 대상 사이를 상상력의 민첩성을 통해 연결하는 '은유적 전이작용'을 모든 의미 발생의 근원으로 간주한다. 19세기 문헌학자로서 니체 역시 당대의 조류에 영향받은 것으로 추정된다〔Hawkes, 은유(서울대 출판부, 1986), 4장 참조)〕.

10) 이는 마치 자신이 원하는 대상을 선택하여, 그것에 거리 초점을 정확히 맞추어 대상이 변하기 전에 최대한 짧은 셔터 속도로 찍으면 사진기 속에서 '암실 작업'이 이루어져 멋진 사진이 생성되는 카메라 원리에 비유된다. 코프만은 카메라 속의 어둠상자나 예술가의 눈 속에서는 빛의 효과를 이용하여 실재를 더욱 가치 있게 하는 작업이 작동하며, 건강한 삶은 사실을 있는 그대로 보는 삶이 아니라 '암실효과'를 적극 활용할 줄 아는 삶이라고 본다. 의미란 이처럼 서로 다른 영역 사이를 다양한 변이를 거쳐서 성공적으로 통과해야만 비로소 발생할 수 있는 것이다〔Kofman, "Baubo: Theological Perversion and Fetishism", in *Nietzsche's New Seas*. trans. ed. by Tracy B. Strong(The Univ. of Chicago Press. 1988), pp. 189-190〕.

11) 이것이 바로 자연인에서 문화인을 거쳐 양자의 장점을 조화시키는 '초인'의 모델이다.

12) 은유에 대한 정의는 다양할 수 있지만 대체로 'X는 A……이다.'와 'A

는 B다.'로 도식화된다. 전자는 어떤 사물을 특정 기호와 동일시하는 것이고, 후자는 서로 다른 두 기호(개념) 사이의 관계다. 서로 다른 X와 A, A와 B 사이의 틈을 메우고 차이성을 가리는 심연적 활동이 '의미의 기원'이며, 일종의 은유작용이라는 것은 니체에 의해 현대철학의 관심 대상으로 떠오른다. 은유가 'A를 B로 대체하는 작용이기보다 A와 B 사이의 독특한 공명효과'라고 보는 막스 블랙을 비롯한 미국의 문예비평가의 입장은 명료하고 시사적이지만, 단지 수사학적 효과만을 다룰 뿐 철학적 깊이를 결여한다〔Black, "Metaphor", in *Philosophical Perspectivrs on Metaphor*, p.73, ed. by Mark Johnson. Univ., of Minnesota Press. G. 레이코프, M. 존슨, 삶으로서의 은유(서광사, 1995), 참조〕.

13) '의미의 기원'을 지칭하기 위한 니체의 '힘에의 의지', 하이데거의 '차이', 데리다의 '차연', 푸코의 '권력' 등은 개념 기호가 아니라 모두 은유활동 자체에 대한 은유적 표현임을 유념해야 한다. 즉, '의미의 기원'은 의미와 차원이 다르거나, 의미 이전 상태이므로 직접적인 의미 대상일 수 없다. 따라서 침묵 속에서 직관하거나, 비유에 의해 간접적으로 전달할 수밖에 없는 것이다. 이러한 은유 기호를 또다시 엄밀한 개념과 논리에 의해 평가하려 해선 안 되며, 다중의 원근법 내지 은유로 체험하고 해석해야 한다.

14) 한국말과 프랑스 어의 차이 때문에 '의미소'에 대한 경계 구분이 애매할 수 있다. 서양 언어에서 의미소는 접두사-어간-어미(접미사)의 단위로 분류되며, 이들 각 단위는 고유한 의미 역할을 지닌다. 언어의 본체는 이들 단위의 대립관계로 구성되는데, 이 경우 본체의 의미는 실체적인 것이 아니라 관계적이다. 즉, 의미 발화의 맥락에 따라 본체의 단위가 문장이 될 수도 있고, 낱말이나 합성어, 숙어가 될 수도 있고, 의미소가 될 수도 있다.

15) "인간에게는 자신이 알고 있는 줄 모르면서도 알고 있는 정신 내용이 있다."(11장). "'꿈 작업'이란 언어로 파악되어 있는 무의식적 사유를 시각 이미지로 바꾸어 놓는 일이다." 칼 융은 프로이트의 이 주장을 강하게 비판한다. 그는 무의식적 인식은 개인이 일일이 언어적으로 파악한 것이 아니라고 본다. 우리의 꿈은 자신이 결코 경험한 적이 없는 상징적 내용을 드러내는 경우가 종종 있는데, 이는 인류의 유적 본질 속에

태고적부터 유전된 것일 수 있다. 따라서 꿈 해석은 결코 개인의 의식이 이미 경험하였던 것만을 재기억하는 것이 아니다. 융은 프로이트의 관점이 이 점에서 여전히 의식과 언어 중심주의에 경도되어 있다고 비판한다〔융, 무의식에의 접근, **무의식의 분석**(홍신문화사, 1994), p. 77〕.

16) 프로이트에 의하면 꿈의 기능은 소망 충족에 있다. 소망의 핵심 내용은 유년기에 맛보았다가 금지-억압된 쾌감을 다시 한 번 맛보는 것이다. 인간이 유년기에 맛보았던 자기성애적 · 자기애적 · 동성애적 리비도 지각들은, 남근기 이후부터 금지된 욕구로 해석하여 억압한다. 인간은 이 억압된 욕구를 꿈속에서 환각적으로 다시 맛보고 싶어 한다.

17) '식물학 연구서', '딱정벌레'라는 기표 이면에 중층적으로 연상되어 있는 전혀 뜻밖의 과거의 욕망 내용에 대한 프로이트의 분석을 참조하라〔프로이트, **꿈의 해석**(홍신문화사, 1994). 열린책들, 1998, 5장〕.

18) 프로이트는 정신구조를 초 · 중기에는 의식과 무의식, 리비도와 자기보존 본능으로 설명하였다. 그리고 말년에는 본능(Id: 원초적인 '나')-자아(ego)-초자아, 삶의 본능(에로스)과 죽음 본능(타나토스)으로 해석하였다. 이런 변화에는 학문적이고 임상적인 이유가 있는데, 그는 두 유형의 모델을 필요에 맞게 혼용해 사용한다. 필자 역시 문맥의 필요에 따라 그의 분류들을 혼용할 것이다.

19) "'섬뜩함(unheimlich)'은 실제는 새롭거나 낯선 것이 아니라 예로부터 마음에 친숙한(heimlich) 그 무엇이 억압 과정을 거쳐 멀어진 것이다. …… 즉, 감추어져 있어야만 하는데 밖에 드러난 그 어떤 것이다." 프로이트는 "'억압된' 오이디푸스 콤플렉스가 어떤 인상에 의해 다시 활동하기 시작하거나, '극복된' 원시적 신앙이 재확인되는 듯이 보일 때" '섬뜩함'이 체험된다고 본다〔프로이트, 섬뜻함, **예술미학 분석**(글벗사, 1995), p. 204, 212〕.

20) 신경증은 적절히 발산되지 못한 채 억압된 과거의 강한 소망들이 상대적으로 약화된 자아 상태에서 갑자기 회귀할 경우 자아가 이를 감당하지 못해 발생한다〔Brenner, **정신분석학**(하나의학사, 1987), p. 168, 171, 174〕.

21) "정신생활 속에는 대립적인 여러 경향, 즉 모순의 병존을 허용할 여지가 있는 것 같다. 아마 한편의 활동이 지배권을 장악할수록 그것과 대립되는 활동이 무의식 속에 있는 것 같다." 동양 주역의 음양이론에서 음

과 양은 서로 대립되는 성질을 지녔지만, 묘하게도 상대방이 없으면 그 어느 것도 홀로 존재할 수 없다. 즉, 양자는 상호 대립적 상생관계를 맺고 있다. 우주 만물은 이 음양의 다양한 결합관계에 의해 형성되고 변화한다.

22) 그러나 정상인 대부분이 오이디푸스 콤플렉스를 어느 정도 간직한다는 점을 고려한다면, 정상/비정상의 차이는 질적인 것이 아니라 양적 차이로 해석된다.

23) 의식의 이면에 억압되는 무의식적 욕구는 삶이 있는 한 없어지지도, 교정되지도 않는 불변적 영원성을 지닌 채 항상 의식에 영향을 미친다〔프로이트, 토템과 금기(경진사, 1993), p. 140〕.

24) 원시인의 이중 감정상태는 '터부'라는 기호에 대립적 이중 의미가 내포되어 있음에서도 간접적으로 확인된다. 즉, 터부는 '신성한', '거룩한'이라는 의미와 '섬뜩한', '위험한', '부정한'이라는 상호 대립적 의미를 동시에 내포한다. 그런데 터부의 발생 초기에는 신성함/부정함, 경외/혐오라는 구분이 없었다. 양쪽 느낌은 혼재해 있었는데, 터부 계율이 악령숭배에서 신들에 대한 의식 중심적 표상으로 이전되면서 이러한 의미 구분이 발생한다〔프로이트, 토템과 금기(경진사, 1993), pp. 44-45〕.

25) 이 분야에 대한 정신분석학적인 탐구는 자아심리학자·클라인학파·대상관계론자 및 발달심리학자에 의해 이루어졌다. 특히, 멜라니 클라인이 제시한 '편집-분열적 자리'에서 유아의 방어기제가 작동하는 방식에 대한 연구는 의미의 최초 발생 과정에 대한 인식에 유용한 자료를 제공한다.

26) 삶의 '의미화'는 자아의 관점에서 볼 때는 성공적인 승화로, 원본능의 관점에서 볼 때는 일종의 억압으로 해석할 수 있다. 인간의 행위를 총체적으로 이해하려면, 인간을 구성하는 정신조직의 각기 다른 기능을 개별적으로 이해한 후에 종합 평가해야 한다.

27) 프로이트에 의하면 자아가 비성숙한 유아나 원시인은 유사성의 원리(은유)와 인접 연상(환유)에 의해 관념과 현실을 동일시하는 '주술적 사유', 관념 세계를 현실보다 중시하는 '사유의 전능' 관점을 지닌다. 또한 동일한 대상이나 기호에 대해 반대 감정과 반대 의미를 동시에 느끼는 독특한 사유와 정서를 지닌다. 프로이트는 이들의 사유와 정서가 신경증자의 상태와 유사한 증상을 유발하기 때문에 관념과 현실을 엄밀

히 구분하는 과학적 사유로 전환, '발달'하는 것이 바람직하다고 본다. 바로 이런 점이 의식과 무의식의 상호 대립적 상생관계를 드러냈음에도 불구하고 철학적 의미를 충분히 음미하지 못한 채 여전히 의식 중심적 사유관에 젖어 있는 프로이트 심리계보학의 한계다. 그는 일단 성숙된 자아라면 논리적 사유뿐만 아니라 유아의 은유적 사유와 '반대 감정의 병존' 상태조차 삶의 원초성에 접근하는 다양한 원근법 중 하나로 재활용할 수 있음을 미처 반성하지 못한다. 우리는 바타유의 '에로티즘적 초월', 라캉의 '욕망 이론', 데리다의 '유희' 등에서 '모순된 의미와 정서의 병존상태'에 대한 가치 긍정과 세련된 향유술을 발견할 수 있다〔프로이트, **토템과 금기**(경진사, 1993), 3장 참조〕.

28) 프로이트의 이론을 현실에 응용하는 사유를 진전시킨 사람으로 마르쿠제를 주목할 수 있다. 그는 쾌락원칙과 현실원칙, 본능-자아-초자아 사이의 적절한 균형을 유지하려 한 프로이트의 입장은 외부 현실이 개선된 오늘날 수정이 불가피하다고 본다. 가령, 인간의 다양한 정신기능이 외부 현실에 적응하려는 과정에서 후천적으로 분화(형성)된 것이라면, '이런 본성을 획득하도록 만든 조건이 변한다면 본능의 성질도 변할 것이다.' 그렇다면 프로이트 시대와 달리 현대의 미국은 고도의 생산력 증대에 의해 물질적 희소성을 정복하였기 때문에 노동과 본능, 현실원칙과 쾌락원칙은 반드시 대립적일 필요가 없게 된다. 이젠 노동과 의식의 가치를 강조하고 본능의 요구를 억압하던 기존의 현실원칙은 일종의 과잉 억압으로 해석된다. 과잉 억압은 삶의 본능을 무기력하게 하고 공격 본능 내지 죽음 본능을 활성화하기 때문에 인간과 문화의 자기붕괴를 초래할 위험을 지닌다. 따라서 이런 상황에선 초자아의 기능을 극소화하고, 본능의 요구를 최대한 수용함으로써 삶의 본능을 활성화하는 '억압 없는 문명'에 대한 고려가 요구된다. 예컨대, '본능 억압=사회적으로 유용한 노동'이라는 프로이트적 가설이 아니라 '본능 해방=사회적으로 유용한 작업'으로 의미 결합되는 예술적 작업 환경을 통해 억압을 최소화하여 삶의 본능을 활성화해야 한다. 필자가 보기에 마르쿠제의 입장은 삶의 본능과 죽음 본능, 쾌락원칙과 현실원칙 사이의 상호 대립적 의존관계가 바로 그가 강조하는 삶의 본능을 존립하게 하는 기원(조건)이라는 점을 간과하고 있다. 그러나 자아가 미숙한 자가본능의 해방을 시도할 경우와 문명의 정상에서 본능을 해방하는 것은 매우

다른 의미와 결과를 유발한다고 강조하는 입장은 주시되어야 한다〔마르쿠제, 에로스와 문명 프로이트 이론의 철학적 연구(나남, 1989), pp. 198-122, 133, 167-168〕.

29) 이 경우 의미의 이면(기원)을 음미한다는 것은, 삶을 의미와 무관하게 직면한다는 뜻을 내포한다. 탈이분법적 태도란 反의미나 反문화적 태도가 아니라 스스로 의미를 창조하고 이를 충분히 향유할 수 있는 사람이, 어느 순간 의미 일반을 내려놓음으로써 '삶'에 동화되기도 하는 태도다. 즉, 의미와 非의미 사이의 경계를 넘나드는 이중 율동이다. 필자의 관심은 계보학과 학문 일반의 한계를 벗어나기 위한 탈이분법적 방법을 제시하는 데에 있다〔이창재, 니체의 탈근대 전략: 탈이분법적 유희, 니체 연구(이문출판사, 1995); 근대성에 대한 니체의 '넘어감' 기호술, 한민족철학자대회집(1995); 탈이분법적 가치관, 제7회 한국철학자연합대회집(1994); 도덕 기원에 대한 탈이분법적 고찰(연세대학교 대학원, 1993) 참조〕.

참고문헌

[일반 참고문헌]

개서(1999). 니체와 프로이트. 경북의대 정신의학교실 번역.

그린버그 · 미첼(1999). 정신분석학적 대상관계이론. 한국심리치료연구소.

김종갑(1994). 언어적 무의식의 탐구. 어문학논총 6집. 서울: 숙명여자대
  학교.

나지오(1999). 정신분석학의 7가지 개념. 서울: 백의.

들뢰즈(1993). 니체(Nietzsche et la philosophie). 서울: 인간사랑.

들뢰즈 · 가타리(1994). 앙띠 오이디푸스-자본주의와 정신분열증. 서울: 민
  음사.

라캉(1994). 무의식에 있어 문자가 갖는 권위. 욕망 이론. 서울: 문예출판사.

레이코프 · 존슨(1995). 삶으로서의 은유. 서울: 서광사.

마르쿠제(1989). 에로스와 문명-프로이트 이론의 철학적 연구. 서울: 나남.

마이쓰너(1998). 편집증과 심리치료, 59. 한국심리치료연구소.

말러(1998). 유아의 심리적 탄생. 한국심리치료연구소.

메길(1996). 극단의 예언자들-니체, 하이데거, 푸코, 데리다. 서울: 새물결.

미첼 · 블랙(2000). 프로이트 이후-현대 정신분석학. 한국심리치료연구소.

바타유(1989). 에로티즘(Erotisme). 서울: 민음사.

박경애(1998). 인지심리학. 행동장애와 심리치료. 서울: 교육과학사.

벤베누토(1999). 라캉의 정신분석 입문. 서울: 하나의학사.

브레너(1987). 정신분석학. 서울: 하나의학사.

비트켄슈타인(1994). 철학적 탐구. 서울: 서광사.

서산대사(1978). 禪家龜鑑. 여원출판사.

셰우더(1997). 문화와 사고. 서울: 교육과학사.

소쉬르(1990). 일반언어학 강의(대우학술총서 31). 서울: 민음사.

시걸(1998). 멜라니 클라인. 한국심리치료연구소.

아도르노 · 호르크하이머(1995). 계몽의 변증법. 서울: 문예출판사.

엔 · 배리 · 율라노프(1996). 종교와 무의식. 한국심리치료연구소.

엘리어트(1998). 정신분석학 입문. 서울: 한신문화사.

위니컷(1998). 놀이와 현실. 한국심리치료연구소.

위니컷(2000). 성숙과정과 촉진적 환경. 한국심리치료연구소.

융(1994). 무의식에의 접근. 무의식의 분석. 서울: 홍신문화사.

이창재(1985). 흄의 도덕철학에 있어 갈등 경험과 규약 이론. 석사학위논
      문, 연세대학교 대학원.

이창재(1993). 도덕의 기원에 대한 탈이분법적 고찰-니체의 가치관을 중
      심으로. 박사학위논문, 연세대학교 대학원.

이창재(1994). 탈이분법적 가치관. 제7회 철학자연합대회집.

이창재(1995a). 니체의 탈근대 전략: 탈이분법적 유희. 니체 연구, 창간호.
      대구: 이문출판사.

이창재(1995b). 근대성에 대한 니체의 '넘어감' 기호술. 한민족철학자대
      회집.

이창재(1999). 이분법적 사유와 탈이분법적 사유-정신분석학적 관점에서
      본 고찰. 철학연구, 46집 가을.

이창재(2000a). 도덕계보학-니체의 생리심리학과 프로이트의 정신분석
      학. 철학, 2000년 가을호.

이창재(2000b). 병리적 정신작용의 원인론과 극복론: 사후작용. 현상학과 정신
      분석. 서울: 철학과 현실사.

코헛(1999). 자기의 분석. 한국심리치료연구소.

푸코(1989). 니체, 계보학, 역사. 미셸 푸코. 서울: 민음사

푸코(1993). 권력과 지식. 서울: 나남.

하버마스(1994). 현대성의 철학적 담론. 서울: 문예출판사.

혜연 편(1994). 임제록. 장경각.

호크스(1986). 은유. 서울: 서울대학교 출판부.

Aristoteles. *The Work of Aristotle*. trans. by Ross, Vol IX, 1178b-1179a. Oxford.

Black, M. (1973). Metaphor. *In Philosophical Perspectivrs on Metaphor*. by Mark Johnson (ed.). Univ., of Minnesota Press.

Blondel, E. (1989). La Question de la genealogie. *Encyclopedia Philosophique Universelle*. Paris: Univ., de France.

Caper, R. (1988). *Immaterial Facts:Freud's discovery of psychic reality and Klein's development of his work*. Jason Aronson Inc.

Derrida, J. (1978). Structure, Sign, and Play in the Discourse of Human Science. *In Writing and Difference*, trans. by A. Bass. Chicago: Univ. of Chicago.

Descartes. (1979). Rules for the Direction of the Mind, rule V-VI. *In the Philosophical Works of Descartes*, Vol. I., trans. by S. Elizabeth, Haldane. Cambridge Univ. Press.

Gilson, E. (1956). *The Christian Philosophy of St. Thomas Aquinas*. New York.: Random House.

Habermas, J. (1987). *The Philosophical Discourse of Modernity*. Cambridge: Polity Press.

Hanly, C. (1992). *The Problem of Truth in Applied Psychoanalysis*. New York: The Guilford Press.

Heidegger, M. (1961). *Nietzsche*, trans. by Krell. San Francisco: Harper & Row.

Heidegger, M. (1977). The word of Nietzsche: 'God is dead'. *The Question concerning Technology, and other Essays*, trans. by W. Lovitt. New York: Harper & Row.

Hobbes, T. (1651). *Leviathan* (1968), pp. 189-200. London: Penguin.

Hume, D. (1740). *A Treatise of Human Nature* (1988), Vol. I, Ⅲ. Oxford: the Clarendon Press.

Jung, C. G. (1983). *The Essential Jung*. by Anthony Storr (ed.). Princeton.

Kaufmann, W. (1992). *Nietzsche, Heidegger, and Buber*. New

Brunswick: Transaction Publishers.

Klein, M. (1946). Note on some Schizoid Mechnisms. *The Slected Melanie Klein,* by Juliet Mitchell (ed.), pp. 179–183.

Kofman, S. (1972). *Nietzsche and Metaphor,* trans. by D. Large. London: The Athlone Press.

Kofman, S. (1988). Baubo: Theological Perversion and Fetishism. *Nietzsche's New Seas,* trans. by T. B. Strong (ed.). The Univ. of Chicago Press.

Lacan, J. (1977). *Ecrits,* trans. by A. Sheridan. New York: W. W. Norton & Company.

Lacan, J. (1993). The Semenar of Jacque Lacan, Book III. *The Psychoses.* by Jacques-Alain Miller, trans. by Russell Grigg. W. W. (ed.), pp. 12–13. Norton & Company.

Laplanche, J., & Pontalis, J. B. (1973). *The Language of Psycho-Analysis.* trans. by D. N. Smith. Primary phantisies. New York: Norton & Company.

Lehrer, R. (1995). *Nietzsche's Presence in Freud's Life and Thought.* New York: State Univ., of New York Press.

Platon. Gorgias, 452d–e. PLATO. The Collected Dialogves (1973a), Bollingen Series ⅩⅩⅠ. Princeton

Platon. Phaedo, 97c–99c. PLATO. The Collected Dialogves (1973b), Bollingen Series ⅩⅩⅠ. Princeton

Samuels, R. (1993). *Between philosophy and psychoanalysis-Lacan's Reconstruction of Freud.* New York and London: Routledge.

Schutte, O. (1984). *Beyond Nihilism.* Chicago: Univ. of Chicago press.

Vatimo, G. (1988). *The End of Modernity.* Trans. by J. R. Snyder. Johns Hopkins Univ.

[프로이트 참고문헌]
프로이트(1895). 히스테리 연구(1995c). 사랑의 학교.
프로이트(1900). 꿈의 해석(1998a). 서울: 열린책들.
프로이트(1901). 일상생활의 정신병리학(1998c). 서울: 열린책들.

프로이트(1905). 성욕에 관한 세 편의 에세이(1998b). 서울: 열린책들.

프로이트(1907). 프로이트 예술 미학 분석(1995a). 서울: 글벗사.

프로이트(1908). 창조적인 작가와 몽상(1996c). 서울: 열린책들.

프로이트(1913). 토템과 금기(1993). 서울: 경진사.

프로이트(1915). 무의식에 관하여(1997b). 서울: 열린책들.

프로이트(1917). 정신분석 강의(상 · 하, 2002). 서울: 열린책들.

프로이트(1918). 늑대인간(1996a). 서울: 열린책들.

프로이트(1920). 쾌락원칙을 넘어서(1997a). 서울: 열린책들.

프로이트(1922). 프로이트의 두 발자취: 정신분석, 리비도론(1995b). 서울: 하나의학사.

프로이트(1926). 억압, 증후 그리고 불안(1997c). 서울: 열린책들.

프로이트(1930). 문명 속의 불만(1999). 서울: 열린책들.

프로이트(1930). 문화의 불안(1973). 서울: 박영사.

프로이트(1933). 새로운 정신분석 강의(1996b). 서울: 열린책들

프로이트(1939). 종교의 기원(1997d). 서울: 열린책들.

Freud, S. (1966). *The standard edition of the complete psychological works of Sigmund Freud* (이하 *SE*로 표시)

Freud, S. (1894). Letter. *SE*, Vol. I.

Freud, S. (1895). Project for a scientific psychology. *SE*, Vol. I

Freud, S. (1896). Futher Remarks on the Neuro-Psychoses of Defence. *SE*, Vol. III.

Freud, S. (1914). On the History of the Psychoanalytic Movement. *SE*, Vol. XIV.

Freud, S. (1917). Introdyctory Lectures on Psychoanalysis. *SE*, Vol. XVI.

Freud, S. (1918). From the History of Infantile Neurosis. *SE*, Vol. XVII.

Freud, S. (1926). Inhibitions, Symptoms and Anxiety. *SE*, Vol. XX.

Freud, S. (1937a). Analysis Terminable and Interminable. *SE*, Vol. XXIII.

Freud, S. (1937b). Constuctions in Analysis. *SE*, Vol. XXIII.

[니체 참고문헌]

Nietzsche, F. (1870). On the Origin of Language. *Friedrich Nietzsche on Rhetoric and Language* (1989). trans. by S. L. Gilman. New York: Oxford Univ. Press.

Nietzsche, F. (1871). *The Birth of Tragedy* (1967). trans. by W. Kaufmann. New York: Random House.

Nietzsche, F. (1873). On Truth and Lying in an Extra-Moral Sense. *Friedrich Nietzsche on Rhetoric and Language* (1989). trans. by S. L. Gilman. New York: Oxford Univ. Press.

Nietzsche, F. (1874). The Use and Disadventage of History for Life. *Untimely Meditation* (1983). trans. by R. J. Hollingdale. New York: Cambridge Univ. Press.

Nietzsche, F. (1879). *Human all too human* (1986), trans. by R. J. Hollingdale. Cambridge: Cambridge Univ. Press.

Nietzsche, F. (1881). *The Twilight of the Idols. In The Portable Nietzsche* (1964), trans. by W. Kaufmann. New York: Viking Press.

Nietzsche, F. (1882). *The Gay Science* (1974). trans. by W. Kaufmann. New York: Random House.

Nietzsche, F. (1885). *Thus Spoke Zarathustra* (1966). trans. by W. Kaufmann. New York: The Viking Press.

Nietzsche, F. (1886). *Beyond Good and Evil* (1966). trans. by W. Kaufmann. New York: Random House.

Nietzsche, F. (1887). *Genealogy of Moral* (1967), I, II, III. trans. by W. Kaufmann. New York: Vantage Books, Random House.

Nietzsche, F. (1888a). *Ecco Homo* (1967), trans. by W. Kaufmann. New York: Vantage Books, Random House.

Nietzsche, F. (1888b). *The Antichrist in The Portable Nietzsche* (1964). trans. by W. Kaufmann. New York: The Viking Press.

Nietzsche, F. (1968). *The Will to Power.* trans. by W. Kaufmann. New York: Random House.

찾아보기

❖ 저자약력

(이창재)

정신분석학자, 연세대 철학과와 대학원 졸업(철학박사). 시카고 대학교에서
'정신분석'으로 학진 포스트 닥터 과정 수료. 민예총 문예아카데미 '정신분
석' 전담교수. 철학 강의 11년, 정신분석(꿈, 작품, 신화, 신경증) 강의 8년.
'프로이트 연구소'에서 상담 활동 중. 저서로 『프로이트와의 대화』, 논문으
로 「도덕의 기원」, 「정신질환의 원인론과 극복론: 사후작용」, 「신화 해석을
위한 정신분석 관점 및 개념 고찰」 외 다수가 있음.

저자와의
협약으로
인지생략

정신분석과 철학

2005년 7월 25일 1판 1쇄 인쇄
2005년 7월 30일 1판 1쇄 발행

지은이 • 이창재
펴낸이 • 김진환
펴낸곳 • 학지사
121-837 서울시 마포구 서교동 352-29 마인드월드빌딩 5층
대표전화 02)326-1500 팩스 02)324-2345
등록 1992년 2월 19일 제2-1329호
홈페이지 www.hakjisa.co.kr

ISBN 89-5891-169-7 03180

정 가 14,000원

파본은 구입처에서 교환하여 드립니다.

인터넷 학술논문 원문 서비스 www.newnonmun.com